四川大学马克思主义学院

DANGDAI ZHONGGUO MAKESI ZHUYI
YANJIU LUNCONG

张 磊 ◎ 主 编
李栓久 刘 肖 ◎ 副主编

当代中国马克思主义研究论丛（第一辑）

四川大学出版社

项目策划：王　军　段悟吾　宋彦博
责任编辑：宋彦博
责任校对：周文臻
封面设计：墨创文化
责任印制：王　炜

图书在版编目（CIP）数据

当代中国马克思主义研究论丛．第一辑／张磊主编
．— 成都：四川大学出版社，2020.12
　ISBN 978-7-5690-3998-6

Ⅰ．①当… Ⅱ．①张… Ⅲ．①马克思主义－发展－中国－现代－文集 Ⅳ．①D61-53

中国版本图书馆CIP数据核字（2020）第248314号

书　名	当代中国马克思主义研究论丛（第一辑）
主　编	张　磊
出　版	四川大学出版社
地　址	成都市一环路南一段24号（610065）
发　行	四川大学出版社
书　号	ISBN 978-7-5690-3998-6
印前制作	四川胜翔数码印务设计有限公司
印　刷	郫县犀浦印刷厂
成品尺寸	185mm×260mm
印　张	22.75
字　数	455千字
版　次	2020年12月第1版
印　次	2020年12月第1次印刷
定　价	78.00元

版权所有 ◆ 侵权必究

◆ 读者邮购本书，请与本社发行科联系。
　电话：(028)85408408/(028)85401670/
　(028)86408023　邮政编码：610065
◆ 本社图书如有印装质量问题，请寄回出版社调换。
◆ 网址：http://press.scu.edu.cn

四川大学出版社
微信公众号

编者的话

党的十八大以来,以习近平同志为核心的党中央把马克思主义基本原理与当代中国的具体实际和时代特征紧密结合起来,创立了习近平新时代中国特色社会主义思想,实现了马克思主义同中国实际相结合的又一次新飞跃。党的十九大把习近平新时代中国特色社会主义思想写在党的旗帜上,确立为党和国家必须长期坚持的指导思想。这是具有里程碑意义的重大事件,对中国特色社会主义事业的发展具有重大而深远的意义。

习近平新时代中国特色社会主义思想是马克思主义中国化的最新成果,是当代中国马克思主义、21世纪马克思主义。从"两个一百年"奋斗目标的提出到"中国梦"的诠释,从"五位一体"总体布局统筹推进到"四个全面"战略布局协调推进,从把握经济发展新常态到以推进供给侧结构性改革为主线,从贯彻稳中求进工作总基调到落实五大发展理念,习近平治国理政新理念新思想新战略不断完善,各项新举措落地生根,"精准扶贫""打铁还需自身硬""绿水青山就是金山银山"等理念家喻户晓、深入人心。习近平新时代中国特色社会主义思想为中国特色社会主义理论体系注入了新的时代内涵,为新时代中国特色社会主义事业发展提供了强有力的理论指引。

深入学习研究习近平新时代中国特色社会主义思想,是中国马克思主义思想理论界的首要任务,是全国高校马克思主义学院的头等任务。高校马克思主义学院肩负着学习、研究、宣传、讲授、阐释习近平新时代中国特色社会主义思想的历史使命,要坚定对当代中国马克思主义的信仰,聚焦中国特色社会主义重大理论和实践问题,把学习、研究、宣传、讲授、阐释习近平新时代中国特色社会主义思想不断引向深入，为推进当代中国马克思主义指导实践做出贡献，切实发挥高校马克思主义学院在意识形态领域的战斗堡垒作用。

近年来，四川大学马克思主义学院把深入学习、研究、宣传、讲授、阐释习近平新时代中国特色社会主义思想作为首要政治任务，结合实践发展和教学要求进行了深入研究，取得了一大批成果。呈现在读者面前的这本书，便是从2017年至2019年的成果中精选出来的，是四川大学马克思主义学院教师集体智慧的结晶。这些论文已经发表在重要学术期刊、主流报纸及其网络平台上。本书是学院相关研究成果的第一辑，以后我们将继续推出系列作品，更好地展示四川大学马克思主义理论学科建设的最新研究成果。

四川大学马克思主义理论学科秉持"海纳百川，有容乃大"的校训和"立德树人，求是铸魂"的院训，持续开展习近平新时代中国特色社会主义思想的理论研究，努力打造自身特色和品牌。"当代中国马克思主义研究论丛"就是这样一种尝试。我们愿同全国马克思主义学院和全国广大理论工作者共同努力，不断深化习近平新时代中国特色社会主义思想研究，欢迎大家关注、参与。

编者

2020年6月

目 录

一、理论篇

深刻把握新时代社会主要矛盾变化的全局性影响及其意义 …………… 张　磊（003）

论新发展理念对马克思主义生产力理论的创新 ………………………… 杜黎明（009）

马克思相对剩余价值理论与中国科技发展之路 ………………………… 陈宏伟（017）

《共产党宣言》的新时代意蕴 …………………………………………… 杜黎明（027）

资产阶级意识形态的马克思政治经济学批判 …………………………… 胡　芳（036）

马克思主义中国化70年发展的实践与逻辑 ……………………………… 刘　渊（055）

二、政治篇

坚持依法治国和依规治党有机统一 ……………………………………… 曹　萍（069）

政治资源禀赋视角下新时代基层民主政治发展探析 …………… 王洪树　张茂一（073）

人民民主彰显中国制度显著优势 ………………………………………… 张　磊（090）

三、经济篇

关系全局的重大判断
　　——深入领会习近平总书记关于经济发展进入新常态的重要论述 …… 张　磊（097）

建设现代化经济体系必须坚持的基本取向 ……………………………… 蒋永穆（104）

大数据、平台经济与市场竞争
　　——构建信息时代计划主导型市场经济体制的初步探索 …………… 王彬彬（110）
习近平新时代中国特色社会主义经济思想对邓小平社会主义本质论的继承和创新
　　……………………………………………………………………… 杜黎明（127）
主动适应和把握经济运行的稳中有变 ……………………………… 曹　萍（138）
着力补齐农业现代化这块短板 ……………………………………… 王国敏（141）
基于绿色农业的市场化直接补偿方式研究 ………………… 王彬彬　李晓燕（143）

四、文化篇

牢牢坚持党性原则不动摇 …………………………………………… 张　磊（157）
社会主义核心价值观大众传播的现实情境与未来走向 ……… 薛一飞　邢海晶（160）
新时代文化自信的应然性、规范性和超越性之价值属性论析 ……… 邓宏烈（170）
思想政治教育视角下研究生职业能力构成及培养途径
　　………………………………………………… 李栓久　吴　宇　唐　棣（185）
努力在思想认识上达到新高度
　　——深入学习《习近平新时代中国特色社会主义思想学习纲要》…… 张　磊（192）

五、社会篇

托底与共享：国家治理能力建设的社会政策路径 …………………… 丁忠毅（199）
当前美丽宜居乡村建设应坚持的"六个取向" ……………………… 纪志耿（219）
中国农村养老服务供给：理论基础、形势判断及政策优化 …… 纪志耿　祝林林（226）

六、党建篇

加强和改进党对新闻舆论工作的领导 ……………………………… 张　磊（239）
把全面从严治党纳入战略布局 ……………………………… 李　兵　陈孝生（244）
牢固树立"四个意识"，坚决维护党中央权威 ……………………… 张　磊（247）
依规治党的内在逻辑与实现路径 …………………………… 曹　萍　张学昌（249）
中国共产党执政资源的比较优势、面临的挑战及拓展路径 ………… 陈文泽（263）
加强和规范党内政治生活应把握好五组主要矛盾关系 ……… 王国敏　陈梅芳（279）

统筹推进依法治国与依规治党 …………………………………… 张洪松（291）
以党的先进性建设为民族复兴之路保驾护航
　　——学习习近平总书记关于"不忘初心、牢记使命"的重要讲话精神
　　………………………………………………………… 李辽宁　于净源（304）

七、国际篇

失衡与制衡：国际传播运行格局的理论透视 ………… 刘　肖　董子铭（313）
"人类命运共同体"思想对外传播的"时度效"研究 ……… 刘　肖　董子铭（326）
国际传播力：评估指标构建与传播效力提升路径分析 …………… 刘　肖（333）
构建中国国际话语权的多重维度 ………………………………… 杜黎明（342）
应对持续发酵的逆全球化思潮亟须完善国际治理 ……………… 杜黎明（348）

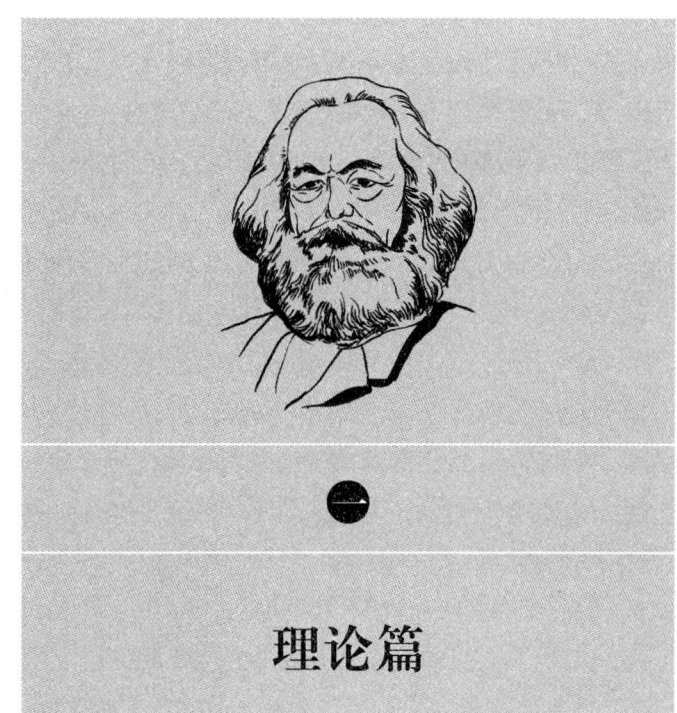

一

理论篇

深刻把握新时代社会主要矛盾变化的全局性影响及其意义①

张 磊

党的十九大报告提出，我国社会主要矛盾已经转化为人民日益增长的美好生活需要和不平衡不充分的发展之间的矛盾。这是一个关系全局的重大判断。深刻把握这一变化的全局性影响及其意义，对于准确把握我国发展的历史方位，深刻认识新时代基本特征、主要任务、发展要求，推进建设社会主义现代化强国、实现中华民族伟大复兴中国梦，具有重要意义。

一、社会主要矛盾变化是新时代最重要的特征

任何社会都是在矛盾运动中发展的。我国经济、政治、文化、社会和生态文明各方面的发展都是矛盾运动的结果。其中，社会主要矛盾的运动牵一发而动全身，是一个时代的重要特征。

第一，社会主要矛盾的变化决定了新时代的新标志。马克思在《资本论》第一卷中明确讲到："各种经济时代的区别，不在于生产什么，而在于怎样生产，用什么劳动资料生产。"② 社会生产力发展水平和生产力性质是划分经济时代的主要标志。新时代社会主要矛盾的变化反映了人民的新期待，其深层的内在动因就是时代对生产力发展

---

① 本文发表于《经济日报》2019年11月6日理论版。基金项目：马克思主义理论研究和建设工程重大委托课题"新时代中国特色社会主义阶段性特征和发展规律研究"。
② 《马克思恩格斯全集》第44卷，人民出版社，2001年，第210页。

提出了新要求。经过新中国成立以来特别是改革开放 40 多年来的发展,我国社会生产力水平总体上显著提高,社会生产能力在很多方面迈入世界前列,更加突出的问题是发展不平衡不充分,这已经成为满足人民日益增长的美好生活需要的主要制约因素。化解这个制约因素,关键是要促进社会生产力的新跃升,大力提升发展的质量和效益,加快转向高质量发展,把中国特色社会主义推向发展新境界。① 这是中国特色社会主义进一步发展的必然选择,也是新时代的内在根据和重要标志。

第二,社会主要矛盾的变化揭示了新时代面临的新挑战。社会主要矛盾的变化提出了发展新要求,意味着新的挑战。长期以来,我国经济主要依靠低廉的要素成本和巨大的环境消耗实现高速增长,现在已经到了必须做出调整的时候。从全球产业链来看,我国处于"不上不下"的位置,面临"逆水行舟不进则退"的关口,是不思进取,继续甘居全球产业链下游,落入"中等收入陷阱",还是奋起直追,向产业链更高端位置迈进,赢得更为广阔的发展空间,这是对我们的根本性挑战。党的十九大做出社会主要矛盾变化的重大判断,为我们清醒认识严峻的发展形势和内外环境、制定正确的发展策略、加快发展方式转变提供了坚实的理论依据。

第三,社会主要矛盾的变化明确了新时代的新方位。这个新方位就是党的十九大报告阐述的"三个意味着"和"五个时代",归结起来就是,我们处于这样一个承前启后、继往开来的时代节点:我们要决胜全面建成小康社会,进而全面建设社会主义现代化强国,在新的历史条件下完成从站起来、富起来到强起来的伟大飞跃,最终实现中华民族伟大复兴;我们要团结全国各族人民共同奋斗,不断创造美好生活,逐步实现全体人民共同富裕,使科学社会主义在中国大地上焕发出强大的生机活力,让中国特色社会主义伟大旗帜高高飘扬;我们要不断发展中国特色社会主义道路、理论、制度和文化,为发展中国家开拓走向现代化的新途径,为解决人类问题贡献中国智慧和中国方案。总之,这一转变为中国特色社会主义发展确定了新的时代任务。

二、新时代社会主要矛盾变化是关系全局的重大变化

习近平总书记指出:"我国社会主要矛盾的变化是关系全局的历史性变化,对党和国家工作提出了许多新要求。"② 这里,全局性表明这一变化是全面的、系统的、全方

---

① 习近平:《在杭州二十国集团工商峰会开幕式上的讲话》,《人民日报》2016 年 9 月 4 日,第 1 版。
② 习近平:《决胜全面建成小康社会 夺取新时代中国特色社会主义伟大胜利》,载《中国共产党第十九次全国代表大会文件汇编》,人民出版社,2017 年,第 9 页。

位的,历史性表明它是长期积累而形成的,是根本性的、不可逆的。这一变化对党和国家的工作产生了深刻影响。

第一,这一变化要求全面调整经济结构。新时代社会主要矛盾从经济方面看,就是经济结构调整落后于市场需求的发展。对此,必须对经济结构进行全面深刻的调整。首先,产业结构要转变,要提升服务业的比重,使第三产业成为经济增长的强劲动力;其次,需求结构要转变,要降低依靠投资拉动增长的比重,提升消费拉动增长的比重,使国内需求成为增长的主动力;再次,收入结构要转变,要调整国民总收入的分布结构,增加居民收入所占比重,大幅度提高居民购买力;最后,发展动力要转变,要降低人力、资源投入推动经济增长的比重和环境消耗,提升技术进步和内需推动经济增长的比重,实现可持续增长。这些转变具有全局性意义,将推动我国经济的整体转型升级。

第二,这一变化要求全面更新发展理念。新时代社会主要矛盾变化揭示了现阶段满足人民日益增长的美好生活需要的主要制约因素就是"不平衡不充分的发展"。要解决这个问题,首先就要抓住全面更新发展理念这个切入点。"理念是行动的先导,一定的发展实践都是由一定的发展理念来引领的。发展理念是否对头,从根本上决定着发展成效乃至成败。"[①] "五大发展理念"是我们党针对发展中的突出问题提出来的,集中反映了正确认识和处理新时代社会主要矛盾的根本要求,反映了解决发展不平衡不充分这一问题的基本途径。要全面贯彻新发展理念,统筹推进"五位一体"总体布局,协调推进"四个全面"战略布局,按照创新、协调、绿色、开放、共享的要求,全面推进物质文明、精神文明、政治文明、社会文明、生态文明协调发展。

第三,这一变化要求全面提升发展目标。社会主义经济发展的根本目标就是满足人民群众的需要。我国社会主要矛盾变化表明新时代人民群众的需要发生了重大变化,指向了"美好生活需要"这一更高标准。要达到这个更高标准,就要全面提升发展要求和目标,更好地呼应和满足人民日益增长的美好生活需要。要在进一步提高人民群众物质文化生活水平的同时,更加关注人民群众在法治、公平、正义、安全、环境等方面的需要,使人民的获得感、幸福感、安全感更加充实、更有保障、更可持续,不断创造和发展"美好生活"的内容。

第四,这一变化要求全面拓展世界眼光。正确把握国际国内大局,以宽广的眼界观察世界,是总结社会主义建设历史经验提出的要求,也是根据我国现代化建设规律

[①] 习近平:《以新的发展理念引领发展》,载《习近平谈治国理政》第2卷,外文出版社,2017年,第197页。

提出的要求。在经济全球化和信息化条件下，世界各国的联系日益紧密而深刻。我国社会主要矛盾变化的影响不会局限于国内，还会延伸至国际。我国进行的经济结构调整将引起世界经济结构和产业链的调整，世界范围内新一轮科技革命和产业变革的蓬勃兴起也将对我国产生持续的巨大影响。对此，我们必须全面拓展世界眼光，自觉适应世界"百年未有之大变局"，牢牢抓住新一轮科技革命和产业变革带来的机遇，更加自觉地迈向全球价值链更高端的位置，转向全球经济贸易体系中更有优势的位置，顺应时代发展的大趋势。

第五，这一变化要求全面变革治理方式。新时代社会主要矛盾变化也凸显了加快国家治理体系变革的紧迫性。面对国内外形势的变化，面对经济社会发展的要求，面对当今世界日趋激烈的国际竞争，我们要实现社会和谐稳定、国家长治久安，就必须加快提高解决社会矛盾的能力和水平。毛泽东同志指出："对于矛盾的各种不平衡情况的研究，对于主要的矛盾和非主要的矛盾、主要的矛盾方面和非主要的矛盾方面的研究，成为革命政党正确地决定其政治上和军事上的战略战术方针的重要方法之一"[①]。从党的历史来看，国家和社会的治理、正确的政策和策略制定都离不开对社会主要矛盾的科学分析和深刻把握。我们必须适应社会主要矛盾的新变化，加快完善处理社会矛盾的治理体系，把加强党的长期执政能力建设同提高国家治理水平有机统一起来，积极参与全球治理体系建设，不断完善中国特色社会主义制度，推进国家治理体系和治理能力现代化。

三、新时代社会主要矛盾变化判断的重大理论和实践意义

党的十九大做出新时代我国社会主要矛盾转化的判断是一个完整系统的论述，包含着极为丰富的内容，有着深刻的理论意义和实践意义。

第一，深化了对社会主要矛盾"变"与"没有变"辩证关系的认识。把握社会主要矛盾的新变化，关键是要把握"变"与"没有变"的关系。党的十九大报告在指出社会主要矛盾发生转变的同时，特别强调了两个"没有变"。就是说，我国社会主要矛盾的变化，没有改变我们对我国社会主义所处历史阶段的判断，我国仍处于并将长期处于社会主义初级阶段的基本国情没有变，我国是世界最大发展中国家的国际地位没有变。前后两个"社会主要矛盾"不是对立的，也不能割裂开来。但同时，新时代社会主要矛盾又确实发生了重大变化，而且是带有飞跃性的质变，是对各方面产生全局

---

① 毛泽东：《矛盾论》，载《毛泽东选集》第1卷，人民出版社，1991年，第326—327页。

性影响的变化。这一变化之"新",在于它是层级性的变化,从人民需要的一般水平迈向更高水平,从物质生产扩充到经济社会发展全领域,矛盾的指向和剧烈程度都发生了变化。正确把握这个变化,在实践上就必须坚持党的基本路线决不动摇,扭住以经济建设为中心决不放松,同时把着力点放在发展更高水平的生产力上,切实提高发展质量和效益,大力增强创新能力。

第二,深化了对社会主要矛盾中"需要"与"供给"辩证关系的认识。社会主要矛盾始终是依据人民需要与供给的关系而确立的。在过去很长一个时期,我国社会主要矛盾都是人民日益增长的物质文化需要同落后的社会生产之间的矛盾。这是符合我国实际情况的正确判断。中国特色社会主义进入新时代,我国社会需求和社会生产都发生了巨大变化。在过去的物资短缺时代,供给是主导方面,需求是被动方面,有供给就有需求。现在生产能力已经极大提高,物质财富已经极大丰富,一般需求已经饱和,人民群众要求更高质量、更为丰富、更加个性化的供给。供给决定需求的阶段发展到了需求决定供给的阶段。这种新变化,要求我们从供求关系的根本变革上认识社会主要矛盾,在实践上要坚持以供给侧结构性改革为主线,把提高供给体系质量作为主攻方向,大力推动经济发展质量变革、效率变革、动力变革,不断增强我国经济创新力和竞争力。

第三,深化了对社会主要矛盾发展的"平衡"与"不平衡"辩证关系的认识。新时代社会主要矛盾的变化揭示了发展不平衡不充分问题是当前我国的突出问题。社会主义发展客观上要求全面和平衡。邓小平同志说过,搞改革开放和现代化建设,光有经济建设一手搞得好还不行,要坚持"两手抓,两手都要硬",不仅要建设高度的物质文明,而且要建设高度的精神文明。习近平总书记指出:"发展必须是遵循经济规律的科学发展,必须是遵循自然规律的可持续发展,必须是遵循社会规律的包容性发展""着力提高发展的协调性和平衡性"。① 正确认识和处理社会主要矛盾,必须全面贯彻创新、协调、绿色、开放、共享的发展理念,在实践上要统筹兼顾、注重平衡、补齐短板,着力解决我国发展长期存在的问题,促进城乡、区域、沿海和中西部协调发展,增强发展的平衡性、包容性、可持续性,不断形成平衡发展结构,增强发展后劲,提升发展的整体效能,促进经济社会持续健康发展。

第四,深化了对"国内发展"与"对外开放"辩证关系的认识。新时代社会主要矛盾的变化是在国际环境更加复杂的形势下出现的,正确认识和处理社会主要矛盾必须充分考虑外部因素,特别是防范各种风险。邓小平同志强调,搞现代化建设要有世

---

① 习近平:《2014年7月8日在经济形势专家座谈会上的讲话》,《人民日报》2014年7月9日,第1版。

界眼光,要注意世界各国的发展,瞄准世界前沿,注意风险挑战。我们是在"百年未有之大变局"下进行现代化建设的,经济全球化和信息化的深入发展使国内矛盾和国际矛盾相互交织、相互作用。社会主义初级阶段各种复杂矛盾长期存在,国际上种种不可预测因素的频繁出现,都可以使矛盾迅速放大许多倍,产生巨大的破坏性,决不可以掉以轻心。对此,需把握国内外矛盾,注重统筹国内和国际两个大局,在实践上正确处理国内发展与对外开放的关系,把握机遇、趋利避害,妥善应对和处理各种突发事件,决不让各种干扰影响我国的改革发展。

第五,深化了对"矛盾局部"与"矛盾全局"辩证关系的认识。当前,经济社会发展的领域越来越广,层次越来越多,关联越来越紧密。社会主要矛盾转变的影响,不仅涉及单个领域和方面,更会涉及代表全局性、趋势性的方面。习近平总书记强调,要坚持发展地而不是静止地、全面地而不是片面地、系统地而不是零散地、普遍联系地而不是单一孤立地观察事物,准确把握客观实际,真正掌握规律,妥善处理各种重大关系。这就要求我们在认识和处理社会主要矛盾时,坚持用系统的、普遍联系的观点和方法推动对矛盾的认识和处理。只有这样,才能总揽社会矛盾全局,协调各方矛盾的解决。否则,就可能因为抓住一点不及其余,似乎解决了一个矛盾,实际上带来更多矛盾的激化,造成经济社会的混乱。把握社会矛盾全局,就要做到"两个维护",跳出自己的"一亩三分地",摆脱局部利益、部门利益和地区利益的束缚与羁绊,真正从党的利益、国家整体利益、人民长远利益出发开展工作、推动发展。

论新发展理念对马克思主义生产力理论的创新[①]

杜黎明

"创新、协调、绿色、开放、共享"五大发展理念有机耦合，形成结构严谨的新发展理念，这是当代中国马克思主义政治经济学理论发展的重要成果。[②] 党的十九大不仅把"坚持新发展理念"纳入"十四条"战略安排，而且对"贯彻新发展理念，建设现代化经济体系"做出了全面的部署。新发展理念坚守马克思主义理论内核，回应我国经济社会发展面临的现实问题，指明生产力安全发展的路径和方式，是对马克思主义生产力理论的创新性发展。

一、新发展理念的马克思主义理论内核

新发展理念中，每一个理念的内涵较过去都得到了丰富和发展，都被赋予了回应经济社会发展现实难题，彰显马克思主义崇高理想和价值追求的新内容；每一个理念的践行都需要落实其他理念以创造条件、营造环境，践行某一理念所伴生的社会问题也需要通过践行其他理念加以化解；每一个理念都有着深厚的理论意蕴，都是对马克思主义基本原理的应用和发展。

---

① 本文发表于《中南民族大学学报（人文社会科学版）》2018年第2期。基金项目：国家社会科学基金项目"城市生态文明协同创新体系研究"（13AZD076）、四川大学中央高校基本科研业务费研究专项项目"理论与实践协同视域下的马克思主义整体性研究"（skqx201728）。

② 习近平：《关于〈中共中央关于制定国民经济和社会发展第十三个五年规划的建议〉的说明》，《人民日报》2015年11月4日，http://politics.people.com.cn/n/2015/1104/c1024-27773478-2.html。

（一）创新发展丰富了马克思主义创新思想

马克思明确提出"科学技术是生产力"的主张，邓小平更是强调"科学技术是第一生产力"。创新发展理念突出了创新内容和形式的多样性以及创新主体的广泛性，既强调科技创新，也强调制度创新、文化创新、组织创新等一切有助于生产力发展的变革力量；既强调科技人才、社会精英、英雄人物创新能力的发挥，也强调普通大众创新能力的发挥、创新机会的获取、创新成果的积累。以互联网、物联网为代表的电子信息技术打破了过去人与物结合在时间、空间方面的限制，实现了人与人、人与物、物与物的无缝对接；"互联网＋""大众创业、万众创新"正是践行创新发展理念、以创新驱动发展的生动写照。

（二）协调发展丰富了马克思主义均衡增长思想

人类社会是一个由彼此相互联系、相互制约、相互转化的因素和领域构成的"有机体"。马克思之所以强调两大部类在社会再生产中的比例协调，正是因为认识到了经济社会发展的不同领域、不同方面间的有机联系。均衡增长思想的核心在于以社会各个组成部分同步发展实现社会有机体整体的发展壮大。协调发展秉承经济社会有机体整体均衡发展的基本要求，正视经济社会发展不同领域、不同方面在发展基础、发展条件、发展机遇等方面的现实差异，突出强调个别地区、个别领域率先发展，以先发关联带动、示范指导后发，实现不同层次、不同阶段的重点突破，最终达到经济社会各个组成部分的整体发展。协调发展强调正确处理发展中的重大关系，不断增强发展的整体性，更加重视发展的关联带动性和平衡性，以实现经济社会的科学发展、可持续发展和包容性发展。

（三）绿色发展丰富了马克思主义人与自然和谐思想

马克思主义强调人与自然的和谐关系对人类社会发展的重要作用。绿色发展强调把人与自然和谐的要求融于经济社会发展各领域、各方面，是对人与自然和谐发展思想的继承和发展。生产力发展最终要体现和落实到人与自然之间的物质变换上，绿色发展既强调通过改造提升自然物的因素，提高物质变换效率，修复物质变换裂缝，为生产力系统提供更好的要素保障，又强调转变生产生活方式，构建经济社会发展的生态安全屏障。习近平总书记强调，"绿水青山就是金山银山"，正是对绿色发展内涵进行的直观生动的诠释。

（四）开放发展丰富了马克思主义经济全球化思想

马克思主义认为，经济全球化的本质是资本的全球化。当生产力发展到一定历史阶段，生产的社会化发展逐渐打破国家、地域等方面的限制，生产关系也要主动或被动地进行调整，以适应生产力发展的客观需要，进而形成全球联系。与西方发达国家推动经济全球化是要实现其经济霸权不同，开放发展既强调顺应历史发展趋势和规律，不断拓展我国在全球范围内配置资源的能力，又强调在开放中打造人类责任、利益、命运共同体，为化解全球经济社会发展难题提供中国智慧和中国方案，为实现"自由人的联合体"的共产主义最高理想积累条件。

（五）共享发展丰富和发展了社会主义本质论

马克思所设想的物质财富极大丰富，每一个人都自由而全面发展的未来社会一定是共同富裕的社会。社会主义本质论是关于社会主义生产力和生产关系的发展以及社会主义建设目标的全面论述。共享发展坚持发展为了人民、发展依靠人民、发展成果由人民共享，使全体人民在共建共享发展中有更多获得感，增强发展动力，增进人民团结，朝着共同富裕方向稳步前进，这正是社会主义本质的现实体现。共享发展理念强调以共享实现人的素质和能力的整体提升，以共享发展的结果充实进一步解放和发展生产力的条件，生产力的发展又可进一步提高共享的水平，提高共同富裕的程度，更鲜明地彰显社会主义的本质。

二、新发展理念对现实问题的回应

新发展理念是中国特色社会主义新时代破解发展难题，厚植发展优势的根本遵循。"创新——剑指发展动力问题，协调——剑指发展不平衡问题，绿色——剑指人与自然和谐发展问题，开放——剑指内外联动问题，共享——剑指社会公平正义问题。"[①] 新发展理念对现实发展难题的回应表现在以下几个方面。

（一）经济增长动力转换迫在眉睫

依据推动经济增长的主动力，一国的经济发展往往会先后经历"要素导向、投资

---

① 张兴茂、李保民：《论经济社会的五大发展新理念——研读中共十八届五中全会文件体会》，《马克思主义研究》2015 年第 12 期。

导向、创新导向、富裕导向 4 个阶段"①。改革开放以来，遵循要素导向和投资导向，我国经济发展取得了举世瞩目的成就，同时也使我国经济增长面临严峻的资源环境承载力约束、生产要素成本上升、部分行业产能过剩、部分企业生产经营困难等挑战。保障经济持续健康发展，急需我国大力提高创新能力，并以社会财富公平分配、提高全民富裕水平为目标，加快促进经济增长动力向创新导向、富裕导向转换。

（二）破解发展不协调难题的任务艰巨

改革开放以来实施的邓小平"两个大局"战略，允许特殊区域、特殊行业及领域先行先试探索改革开放道路、积累改革开放经验，激发了区域竞争。这些战略设计和制度安排在促进我国经济社会快速发展的同时，也使城乡区域发展失衡、经济和社会发展失衡、国家硬实力增长和软实力增长失衡等发展不协调的矛盾不断积累。增强发展的整体性、协调性，在加强薄弱领域中增强发展后劲，成为新时代的当务之急。

（三）缓解经济社会发展的资源环境约束刻不容缓

改革开放后，持续多年的以要素和投资为导向的"高投入、高排放、低效益"经济增长模式极大地透支了我国的资源环境，建设资源节约型、环境友好型社会，构筑保护生产力发展的生态安全屏障已刻不容缓。全面建成小康社会，建设美丽中国，促进人的全面发展大大激发了社会的绿色生态产品需求，坚持走生产发展、生活富裕、生态良好的发展道路同样刻不容缓。不合理的资源开发利用、污染排放制度安排对推进国家治理现代化形成了严重制约，建立健全绿色发展的制度体系同样刻不容缓。

（四）在开放型经济发展中积极参与全球经济治理时不我待

实现从积极利用国际市场的外向型经济向立足全球市场配置经济资源的开放型经济转变，是成为经济强国的必由之路。改革开放以来，特别是加入世界贸易组织（WTO）以来，我国虽然致力于通过对外开放主动融入世界经济发展，但由于在国际经济规则、经济秩序制定中缺乏话语权，分享世界经济发展成果的能力一直难以有效提升。在跨越"中等收入陷阱"迈向高收入国家，实现中华民族伟大复兴，再铸引领世界文明发展的辉煌的伟大征途中，我国不仅会受到先发强国的打压，而且会受到中低收入国家的抵制。创新开放思路，坚持合作共赢，打造利益共同体，主动融入全球经济并逐步提高参与全球治理的能力，是我国实现从大国向强国跃迁的不二之选。

---

① 迈克尔·波特：《国际竞争优势》，李明轩、邱如美译，中信出版社，2012 年，第 13 页。

(五) 促进共享发展乃当务之急

在经济快速发展的同时，我国也暴露出收入差距拉大、社会阶层分化趋向明显等与社会主义共同富裕的本质要求相悖，对人的全面发展形成制约的现实问题。增强全体民众对经济社会发展的认同感、获得感，形成人人参与、人人尽力、人人享有的共享发展格局，不仅是中国特色社会主义建设的现实要求，也是推动经济增长、实现共同富裕的现实要求。

三、新发展理念对马克思主义生产力理论的发展

生产力发展是经济发展的基础，经济发展并不必然带来生产力发展。对生产力发展和经济发展有意或无意地混淆，导致对生产力安全发展的重视不足。党的十九大再次强调，"解放和发展社会生产力，是社会主义的本质要求"。在各种传统和新兴非传统安全威胁交织，使新时代国家安全形势变得异常复杂的背景下，促进生产力安全发展既是彰显社会主义本质的现实要求，又是落实国家整体安全观的重大举措。我国经济社会发展面临的资源环境承载力约束，房地产业的过度繁荣对制造业、实体经济发展机会的侵蚀等问题，无不凸显了生产力安全发展的现实紧迫性。新发展理念回应了发展动力、发展的基本要求、发展的价值取向等深层次的问题，是突出强调时空整体性的理念。创新、协调突出了遵循经济规律的科学发展，绿色突出了遵循自然规律的可持续发展，开放、共享突出了遵循社会规律的包容性发展。[①] 新发展理念回应了生产力安全发展的要求，内在地契合了生产力安全发展的要求，是对生产力理论的创新性发展。

（一）创新生产力发展的途径和方式

不同类型的实体性要素的高效配置，以及实体性要素和非实体性要素的紧密结合，是生产力发展的基本要求。生产力发展的途径和方式选择总是围绕人的发展、物的改进、人与物结合方式的改进三个方面展开。人的发展既以劳动者的积极性和主动性的发挥、以劳动技能提升的方式直接改善生产力系统单元的运行，又以全民族创新环境改善、创新能力提升的方式，丰富非实体性要素供给，促进实体性要素和非实体性要素有机耦合，从而促进人与物结合方式的改进。物的改进最终表现为生产资料和劳动

---

① 方世南：《论治国理政思想的唯物史观基石》，《马克思主义研究》2016第7期。

对象的质量改进和功能提升。科技创新和生态环境建设带来的自然生态系统功能改善，是物实现改进的两种重要源头。人与物结合方式的改进，即劳动者和生产资料结合方式的改进，是非实体性要素利用和生产关系调整的综合结果。

新发展理念是促进生产力发展途径和方式创新的理念。创新发展全面体现了人的发展、物的改进、人与物结合方式的改进的要求。制度创新、文化创新不仅可以激发劳动者推动生产力发展的积极性和主动性，还可以推进人与物结合方式的改进。科技创新可以提高劳动者的劳动技能和创造能力。利用新技术改进生产工具，及时把技术创新产品用作生产资料和劳动对象，是创新发展推进生产力系统中物的改进的重要途径。协调发展力图在更长时间段、更广阔的地理空间内促进社会时空条件转化回应人全面发展的诉求，重在正确处理发展中的重大关系，改进生产力系统中人与物的结合方式。绿色发展把节约资源和保护环境的基本要求植入生产力系统，重在改进物、改进人与物的结合方式。开放发展重在拓展改进物、改进人与物的结合方式的地理空间。共享发展重在通过公平、公正的发展成果分配调动人推动生产力发展的积极性和主动性。①

新发展理念促进生产力系统结构优化和功能改善的内在特性具有推动供给创新的本质。坚持新发展理念，重在对产品供给内容、供给方式提出新的要求，避免无效供给的产生和沉淀，以供给引导消费，推动经济发展。协调发展和共享发展重在以物质财富消费、物质产品使用价值运动引导生产力系统运行目标优化调整；创新发展、绿色发展重在以生产力系统要素结合方式优化调整，为去产能提供目标方向的指引；开放发展则致力于拓展生产力系统内部结构优化调整的地理空间，汇聚"去产能"的多源动力。创新发展、协调发展、共享发展汇聚了去库存、去杠杆的动力，构筑了经济发展过度背离生产力发展的防线。创新发展、协调发展、开放发展推动企业降成本，旨在提高生产力系统单元运行效率；创新发展、绿色发展、共享发展补短板，旨在优化调整生产力系统内部结构，以促进生产力安全发展。

（二）体现保护生产力的现实要求

生产力系统是"人—物"系统，"人"和"物"的异常运动都可能使生产力系统遭受破坏甚至毁灭。战争、社会动荡对生产力系统的破坏和摧毁是人的异动破坏生产力的现实表现，自然灾害、生态危机对人类生产力系统的破坏和摧毁是物的异动破坏生产力的现实表现。新发展理念体现了防止"人"和"物"异动，保护生产力发展成果

---

① 杜黎明：《试论五大理念发展理论对政治经济学理论发展的贡献》，《兰州学刊》2016第7期。

的现实要求。

绿色发展理念推进了生态文明建设突破性发展，充实了生产力安全发展的文明基础。生态文明建设和绿色发展的本质和核心都是人与自然和谐相处、永续发展。生态文明建设侧重强调人为实现人与自然和谐相处、永续发展的行动集合，绿色发展则以绿色这种象征生命、表征自然本底的颜色形象地刻画人类经济社会发展道路、发展方式、发展路径的特征，力图以颜色对人的视觉刺激推动人与自然和谐相处、永续发展理念的大众传播，侧重于强调人在行为选择时必须坚守的人与自然和谐相处的原则、目标和要求。相较于生态文明建设，绿色发展最大的创新和突破就在于对主体范围的拓展：生态文明建设的主体只能是人以及人的联合体，绿色发展的主体则是包括人和自然环境在内的生命共同体；绿色发展是马克思的命运共同体思想在经济社会发展方式选择上的生动体现和具体运用。生态文明建设最终要服务人的发展和需要，实质上仍未跳出"人类中心主义"的圈子，而绿色发展最终要服务于人和自然环境的发展和需要，是对"人类中心主义"的继承和超越，绿色发展要求把人类社会中人对其他人的伦理关照延伸至人对自然环境的关照。党的十九大强调，"我们要建设的现代化是人与自然和谐共生的现代化"，做出推进绿色发展的制度安排，就是要防止"人"和"物"的异动，顺应生产力安全发展的要求。

绿色发展理念是反思人类开发利用自然条件的积极成果，体现了防止自然物异动以保护生产力的现实要求。自然条件往往被当作人以劳动利用、征服和改造的对象，是生产系统中物的范畴，对自然条件的无偿占用甚至过度开发似乎成为生产力发展的必然选择。恩格斯早就提出警示，"我们不要过分陶醉于我们人类对自然界的胜利。对于每一次这样的胜利，自然界都对我们进行报复"①。自然条件作为生产力发展的决定因素，不仅是生产力发展的条件，也是发展生产力时必须加以保护的对象。新发展理念是创新驱动、协调推动、共享牵动、开放带动汇聚绿色发展动力的理念，强调以整体思维、系统推进的方式谋划生产力发展。绿色发展理念把节约资源和保护环境的内在要求、形成人与自然和谐发展的格局的目标取向植入生产力系统的改造之中，重在构筑生产力发展的生态安全保护屏障。创新发展致力于丰富非实体性要素供给，协调发展致力于化解短板制约，防止实体性要素和非实体性要素供给失衡而危及生产力的安全发展。开放发展致力于在国际经济技术交流中打造利益共同体，共享发展有助于提高国内民众对生产力发展的参与度，增强其对生产力发展成果的获得感，以促进社会和谐，实现长久的稳定发展。开放发展和共享发展重在推动国际国内利益协调，体

---

① 《马克思恩格斯文集》第 9 卷，人民出版社，2009 年，第 559—560 页。

现了防止"人"的异动与保护生产力的现实要求。

（三）体现生产关系反作用于生产力的现实要求

社会生产关系本质上是人与人之间在物质财富创造、流通、分配与消费过程中结成的经济利益关系。"只有把社会关系归结于生产关系，把生产关系归结于生产力的水平，才能有可靠的根据把社会形态的发展看做自然历史过程。"① 和谐的社会生产关系反作用于生产力，首先是要构筑一道保护生产力发展的社会屏障，再通过优化提升生产力系统各要素的素质，促进生产力各要素的优化配置，最终实现生产力的发展。新发展理念凸显了利益协调这一生产关系和谐的本质要求，是构建生产力要素优化配置的社会屏障的理论指导。

共享发展和开放发展形成生产力发展的社会屏障，为创新发展、协调发展、绿色发展优化提升生产力系统的功能创造条件。共享发展一是以参与经济社会发展的机会公平增强民众对社会发展的认同，凝聚社会发展的共识，以认同和共识促进社会生产关系的和谐；二是以民众公平地参与生产力发展成果分配增强民众的获得感，夯实和谐生产关系的物质基础。开放发展重在适应信息技术、经济全球化等给生产力发展带来的新变化，积极参与并致力于推动全球经济治理体系创新与完善，打造利益共同体，以促进我国与各国形成互利共赢、和谐稳定的生产关系。在共享发展和开放发展营造的社会屏障内，创新发展推动了生产力要素的素质和质量提升，协调发展和绿色发展推动了生产力要素的优化配置，为生产力快速发展打下了坚实的基础。

---

① 《列宁专题文集：论辩证唯物主义和历史唯物主义》，人民出版社，2009年，第161页。

马克思相对剩余价值理论与中国科技发展之路[①]

陈宏伟

一、导论

作为历史悠久的文明古国之一，中国古代的科学技术及经济实力一直处于世界领先地位。13世纪中国农业生产力已经处于世界最高水平，而中国工业自汉代以来已有较大发展，在宋朝达到一个高峰，科技创新更是不计其数，在13世纪已经可以使用水力纺织机，其技术水平领先欧洲4个世纪之久。但如此先进的中国科技却在近代被西欧反超，从先进变为落后。"为什么有那么多早期科技成就的中国却没有产生近代科学？"这是李约瑟在研究中国科学技术史的过程中向世人抛出的难题，也被称作"李约瑟之谜"。诸多学者从政治、经济、文化、社会等不同视角展开讨论，试图找出答案，却无法完全破解其秘密。究其根本，现有研究视角众多，唯独缺乏从马克思主义角度进行的分析。其实，这个谜底可以到100多年之前的《资本论》第一卷中去寻找。解开"李约瑟之谜"的钥匙暗含于论述"相对剩余价值生产"方法的资本主义发展三阶段理论中。从本源破解"李约瑟之谜"，对当下我国建设中国特色社会主义市场经济、实现技术赶超具有重要的理论和现实意义。

[①] 本文发表于《厦门大学学报（哲学社会科学版）》2019年第2期。

二、中国近代为何科技落后:"李约瑟之谜"的迷雾

"李约瑟之谜"的提出引发了学者的广泛关注,诸多学者试图从不同的学科视角进行解说,探求中国近代科技落后的原因,但意见并不统一。"制度说""中央集权论""文化决定论""思维方式说""高水平均衡陷阱理论""环境影响论"等诸多观点,让这个问题显得更加迷雾重重。

概而言之,现有研究成果显示,对于"李约瑟之谜"的解答主要从以下几个方面进行:(1)自然地理环境决定论。从地理环境差异出发,戴蒙德(Jared Diamond)将中国近代落后的原因归结为完整的地理环境所形成的大一统的国家体制,他指出大一统的国家体制不利于工商业和海外贸易的发展,不利于技术进步。但这个理论无法解释古代中国领先世界的原因,并且西方近代实现反超之前也有一个大一统的过程。(2)人口因素影响说。从人口因素解析"李约瑟之谜"的代表当属"高水平均衡陷阱理论",其最早由伊懋可(Elvin Mark)提出,他将近代中国技术创新停滞的根源归于中国人地比例失调。但林毅夫直指该观点本身存在逻辑问题,并提出技术创新模式理论,认为近代中国科技落后的原因在于近代西方科技创新方式转变为以实验创新为主,而中国的创新模式仍然基于经验。① 这一理论虽有一定的解释力,但也存在问题,其并没有说明中国科技创新模式为什么没有能够发生转变,同时没有说明西欧科技创新模式转变的原因,仍然没有从根本上揭示中国近代科技落后的原因。(3)文化决定论。马克斯·韦伯提出著名的韦伯命题,指出中国不能发展资本主义的根本原因在于中国传统的儒家伦理道德。儒家文化重视人事而轻视自然科学。② 中国古代科学无法形成严密的逻辑体系③,这阻碍了中国近代科学的发展。"文化意识形态决定论"试图从上层建筑的角度解释"李约瑟之谜"。中国传统文化的确对中国经济社会的发展具有十分深远的影响,但把中国传统文化简单地归结为儒家文化显然失之偏颇,并且即使是在同样的文化土壤中,不同区域也会有不同的发展结果。(4)制度说。中西方近代以来在经济、科技发展水平上发生了位置转换,诸多学者将这一变化归因于中西方在政治体制和制度安排上的差异,认为中国官僚政治体制及一系列制度安排上的缺陷是造成中国

---

① 林毅夫:《李约瑟之谜、韦伯疑问和中国的奇迹——自宋以来的长期经济发展》,《北京大学学报(哲学社会科学版)》2007年第7期。
② 张忠祥:《文艺复兴与近代科学革命——兼驳片面解读"李约瑟之谜"者》,《探索与争鸣》2006年第1期。
③ 李保东:《"李约瑟难题"与中国的现代化进程》,《燕山大学学报(哲学社会科学版)》2004年第2期。

近代无法产生技术革命的主要原因。李约瑟本人持有类似观点，认为中国古代官僚政治体制阻碍了近代中国的技术进步。大量优秀人才将毕生精力奉献于谋求仕途，无心从事科学研究。①并且皇权专制下，产权缺乏保护，"寻租"活动盛行，从而不利于促进科学技术进步。②学者们对"李约瑟之谜"进行制度解析时，注意到了科技创新的商业动机，甚至已经注意到了科技革命与资本主义的关系。他们发现，科学革命发生的背景是资本主义工业化在欧洲的兴起③，"英法等最早取得资本主义胜利的国家，他们同时也是最早爆发并且完成工业革命的国家"，"完成工业革命的国家都是资本主义国家，没有在封建的社会经济形态下取得工业革命胜利的先例"。④他们看到了资本主义经济制度的确立与科技进步之间的联系，但在具体分析的过程中却又忽视了这种联系，使得这种发现表现为一种自发的过程而非自觉的过程，换句话说，他们并没有理解资本主义生产方式的确立本身对科技进步起推动作用的具体机制是什么。

通过梳理发现，学者在研究"李约瑟之谜"时并没有形成统一的观点和理论体系。尽管有学者在分析过程中提及了近代中西方在生产关系发展上的差异，却没有从生产关系对生产力的巨大反作用的角度进行系统的分析，从而没有抓住"李约瑟之谜"的根本。我国在近代被西欧反超，恰恰就是因为西欧确立了资本主义生产方式，而我国当时仍然处于封建主义生产关系当中。就封建制度而言，中国与西方有明显的不同。自秦始皇统一中国以来，中国古代的农民对地方长官并没有人身依附关系，相较于西方有更多的人身自由和私人财产，这并不利于资本主义制度确立所必需的大量的"自由的一无所有"的雇佣劳动力的形成。劳动力不能大规模地转化为商品，从而使货币不能大量地转化为资本，资本主义生产关系无法成熟。

三、先有工业革命还是先有资本主义制度：一个历史分析

生产力与生产关系矛盾运动规律、经济基础与上层建筑矛盾运动规律是贯穿人类社会发展始终的基本规律。生产力决定生产关系，生产关系对生产力发展具有反作用。当生产力发展到一定程度必然要求生产关系发生变革。相较于封建主义，资本主义的

---

① 刘茂松、许鸿文：《"李约瑟之谜"解对中国经济发展的启示——兼与姚洋就〈高水平陷阱——李约瑟之谜再考察〉商榷》，《湖南社会科学》2004年第1期。
② 姚晓维：《"李约瑟之谜"的寻租理论剖析》，《探索与争鸣》2004年第4期。
③ 周文、陈跃：《市场化改革与中国经济长期发展——解释李约瑟之谜的新视角》，《社会科学战线》2014年第2期。
④ 杨建德、王云胜：《"李约瑟之谜"的新制度经济学解析——兼谈西部大开发的产权制度建设》，《四川师范大学学报（哲学社会科学版）》2001年第11期。

生产方式对生产力发展具有更大的促进作用,更能推动科学技术向前。正如马克思对于资本主义生产方式的评价:"资产阶级在它的不到一百年的阶级统治中所创造的生产力,比过去一切世代创造的全部生产力还要多,还要大。"① 所以,我们有必要理清西欧资本主义制度的确立与工业革命的发生在时间上的先后顺序,从历史维度佐证资本主义生产方式与科技创新之间的逻辑关系。

"资本主义社会的经济结构是从封建社会的经济结构中产生的。后者的解体使前者的要素得到解放。"② 资本主义脱胎于封建社会,是人类社会生产力发展到一定阶段的产物。在西欧封建社会的发展过程中,商品经济的发展带来城市经济的壮大,城市小手工业者之间的竞争日益激烈。"有些小行会师傅和更多的独立小手工业者,甚至雇佣工人,转化成了小资本家,并且由于逐渐扩大对雇佣劳动的剥削和相应的积累,成为不折不扣的资本家。"③ 手工作坊的师徒关系日益被雇佣关系所取代,而逐渐积累起财富的商人和高利贷者开始入侵手工业领域,小作坊主、小手工业者逐渐沦为雇佣工人,商人和高利贷者摇身变为资本家。通过这两种形式,货币财富和雇佣工人在两极开始累积,"商品市场的这种两极分化,造成了资本主义生产的基本条件"④。西欧资本主义生产关系在 14 世纪末 15 世纪初的地中海沿岸开始萌芽,首先在威尼斯、佛罗伦萨出现,随后在西北欧的尼德兰等地出现。

"资本关系以劳动者和劳动实现条件的所有权之间的分离为前提。资本主义生产一旦站稳脚跟,它就不仅保持这种分离,而且以不断扩大的规模再生产这种分离。"⑤ 随着 15 世纪末美洲新大陆的发现和印度新航线的开辟,欧洲有了更为广阔的海外商品交易市场,从而要求商品生产必须以更快的速度和更大的规模展开,这迫切要求资本主义社会化大生产时代尽快来临。而资本主义经济制度的建立或者说实现资本主义社会化大生产必须满足两个基本条件:一是存在大量的自由劳动者可以从事雇佣劳动,二是大量的组织资本主义生产所需要的货币财富集中于少数人手里。而资本主义萌芽的速度是十分缓慢的,"这种方法的蜗牛爬行的进度,无论如何也不能适应 15 世纪末各种大发现所造成的新的世界市场的贸易需要"⑥。面对广阔的市场,欧洲的新权贵加速创造资本关系,加快促进劳动者和他的劳动条件的所有权的分离。通过"圈地运动"、

---

① 《马克思恩格斯文集》第 2 卷,人民出版社,2009 年,第 36 页。
② 《资本论》第 1 卷,人民出版社,2004 年,第 822 页。
③ 《资本论》第 1 卷,人民出版社,2004 年,第 859 页。
④ 《资本论》第 1 卷,人民出版社,2004 年,第 821 页。
⑤ 《资本论》第 1 卷,人民出版社,2004 年,第 821—822 页。
⑥ 《资本论》第 1 卷,人民出版社,2004 年,第 860 页。

海外殖民、奴隶贸易、发行国债、保护关税制度等对内剥削和对外掠夺，用暴力的手段强迫生产者和生产资料相分离，一方面使得社会的生活资料和生产资料迅速地转化为资本，另一方面使得直接生产者转化为雇佣工人。从 15 世纪末开始，在 16 世纪达到高潮的资本原始积累大大加速了西欧资本主义发展的进程，使得资本主义生产关系逐渐占据支配地位。"工业骑士之所以能够排挤掉佩剑骑士，只是因为他们利用了与自己毫不相干的事件。"① "世界贸易和世界市场在 16 世纪揭开了资本的现代生活史。"② 16 世纪起西欧资本主义时代正式来临，进入自由资本主义发展初期阶段。

经济基础决定上层建筑，资本主义生产关系发展到一定程度、取得一定主导地位时必然要求在政治上进行变革，确立资产阶级的统治地位，以便促进资本主义生产关系的进一步发展。欧洲早期资产阶级革命爆发于资本主义手工工场阶段，从 16 世纪末便已拉开序幕。1572 年爆发尼德兰革命，建立了第一个影响较大的资产阶级政权，而影响最大的是 17 世纪的英国资产阶级革命和 18 世纪的法国大革命。尽管资本主义萌芽最早并非产生于英国，但其得天独厚的海上交通枢纽位置、农奴制的较早消亡及圈地运动的较早展开使得英国资本主义的发展后来者居上。1640 年爆发的英国革命成为欧洲资产阶级反对封建主义的第二次伟大起义。1688 年的"光荣革命"标志着英国革命的结束，确立了议会君主制，为英国资本主义的迅速发展扫清了障碍。而始于 1789 年的法国大革命则成为资产阶级反对封建制度的第三次大起义，彻底结束了法国一千多年的封建君主专制统治，被看作世界近代史上最彻底的资产阶级革命。这两次革命"宣告了欧洲新社会的政治制度。资产阶级在这两次革命中获得了胜利；然而，当时资产阶级的胜利意味着新社会制度的胜利"③。欧洲资产阶级革命的胜利为欧洲工业革命的开展创造了条件。"正是随着君主立宪制的确立，在英国才开始了资产阶级社会的巨大发展和改造"④，"在君主立宪制下，手工工场才第一次发展到前所未有的规模，以致后来让位给大工业、蒸汽机和大工厂"⑤。1740 年英国首先进行工业革命，技术发展突飞猛进。1760—1770 年的十年时间，英国技术发明专利首次超过 200 件，之后技术革命的进程不断加快。在诸多发明中，阿克莱特的水力纺纱机、哈格里夫斯的自旋纺纱机、克朗普顿的走锭纺纱机、瓦特改良蒸汽机以及卡特赖特的动力织机等促进了纺织

---

① 《资本论》第 1 卷，人民出版社，2004 年，第 822 页。
② 《资本论》第 1 卷，人民出版社，2004 年，第 171 页。
③ 《马克思恩格斯文集》第 2 卷，人民出版社，2009 年，第 74 页。
④ 《马克思恩格斯全集》第 7 卷，人民出版社，1959 年，第 251 页。
⑤ 《马克思恩格斯全集》第 7 卷，人民出版社，1959 年，第 252 页。

业的巨大发展,也促进了机器大工厂的出现。①而法国的工业革命真正开始于1830年,1830—1875年法国工业得到迅速发展。②可见,从时间顺序上,西欧工业革命的确发生在资本主义制度确立之后。

四、破解"李约瑟之谜"的钥匙:相对剩余价值的生产方法

我们通过梳理历史,确定了资本主义制度确立在先而工业革命在后,但这时间上的先后却并不足以回答资本主义制度的确立与工业革命的发生之间的必然因果关系,更为关键的问题是,这也无法从逻辑上给出资本主义生产方式促进科技进步的内在机理。所以,我们需要回到马克思的《资本论》,从中寻找解开"李约瑟之谜"的钥匙。

资本的本性在于增殖,在于追逐尽可能多的剩余价值。"资本主义生产过程的动机和决定目的,是资本尽可能多地自行增殖,也就是尽可能多地生产剩余价值,因而也就是资本家尽可能多地剥削劳动力。"③任何能够促进价值增殖的方式,资本都会趋之若鹜。每一个资本家都有尽可能地降低生产资料成本、缩短必要的劳动时间、提高劳动生产率的内在动力,以便获得尽可能多的超额剩余价值。从"工场手工业"到"机器大工业",再到工业革命的爆发,是资本逐利的结果。资本家"最大限度地增殖他的资本"④的动机促进了分工的细化和生产工具的不断改进,提出了科技创新的内在要求。

资本主义制度确立的标志是货币转化为资本。"人数较多的工人在同一时间、同一空间(或者说同一劳动场所),为了生产同种商品,在同一资本家的指挥下工作,这在历史上和概念上都是资本主义生产的起点。"⑤"工场手工业"是资本主义生产制度组织形式的逻辑起点,标志着资本主义生产方式的正式建立。但"工场手工业"的技术水平与之前的封建手工业相比并没有明显的差别。但是,即使劳动方式不变,同时使用更多数量的工人,也会在劳动过程的物质条件上引起革命。相较于行会手工业,工场手工业可以带来生产资料成本的有效节约。同时,协作成为工场手工业组织的基本形式,表现为更大的社会生产力。在协作的基础之上,工场手工业不断发展,"资本主义

---

① 李世安:《欧美资本主义发展史》,中国人民大学出版社,2004年,第95页。
② 李世安:《欧美资本主义发展史》,中国人民大学出版社,2004年,第122页。
③ 《资本论》第1卷,人民出版社,2004年,第384页。
④ 《资本论》第2卷,人民出版社,2004年,第497页。
⑤ 《资本论》第1卷,人民出版社,2004年,第374页。

生产方式表现为劳动过程转化为社会过程的历史必然性"①。在资本主义形式中，工场手工业的分工发展起来，并且"在当时的基础上只能在资本主义的形式中发展起来"②。工场手工业的分工促使工人畸形发展，转化为局部工人，成为总体工人的器官，这种分工的细化有效地减少了劳动力的非生产耗费，并提高了劳动强度。并且，对于局部工人而言，"他的片面性甚至缺陷就成了他的优点"③。熟练工人的学习费用比手工业者低，非熟练工人不需要学习费用，从而使得劳动力的价值降低，这缩短了劳动力再生产所必要的时间，帮助资本实现了更大的价值增殖。所以，无论从哪个方面出发，资本主义本身有促进协作和分工发展的内在动力，目的是以牺牲工人为代价来实现资本的自行增殖，生产相对剩余价值。工场手工业以劳动力为起点变革生产方式，以加强资本增殖的能力。但在这个时期，手工业者的熟练操作仍然是工场手工业的基础，工场手工业执行职能的整个机构仍然依赖于工人本身，受到人身的各种限制，资本并没有完全占有工场手工业工人全部可供支配的劳动时间，不能掌握全部社会生产，其尽可能多地扩大生产剩余价值的欲望受到现实的限制。资本逐利的内在要求必然促使生产方式以劳动资料为起点进行进一步的变革，促使机器产生并逐渐取得支配地位，以打破"加于资本统治身上的限制"④，实现更多的剩余价值剥削。

"机器是生产剩余价值的手段。""像其他一切发展劳动生产力的方法一样，机器是要使商品便宜，是要缩短工人为自己花费的工作日部分，以便延长他无偿地给予资本家的工作日部分。"⑤而工场手工业分工的发展为机器大工业的产生创造了条件。在工场手工业的发展过程中，随着工人转化为局部工人，为适合局部工人专门的特殊职能，劳动工具出现了分化和专门化，并有了复杂的机械装置。这些变化有利于提高劳动生产率，增加剩余价值剥削，但有个明显的问题就是工场手工业时期劳动工具的使用依赖人力，而人能够同时使用的工具的数量受到自身器官数量的限制，这限制了对剩余价值的进一步攫取。作为"旧手工业工具多少改变了的机械翻版"⑥的工作机的发明和使用使得生产摆脱了这种限制，同一工作机同时使用的工具的数量可以远远超过一个受其器官的限制的工人所能使用的手工业工具的数量。像"珍妮机一开始就能用12—18个纱锭，织袜机同时可用几千枚织针"⑦，可以大大地提高生产效率。"它在最初偶

---

① 《资本论》第1卷，人民出版社，2004年，第389页。
② 《资本论》第1卷，人民出版社，2004年，第422页。
③ 《资本论》第1卷，人民出版社，2004年，第405页。
④ 《资本论》第1卷，人民出版社，2004年，第426页。
⑤ 《资本论》第1卷，人民出版社，2004年，第427页。
⑥ 《资本论》第1卷，人民出版社，2004年，第430页。
⑦ 《资本论》第1卷，人民出版社，2004年，第430页。

尔被采用时,会把机器占有者使用的劳动转化为高效率的劳动,把机器产品的社会价值提高到它的个别价值以上,从而使资本家能够用日产品中较小的价值部分来补偿劳动力的日价值。因此,在机器生产还处于垄断状况的这个过渡时期,利润特别高","高额的利润激起对更多利润的贪欲"。①所以进行科技创新、使用机器更有利可图。在高额利润的刺激下,资本家有了竞相改造劳动工具、不断改进技术、促进机器设备改造升级的内在动力。由于工具机的发明和应用,人不再将工具作用于劳动对象,而只是将其作为动力来使用,那么自然力也可以代替人作为动力。"这种变更往往会使原来只以人为动力而设计的机构发生重大的技术变化",并且随着"工作机规模的扩大和工作机上同时作业的工具数量的增加,需要一种较大的发动机构"②,因而工作机的创造使得动力机的革命成为必要,动力从何处来成为资本主义生产必须要解决的问题。"劳动资料取得机器这种物质存在方式,要求以自然力来代替人力,以自觉应用自然科学来代替从经验中得出的成规。"③机器的出现引致科技创新的必要。在资本主义生产实践的要求下,通过不断的科学研究,通过消耗自然物而自行产生动力的原动机出现,发动机"取得了一种独立的、完全摆脱人力限制的形式"④,如瓦特的双向蒸汽机,并在生产实践中不断地进行改进。"一台发动机可以同时推动许多工作机。随着同时被推动的工作机数量的增加,发动机也在增大,传动机构也跟着扩展成为一个庞大的装置。"⑤而"一个工业部门生产方式的变革,会引起其他部门生产方式的变革"⑥。科技革命在资本主义生产的全部部门展开,并进一步引起自然科学的重大革命,促进力学、化学等的发展及其在技术上的应用,最终催生了机器大工业时代。机器体系完全打破了工场手工业分工所受的主观原则制约,这整个过程是资本主义生产方式发展的必然,是资本逐利的必然结果,资本家在追逐超额剩余价值的过程中不断进行科技创新,将资本主义生产力快速向前推进。这也是对"李约瑟之谜"的马克思主义解答。

五、启示:科学技术进步只有在资本主义生产方式下才能成功吗

我们从历史和逻辑上证明了资本主义制度对于科学技术进步的巨大推动作用。中

---

① 《资本论》第1卷,人民出版社,2004年,第467—468页。
② 《资本论》第1卷,人民出版社,2004年,第432页。
③ 《资本论》第1卷,人民出版社,2004年,第443页。
④ 《资本论》第1卷,人民出版社,2004年,第434页。
⑤ 《资本论》第1卷,人民出版社,2004年,第434页。
⑥ 《资本论》第1卷,人民出版社,2004年,第440页。

国科学技术、经济发展水平在近代落后于西方的根本原因在于西欧主要国家先后确立了资本主义的生产方式，而当时的中国仍然处于旧的生产关系当中。这是不是就意味着科学技术进步只有在资本主义生产方式下才能成功呢？中国要想实现复兴就必须走西方资本主义国家的老路吗？

　　回顾历史，中国较早出现了资本主义萌芽，却并没有率先进入资本主义。究其原因是中国的集权制度与西欧具有明显的不同，在地主制封建经济中，中国的劳动者不但是"自由民"，而且拥有一定的生产资料，并非"一无所有"，劳动力不具备成为商品的条件，故资本主义生产方式无法在中国普遍出现。① 在西方资本主义制度的冲击下，近代中国没有进入资本主义，而是成了半殖民地半封建社会，科技发展陷入低谷，落后明显。在马克思主义的指导下，中国共产党领导中国人民推翻"三座大山"，建立了社会主义新中国，也开启了中国科技进步的新纪元。中国充分发挥社会主义制度的优越性，集中优势力量突破科技难关：1960年中国第一枚近程地对地导弹研制成功，1964年中国第一颗原子弹爆炸成功，1965年中国在世界上首次合成有生命力的牛胰岛素，1967年中国第一颗氢弹爆炸成功，1970年中国第一颗人造卫星发射成功，并依靠自己的力量设计完成一系列大型工厂及设备等，不断缩小与世界先进水平之间的差距。改革开放之后，我们更是走出了一条中国特色社会主义科技创新之路，既发挥社会主义的制度优势，又利用市场充分调动各方主体参与科技创新的积极性，在诸多高新技术领域取得了举世瞩目的成就，走在科技的最前沿。"神五"飞天、"墨子号"升空以及世界首台光量子计算机研制成功，标志着中国在载人航天和量子信息研究领域已跻身世界一流行列。在生物科技领域，中国克隆技术后来者居上，屠呦呦的青蒿素、袁隆平的"超级稻"等蜚声海内外。随着"蛟龙号""深海勇士号"的试验成功，中国在深海研究领域取得重大进展。在交通运输和航空领域，中国高铁享誉世界，中国铁路成套装备技术走在世界前列；2017年自主研制的C919大型客机首飞成功，开启中国航空技术新征程。在互联网技术应用、人工智能研究方面，中国也紧跟世界前沿。所以，尽管资本主义生产方式可以促进科技发展，但不是只有资本主义才能促进科技进步，中国特色社会主义在促进科技进步的方面拥有着其他制度所无法比拟的优越性，新中国成立以来中国科技的进步历程充分证明了这一点。另外，尽管资本主义制度下资本的逐利性不断促进科技创新，推动资本主义生产力迅速发展，但这个机制本身存在致命缺陷，会导致资本的有机构成不断提高，使得一般利润率不断下降，乃至引发周期

---

① 杨继国、骆革新：《马克思资本起源理论与我国农村改革方向——韦伯中国命题的马克思解》，《厦门大学学报（哲学社会科学版）》2019年第1期。

性经济危机，在某种条件下阻碍技术进步。而以公有制为主体的社会主义制度在分配上更多地体现按劳分配原则，能在一定程度上减缓资本价值构成随资本技术构成提高而提高的趋势，从而杜绝了这一问题。因此，我们可以借鉴西方的市场竞争机制，但绝不能迷信其制度本身，我们要做的是充分发挥好自身的制度优势，在国内形成良好的竞争氛围，以便更好地促进技术进步。

随着资本在全球的扩张，经济全球化成为不可阻挡的历史潮流，各个国家在世界舞台展开博弈。尽管新中国成立以来我国科技进步迅猛，但总体上讲，与欧美发达国家之间仍有差距。相较于先发国家，后发国家处于竞争劣势地位，而自由竞争的机制是优胜劣汰，弱者永远无法通过自由竞争的方式超越强者。后发国家要想实现超越式的发展，在国际市场上就绝不能采用资本主义式的自由竞争方式，必须另辟蹊径，利用国际竞争市场，但又不能靠单打独斗，而必须将分散的力量集中起来，充分发挥公有制为主体、多种所有制经济共同发展的中国特色社会主义基本经济制度的优势，借助国家整体的力量参与全球竞争，让科技快速进步，并加速完成工业化、信息化、城镇化和农业现代化，实现中华民族的伟大复兴。

《共产党宣言》的新时代意蕴①

杜黎明

170年前《共产党宣言》（以下简称《宣言》）的发表，是马克思主义公开问世的标志。在不同的历史条件下，从不同的视角、运用不同的方法研读《宣言》，总会有不同的收获和感悟。《宣言》坚持马克思主义"立场—方法—观点"的有机统一，是大批无产阶级革命家走上革命道路的"引路人"。"坚持马克思主义，最重要的是坚持马克思主义基本原理和贯穿其中的立场、观点、方法。这是马克思主义的精髓和活的灵魂。"②中国特色社会主义新时代，《宣言》立场现实具体化为以人民为中心，只有坚持《宣言》所运用的阶级分析法、唯物辩证法等，才能真正实现以人民为中心的发展。《宣言》两个必然的结论，全世界无产者团结起来的呼吁，现实具体化为中国共产党推动构建人类命运共同体的终极追求。

一、《宣言》立场的新时代意蕴

坚持以人民为中心就是《宣言》立场在新时代的现实表达。《宣言》在170年前问世，就是要公开宣告共产党人的无产阶级立场，公开说明自己的观点、目的和意图。

---

① 本文发表于《中南民族大学学报（人文社会科学版）》2019年第4期。基金项目：国家社会科学基金项目"中国共产党入党誓词的版本、理路与应用研究"（17XDJ007）、四川省社会科学后期资助项目"中国特色社会主义新时代生产力安全发展研究"（SC18H008）。

② 习近平：《在哲学社会科学工作座谈会上的讲话》，新华网，2016年5月18日，http://www.xinhuanet.com//politics/2016-05/18/c_1118891128.htm。

正是坚定的立场、明确的目的和意图、没有任何私利的特征，才使马克思、恩格斯不为"资产阶级在它的不到一百年的阶级统治中所创造的生产力，比过去一切世代创造的全部生产力还要多，还要大"①的现实成就所迷惑，而是透过纷繁复杂的社会现象，揭示资本主义的内在矛盾，论述无产阶级的历史使命，论证总结出资本主义必然灭亡、共产主义必然胜利的历史规律。

（一）无产阶级立场的现实具体表达

立场是认识和处理问题时所坚持的地位和态度。一种学说理论、一个政党、一个人的立场，现实表现为究竟为谁代言、代表谁的利益。共产党人的立场是现实的而不是抽象的。《宣言》在对两个必然的论证中，就具体从工人阶级、体现集体利益的公共立场、整个人类发展等维度，详细阐释了共产党人的无产阶级立场。共产党人的立场必然表现和落实为代表那些现实的人的利益，而不是抽象的人、想象中的人、虚幻中的人的利益，服务于那些现实的人的发展。"共产主义并不剥夺任何人占有社会产品的权力，它只剥夺利用这种占有去奴役他人劳动的权力。"②生产力的发展必然会使社会成员占有越来越丰富的社会产品，机械套用马克思、恩格斯"无产阶级是指没有自己的生产资料，因而不得不靠出卖劳动力来维持生活的现代雇佣工人阶级"③的原初定义，已经不再可能体现和表达共产党人的立场。恩格斯在马克思主义诞生之初就强调，原理的实际运用，"随时随地都要以当时的历史条件为转移"④。中国共产党代表"最广大人民根本利益"⑤，人民大众立场就是对共产党人立场的中国化表达。"人民"是个政治概念，其具体所指在不同的国家和各个国家的不同的历史时期有着不同的内容。"大众"既有纯粹数量规模的考量，也有普通、一般、非特别的属于质的规定性。中国共产党的人民大众立场就是劳动群众的立场，代表接受和拥护中国共产党的领导、赞同社会主义制度，以自己的劳动为社会发展做贡献，在能动社会实践中不懈追求自我发展的现实的、具体的劳动者的利益。

中国特色社会主义新时代坚持以人民为中心，这旗帜鲜明地表明了中国共产党的立场。人民是历史的创造者，是决定党和国家前途命运的根本力量。坚持以人民为中

---

① 《马克思恩格斯文集》第2卷，人民出版社，2009年，第36页。
② 《马克思恩格斯文集》第2卷，人民出版社，2009年，第47页。
③ 《马克思恩格斯文集》第2卷，人民出版社，2009年，第31页编者注。
④ 《马克思恩格斯文集》第2卷，人民出版社，2009年，第15页。
⑤ 习近平：《决胜全面建成小康社会　夺取新时代中国特色社会主义伟大胜利——在中国共产党第十九次全国代表大会上的报告》，人民出版社，2017年，第50页。

心，是要尽可能最广泛、最大限度地激发历史创造活力和动力。坚持以人民中心，是要代表人民群众的根本利益、长远利益和全局利益。人民群众个体之间总是存在分化和差异，面对人民群众内部存在的局部利益、个体利益之间的差异和冲突，坚持以人民为中心，是要坚持弱者利益优先的行为决策原则，坚持弱者利益更快增长的发展成果分配原则。实现人的自由全面发展是马克思主义的旨归，坚持以人民为中心，是要不断引导、激发、满足人民对美好生活的向往。西方市场经济学坚持理性经济人追求利润最大化、成本最小化的公理，为生产资料私有化条件下的劳资对立、两极分化披上了一层合理的外衣，使以资本为中心的资本主义制度现实表现为以少数资本家为中心。坚持以人民为中心，是要扬弃西方经济学公理，把实现共同富裕作为行为决策准则。党的十九大把坚持以人民为中心的发展作为主线，贯彻落实到新时代的战略布局中，落实到党治国理政的各项具体安排中，切切实实地体现和彰显了《宣言》的立场，是科学社会主义在21世纪焕发生机和活力的根本保障。

（二）以人民为中心的理论立场

人类社会的每一次重大跃进，人类文明的每一次重大发展，都离不开哲学社会科学的知识变革和思想先导。哲学社会科学理论总是特定利益的代表，不存在纯粹的绝对中立或不带任何立场的理论。为什么人的问题始终是哲学社会科学研究的根本性、原则性问题。"马克思主义坚持实现人民解放、维护人民利益的立场，以实现人的自由而全面的发展和全人类解放为己任，反映了人类对理想社会的美好憧憬。"[①] 面对世界范围内各种思想文化交流交锋的新形势，坚持以人民为中心的理论立场，就是要在马克思主义指导下展开哲学社会科学研究，透过各种理论学说的表象，深刻把握其利益取向和服务对象，围绕人民利益表达和实现展开理论研究。

《宣言》第三部分通过揭批形形色色的社会主义的实质来警醒世人：没有明确的立场，立场不坚定，不免落入理论幻想。《宣言》深刻揭示了"资产阶级的社会主义把这种安慰人心的观念制成半套或整套的体系"[②] 的实质，这警示今天中国的哲学社会科学研究必须对资产阶级学说麻醉、安慰无产阶级的特性保持清醒的认识。资产阶级学说的历史进步性不容否认，其对资本主义社会的改良作用也是客观事实，但资产阶级学说凭借生产资料私有、凭借资本所有权而无偿占有劳动者劳动成果的立场和本性没有

[①] 习近平：《在哲学社会科学工作座谈会上的讲话》，新华网，2016年5月18日，http://www.xinhuanet.com//politics/2016-05/18/c_1118891128.htm。

[②] 《马克思恩格斯文集》第2卷，人民出版社，2009年，第61页。

变。没有坚定的理论立场，在借鉴吸收资产阶级文明成果的过程中迷失在西方中心主义的傲慢中也就在所难免。旗帜鲜明地坚持马克思主义对中国哲学社会科学的指导，在吸收借鉴一切人类文明成果的同时强调破除对西方的迷信，注意总结中国实践经验，从中国实践经验中提炼理论范畴，是应对资产阶级学说的麻醉性、安慰性的现实要求。

立场的偏离必然导致结论的错误。当前，对中国特色社会主义的特色的种种误解和曲解，都背离了以人民为中心的理论立场，有意无意地遮蔽了中国共产党始终注重加强党的建设，全面从严治党以增强践行全心全意为人民服务的立党宗旨的客观现实，背离了中国实践的目标指向，甚至是站在生产资料私人垄断者、大资本所有者的立场研究中国实践而得出错误的结论。

（三）以人民为中心的实践立场

共产党人以人民为中心的实践立场就是要把为人民谋幸福作为实践活动的出发点和归宿。"共产党人强调和坚持整个无产阶级共同的不分民族的利益；在无产阶级和资产阶级的斗争所经历的各个发展阶段上，共产党人始终代表整个运动的利益。"① 中国共产党全心全意为人民服务的宗旨，既强调中国共产党从整体、从全局、从根本上把握人民的利益，又强调党组织、党员干部不能追求个体私利。打铁必须自身硬，中国共产党坚定不移地全面从严治党，就是要把党的宗旨细化落实到每一个党组织、每一个党员的具体行动中。脱离中国共产党的立场和宗旨，站在个人的立场、用个人权力欲望的表达和实现去理解无产阶级政党的制度安排，去理解宪法修正，必然会得出错误的结论。新时代哲学社会科学研究坚持以人民为中心的实践立场，重在讲清新时代的实践逻辑。

新时代的宪法修正体现和坚持了以人民为中心的实践立场。宪法只有不断适应新形势、吸纳新经验、确认新成果、做出新规范，才会具有持久的生命力。党的十九届三中全会提出的增加、删除、补充完善宪法条款的建议，经十三届全国人大一次会议审议、表决，生动直观地体现了宪法修正是党的领导、人民当家作主、依法治国有机统一的特性和要求。我国城镇化、工业化、信息化、农业现代化并联的现代化特征，改革开放40余年的发展历程中必须化解西方发达国家耗时上百年去化解和应对的社会问题的客观现实，都呼唤一个以人民广为认同和爱戴的领袖为核心的中央领导集体，修正宪法正是坚持以人民为中心的实践立场的现实选择。

党中央总结中国特色社会主义建设实践，及时提出宪法修改建议，把已经受到实

---

① 《马克思恩格斯文集》第2卷，人民出版社，2009年，第44页。

践检验并得到广泛认同的理性认识作为宪法的新规范,全国人民代表大会再审议、表决党中央的宪法修改建议。党遵从宪法,依法治国,无论是宪法修改程序还是宪法修改内容,都是对以人民为中心的实践立场的体现和坚持。"世界上没有完全相同的政治制度模式,政治制度不能脱离特定社会政治条件和历史文化传统来抽象评判,不能定于一尊,不能生搬硬套外国政治制度模式。"①哲学社会科学研究要坚持以人民为中心的实践立场,首先要力戒脱离中国特色社会主义建设实践,先入为主、主观盲目地将特定"西典""西经"作为研究原则和比照中国实践的标准。

二、《宣言》方法的新时代意蕴

《宣言》是站在无产阶级的立场,运用马克思主义方法展开研究,得出科学结论的范例。《宣言》启示和指导我们,马克思主义者、中国哲学社会科学研究者必须善于运用马克思主义的研究方法。《宣言》运用的阶级分析法、唯物辩证法、社会统计法等,在新时代具有重要的启示和实践指导意义。

(一)阶级分析法

阶级分析法是解剖和分析阶级社会的基本方法。社会的阶级分化越明显,阶级分析也就越重要。《宣言》指出:"我们的时代,资产阶级的时代,却有一个特点:它使阶级对立简单化了。整个社会日益分裂为两大敌对的阵营,分裂为两大相互直接对立的阶级:资产阶级和无产阶级。"②阶级分析对马克思、恩格斯写作《宣言》的重要性由此可见一斑。新中国成立初期坚持"以阶级斗争为纲"的社会主义建设实践留下的痛苦记忆,使一些人滋生了对阶级分析法的排斥心理——似乎谈及阶级分析就是要为"以阶级斗争为纲"招魂,他们难以用平和的心态、客观公正的态度审视阶级分析法在哲学社会科学研究中的作用。社会意识具有相对的独立性,消灭剥削阶级后,剥削思想意识仍将长期存在,不运用阶级分析法,就不可能揭示剥削思想意识的现实表现及其对社会主义建设和发展的影响。社会主义制度的建立,并不意味着无产阶级的阶级性这一范畴的消失,也不意味着阶级分析法的过时失效。无产阶级和资产阶级尖锐对立时期的无产阶级的阶级性,在新时代演变成为无产阶级的人民性;以人民为中心的

---

① 习近平:《决胜全面建成小康社会 夺取新时代中国特色社会主义伟大胜利——在中国共产党第十九次全国代表大会上的报告》,人民出版社,2017年,第36页。
② 《马克思恩格斯文集》第2卷,人民出版社,2009年,第32页。

立场，就是无产阶级的阶级立场在新时代的表现。坚持以人民为中心，也要善于运用阶级分析法审视战略选择、社会实践是否真的坚持了以人民利益为导向。

坚持阶级分析是深刻认识新时代发展环境的现实需要。放眼世界，资本家和劳动者的尖锐对立和冲突、霸权国家和广大发展中国家的冲突依然普遍存在。在我国，剥削阶级作为一个阶级已经被消灭，但阶级斗争仍将长期存在，在一定条件下甚至还可能激化，这决定了阶级分析法仍然是新时代适用的研究方法。170年前，马克思、恩格斯在运用阶级分析法"解剖"形形色色的社会主义理论时就发现，"资产阶级的社会主义就是这样一个论断：资产者之为资产者，是为了工人阶级的利益"①，这是给资产阶级压榨剥削工人披上了"高尚"的道德外衣。脱离阶级分析，工人阶级很容易被资产阶级话语的表象所迷惑，哲学社会科学研究也难以透过资产阶级政策实践的表象直达其实质，难以揭示其长远影响。在新时代，拒绝从中国特色社会主义建设实践中提炼理论范畴，总是以质疑的态度和方式研究中国的实践成就，总是以削足适履的方式固执地套用西方理论点评中国实践，总是带着对中国特色的曲解和误解去解读中国实践，其实已经背离了无产阶级的立场，也就谈不上是坚持以人民为中心。当前的社会生活中，一些不会运用阶级分析法的人只是一味地对特朗普政府会带来就业机会增加的大规模减税政策大唱赞歌，而没有注意到，相较于大资本家从减税中获得的巨额经济收益，劳动者阶层获得的利益简直可以忽略不计；而减税带来的财政赤字、政府债务上升等成本，按国民人头平均则主要是劳动者阶层在负担。在新时代推动人类命运共同体构建，必然会面临西方霸权思维、资本主义霸权行径的阻拦和干扰，运用阶级分析法审视发展环境，对保持战略定力，克服和排除这些干扰和阻拦有着重要的实践价值。

（二）唯物辩证法

唯物辩证法认为，历史进步是社会发展量变积累引发的质变，是历史发展过程和历史发展成就的统一。《宣言》论证了"现代资产阶级本身是一个长期发展过程的产物，是生产方式和交换方式的一系列变革的产物"②。这生动直观地体现了唯物辩证法质量互变规律在历史发展中的运用。事物的质变与突变最本质的区别在于，质变的动力源于事物内部的矛盾运动，而突变往往是事物的外部环境剧烈变化，打破事物与环境之间惯常的平衡而使事物性质发生巨大的变化。质变是量变的必然产物，而不是自然产物。当阶段性质变、局部性质变积累到一定程度，便需要充分发挥主观能动性主

---

① 《马克思恩格斯文集》第2卷，人民出版社，2009年，第61页。
② 《马克思恩格斯文集》第2卷，人民出版社，2009年，第33页。

动促成质变,使事物在新质的基础上发生量变。马克思主义中国化之所以能不断开创新境界,重要的原因在于中国共产党领导人民创造历史,使社会发展的量变总是指向人民幸福,使方向一致的社会发展量变尽可能大地汇聚成为社会进步的动力。

唯物辩证法的质量互变规律是认识和理解新时代的重要理论工具。当今一些不善于运用这一规律理解历史分期的人却在误解和调侃"新时代"。社会历史发展分期一方面是对人们努力促成量变的积累,阶段性质变和局部性质变向总体质量飞跃的成果的总结和肯定;另一方面要对人们推动量变向质变飞跃的方式、方法提出新的要求,做出新的部署。围绕中国特色社会主义新时代的标志和起点的种种非议和模糊认识,实质是把社会发展量变和质变的区别机械化、绝对化,是一种突变思维。党的十八大以来经济社会发展取得的巨大成就,党和国家发生的巨大而深刻的变化表明,党的十八大选举产生以习近平同志为核心的党中央,标志着中国特色社会主义开启了新的篇章,进入了新时代。党的十九大做出中国特色社会主义进入新时代的政治判断,是对十八大以来的发展成就的总结和肯定,更是要在十八大以来取得的发展成就的基础上,对中国特色社会主义建设推动量变向质变飞跃的方式方法和途径提出新的要求,做出新的部署。对中国特色社会主义进入新时代这一重大判断的误解和调侃,就是运用突变思维而不是质量互变规律认识历史发展、理解中国特色社会主义的历史分期的产物。

(三) 社会统计法

社会统计法是透过社会发展现象认识社会发展实质的重要工具。《宣言》1892年波兰文版序言树立了社会问题简易化研究,运用统计方法进行社会研究的范例。"某一国家的大工业越发展,该国工人想要弄清他们作为工人阶级在有产阶级面前所处地位的愿望也就越强烈,工人中间的社会主义运动也就越扩大,对《宣言》的需求也就增长。因此,根据《宣言》用某国文字发行的份数,不仅可以相当准确地判断该国工人运动的状况,而且可以相当准确地判断该国大工业发展的程度。"[①] 恩格斯在此不仅描述了工人运动的现实,而且通过简要的逻辑推理,阐述了以《宣言》用某国文字发行的份数作为统计指标的依据,以及运用统计方法对工人运动的社会现实进行简要研究的过程和结论。社会统计研究的起点是社会现象的本质揭示,这是历史的、现实的分析;统计指标的选取是历史和逻辑相统一的直观表现和现实要求,只有在统计指标能够揭示和体现现象的本质时,依据统计数据的数理分析才可能具有预测的意义。先选定数理统计模型,再去收集统计数据填充模型,借用数理逻辑力量,虽可以把模型做

---

① 《马克思恩格斯文集》第2卷,人民出版社,2009年,第23页。

得越来越漂亮，但数据运算的结果与现实的差距却越来越大，社会统计研究也日渐成为逻辑的自娱自乐。新时代的大数据开发和利用，不能把统计数据体现的统计规律直接当成社会发展的本质规律，当成新时代的实践要求；新时代实践主体的行为选择和政策设计，要特别注意马克思主义唯物辩证法的运用，要善于透过数据所体现的社会现象揭示本质。

三、《宣言》观点结论的新时代意蕴

推动构建人类命运共同体，是《宣言》观点结论的新时代意蕴。《宣言》站在无产阶级的立场，运用科学方法展开论证，得出了"资产阶级的灭亡和无产阶级的胜利是同样不可避免的"①结论。正如"现代资产阶级本身是一个长期发展过程的产物"②，资产阶级灭亡和无产阶级的胜利也必然是一个量变积累促成质变的长期过程。人类社会发展历程中，"代替那存在着阶级和阶级对立的资产阶级旧社会的，将是这样一个联合体，在那里，每个人的自由发展是一切人的自由发展的条件"③。在社会主义制度和资本主义制度并存的条件下，中国共产党致力于推动构建的人类命运共同体，就是人类进入共产主义社会的"自由人联合体"在当今的现实表现。

人类命运共同体理论诞生于21世纪初的科学社会主义实践。"共产党人的理论原理，决不是以这个或那个世界改革家所发明或发现的思想、原则为根据的。"④尽管人类命运共同体理论的具体内容总是在实践中丰富和发展的，但《宣言》对工人运动的力量本源的揭示，既是人类命运共同体理论的基石，也是推动构建人类命运共同体的基本遵循。《宣言》总结了工人运动的经验，对工人在运动中联合起来，形成严密的组织给予了高度评价。"工人开始成立反对资产者的同盟；他们联合起来保卫自己的工资。他们甚至建立了经常性的团体，以便为可能发生的反抗准备食品。有些地方，斗争爆发为起义。"⑤《宣言》把工人运动的本质力量归结为工人联合所形成的组织功能和整体力量。"工人有时也得到胜利，但这种胜利只是暂时的。他们斗争的真正成果并不是直接取得的成功，而是工人的越来越扩大的联合。"⑥科学社会主义之所以能在20世

---

① 《马克思恩格斯文集》第2卷，人民出版社，2009年，第43页。
② 《马克思恩格斯文集》第2卷，人民出版社，2009年，第33页。
③ 《马克思恩格斯文集》第2卷，人民出版社，2009年，第53页。
④ 《马克思恩格斯文集》第2卷，人民出版社，2009年，第44页。
⑤ 《马克思恩格斯文集》第2卷，人民出版社，2009年，第40页。
⑥ 《马克思恩格斯文集》第2卷，人民出版社，2009年，第40页。

纪从理论变为现实，最根本的原因是无产阶级政党的组织领导，使工人越来越大的联合转变成为现实的物质力量。改革开放以来，中国之所以能够取得举世瞩目的发展成就，实现远比世界上其他国家更为巨大、更为深刻、更为迅速的变化，最为根本的原因就在于中国共产党的领导充分激发和释放了社会发展主体联合所形成的组织功能和整体力量。

发展主体联合所形成的组织功能和整体力量是构建人类命运共同体的希望和保障所在。中国共产党是为中国人民谋幸福、为人类进步事业而奋斗的政党，始终把为人类做出新的更大的贡献作为自己的使命。党的十九大强调"加强基层组织建设，要以提升组织力为重点，突出政治功能，把企业、农村、机关、学校、科研院所、街道社区、社会组织等基层党组织建设成为宣传党的主张、贯彻党的决定、领导基层治理、团结动员群众、推动改革发展的坚强战斗堡垒"，以充分释放和发挥新时代中国特色社会主义建设的组织功能和整体力量。"世界命运握在各国人民手中，人类前途系于各国人民的抉择。"中国高举和平、发展、合作、共赢的旗帜，呼吁各国人民同心协力，构建人类命运共同体，积极促进"一带一路"国际合作，支持联合国发挥积极作用，发挥负责任大国的作用，积极参与全球治理体系改革和建设，就是要越来越大地展现联合力量并将其转为实现"自由人联合体"的力量。《宣言》号召，也是《宣言》的结论："全世界无产者，联合起来！"① 中国共产党的领导是中国特色社会主义最本质的特色，是世界无产者走向联合的现实依靠，是推动构建人类命运共同体的根本力量，是人类最终走向"自由人联合体"的决定力量。

总之，坚持马克思主义，最重要的是坚持马克思主义基本原理和贯穿其中的立场、观点、方法。这是马克思主义的精髓和活的灵魂。《宣言》所体现的"立场—方法—观点"的有机统一，有着丰富的实践指导意义。"立场—方法—观点"的有机统一，是马克思主义的基本要求，也是马克思主义者的品格。马克思主义是随着时代、实践、科学发展而不断发展的开放的理论体系，它并没有结束真理，而是开辟了通向真理的道路。马克思主义理论研究者，只有站在马克思主义立场，运用马克思主义的方法，才可能得出马克思主义的科学结论。以马克思主义为指导的社会实践主体，只有站在马克思主义的立场，依据实践条件和目标，切实地把马克思主义的观点、科学结论转化为实践方法、实践遵循，才能取得预期的实践成果。

---

① 《马克思恩格斯文集》第2卷，人民出版社，2009年，第66页。

资产阶级意识形态的马克思政治经济学批判[①]

胡 芳

作为上层建筑的"意识形态",资产阶级的自由主义经济理论是资产阶级意识形态合法性的立论根本。马克思的《1857—1858年经济学手稿》揭示了资本主义经济规律,进而对资产阶级意识形态进行了内在性批判。相较于青年黑格尔派对绝对精神的外在批判,马克思在《1857—1858年经济学手稿》中找到了揭示资产阶级意识形态虚伪性的内核——市民社会批判。"物质利益的难题"让马克思不再停留在宗教批判、道德批判、法的批判、哲学批判等观念层面的"外在"的理性批判,而是深入市民社会对资本主义社会所形成的"物的依赖关系"的观念层面进行"内在"的政治经济学批判。所谓"外在批判",是指"批判的根据外在于具体的社会历史过程"[②]。而"内在批判"是相对于"外在批判"而言的,它的批判根据与立足点都内在于产生资产阶级意识形态的社会历史过程。

资产阶级意识形态的虚幻是笼罩在资本主义全面统治的合法性面纱之下的,资产阶级所宣扬的"自由、平等、民主"等"抽象或观念,无非是那些统治个人的物质关系的理论表现"[③]。资产阶级政治经济学作为资本主义政治和经济生产过程的观念体系,是支撑资本主义社会资产阶级对无产阶级进行不平等剥削的思想的合法性内核。资本

[①] 本文发表于《厦门大学学报(哲学社会科学版)》2019年第6期。基金项目:2019年度中央高校基本科研业务费专项资金资助项目"马克思恩格斯资本主义意识形态批判理论及其当代价值研究"(SQ2019-MY05)。
[②] 郗戈:《马克思对资本主义现代性的"内在批判"及其当代价值》,《天津社会科学》2016年第6期。
[③] 《马克思恩格斯文集》第8卷,人民出版社,2009年,第59页。

主义经济学家把资本主义生产关系"当做社会一般的颠扑不破的自然规律"①，并将其与旧有的生产关系割裂开来。在《1857—1858年经济学手稿》中，马克思有机地将工资、货币、资本联系起来，"从遭逢现实问题到指明社会变革的根本出路的循环"，"推导逻辑矛盾和'追根溯源'式批判"②，由浅入深地透视了资产阶级意识形态的虚假性，向世人展示了资本主义"赤裸裸"的面貌，证明了现代资本家并不比剥削奴隶的奴隶主或剥削徭役劳动的封建主高尚多少，他们也是靠占有无数无产阶级的无酬劳动而发财致富的，从而戳穿了资产阶级所言"现代社会制度盛行公道、正义、权利平等、义务平等和利益普遍和谐"③这一类虚伪的空话。对资本主义生产关系的批判是马克思揭示资本主义虚假性的着力点，正中资本主义的要害。

一、揭开工资不平等的合法性面纱

马克思主义的意识形态批判是以无产阶级为阶级支撑的，揭开了资产阶级所谓"等价交换"的合法性面纱。"平等"是资产阶级意识形态的核心要素，而体现"等价交换"精神的工资平等是支撑资本主义生产关系合法性的坚实观念。"资本主义关系的本质是由相互对立的而又彼此进行交换的工人和资本家、劳动和资本之间的关系决定的。对这种关系进行分析的困难在于，说明工人和资本家之间实质上的非等价交换究竟是怎样在等价交换的基础上进行的。"④因此，揭示劳资之间的非等价交换关系是如何在资产阶级意识形态的"等价交换"中实现的，是马克思揭开资产阶级意识形态"平等"虚伪面纱的关键内容。劳资关系的物质载体——"工资"，成为揭开资产阶级意识形态的合法性面纱的关键。

作为工人与资本家直接关系的物质载体，工资是资本主义调和矛盾的关键。它一方面缓和了无产阶级与资产阶级的对立，另一方面又证明了资本主义生产关系的合理性，具有很强的意识形态性。工资是资产阶级与无产阶级剥削关系的纽带，这种"物的依赖关系的永恒性的信念，统治阶级自然会千方百计地来加强、扶植和灌输"⑤。在资本主义那里，工资被看作是"报酬的固定形式"，而这种报酬的合法性确立是依托于

---

① 《马克思恩格斯文集》第8卷，人民出版社，2009年，第11页。
② 杨洪源：《政治经济学批判的逻辑建构——"1857—1858年手稿"再研究》，中国人民大学出版社，2018年，第45页。
③ 《马克思恩格斯文集》第3卷，人民出版社，2009年，第461页。
④ 《马克思恩格斯全集》第30卷，人民出版社，1995年，前言第5页。
⑤ 《马克思恩格斯文集》第8卷，人民出版社，2009年，第59页。

资本主义雇佣关系的。从人的现实需要与人类发展的经验来看，交换是理所应当的。个人的生产能力是有限的，人们想获得现实需求（如衣、食、住、行），都必须和其他社会部门进行交换，"劳动得食"是人类的普遍规律，工资则是交换的凭证和媒介。从法律上看，公平的交易是合理合法的，法律保护财产私有和平等交易。法国资产阶级庸俗经济学代表人物巴师夏[①]通过"工资论"来调和资产阶级与工人之间的劳资关系，以此化解经济危机，他鼓吹阶级矛盾调和论，试图将资本主义生产关系描绘成是"永恒的""和谐的"。马克思一向密切关注资本主义的现实矛盾，关注工人阶级的现实状况与思想动态，他对巴师夏展开了激烈的批判，揭开了作为资产阶级意识形态产物的工资的合法性面纱。

（一）揭示人们对稳定生活的渴望与雇佣劳动对工资固定论的否定之间的矛盾性

资产阶级雇佣劳动否定了工资固定论，它与工人渴望拥有稳定收入来源的想法之间存在尖锐的矛盾。人们渴望稳定的生活，但在雇佣劳动关系中资本家支付给工人的劳动报酬——工资本身就不具有固定性，不能为稳定的生活提供充分的保障。巴师夏认为，工资起源于人们对规避风险的需要和对固定性的渴望，反映了一种自然的趋势和人的天性。不管是人类社会的起点还是现在，由于各种突发事件、自然界反复无常的变化以及各种各样的灾害，人们一直处于变化、不固定甚至动荡之中。"获取固定的、有保障的、一定数量的生活资料"[②]是人类一致的愿望，而应付未来各种不确定的保险做法就是提高生活的固定性，而固定性则是源于交易的特定目标。巴师夏认为，人类社会在最初的野蛮时代，在以"捕鱼""狩猎""畜牧"为主的落后的生产方式下，特别容易受自然的束缚，人们"偶然"地采用结社的方式来共同承担风险。随着社会的进步，人们的结社方式出现了变化：一方根据风险的大小给予另一方相应的补偿，让得到补偿的这一方来承担风险。这对于二者都是有利的，一方因为承担了风险而获得了独立的经营权，而另一方则获得了稳定的条件。对于工人而言，由于现实生活的需要以及无法规避的商品生产风险，他们迫切需要与资本家联合。一方面工人按照自己"现实的劳动"与资本家进行交换，另一方面资本家则放弃以前劳动所获得的享受，将其作为资本与工人进行等价交换，二者按照这种联合方式取得各自的收益。工人依靠劳动以工资的名义固定领取报酬，资本家则依托过去的劳动取得利息，不过资本家

[①] 巴师夏，全名弗雷德里克·巴师夏（因翻译不同，也有译为弗雷德里克·巴斯夏），法国资产阶级庸俗经济学、经济调和论的代表人物。参见《马克思恩格斯全集》第30卷人名索引。

[②] 弗雷德里克·巴斯夏：《和谐经济论》，徐明龙等译，中国社会科学出版社，1996年，第362页。

需要在承担"产品—商品—金钱"这一"惊险跳跃"的风险后才能取得相应的利润或利息。对于工人和资本家而言，利润、利息、工资等字眼只不过是同质交换的结果，是人类通过交易所创造出来的经济词汇而已，它们本质上不过是劳务与劳务相互交换的结果，雇佣劳动只是联合的形式。如若少了雇佣劳动，劳动者就会被偶然性所支配，人类社会就会回到落后的状态。

马克思批判了巴师夏的这种错误观点，并指出雇佣劳动是对工资固定论的否定。马克思首先指出，收入的固定性并不能代替工资。巴师夏在论证的时候，"把某种关系、某种经济形式的某个片面的规定固定下来，颂扬这个规定，排斥相反的规定"①。然而，巴师夏一方面认为工资是固定不变的，歌颂雇佣制度的进步性，另一方面则希望工人通过工资的变动成为像他所希望的"不再劳动而成为资本家"。这种"非此即彼"的诡辩手法显然是自相矛盾的，这种关系只不过是对现实关系进行片面的、抽象的空谈。接着，马克思指出了巴师夏工资固定论的非历史性和反历史性。马克思首先肯定了巴师夏所指出的最初工人收入的偶然性，随后他又指出，巴师夏并未对人类社会从半野蛮到现代状态的历史过渡做出任何说明，也未对劳动者如何成为雇佣工人做出任何说明，这是非历史性的。此外，在现实历史上，雇佣劳动不是从天上突然来到人间的，而是从农奴制的解体中产生的，是从行会制度、等级制度等的消亡中产生的，其本身就是从不固定性中产生的结果，又怎能固定下来呢？"所以，雇佣劳动表现为劳动和它的报酬的固定性的否定。"②事实上，马克思通过对劳动的二重性分析，指出作为劳动报酬的工资是随着作为商品的劳动力价格在资本市场的波动而不断变化的，它与收入的固定性是相矛盾的。因此，马克思揭示了雇佣劳动的工资与工人渴望收入的固定性之间的矛盾。

（二）揭示工资表面自由平等与实质不自由不平等的虚假性

资本主义社会宣称，自由、平等既是资产阶级精神的旗帜，也是公民享有的基本权利，而工资则是资产阶级自由、平等观念与事实的代名词，它是资产阶级意识形态外在表现的物质载体。资产阶级经济学家们赋予了工资人格化魅力，极力宣扬它所代表的"自由、民主、平等"的价值观念。他们所谓的逻辑依据主要有以下几点：首先，每个人拥有意志上的自由。黑暗的中世纪是少有自由的，资本主义将人从神学观念的束缚中解放出来，使人拥有普遍的自由意志，人的理性在社会中得到肯定。在资本主

---

① 《马克思恩格斯全集》第30卷，人民出版社，1995年，第13页。
② 《马克思恩格斯全集》第30卷，人民出版社，1995年，第15页。

义的生产关系下，人们摆脱了封建等级关系及人身依附关系，自己可以成为自由经济行为的主体——自由劳动者，可以自由地出卖自己的一切，也可以自由地工作以获得报酬，这是人主体理性的高扬。因此，人们拥有人格上的自由与买卖的自由。其次，工资是交换平等的事实。工人与资本家作为交换的主体，他们的关系是平等的，双方基于自愿的联合，平等地达成合作契约。在交换过程中，他们以自己的劳务取得中介物（工资货币），然后购买等量的劳务，这种交换是通过以物易物、以物易劳务、以劳务易物、以劳务易劳务的形式实现的，"他们所交换的商品作为交换价值是等价物"，"他们在社会职能上是平等的"。① 再次，分配与消费是平等自由的。消费的过程也只不过是用代表劳务的报酬去交换另一种工资来获得自己的满足，在质和量上也是等同的，即使"任何一个人付出了劳动，还没有得到相应的满足，但他便是证券的持有者，在任何时候、任何地方、以任何形式从社会中得到同等的劳务"②。另外，在分配的过程中，工资同利润一样都是劳务报酬的不同形式，工人与资本家不是相互对立的，只是分工不同，二者是平等的经济关系。资本主义的自由、平等就是建立在这种价值相等的简单关系上的，构成了"共同的类本质"。不仅如此，资本主义的法是保护自由与平等的。资本主义经济上的自由必然会反映在资本主义的法上，资本主义把追求自由、平等作为每个人应享有的权利赋予公民，并且把资本主义经济市场纳入其服务的核心范围，以此作为国家共同的善。自由、平等是资本主义生产的前提，也是资本主义意识形态的合理内核。

马克思则指出资本主义的工资虽然表面上是自由的、平等的，但实质上是与之背离的，表现出的均是不自由、不平等。他对资产阶级工资体现的所谓"自由、平等"的意识形态的虚伪性进行了无情的揭露。首先，在生产前提方面，工人没有自由的条件。资本主义的劳动力摆脱了旧的封建关系的束缚，丧失了一切财物而变得自由，但他们唯一的活路就是将自己放到劳动市场去。"劳动同劳动相交换——这看起来是劳动者所有权的条件——是以劳动者一无所有为基础的。"③ 事实上，工人自由的前提是资本主义血腥、暴力的前史所造成的，是他们先前的劳动客观条件被否定，丧失了与生产资料的天然联系使然，是资本原始积累的结果。所以，工人自由的观念和其被迫放弃自由的事实显然是冲突的，他们并没有公平的起点。其次，资本主义经济学家所标榜的交换平等实际上是不平等的。"交换价值，或者更确切地说，货币制度，事实上是

---

① 《马克思恩格斯全集》第30卷，人民出版社，1995年，第195页。
② 弗雷德里克·巴斯夏：《和谐经济论》，徐明龙等译，中国社会科学出版社，1996年，第201页。
③ 《马克思恩格斯全集》第30卷，人民出版社，1995年，第511页。

平等和自由的制度，而在这个制度更进一步的发展中对平等和自由起干扰作用的，是这个制度所固有的干扰，这正好是平等和自由的实现，这种平等和自由证明本身就是不平等和不自由。"① 在交换过程中，资本家按照劳动的估值给予工人工资，这种劳动商品的设定又是如何来衡量和评价的呢？并且，资本家给予工人的劳动报酬并不是一次性付清的，而是分期支付给工人的，这就存在不确定的风险。再次，财富的分配也并不公平。在分配过程中，由于劳动的交换，资本家理所当然地拥有了对劳动的支配权，进而拥有了对财富的分配权。全部的价值都是劳动者生产的结果，资本离开劳动不能单独存在，而劳动则是创造财富的源泉。但劳动者在分配的时候并没有得到自己劳动生产的全部内容，而是"工人以工资形式从资本家那里所取得的只是他本人劳动的一部分"②，更多的部分则被资本家无偿占有了。最后，就消费来说，工人的工资仅仅是用来延续其继续成为劳动力商品的前提，工人不具备成为资本家的条件。工人所出卖的劳动本是他自身力量的对象化，是对他自身生命力的提前预支和挥霍。工人所得到的工资也仅仅是维持自身生存从而确保下一次交换顺利进行的条件，是维持其家人生计以及后续增强技能的条件，这无疑只是将工人与其家人视为"工人的生命"的后备军。资本家不仅占有了多余的剩余劳动产品，而且在消费的过程中，资本家又通过商品的流转，重新收回了支付给工人的报酬。这样，工人还有多余的收入去积累吗？工人还能成为那种不劳动的资本家吗？所以，工资从头到尾都隐藏着不平等性。

（三）揭示工资巧妙地转移了无产阶级斗争方向，削弱了意识形态斗志

从资本主义诞生之日起，无产阶级就与资产阶级相对立，而资本主义的"聪明"恰恰在于巧妙地掩盖了这一尖锐对立。在资本主义制度里，工资实质上是劳动力的价格，但在表现形式上却是劳动的价格，好像工人的全部劳动都得到了报酬。工人的无偿劳动即剩余劳动也表现为有酬劳动的形式，从而掩盖了资本家对工人的剥削。此外，资本主义还将工资意识形态化，这对无产阶级斗争意识的弱化作用是显而易见的。

一是将工资竞争内化为无产阶级的内部竞争，转移了无产阶级与资产阶级的根本矛盾。资产阶级的巧妙之处在于，先是通过劳动工资将无产阶级的贫穷转移到无产阶级本身，接着用无产阶级之间的阶层差距加强他们之间的相互竞争，并强调他们内部的矛盾，破坏无产阶级的团结。资产阶级宣扬勤劳是获得财富合法的、光荣的途径，无产阶级的命运掌握在自己的手上，能否摆脱颠沛流离、一无所有的现状在于无产阶

---

① 《马克思恩格斯全集》第 30 卷，人民出版社，1995 年，第 204 页。
② 《马克思恩格斯全集》第 30 卷，人民出版社，1995 年，第 600 页。

级本身是否愿意付出辛勤劳动。工人所获得的工资是他所固有的劳动力价值本身，但必须通过劳动才能实现。每个人的劳动能力是不同的，那么，工资也是有差别的，这些差别是上帝给予勤勉人的馈赠，给予懒惰人的惩罚。资本主义声称，无产阶级和资产阶级不是天然对立的，穷人不是天生的穷人，资本家也不是天生的资本家，无产阶级同样也可以成为像资本家那样的资本家，或者成为社会中的大多数中产阶级。资产阶级既为人们描绘了一种上流社会的愿景，给出了所谓的上升渠道，又用经济和法的形式加以固定，无产阶级的受剥削意识也随之弱化，无产阶级内部的竞争与分化更加凸显。

二是灌输阶级先天的不平等，消弭无产阶级的斗争欲望。资本主义凭借自身的合法性对无产阶级进行思想灌输，认为无产阶级要实现其人人平等、消灭阶级的美梦是不可能、不现实的。他们诡辩称，无产阶级革命家为无产阶级建立的所谓的"自由王国"，从根本上来说是建立在消灭阶级上的，也即要消灭特权阶级，而无产阶级向特权阶级发动猛攻，要求普遍的特权是不可能的。他们的理由是：如果无产阶级都成为特权阶级，那么按照交换原则，一个人享受就意味着另一个人掏腰包，这个社会将不能产生并承受这么多的特权，人们的贪婪之心也会受到刺激。而且这会使上层阶级警觉，反而会出现一个赋税更重、不公正更多、劳动和资本得不到合理安排的更不公平的局面，无产阶级将自食其果。即使在大革命完成后，由于普选后政治权力、立法权力被新的阶级夺取，他们也会依葫芦画瓢地效仿此前的特权阶级的做法，甚至变本加厉，这只会对更多人造成侵害，人民终将失望。资本主义以此论证阶级的先天不平等的合理性，让无产阶级默认自身被剥削的宿命论，从而消弭无产阶级的斗争欲望。同时，资产阶级意识形态家们极力为资本主义创造的"幸福生活"进行辩护。资产阶级经济学家认为，在现存的世界里，人性是自私的，欲望和满足是精神性的、无限的，随着个人的满足不断扩张而变大的，资本主义让"包括最卑微者在内的每一个人，都能在一天之内获得他们本人在数百年中无法创造的享受"[1]，以前任何时代都不能享受到这种幸福。他们还强调，虽然现在资本主义的自然秩序不是尽善尽美，"但是社会大趋势是和谐的，并且随着发展社会不和谐将一一消失"[2]。

为资本主义辩护的那些辩护士把资本主义描写成为永恒的自然规律，具有强烈的意识形态性和目的性。他们试图在生产关系上掩盖剥削，在思想上说教资本主义法的合理性，进而在政治斗争中转移斗争方向。

---

[1] 弗雷德里克·巴斯夏：《和谐经济论》，徐明龙等译，中国社会科学出版社，1996年，第51页。
[2] 弗雷德里克·巴斯夏：《和谐经济论》，徐明龙等译，中国社会科学出版社，1996年，第75页。

二、揭开货币的权力不平等面纱

马克思从批判工资开始,逐渐深入到揭露资本主义社会劳动关系的货币化政治结构,揭开了隐藏在资本主义劳动关系背后的货币的权力符号面纱。工资展现了资产阶级和工人阶级的直接联系和矛盾,但其背后隐藏的是货币交往的联系。生产既是生产关系的起点,又对分配、交换、消费具有决定性的影响作用。资本家将货币关系笼罩在整个生产过程中,把劳动转化为商品,以雇佣劳动的形式确定货币关系,进而隐藏露骨的剥削关系。马克思指出:"把劳动的价值或价格,转化为工资形态,或转化为劳动自身的价值或价格,有一种决定性,把现实的关系隐蔽起来,正好显示其反面。劳动者与资本家的一切法律观念,资本主义生产方法的一切欺骗,此种生产方法的一切自由幻想,以及庸俗经济学家的一切辩护的空言,都是借用这个现象形态作为基础的。"[①] 所以,资本主义社会关系是以货币的物质形式实现的,具有很强的迁移性和隐蔽性,要实现对于资本主义的"市民社会"的深刻剖析,关键在于理解货币背后的社会关系。

(一)揭示劳动契约关系转化为货币的权力不平等

马克思由劳动契约关系入手,逐渐由表及里地深入到资本主义货币中,对社会权力关系进行批判。从封建社会发展起来的资本主义社会并没有打破原先的"纯粹人的关系",而是以一种新的依赖关系出现,这种独立性逐渐没落成为物的关系。因为"其本身具有狭隘的、为自然所决定的性质,因而表现为人的关系,而在现代世界中,人的关系则表现为生产关系和交换关系的纯粹产物"[②]。资本主义的生产过程是人与物有机结合的社会过程,作为劳动者的人利用生产工具使其他生产资料经过加工、转化,使得劳动对象发生变化,最后形成人们所需要的劳动产品。在这个过程中,如果我们按照劳动的过程来看,劳动与生产资料的结合才促使了物的转化和最终产品的形成,而资本主义生产过程则是以雇佣劳动为基础,以实现剩余价值的最大化为目的。如马克思所说:"货币作为发达的生产要素,只能存在于雇佣劳动存在的地方;也就是说,只能存在于这样的地方,在那里,货币不但决不会使社会形式瓦解,反而是社会形式

---

① 《资本论》,郭大力、王亚楠译,译林出版社,2012年,第553页。
② 《马克思恩格斯全集》第30卷,人民出版社,1995年,第115页。

发展的条件和发展一切生产力即物质生产力和精神生产力的主动轮。"① 雇佣劳动到底是如何形成的呢？在资本主义社会中，资本家想要取得对剩余价值的支配权，就必须将劳动纳入自己的管控之下。起初他们不得不利用暴力手段迫使原来依附于土地等生产资料的劳动力与生产资料分离，丧失了生产资料的农民成为一无所有的自由民，换句话说，就是一无所有的无产者。迫于生存，这些自由民不得不将自己的劳动力作为商品出卖给资本家以换取报酬，然后又从资本家那里换取所需要的商品——工人以及家人的生存资料。在这里工人与资本家达成协议，工人出卖自己的劳动给资本家，资本家则付给工人等同于劳动的工资，具有等量性。此外，工人用劳动所获得的报酬在市场上购买其所生产的商品以满足维持自身生存和发展的需求，二者之间的交换遵循等价交换的原则，以商品的形式发生关系，形式上具有公平性。在雇佣劳动的交换过程中，报酬是通过工人所付出的劳动量来决定的。在雇佣生产过程中，"被设定为交换价值的产品，本质上已经不再被规定为简单的产品；它被看作和它的自然的质不同的质；它被看作是一种关系，而且这种关系是一般的关系，不是对一种商品的关系，而是对一切商品的关系，对一切可能的产品的关系"②。由此，工人与资本家之间的契约关系、生产关系等也转为全面的一般货币关系，而货币才是劳资关系的权力不平等的政治力量。

（二）揭示货币流通让工人一直处于资本家的统治下的本质

马克思揭示了货币流通是平等交换的假象，指出货币流通就是造成剥削的恶的无限循环过程。马克思强调货币的职能是在流通中体现的，通过流通过程让工人一直处于资本家的统治下。货币的价值不是在生产中产生的，而是在流通中产生的，货币的流通体现了普遍占有的规律。在商品流通中，交换价值转化为货币，只有这样商品才能作为交换价值而最终得到完成和实现，用公式表示就是 W—G—G′—W′。从简单流通中来看，商品流通（W—G—G′—W′）与货币流通（G—W—W′—G′）是统一的过程，是相互适应的，并不是"恶的无限过程"。商品流通是货币流通的前提，货币流通又对商品流通起反作用，货币是商品流通的结果而不是起点，我们不能通过简单的买（G—W）和卖（W—G）来衡量。"货币的独立性本身，不是同流通的关系的终止，而是同流通的否定的关系。这正是作为 G—W—W—G 的结果的独立性的特点"③，商品

---

① 《马克思恩格斯全集》第 30 卷，人民出版社，1995 年，第 175—176 页。
② 《马克思恩格斯全集》第 30 卷，人民出版社，1995 年，第 156—157 页。
③ 《马克思恩格斯全集》第 30 卷，人民出版社，1995 年，第 170 页。

与货币的循环构成了资本主义商品流通的"永动机"。而在流通中，商品、货币流通本身就是以一种普遍转让与普遍占有的关系形式来表达所有权。具体而言有以下两种：一是对劳动商品的最初占有；二是通过流通转让自己的商品，获得、占有他人商品的所有权。正如工人最先存在的劳动是他本人的最初占有，也是他本人的商品，而后才能与资本家进行交换，而实现这种交换的东西便是独立于资本家和工人之外的货币，即与"劳动商品"等价的货币。因此，作为表征的社会关系又更加深入了：相互之间的分工、阶级等一系列差距表现为交换的无差别，交换主体借以外化的普遍交换的自由意志、过程与结果的平等便得到了充分的实现，劳动的买和卖也就以雇佣劳动的形式自然而然地存在，流通交换的过程不管是从内容上还是形式上都实现了普遍自由和平等。然而，通过货币转换的买与卖，背后也暗藏了所有权的逻辑。通过交换自己的劳动，作为劳动最初所有者的工人一方面获得了工资，另一方面失去了对劳动以及劳动创造的价值的所有权；作为货币所有者的资本家一方面失去了对货币的占有，但另一方面也取得了劳动增值的权利。货币流通的假象蕴含着剥削循环的过程，即恶的无限循环过程。

（三）揭示作为财富代表的货币的拜金主义虚幻

货币天然不是金银，但金银天然是货币，每个人对"别人活动的支配"或对社会财富、权利的支配，就基于他是货币财富的所有者。货币作为特殊商品能够满足贵金属的特殊需要，而作为一般等价物的货币形式，货币则抛弃了其特殊的属性，以"完成了的价格和满足任何需要"的性质来购买全部商品，从而表现为整个世界的物质财富以及财富本身——"万物的结晶"。起初作为商品流通的"仆役"（交换媒介）的货币一跃成为商品的"主人"，凌驾于商品之上，而货币对个人的关系也随着财富形式由毫无关联的偶然转变为必然，即对欲望、劳动乃至整个社会关系的普遍占有和支配权。"货币对个人的关系，表现为一种纯粹偶然的关系，而这种对于同个人个性毫无联系的物品的关系，却由于这种物品的性质同时又赋予个人对于社会，对于整个享乐和劳动等等世界的普遍支配权。"[①] 马克思具体指出："货币不仅是致富欲望的一个对象，而且是致富欲望的唯一对象。这种欲望本质上就是万恶的求金欲。致富欲望本身是一种特殊形式的欲望，也就是说，它不同于追求特殊财富的欲望……因此，货币不仅是致富欲望的对象，同时也是致富欲望的源泉。贪欲在没有货币的情况下也是可能的；致富

[①] 《马克思恩格斯全集》第 30 卷，人民出版社，1995 年，第 174 页。

欲望本身则是一定的社会发展的产物,而不是与历史产物相对立的自然产物。"① 他还进一步指出:"作为一般财富的物质代表,作为个体化的交换价值,货币必须直接是一般劳动的即一切个人劳动的对象、目的和产物。劳动必须直接生产交换价值,也就是说,必须直接生产货币。因此,劳动必须是雇佣劳动。"② 这就是马克思所说的在致富欲(贪欲)普遍转化成货币欲的时候,货币也就成为致富欲的唯一对象。货币成为一般财富的物质代表和承担者,每个人都想获得货币,广泛的货币欲就成了一般财富欲不竭的源泉,雇佣劳动的目的就是货币,货币成了劳动的对象和目的,成了促进生产的动力。

(四)揭示货币的人格化的异己性

在资本主义社会发达的货币关系中,发达的交换制度让人与人之间原先建立起来的亲情纽带、血统差别和教养差别等通通被打破了,一切人的关系都被粉碎重组了,而作为流通的"血液",货币也真正戴上了它的面纱,成为流通的工具。首先,在资本主义社会中,一切关系都体现为交换关系。作为本身可以孤立化、个体化的交换价值,货币则是资本主义社会里人与人之间的历史联系。因为在资本主义社会中,每个人的生产都依赖于一切人的生产,每个人的消费都依赖于其他人的消费,每个人都是与社会的普遍交换相联系的社会人,每个人都必须使自己的活动或劳动产品上升为他人的劳动产品或活动。其次,在货币流通中,货币具有两大作用:一是作为交换手段,二是作为价值尺度。在资本主义社会里,一切人的关系都处于商品的关系之中,商品关系是资本主义社会普遍的社会关系,作为特殊的商品,货币能交换一切商品;货币作为价值尺度,能衡量一切商品的价值,并以价值的形式即价格呈现。另外,货币流通中,一切人的关系都表现为物的关系。在普遍的对象化产品和对象化活动里,生产活动和物质产品已经成为单个人生存的条件,产品的社会形式与个人的参与都表现为他人的、社会化的、同质的东西,表现为与自己毫不相干的利害冲突,最后都表现为取得一种没有丝毫温度的物(货币)。所以,"在交换价值上,人的社会关系转化为物的社会关系;人的能力转化为物的能力"③。实际上,这种貌似独立的、冷漠的关系似乎都呈现了一种错觉:"这些外部关系并未排除'依赖关系',它们只是使这些关系变成普遍的形式;不如说它们为人的依赖关系造成普遍的基础。个人在这里也只是作为一

---

① 《马克思恩格斯全集》第30卷,人民出版社,1995年,第174页。
② 《马克思恩格斯全集》第30卷,人民出版社,1995年,第176页。
③ 《马克思恩格斯全集》第30卷,人民出版社,1995年,第107页。

定的个人互相发生关系。这种与人的依赖关系相对立的物的依赖关系也表现出这样的情形（物的依赖关系无非是与外表上独立的个人相对立的独立的社会关系，也就是与这些个人本身相对立而独立化的、他们互相间的生产关系）：个人现在受抽象统治，而他们以前是互相依赖的。但是，抽象或观念，无非是那些统治个人的物质关系的理论表现。"① 在这里，货币"人格化了的关系"完全转变为货币的联系；人们信赖的是货币本身，而不是作为人的自身；个人的个性与个人的权利都成为外在的、与个人完全异己的东西。本该属于人的对象化的东西反而成为与自身相反的物的关系。

（五）揭示隐藏在货币假象下的社会关系本质

货币本身是价值交换的产物和交换的假象，其实质是社会关系。首先，货币在社会生活中本身是商品价值形式演化的产物。商品价值形式的发展经过了四个阶段：一是简单的或偶然的价值形式，二是总和的或扩大的价值形式，三是一般的价值形式，四是货币。而货币被人们视为一种普遍的"社会契约"或"社会公约"，是用来充当一般等价物的特殊商品。在商品交换的历史中，"商品只有表现在另一种商品上，从而表现为一种关系的时候，才是交换价值"②。其次，作为交换媒介的货币是商品价值的凝结。马克思指出，商品是价值与使用价值的统一，是自然属性与社会属性的统一，劳动二重性决定了商品的二因素：具体劳动创造使用价值，抽象劳动创造价值。作为交换媒介的货币，根本在于无差别的抽象劳动之间的交换，才使得使用价值与价值增值统一于生产劳动中。再次，货币的本质是物化的社会关系。马克思指出，货币本身的使命不过是在流通中以数目来确定自身的量（如同劳动力的价格），在流通中，货币仅仅是转瞬即逝的东西（中介行为的承担者），是实现商品交换目的的货币符号。商品流通转化为货币交换，体现的不仅是人与人之间相互交换劳动的关系（一般劳动的换置），而且是通过物与物来实现的人与人之间的商品货币关系。在雇佣劳动的货币关系中，劳动货币的交换体现了劳动力商品所有者——工人与货币所有者的"买卖关系"，同时也决定了资本与劳动获取不同结果的"分配关系"；劳动工资与所需产品之间的交换是货币与物的"交换关系"，也是"消费"的结果。不管是生产、交换、分配，还是消费，实际上都是人与人之间关系的货币化。

由于货币关系的普遍建立，人与人之间的相互关系得以固定，并且以压倒一切的力量将所有个人囊括在这一社会关系中。所以，货币从表象来看是一种物，从实质来

---

① 《马克思恩格斯全集》第30卷，人民出版社，1995年，第114页。
② 《马克思恩格斯全集》第30卷，人民出版社，1995年，第157页。

看是一种货币符号,是在物的外壳下社会关系的凝结。

三、揭开资本对人的价值颠倒的面纱

在简单流通中,货币完成了流通的使命并作为商品结果的财富被贮藏起来,当它再次出现在生产起点的时候,则是以作为资本的货币出现,货币由此转化为资本。人是有着双重存在的社会人,"从主体上说作为他自身而存在着,从客体上说又存在于自己生存的这些自然无机条件之中"①。而在资本逻辑之下,人的价值被彻底颠倒了,人成了资本的奴隶。

(一)揭示资本对劳动关系的"头脚倒置"设定

资本到底应该处于怎样的位置呢?在雇佣劳动中,资本首先表现为生产的起点,最终又成为终点。在资本主义生产中,资本家一方面利用资本建立厂房、购买机器、购置生产原料;另一方面又用资本购买劳动,将生产资料和劳动紧密地结合起来,使原料的价值转移与价值增值成为可能。这里的资本拥有了不同的形态,一是最初表现为货币的资本(G),二是在生产联系(G—W)的环节表现为厂房、机器、生产原料的资本(不变资本C)和表现为购买劳动力的资本(可变资本V)。而在资本的运动过程中,资本的归宿仍是资本。资本完成了生产的准备还将继续运动,将原来的物品通过劳动力的渗入生产出新的产品,即W—W′的过程。接下来,新的劳动产品必须经过交换将商品转化为货币(W—G),否则私人劳动不能转化成社会劳动,购买自己所需要的商品的目的便不能实现,资本家的商品将会被摔得粉碎,资本家也将亏得一败涂地。完成这一系列生产和交换过程,剩余价值也就悄悄产生了,并被资本家获取,只是新价值的形式不再是剩余劳动,而是对象化在特定商品中的剩余劳动——货币。商品完成了惊险的跳跃后,资本的运动并没有结束,资本家获得的货币(包括剩余劳动)一方面被资本家用于消费享受,另一方面被继续作为生产的资本追加到新的生产活动中,周而复始地表现为货币的形式和资本的形式。所以,资本"必须成为起点又成为终点……"②事实上,不管资本化作什么样的形式,如厂房、机器、原料等,如果没有与劳动结合,任何形式的物品都不能变成具有新的使用价值和价值的新商品,自然与人类、资本家与工人、个人与社会也不会被重新联系起来。因而,资本的运动不过是

---

① 《马克思恩格斯全集》第30卷,人民出版社,1995年,第484页。
② 《马克思恩格斯全集》第30卷,人民出版社,1995年,第49页。

资本形态的变化，资本所起的作用只不过是生产的工具。社会生产的本质在于满足人类社会的需求，而不是颠倒过来将人作为生产的工具。货币转化为资本，本该作为生产工具的资本却成了生产的起点和终点，成了主体性的存在；人本来是社会生产的主体、"剩余价值的创造者"①、社会产品的消费对象，反而成了生产的工具和资本的附庸，人的主体性价值丧失了。

（二）揭示资本对社会关系内容的束缚

马克思指出，资本不过是具有现实性的物，本质上是一种社会关系，而资本所带来的社会关系又必然造成其灭亡的趋势。首先，资本带来了新的阶级关系。"社会不是由个人构成，而是表示这些个人彼此发生的那些联系和关系的总和。"②"从社会的角度来看，并不存在奴隶和公民；两者都是人。其实正相反，在社会之外他们才是人。成为奴隶或成为公民，这是社会的规定，是人和人或 A 和 B 的关系。"③资本家与雇佣工人的身份起初并没有天然的界限，而是社会分工、资本的应用等一系列社会因素改变了二者的关系，导致了资本家成为"资本家"的社会规定，工人成为"工人"的社会规定。其次，资本具有克服一切生产力阻碍的趋势。资本采取各种手段实现自己最大的增殖，它不仅能够不断地创造出新的使用价值、新的消费方式，还能创造出新的社会需要。这样，人类对自然界实现了普遍的占有，人回归到自然之上，人与人之间的地域隔离、民族的局限性和片面性都被有机的物联系起来。再次，资本不可消除的矛盾和界限必然会使其走向灭亡。资本无限的价值增殖必然带来"活劳动"有限的生产的界限，剩余价值的积累将带来的生产力积累和消费的界限，带来周期性的经济危机和生产过剩。当资本无视自身的生产力界限，牺牲现有的资本、手段换取生产发展，谋取利润最大化，实现资本的再积累时，那么它必将处于无可复加的恶循环中，资本本身也就成为阻碍社会生产力发展的最大因素。在资本的两端，一方是资产阶级（富有、受尊重、有权力，但越来越少）财富的庞大积累，一方是无产阶级（贫困、愚昧、受奴役，但越来越多）无限的堕落。资本的两极由此也产生了资产阶级与无产阶级的对立和斗争。资本一方面造成了自身无法克服的"囚徒困境"，另一方面造就了自己的"掘墓人"，资本最终会走向消亡，资本家最终会被消灭。

---

① 《马克思恩格斯全集》第 30 卷，人民出版社，1995 年，第 406 页。
② 《马克思恩格斯全集》第 46 卷（上），人民出版社，1979 年，第 220 页。
③ 《马克思恩格斯全集》第 30 卷，人民出版社，1995 年，第 221—222 页。

（三）揭露"死劳动"对"活劳动"的统治

作为资本主义生产关系基础的雇佣劳动，是商品与货币转化成为资本的必由之路，如果把它仅仅理解成资本与劳动力商品、"死劳动"与"活劳动"的交换过程是远远不够的，还应看到资本的剥削关系及劳动与人的异化。资本主义生产过程是人的价值的对象化的过程和增殖的过程，工人不但要生产出弥补自身作为劳动力商品消耗的价值，还要生产出超过这一定点的价值——剩余价值。资本之所以成为资本的关键在于其实现了价值增殖，而实现价值增殖就需要工人提供"活劳动"，所以雇佣劳动必须存在。与"活劳动"相对应的则是"死劳动"，一方面是资本家所拥有的过去的对象化的劳动，另一方面是工人由于过去的劳动所提供的使其成为"活劳动"的劳动。首先，资本家利用所拥有的"死劳动"将工人的"活劳动"置于自己的归属下，并将雇佣工人在剩余时间里所创造的剩余价值也收入囊中，这实质上是资本家利用资本剥削工人的过程。其次，过去劳动与现在劳动的差异、雇佣工人劳动资本的消耗与资本家无偿获得剩余价值，主体化的资本与客体化的劳动本身是一种不平等的支配关系。再次，"劳动的产品表现为他人的财产，表现为独立地同活劳动相对立的存在方式，也表现为自为存在的价值；劳动的产品，对象化劳动，由于活劳动本身的赋予而具有自己的灵魂，并且使自己成为与活劳动相对立的他人的权力。"① 最后，工人之所以成为工人，是因为其实质上包含了预支"过去劳动"的前提，这种"死劳动"实际上是工人维持自身机能耗费、维持家人生存生活的来源，并使其与家人成为下一次"活劳动"的前提。这样，人的能力成了商品，人的发展也成了商品的附属，人的存在成为维持动物般的本能，生产过程不再是一种劳动的过程，而是一种奴役人的过程，人成了"单向度的人"。"死劳动"统治了"活劳动"，物支配了人，人的劳动价值沦陷了。

（四）揭示资本的绝对权力化

在资本主义社会里，资本是权利的凝结，是支配一切事物与关系的普遍权利，资本家的权利是特殊的所有权。首先，在具体生产过程中，资本不仅包含对他人劳动产品的私有权，即拥有对劳动及其劳动产品的支配权，更拥有对一切商品的不可抗拒的购买权利。其次，资本的权利经由资产阶级政治强化，资本拥有者不仅拥有"对物的支配权，还包括对人的支配权，即合法地使用一切劳动力的自由"②。资本不仅拥有绝

---

① 《马克思恩格斯全集》第 30 卷，人民出版社，1995 年，第 445 页。
② 王巍：《马克思视域下的资本逻辑批判》，人民出版社，2016 年，第 126 页。

对的支配权,还拥有对它的这种权利提出合法性解释的辩护权。马克思指出:"资本只不过是把它找到的大量人手和大量工具结合起来。资本把它们聚集在自己的统治之下。"① "在一切社会形式中都有一种一定的生产决定其他一切生产的地位和影响,因而它的关系也决定其他一切关系的地位和影响。这是一种普照的光,它掩盖了一切其他色彩,改变着它们的特点。这是一种特殊的以太,它决定着它里面显露出来的一切存在的比重。"② 在资本主义社会中,资本不仅通过经济把控实现经济的绝对权力化,而且随着这种权力化,又在政治、文化领域实现共鸣与共谋,进而在社会的整个领域产生一种凌驾于社会之上的相互异化的力量。所以,不管是经济的生产、政治权利的生产、意识形态的生产,还是人的社会关系的生产,不管是物质生产,还是精神生产,都必须遵循资本的逻辑,从属于资本这个"普照的光",屈从于其形成的"特殊的以太",人被资本所奴役。

(五)揭示将社会发展等同于资本增殖的概念偷换

资本家通过大力宣扬,将社会发展与资本增殖结合起来,模糊了社会发展的丰富内涵。从社会的整体性而言,只有投入更多的劳动,社会总产品才能扩大,社会整体创造出来的财富也才能不断累积。"在资本上,财富是作为对象即作为现实性而存在,劳动则表现为财富的一般可能性,这种可能性在活动中得到实现。"③ 的确,资本增殖创造了现实存在的一般财富,庞大的商品堆积、巨大的货币量是资本的杰作,将资本增殖视为社会的进步有一定的道理。但如果简单地将资本增殖等同于社会的进步,就会落入资产阶级意识形态的陷阱。因为离开劳动资本并不能升值,也不能创造出新的使用价值,劳动才是积累财富、推动社会进步的精神、物质动力。作为财富的源泉之一,劳动能力是可以作为资本的,也是可以产生果实的,而对于一无所有的自由民,劳动能力是其产生果实的唯一法宝。工资是劳动力获得劳动报酬的结果,"个人的勤劳是没有止境的"④,资本的欲望也是没有止境的,勤劳可以帮助劳动者进行所谓的"原始积累",因为劳动者可以通过个人的勤奋来提高自己的工资水平,在扣除生存资料后还能为自己储备一些积蓄,进而让雇佣工人"像巴师夏所希望的那样不再劳动而成为资本家"⑤。相反,那些游手好闲、贪于享受的人则永远不能成为财富的拥有者,他们

---

① 《马克思恩格斯全集》第30卷,人民出版社,1995年,第503页。
② 《马克思恩格斯全集》第30卷,人民出版社,1995年,第48页。
③ 《马克思恩格斯全集》第30卷,人民出版社,1995年,第253—254页。
④ 《马克思恩格斯全集》第30卷,人民出版社,1995年,第176页。
⑤ 《马克思恩格斯全集》第30卷,人民出版社,1995年,第13页。

不良的现状是他们懒惰行为的结果。资本的增殖不过是劳动对象化后的生产结果,社会进步不该归功于资本,而应归功于劳动。劳动本身才是人的目的,财富不过是人的对象性的存在,并非人的目的,是辛勤劳动的报酬,是目的与手段的统一。马克思不仅批判了这种颠倒的错误认识,还指出社会发展寓于人的发展之中,具有全面性。首先,从衡量指标来看,社会发展本身有着丰富的内涵,如物质产品供给、精神供给增加,人民生活水平和生活质量提高,社会安定、社会协调等,资本增殖只是社会物质财富的增加。其次,资本带来的社会化大生产与私人占有之间的矛盾到最后会成为生产力的桎梏,阻碍社会的发展。另外,社会的发展必须是全面个人发展的基础,资本的统治本来就让无产阶级陷入赤贫、受奴役的悲惨境地,本身就是对社会关系的束缚。资本增殖只是社会发展的表现,而不是动力,社会发展不等于资本增殖。

马克思多次指出,资本不是物,而是生产关系。个人的全面性在于全部占有人的社会关系,而不是将自身异化于资本之下,真正的社会发展必将使社会走向更高的阶段,即共产主义阶段,在那时人们真正地"成为自己的社会结合的主人"①,成为最高的存在物。

四、结论

意识形态作为一种社会观念的"上层建筑",是对系统成员的主观意识的社会塑造,它影响着系统成员的认同感知。在资本主义社会,为了维护其统治的合法性与正当性,资产阶级一方面要得到自身所代表的阶层的资本家的支持,另一方面还要同化其对立阶级,使无产阶级认可并屈从于这种形式。资产阶级将"自由、民主、平等"这些思想以普遍的形式进行表达,把这些观念描绘成唯一合乎理性的、具有普遍意义的价值体系,因而使其披上了全民性的虚幻外衣,让被统治阶级也即无产阶级欣然接受这种思想,并屈从于资产阶级所划定的一系列经济体制、政治制度、社会秩序的规则,成为"笼中人",甘于这种生活状态,丧失了对被剥削和被统治的意识和反抗,成为"单向度的人"。值得关注的是,无产阶级的阶级意识并不必然产生,共产主义革命理想也不会先验性地存在,只有不断地对统治阶级的意识形态进行全面的揭露、批判、削弱,瓦解资产阶级意识形态的合法性,使人们不再相信它,促成资产阶级意识形态合法化危机的产生,才能促使无产阶级阶级意识的生成。这里包含两个方面:一方面是揭示资本主义制度的系统性危机,瓦解资产阶级的系统成员对资本主义制度的有效

---

① 《马克思恩格斯选集》第3卷,人民出版社,2012年,第815页。

性的认同,从而对资产阶级意识形态的合法性产生根本的怀疑;另一方面,揭露资产阶级意识形态的虚假性,让无产阶级认识到资本主义"赤裸裸"的剥削与压迫,从而启发和培养无产阶级和人民群众的政治意识和革命觉悟。马克思超越了对"抽象性"的人的外在性批判,而深入到资本主义"市民社会"对生产关系中具象性人的关切,运用"从抽象上升到具体的方法",从资本主义生产下的现实逻辑出发,从最平常的经济细胞"工资"入手,再深入到货币和资本的社会批判,与庸俗经济学家、哲学家这些资产阶级"意识形态家"们展开论战,驳斥他们逻辑的荒谬和结论的诞妄。他不仅揭示了资本主义制度的内在矛盾,也撕开了资产阶级意识形态虚假的外衣。

具体而言,马克思在《1857—1858年经济学手稿》中从工人关心的工资着手,深入到劳动商品、货币、资本,由内到外、由表及里地对资本主义"市民社会"进行了本质批判,初步勾勒了三大"拜物教"的雏形,揭露了资产阶级意识形态的虚假性,引起了无产阶级的情感共鸣。"通过寻找资本主义的'反证',马克思不仅进一步揭示了资产阶级意识形态的虚假性,同时把这种虚假性进一步嵌入到资本主义的现实之中,使资本主义社会中'颠倒的意识'更为充分地暴露出来,也使无产阶级和人民群众认清自己的根本利益。"① 工资、货币、资本从语词上来看似乎是相互独立的三个概念,但深挖语词背后的社会表征却能发现三者之间有着复杂的联系。马克思在《1857—1858年经济学手稿》中虽然没有直接提出工资、货币、资本三者之间的逻辑关系,但我们可以通过文章的结构安排、马克思的研究转向以及三者之间的关系窥见马克思的意图。马克思从资本主义的生产生活出发,有机地将劳动与工资、货币、资本之间的关系统一起来,一步一步地揭露隐藏在背后的物化生产关系、社会关系、价值面纱。通过上面的梳理,我们可以看到,工资既是工人作为雇佣劳动者与资本主义生产发生关系的直接代表物,也是雇佣费用与劳动所得的统一;既是资本主义主要阶级关系的外化体现,也是工人和资本家的直接矛盾的起点。隐藏在背后的是货币所替代的全面关系。契约关系是货币关系带来的直接生产结果,流通的假象带来恶的无限过程,货币成为生产的起点和结果,这一物成为社会关系的替代品,人处于物的异化中。当货币成为社会关系的代表时,货币在逻辑上必然成为资本主义生产的高级形式——资本。本该作为生产手段的资本一跃成为一切的起点,并将社会关系全面内化于资本的逻辑当中,将"活劳动"置于"死劳动"的统治之下,资本成为"普照的光",并在社会中形成资本增殖的普遍逻辑。资本的逻辑体现了人的价值的颠倒,由此资本主义的"物"

---

① 蒯正明:《从〈德意志意识形态〉到〈资本论〉:马克思意识形态理论的深化与思考》,《理论与改革》2016年第5期。

的统治全面深入人类的社会生产、生活方式、社会习惯、价值选择。

综上所述,《1857—1858年经济学手稿》"从现实的人出发来观照当今社会经济生活,找寻隐藏在经济学领域中的人的关系这一根本性问题的答案"①,标志着马克思意识形态批判理论完成了从资本主义哲学批判到资本主义现实批判的转变,从"经济学理论批判为主的研究向以经济学体系构建为主的理论叙述的转变"②,从上层建筑批判到经济基础的"根本批判"的转变。

---

① 杨洪源:《政治经济学批判的逻辑建构——"1857—1858年手稿"再研究》,中国人民大学出版社,2018年,第370页。
② 顾海良:《通向〈资本论〉的思想驿站——读〈政治经济学批判(1857—1858年手稿)〉》,《高校理论战线》2012年第3期。

马克思主义中国化 70 年发展的实践与逻辑①

刘 渊

马克思主义中国化 70 年的历程,既是中国共产党坚持马克思主义基本原理与中国社会主义革命、建设和改革实践相结合的双向互动过程,又是中国共产党直面中国革命、建设和改革中的重大问题的哲学反思过程,"实际上就是中国马克思主义者不断回答和解决实践提出的问题的过程"②。中国共产党始终把握时代主题,及时将经验性的认识上升到哲学高度进行审视和提炼,进而形成马克思主义中国化的最新理论成果,并以此应对新的历史背景下中国革命、建设和改革中出现的新问题和新挑战。

一、马克思主义中国化 70 年的实践主题变迁

实践发展进程的背后内隐着马克思主义中国化的实践主题的变迁。"中国国情是马克思主义中国化展开的历史前提和现实基础,脱离中国国情就无法实现马克思主义基本原理与中国具体实际的结合。在构成国情的诸多要素中,社会性质、社会发展阶段是基本国情,对于马克思主义中国化具有决定意义。"③新中国成立后,中国共产党根据社会性质、社会发展阶段和社会主要矛盾的历史变化,提出了马克思主义中国化的具体任务,根据不同时期的历史使命和实践要求确立了马克思主义中国化的实践主题。

---

① 本文发表于《四川大学学报(哲学社会科学版)》2019 年第 4 期。基金项目:四川省社科规划年度项目"社会治理视阈下四川农村基层党组织组织力建设研究"(SC18B044)。
② 李君如:《马克思主义中国化若干问题研究》,《中共中央党校学报》2008 年第 1 期。
③ 陈金龙:《马克思主义中国化的主体探析》,《马克思主义研究》2010 年第 5 期。

（一）社会主义改造与探索时期（1949—1978 年）：**建立和巩固社会主义基本制度**

在社会主义改造与探索时期，马克思主义中国化蕴含着对社会主义基本制度的实践考量。进行社会主义革命、建立和巩固社会主义基本制度是新中国成立后中国化马克思主义的现实语境，也是马克思主义中国化理论创新的前提和实践基础。新中国成立伊始，中国社会属于新民主主义社会，必然面临着如何适时过渡到社会主义社会的现实问题。随着社会主要矛盾发生变化，毛泽东提出把新民主主义革命推进到社会主义革命阶段。从新中国成立到1956年，毛泽东以马克思主义为指导，分析了中国新民主主义社会的实际，创立了社会主义改造理论，在哲学认知上达到了新的高度，实现了马克思主义与中国实践的结合，完成了对农业、手工业和资本主义工商业的社会主义改造，推动了新民主主义社会向社会主义社会的转变。从1956年到1966年，中国共产党带领全国各族人民开启了社会主义建设的新征程。这个时期的社会主义建设在探索中曲折发展，成就和失误并存，但对巩固社会主义基本制度起到了积极作用。从1966年至1978年，社会主义建设历经了十年"文化大革命"及其后短暂的基本制度的恢复和完善，这个过程本身也是社会主义建设曲折探索的实践过程的一部分，并以其强烈的历史之光促使中国共产党人深刻反思新时期必须直面的重大问题。

（二）新时期（1978—2012 年）：**中国特色社会主义道路选择**

新时期贯穿始终的实践主题是中国共产党对中国特色社会主义道路的选择。中国共产党深刻认识、全面总结中国特色社会主义，充分运用马克思主义中国化的理论成果指导中国实践。这个时期中国化马克思主义的发展必然立足于中国特色社会主义道路的具体实践，它构成了中国特色社会主义的理论生成逻辑。"中国化马克思主义是一个特定历史场域中的马克思主义的创新发展，其理论生成不可能是凭空捏造和纯粹理论演绎。"[①]党的十一届三中全会后，中国共产党直面实践过程中的现实问题，坚定地选择了中国特色社会主义道路，提出了不同历史时期马克思主义中国化的鲜明主题，并在具体实践中进行检验。中国共产党从困难中重新奋起，创立邓小平理论，解决了"什么是社会主义，怎样建设社会主义"的实践主题，实现了指导思想的拨乱反正和工作重点的转移，开启改革开放新征程，开辟中国特色社会主义新道路。党的十三届四中全会以后，针对新时期日益凸显的党的建设问题，"建设什么样的党，怎样建党"

---

① 王玉鹏：《中国道路与21世纪中国马克思主义的双向互动和创新发展》，《马克思主义研究》2017年第9期。

成为新的实践主题,中国共产党提出"三个代表"重要思想,推进了党的建设新的伟大工程,把中国特色社会主义建设事业推向新的高度。进入21世纪后,中国共产党提出了科学发展观等一系列重大战略决策,解决了"什么是发展,为什么发展""为谁发展、靠谁发展"等实践主题,取得探索实践中国特色社会主义道路的新突破,也在新的历史起点上进一步坚持和拓展了中国特色社会主义道路。

(三)新时代(2012年至今):全面建成社会主义现代化强国

21世纪中国化马克思主义的形成根植于新时代中国社会实践的客观现实,全面建成社会主义现代化强国之路为马克思主义理论创新提供了根基和土壤。面对当今世界"百年未有之大变局",和平与发展仍然是时代主题。"如何在当今复杂的形势下永葆社会主义的活力,是21世纪中国马克思主义必须回答的理论课题。"[①]因此,"坚持和发展什么样的中国特色社会主义、怎样坚持和发展中国特色的社会主义",成为新时代中国共产党的实践主题。党的十八大明确提出了"两个一百年"奋斗目标,中国共产党"在新的历史起点和发展基础上不断深化了对共产党执政规律、社会主义建设规律、人类社会发展规律的探索,为在新的历史条件下深化改革开放、加快推进社会主义现代化提供了科学指导和行动指南"[②]。中国共产党全面分析国际国内形势,科学定位中国当前面临的基本国情,提出了我国社会主要矛盾发生改变、社会主义初级阶段和世界上最大的发展中国家的地位没有改变的"变与不变"的客观现实;从党和国家事业发展全局的高度,深刻研判了新时代中国实践过程中面临的机遇和挑战,对实现"两个一百年"奋斗目标做出了新的战略安排,形成了习近平新时代中国特色社会主义思想,开启了全面建成社会主义现代化强国的新征程。

马克思主义中国化70年经历的实践主题变迁,揭示了应从实践中提炼理论命题,而不是以理论命题裁剪实践的深刻道理。实践表明,根植于西方实践的理论不能充分解释中国的实践成就,总结提炼马克思主义中国化70年的经验,是坚定中国特色社会主义理论自信的现实要求。

二、马克思主义中国化70年的辩证逻辑

马克思主义中国化70年的发展历程表明,中国共产党领导的社会主义革命、建设

---

① 蔡中宏、刘雄旺:《21世纪中国马克思主义的演进和创新》,《甘肃社会科学》2015年第6期。
② 包心鉴:《马克思主义中国化的新成果新飞跃——论习近平治国理政的逻辑起点、主题主线、价值视野和历史定位》,《济南大学学报》2017年第1期。

和改革的实践过程与马克思主义中国化之间是相互建构和相互推进的关系。马克思主义中国化的重大理论突破和理论创新都是建立在中国共产党对不同历史时期实践主题的深层认知之上的理论自觉。这个过程坚持了马克思唯物主义辩证法的基本原则，也充分体现了中国共产党对解放思想、实事求是、与时俱进等马克思主义理论品质的坚持。

（一）三大哲学规律与中国实践

对立统一规律贯穿了马克思主义中国化进程中社会主要矛盾的认知和解决过程。列宁指出："统一物之分为两个部分以及对它的矛盾着的部分的认识……是辩证法的实质……"①这种矛盾分析法，有助于我们理解我国不同时期社会主要矛盾发生转化的理论内涵，认识不同时期社会主要矛盾中对立统一的两个部分。深刻认识不同历史时期社会主要矛盾对立统一的两个方面，既可以看到历史的方向和时代的要求，也能够抓住不同历史时期社会发展过程中需要解决的最主要问题。必须明确"矛盾是反映事物内部和事物之间对立统一关系的哲学范畴"②。1956年社会主义改造完成之后，面对国际国内错综复杂的形势，中国共产党客观上需要运用马克思主义的对立统一学说观察和处理社会主义社会的人民内部矛盾和国际斗争中出现的新问题。党的十一届三中全会之后，中国共产党顺应时代的呼唤和人民的呼声，提出我国社会主要矛盾已经转化为"人民日益增长的物质文化需要同落后的社会生产之间的矛盾"的科学论断，为推进中国特色社会主义建设提供了基本遵循。从当时社会主要矛盾内部两个方面的性质和关系来看，落后的社会生产是客观现实，代表着一种实然状态；而人民日益增长的物质文化需要代表着目标判断，客观上是一种应然状态。两者之间的现实差距的形成和消失过程就是矛盾产生和逐渐转化的对立统一过程。改革开放以来，中国共产党依照社会主要矛盾对立统一的两个方面，着力解决了不同时期各类经济社会问题，在各领域都取得了巨大成就。中国特色社会主义进入新时代后，各类新的社会矛盾也逐渐呈现，"从求温饱到求环保，从求生存到求生态；从先富带后富到共建共享；从高速增长阶段转向高质量发展阶段"③。这些时代特征对立统一地体现为经济社会发展的阶段性要求，同时在新的社会主要矛盾之中孕育了经济社会发展新常态下广大人民群众的新需求。基于此，党的十九大顺应时代潮流做出了我国社会主要矛盾已发生变化的新

---

① 《列宁全集》第55卷，人民出版社，1990年，第305页。
② 王国敏、陈梅芳：《加强和规范党内政治生活应把握好五组主要矛盾关系》，《四川大学学报（哲学社会科学版）》2018年第3期。
③ 颜晓峰：《我国社会主要矛盾变化的重大意义》，《人民日报》2018年1月4日，第7版。

判断。

量变质变规律揭示了马克思主义中国化进程中不同社会发展阶段的矛盾的运动状态。唯物主义辩证法认为,世界上任何事物都是质与量的矛盾统一体,一切事物的发展变化都呈现出量变和质变两种状态,"事物都是在内部矛盾的支配下经历量变到质变的发展过程"①。第一,量变的积累程度决定了质变的彻底程度。"从量变到质变,需要以量变到达一定的'度'为前提。但绝不能因为量变未突破'度',就否认'量'的变化。"②新中国成立后,随着农业、手工业和资本主义工商业的社会主义改造完成,我国基本建立了社会主义经济制度。在这个过程中,正是由于前期社会主义改造达成了"量"的积累,我国在进入社会主义社会后才实现了"质"的飞跃。在社会主义建设的曲折探索中,由于经济上片面学习"苏联模式"、政治上坚持"以阶级斗争为纲",人民群众的基本物质生活需要未能得到充分满足,生产生活发展趋于停滞,全国上下"人心思治"。这些"量"的积累呼唤新的质变,使十一届三中全会之后中国社会发展呈现出新的阶段性特点。第二,量变的积累过程伴随着部分性、阶段性质变。"认为社会主义初级阶段的性质不变,主要矛盾就不会发生变化,其实是只看到'质的不变',而忽略内部'量'的变化,将社会主义初级阶段等同于凝固不变的'结晶体'。"③从量变到总的质变的过程并非一蹴而就,而是一个包含了阶段性部分质变或局部性部分质变的过程,这个过程往往伴随着社会主要矛盾的改变。随着生产力的不断发展和社会的进步,量变积累到一定程度必然会使社会发展的进程呈现出一些新的阶段性特征。党的十六大对社会主义初级阶段的判断没有改变,但是关于"进入全面建设小康社会"的战略安排和发展趋势已经确定,因而中国特色社会主义建设的阶段性特征越来越明显,社会主要矛盾隐含着其在将来会出现转化的可能。党的十九大明确提出我国社会主要矛盾发生了转化,正是基于中国特色社会主义现代化建设进程进入新阶段后社会各方面发生质变的准确研判。

否定之否定规律体现了马克思主义中国化进程中社会主义改革的辩证逻辑。"否定之否定"的实质是扬弃,它不是简单否定一切,而是"代谢"掉"母体"中不适应新环境的消极因素,保留下"母体"中的积极因素,发展出具有远大前景的新因素。其一,否定之否定规律贯穿于马克思主义中国化的全过程。新中国成立70年的历史就是一部马克思主义中国化"否定之否定"的历史。在新民主主义社会向社会主义社会过

---

① 张秀峰、刘卓红:《新时代社会主要矛盾转化科学命题的三大哲学逻辑》,《广东社会科学》2019年第1期。
② 刘同舫:《新时代社会主要矛盾背后的必然逻辑》,《华南师范大学学报》2017年第6期。
③ 刘同舫:《新时代社会主要矛盾背后的必然逻辑》,《华南师范大学学报》2017年第6期。

渡时期，通过农业、手工业和工商业的社会主义改造，社会主义建设从量的积累达到质的飞跃，初步建立起社会主义基本制度，形成"肯定"的阶段；进入社会主义社会之后，由于"唯书"和"唯苏"，本本主义和主观主义现象愈演愈烈，社会主义建设经历了曲折探索，进入"肯定到否定"的阶段；十一届三中全会提出了对社会主要矛盾的新认识和以经济建设为中心的国家发展方向，开启了建设中国特色社会主义的新征程，但在经济社会全面发展的过程中，党的建设问题、国家的科学发展问题日益突出，又进入"否定之否定"的循环；党的十八大召开以后，党的建设持续加强，国家科学发展和生态文明建设的水平不断提高，中国特色社会主义进入新时代，但是新时代同样面临着诸多亟待解决的现实问题。其二，否定之否定规律体现在社会主义改革的现实路径之中。马克思主义中国化的过程不是简单的实践否定和理论生成的过程。这个过程体现了马克思主义基本原理与中国社会主义改革实践的相互结合，意味着抛弃社会主义改革中的一些错误做法，及时"过滤"出有利于将来发展的积极因素，并把这些积极因素继承下来，形成马克思主义中国化的理论成果。随着经济社会的发展，新的问题和矛盾又会产生，需要我们重新审视并提出改革发展的新办法。马克思主义中国化的过程是理论与实践不断循环往复的过程，也是在事物自我否定的循环往复中推进实践与认知达到更高层次的融合的过程。

（二）认识逻辑与实践逻辑的辩证互动

马克思主义中国化包含了理论自觉与实践认同的辩证逻辑。"实践—认识—实践"过程贯穿了马克思主义中国化的全过程。毛泽东指出："实践、认识、再实践、再认识，这种形式，循环往复以至无穷，而实践和认识之每一循环的内容，都比较地进入到了高一级的程度。"[①]

马克思主义中国化的过程是马克思主义与中国革命、建设和改革之间的辩证互动过程。马克思主义中国化的过程就是"把马克思主义基本原理同中国具体实际相结合，通过回答和解决中国面临的时代问题，不断推进理论创新、指导实践突破的历程"[②]。新中国成立后，在社会主义革命和建设的进程中，面对国际国内错综复杂的形势，各种矛盾日益突出，毛泽东在《关于正确处理人民内部矛盾的问题》中运用唯物辩证法科学分析了各种类型的人民内部矛盾，提出了正确处理人民内部矛盾的方针政策。事实证明，在不同历史时期，中国共产党科学运用马克思主义理论指导中国实践，客观

---

① 《毛泽东选集》第 1 卷，人民出版社，1991 年，第 296 页。
② 贾立政：《在坚持问题导向中开创事业发展新局面》，《人民日报》2017 年 9 月 14 日，第 7 版。

上有力推进了中国社会主义革命、建设和改革的进程。同时，在具体实践中，中国共产党坚持和发展马克思主义理论，通过系统的哲学反思，把有效的经验总结上升到理论，再不断地用实践检验理论。

马克思主义中国化的过程是马克思主义指导下的历史经验总结与现实矛盾解决之间的辩证互动过程。① 在中国社会主义革命、建设和改革的进程中，矛盾无处不在。新的矛盾产生之后，如要结合时代要求分析矛盾并提出解决矛盾的办法，需要对现实的矛盾运动状态做深刻总结，在"否定"之中找到积极因素，进而产生新的"肯定"。这一矛盾的解决过程和解决办法本身就坚持了实事求是和与时俱进的原则。历史证明，中国共产党善于研究现实矛盾运动的内在本质，善于深刻总结经验教训，善于拨开现实矛盾运动中的层层迷雾，正是在历史经验总结和现实矛盾解决的辩证运动中，逐步形成了中国化马克思主义的系列成果，并在此指导下独辟蹊径地找到了建设中国特色社会主义道路的理想方案。

（三）生产力和生产关系的辩证矛盾运动

人类社会的历史从来都是生产力和生产关系辩证矛盾运动的历史，马克思主义中国化的历史也不例外。其过程体现了对社会主义基本价值的探寻，中国共产党在该过程中完成了对社会主义生产关系的构建，发展了社会主义生产力。

新中国成立后，消除种种社会不公平现象，建立平等的生产关系，构筑社会主义基本价值理念，形成社会发展进步、国家繁荣富强、具有强大凝聚力的发展态势是新中国前进的方向。为此，只有迅速完成对农业、手工业和资本主义工商业的社会主义改造，建立起社会主义制度，才能催生促进生产力发展的新型生产关系。事实证明，社会主义改造完成后，这场社会变革在新中国成立初期激发出巨大的社会活力，形成了强大的发展力量。但在社会主义曲折探索过程中也产生了许多问题，这是由于当时对社会主义及其生产关系的认识及实践存在片面性，采取单一化的经济模式，过度强化社会生产关系的构建，忽略了生产力发展本身的内在要求，其结果必然是当时的社会生产关系主导的发展样态及方向不适应社会进步与全面发展的物质力量。

十一届三中全会之后，邓小平对"社会主义的本质"进行了概括。面对十年"文化大革命"之后生产关系的扭曲和生产力停滞的现状，邓小平强调深化改革、加速发展的必要性和重要性，提出了"改革也是解放生产力""发展才是硬道理"等重要论断，这些论断契合生产力发展的目标和当时生产关系主导的社会发展样态，顺应历史

---

① 李君如：《马克思主义中国化若干问题研究》，《中共中央党校学报》2008年第1期。

发展潮流。随着社会的发展,"三个代表"重要思想和科学发展观的提出都建立在准确把握生产力和生产关系矛盾运动的基础之上,以社会的全面进步和社会和谐为最终追求。党的十八大以后,以习近平同志为核心的党中央全面推进了各个领域的深化改革,进一步解放和发展了生产力,采取综合手段较好地协调了生产关系。党和国家事业发生了历史性变革,中国特色社会主义进入了新的发展阶段。

(四)解放思想与实事求是的辩证统一

解放思想、实事求是贯穿了中国共产党领导中国革命、建设和改革的全过程。解放思想是前提,实事求是是目标。只有大胆突破传统观念的束缚,从传统的认知中走出来,才能在不断变化的实践中揭示事物的内在属性和本质规律,进而提出认识世界和改造世界的新理论。坚持实事求是的思想路线本身包含了解放思想的内在逻辑。纵观马克思主义中国化70年发展的实践过程,其成功的根本在于中国共产党实现了解放思想与实事求是的耦合发展,体现了马克思主义中国化进程中解放思想与实事求是辩证统一的实践逻辑。

新中国成立后,我国面临着如何建立社会主义制度和如何进行社会主义建设两大难题。中国共产党科学分析了新中国成立初期的基本国情,认真总结了苏联社会主义建设的经验教训,提出了要"以苏为鉴",强调要将马克思主义基本原理与中国的基本国情结合起来。毛泽东通过大量的调查研究,发表了《论十大关系》和《关于正确处理人民内部矛盾的问题》等名篇。以毛泽东为代表的中国共产党人"既坚持马克思主义,又坚持解放思想、实事求是,才创造性地提出了社会主义改造理论,完成了三大改造,建立了社会主义制度,并初步探索了社会主义建设道路,有力地推动了马克思主义中国化的历史进程"[①]。

十一届三中全会之后,中国共产党坚持运用解放思想和实事求是的思想法宝,依据国情和时代变化,继续推动马克思主义基本原理与中国实际相结合,形成了一系列马克思主义中国化的理论成果。在新时期,中国共产党坚持实事求是的态度,率先从理论上提出反对"两个凡是",强调要全面正确地看待马克思列宁主义和毛泽东思想,完成了全党工作重心的战略转移,全面推进了中国特色社会主义建设;中国共产党继续坚持解放思想和实事求是的有机统一,与时俱进地推进了党的建设,开创了中国特色社会主义事业新局面,开拓了马克思主义中国化的新境界。进入新时代后,以习近平同志为核心的党中央始终把实事求是贯穿于治国理政的各个方面和环节,并在实践

---

① 张远新:《90年来中国共产党推进马克思主义中国化的基本经验》,《马克思主义研究》2011年第3期。

中积累了新的宝贵经验。

马克思主义中国化70年的辩证逻辑，生动呈现了马克思主义基本原理对中国实践成就的深刻诠释，有力回击了把马克思主义单纯作为意识形态口号、意识形态旗帜的错误认识。70年的历程启示我们，全面建成社会主义现代化强国，必须切实增强运用马克思主义理论指导实践的理论自觉和行动自觉。

三、马克思主义中国化70年的规律探寻

马克思主义中国化70年的发展历程是中国共产党坚持马克思主义基本原理与中国实践紧密结合，不断形成中国化马克思主义成果的过程；是中国共产党不断深化对共产党执政规律、社会主义建设规律、人类社会发展规律的认识的过程。这一历程揭示了社会主义建设的一般原则，贡献了实现"人的自由而全面发展"的中国智慧。

（一）共产党执政规律的根本旨归：始终坚持以人民为中心

马克思主义中国化70年的历史昭示了中国共产党执政规律的根本旨归：始终坚持以人民为中心。第一，中国共产党的政党属性决定了其执政的人民立场。毛泽东曾经指出："为什么人的问题，是一个根本的问题，原则的问题。"① 中国共产党的基本性质与执政性质高度统一。中国共产党的内在品质和根本属性与人民的根本利益高度契合。人民立场是马克思主义政党执政方向的内生要求。中国共产党作为马克思主义政党，代表着广大人民的利益，其内在品质和根本属性客观上体现了以人民为中心的永恒追求。第二，中国特色社会主义建设的巨大成就客观上证明了中国共产党始终践行全心全意为人民服务的根本宗旨。中国特色社会主义建设离不开中国人民的广泛支持，正是由于广大人民的拥护和支持，中国共产党有效整合了全社会的力量，开创了中国特色社会主义建设的新局面。"历史和人民为什么会选择我们党，根本原因就在于我们在革命、建设和改革实践中，既代表广大人民群众的根本利益，又注重实现好、维护好、发展好人民群众的现实利益。"② 第三，国际上，苏联共产党作为世界上第一个社会主义国家的执政党，其执政失败的教训促使中国共产党以史为鉴并进一步践行"立党为公、执政为民"的执政理念。苏联共产党特权意识严重、官僚主义盛行，党的基层组织、领导机关和党员干部逐渐形成了特权阶层，严重脱离群众，背离人民的立场。由

---

① 《毛泽东选集》第3卷，人民出版社，1991年，第857页。
② 季明：《巩固党的执政地位必须处理好五个关系》，《重庆日报》2014年10月24日，第15版。

此可见，执政党如果不能立党为公、执政为民，势必造成人心背离，从而危及其执政地位。

（二）社会主义建设规律的内在要求：深刻认识国情，科学把握社会发展阶段

探索社会主义建设规律是相当长的历史时期内中国共产党持续推进中国特色社会主义建设事业的重大课题。中国共产党以科学调适生产力和生产关系、经济基础和上层建筑的矛盾运动为基本准则，以建设社会主义现代化强国和中华民族伟大复兴为根本旨归，体现了不同历史时期中国共产党人的理想追求和智识精神。只有准确定位社会发展阶段，深刻认识不同阶段的基本国情，才能有针对性地探寻出社会主义现代化的基本规律。新中国成立后，经过社会主义改造和社会主义建设的初步探索，毛泽东逐步意识到社会主义建设的长期性和艰巨性。20世纪60年代初，毛泽东提出了不发达和比较发达的社会主义阶段的"社会发展阶段论"，囿于当时的时代背景，毛泽东没有针对社会主义初级阶段形成完善的理论体系，但客观上为中国共产党探索社会主义建设规律提供了重要遵循。十一届三中全会后，中国共产党立足社会主义初级阶段的基本定位，紧密结合当时基本国情，及时扭转了"以阶级斗争为纲"的错误路线，冲破了"两个凡是"的束缚，科学概括了新时期的社会主要矛盾，领导和推进了改革开放的伟大事业，形成了邓小平理论，开启了建设中国特色社会主义的伟大事业。随着改革开放的不断发展和社会生产力的提高，中国共产党人紧密结合社会主义初级阶段的时代特点，认真研究不同历史时期的基本国情和现实挑战，探索形成了"三个代表"重要思想和科学发展观等对社会主义建设的规律性认识。党的十九大后，中国共产党全面把握基本国情，做出了我国当前仍然处于社会主义初级阶段的客观判断，提出了紧密契合时代要求的我国社会主要矛盾已经转化的科学论断，全面开启了建设社会主义现代化强国的新征程。这表明，深刻认识不同历史时期的基本国情，科学定位不同历史时期的社会发展阶段，是推进社会主义现代化建设的关键所在。

（三）人类社会发展规律的现实关切：不断满足人民日益增长的美好生活需要

人类社会发展的历史是人类从事物质生产活动满足自身需要的历史，人类通过自身的实践运动逐渐发现了人类社会的发展规律。考察人类社会发展史可以发现："当人们还不能使自己的吃喝住穿在质和量方面得到充分保证的时候，人们就根本不能获得解放。"[1] 马克思对"吃喝住穿"等基本生活问题的肯定，决定了马克思主义对现实生

---

[1] 《马克思恩格斯文集》第1卷，人民出版社，2009年，第527页。

活的观照和社会存在的重视。中国共产党高度重视人民的现实生活，紧密结合当前的时代境遇，不断创造条件以满足人民日益增长的美好生活需要。为此，中国共产党提出了构建人类命运共同体这一理论命题和宏大构想，"中国构建人类命运共同体思想的历史性出场，表面上是中国提出的国际外交理念，实质上则是为破解全球性治理难题贡献的中国智慧和中国方案"①。构建人类命运共同体确可作为一种有效破解全球性治理难题的中国智慧和中国方案，也是不断满足人民日益增长的美好生活需要的理论构想和可行路径。

马克思主义中国化 70 年发展的实践与逻辑，充分彰显了马克思主义的当代价值，生动展示了中国实践的理论孕育和涵养功能。建成中国特色社会主义现代化强国，必须坚定中国特色社会主义的理论自信和理论自觉，从中国实践中提炼理论范畴和理论命题，主动批驳曲解中国特色社会主义的言论；化解建成中国特色社会主义现代化强国面临的风险和挑战，必须坚定中国特色社会主义的实践自信，努力清除西方中心主义的影响，自觉涵养运用马克思主义解决中国发展问题的智识和精神。

---

① 刘同舫：《构建人类命运共同体对历史唯物主义的原创性贡献》，《中国社会科学》2018 年第 7 期。

一

政治篇

坚持依法治国和依规治党有机统一[①]

曹 萍

党的十九大报告指出,要坚持"依法治国和依规治党有机统一",并将其作为新时代坚持和发展中国特色社会主义的基本方略的重要内容。贯彻落实党的十九大精神,必须深刻领会坚持依法治国和依规治党有机统一的战略意义,深刻把握依法治国与依规治党的辩证关系,深入探索依法治国和依规治党有机统一的实现路径,不断提高国家治理体系和治理能力的现代化水平。

一、依法治国和依规治党有机统一的战略意义

(一)履行好执政兴国重大历史使命的必然选择

长期以来,我们党在深刻总结我国社会主义法治建设的成功经验和深刻教训的基础上认识到,只有把宪法法律与党章党规结合起来,不断推进民主的制度化、规范化、程序化,人民当家作主才能充分实现。因此,我们党把依法治国确定为党领导人民治理国家的基本方略,把依法执政确定为党治国理政的基本方式。坚持依法治国与依规治党有机结合,就是要把依法治国的基本方略同依法执政的基本方式有机统一起来,提高党员干部运用法治思维和法治方式深化改革、推动发展、化解矛盾、维护稳定的能力。坚持依法治国与依规治党有机统一,是我们党提升执政能力,履行好执政兴国

[①] 本文发表于《光明日报》2017年12月11日第13版。

这一重大历史使命的必然选择。

(二)赢得具有许多新的历史特点的伟大斗争的客观需要

党的十九大报告指出:我们党要团结带领人民有效应对重大挑战、抵御重大风险、克服重大阻力、解决重大矛盾,必须进行具有许多新的历史特点的伟大斗争,包括坚决反对一切削弱、歪曲、否定党的领导和我国社会主义制度的言行,坚决反对一切损害人民利益、脱离群众的行为,坚决反对一切分裂祖国、破坏民族团结和社会和谐稳定的行为等。要战胜困难和挑战,赢得斗争的胜利,就必须坚持依法治国和依规治党有机统一,用党章党规和宪法法律统一全党全国的行动,在习近平新时代中国特色社会主义思想的指导下,调动党内党外一切力量同向思考、共同发力,最终赢得这场伟大的斗争。

(三)新时代实现党和国家长治久安的内在要求

习近平总书记指出,"为政清廉才能取信于民,秉公用权才能赢得人心"。要取信于民,赢得人心,关键在于正风肃纪、厉行法治,把权力关进制度的笼子。党的十九大报告指出,"腐败是我们党面临的最大威胁"。当前,反腐败斗争的压倒性态势已经形成并巩固发展,但还未取得压倒性胜利。只有坚持依法治国与依规治党有机统一,进一步强化不敢腐的震慑,扎牢不能腐的笼子,增强不想腐的自觉,综合运用党规国法惩治贪污腐败、净化党风政风,才能保证干部清明、政府清廉、政治清明,实现党和国家的长治久安。

二、依法治国与依规治党的辩证关系

(一)依规治党是依法治国的重要保障

党的十九大报告指出:"党政军民学,东西南北中,党是领导一切的。"通过依规治党,可以进一步提升党的建设和党的工作的制度化、规范化、程序化水平,确保我们党始终保持先进性和纯洁性;可以进一步明确中国特色社会主义法治体系建设的路径和方向,为依法治国提供价值引领;可以确保各级党组织和全体党员不仅模范遵守宪法法律,而且按照党规党纪以更高标准严格要求自己,在社会上形成自觉遵纪守法的示范效应,感召和带动全体人民依法办事,为依法治国提供良好示范和有利氛围。

（二）依法治国是依规治党的重要依托

通过全面依法治国，在全社会弘扬社会主义法治精神，推动全社会尊法学法守法用法，有利于广大党员干部养成尊规学规守规用规的意识，为依规治党提供思想上的基础。通过全面依法治国，实现科学立法、严格执法、公正司法、全民守法，可以为党内法规的制定、实施、监督、保障等提供方法上的借鉴。通过依法治国，用宪法法律明确党对一切工作的领导，坚持依法治国、依法执政、依法行政共同推进，坚持法治国家、法治政府、法治社会一体建设，可以进一步加强和改善党的领导，为依规治党提供制度上的保障。

（三）统一于中国特色社会主义法治体系

党的十八届四中全会指出，要"形成完备的法律规范体系、高效的法治实施体系、严密的法治监督体系、有力的法治保障体系，形成完善的党内法规体系"。这就确立了党内法规在建设社会主义法治国家中的重要地位。依法治国是党领导人民治理国家的基本方式，依规治党是法治理念在党内政治生活中的体现，二者共同支撑和保障着党和国家的法治建设。

三、依法治国与依规治党有机统一的实现路径

（一）注重宪法法律与党内法规的衔接和协调

要确保内容相互衔接。在坚持党规严于国法的基础上，党章党规可以对各级党组织和全体党员提出更高要求；一些在党内法规中先行规定但更适合由宪法法律来规定的内容，要在完善和成熟后及时转化为宪法法律。要明晰各自规制界限。明确党规与国法各自调整范围，党的领导与党的建设的具体事项原则上应由党章党规予以调整，但党章党规原则上不规定立法保留事项。要统筹党规国法建设。当前的重点是要继续深入推进党的建设制度改革，加快形成覆盖党的领导和党的建设各方面的党内法规制度体系，协调推进党规国法的规划、制定、修改、解释、审批、发布、备案、评估、普及等，确保二者在制定、实施、监督上相互协同，在党和国家政治生活中同向发力、同时发力、形成合力。

（二）以法治理念统领依法治国与依规治党

我国是社会主义法治国家，党的领导和法治建设是一致的，社会主义法治必须坚持党的领导，党的领导必须依靠社会主义法治。要将中国特色社会主义法治道路和社会主义法治理念全面融入党规国法，始终坚持党的领导这一根本，始终恪守以人民为中心这一要求，始终贯穿公平正义这一追求，提高全体人民的法治素养，在全社会树立法治信仰。要党规国法并重，把法治理念、法治思维和法治方式贯穿到依法治国与依规治党的全过程和各方面。要把党的领导、以人为本、权力约束、权利保护、程序正义等法治理念贯穿到党规国法的立改废释、审查备案等各个环节，并加大执法执规信息的公开力度，让权力在阳光下运行。

（三）充分发挥党员干部尤其是高级干部的作用

要加强管理。把依法治国和依规治党"两手抓""两不误"作为衡量党员干部工作实绩的重要内容，纳入政绩考核指标体系；把能不能遵规守法、善不善于依法依规办事作为考察党员干部的重要内容，优先提拔使用法治素养好的党员干部。同时建立健全容错纠错机制，为在依法治国和依规治党中敢于担当、成绩显著的干部撑腰鼓劲，为广大党员干部发挥带头引领作用提供制度保障。要强化自律。党员干部尤其是高级干部要严于律己、不搞特权、不谋私利，做遵规守法的模范，立"明规矩"、破"潜规则"，以身作则，以上率下，推动良好党内政治生态形成，并以党风带政风社风，在全社会构建依法治国和依规治党的良好氛围。

政治资源禀赋视角下新时代基层民主政治发展探析①

王洪树　张茂一

改革开放 40 年来，基层民主政治呈现了从草根民间创造到正式制度确认，再到机制创新的阶段性变迁特点。这是一个复杂而曲折的过程。面对经验与问题，当前学界对基层民主的发展持有两种明显不同的认知和评估态度。一种认为，基层民主在各方面都取得了重大进展，并创造了许多在全国推广的典型经验[②]；另一种认为，由于受到社会结构、教育文化水平、宗族势力等阻碍因素的影响，基层民主发展举步维艰，有学者甚至发出"基层民主政治已死的哀叹"[③]。党的十九大报告指出："中国特色社会主义政治发展道路，是近代以来中国人民长期奋斗历史逻辑、理论逻辑、实践逻辑的必然结果。"[④] 基层民主政治发展事关社会主义民主政治发展道路的运行。针对基层民主政治发展的不同预期，必须从深层次的内在逻辑出发寻找我国基层民主发展的生机活力与适应性路径。本文将基层民主政治发展所需要的基础性条件视为政治资源，将这些条件的达成状态视为资源禀赋，进而构建起政治资源禀赋分析框架。该分析框架有利于彰显我国基层民主政治发展的优势及生命力，更有利于勾勒基层民主政治发展的适应性路径。

---

① 本文主体部分以同名论文发表于《河南社会科学》2019 年第 3 期。
② 刘友田：《村民自治——中国基层民主建设的实践与探索》，人民出版社，2010 年，第 74 页。
③ 樊红敏：《话语分析：农村政治研究的拓展进路和方向——读纪程〈话语政治：中国乡村社会变迁中的符号权力运作〉》，《社会科学论坛》2012 年第 3 期。
④ 习近平：《决胜全面建成小康社会　夺取新时代中国特色社会主义伟大胜利——在中国共产党第十九次全国代表大会上的报告》，人民出版社，2017 年，第 36 页。

一、政治资源禀赋与基层民主政治发展

在生产系统中,资源居于原材料输入的一端,而另一端是产品输出。生产系统输出的产品在很大程度上取决于资源输入。如果将政治视为生产系统,政治资源也会成为政治产品供给质量的关键依据,高质量的政治资源便构成政治发展的重要禀赋。

(一)政治资源与政治发展

20世纪70年代,行为主义政治学将"资源""系统"等概念引入政治学领域。多元民主理论集大成者罗伯特·达尔将政治资源作为一个核心变量来分析政治过程,认为政治资源是"一个人可用于影响他人行为的手段"①。他将政治资源具体理解为国家层面的权力、军队、生产等资源与公民社会层面的投票权等。我国学者将政治资源置于政治共同体中考察时,将其具体分为政治实体、经济实体意义上的政治资源与规范意义上的政治资源。前者表现为政治权力、政治组织、国家财政、国有企业等,后者表现为政治制度、意识形态、政治文化、政治价值等。②从达尔对政治资源的定义来看,手段转化为资源的关键在于形成影响力。结合政治资源的"影响力"的本义而言,政治主体所具有的政治能力也应该属于重要的政治资源③,尤其是公民的政治参与能力与领导者的政治领导能力。虽然政治能力不具有直接规范意义,但却是主体运用规范产生影响力的政治表现。为了进一步厘清政治资源属性,本文尝试根据实体意义资源与规范意义资源的作用形式特点,即实体意义资源发挥作用具有显性的支配特点,而规范意义资源更多表现为无形的感召、吸引和规制,将政治资源划分为硬性政治资源与软性政治资源,并将政治能力纳入软性政治资源予以考察。

政治是权威性分配资源的行为或互动过程④,资源的输入与输出是这个过程的重要环节。在当今的政治化时代,政治的动态化、过程性特点使世界各国无不把"政治发展作为自己走向未来的前提"⑤。政治发展意味着建立一个适应"特定社会的历史—社会—文化要求变化的稳定的政治体系"⑥,并在这个政治体系内逐渐完善民主共和功能、

---

① 罗伯特·A.达尔:《现代政治分析》,王沪宁等译,上海译文出版社,1987年,第47页。
② 虞崇胜、陈文新:《关于政治资源配置的理论思考》,《探索》2006年第2期。
③ 沈远新:《中国转型时期的政治治理》,中央编译出版社,2007年,第3页。
④ 杨光斌:《政治学导论》,中国人民大学出版社,2004年,第6页。
⑤ 王沪宁:《比较政治分析》,上海人民出版社,1987年,第231页。
⑥ 林毅夫等:《中国的奇迹:发展战略与经济改革》,格致出版社、上海人民出版社,2014年,第247页。

规范政治行为、扩大民众参与、增强自我变革能力、提升政治效能等。政治发展的质量取决于相应政治资源是否具备并生长和积累,政治资源的配置是否公平并实现分配正义,政治资源是否服务于政治体系以实现民主和效能的价值追求。因此,特定政治资源的拥有与积累是民主政治发展的前提性约束条件,政治资源的合理分配和动态调适是推动民主政治发展的关键所在。

(二)政治资源禀赋与新时代基层民主政治发展

"资源禀赋"理论是 20 世纪初期瑞典经济学家伊·菲·赫克歇尔(E. F. Heckscher)与其学生俄林(Bertil Ohlin)在批判继承李嘉图比较优势理论的基础上,基于生产要素的多样性(非李嘉图的劳动唯一性)及生产成本的差异性而提出的,用来解释说明世界各国参与国际生产、贸易、交换的商品具有比较成本优势的理由。新结构经济学创始人林毅夫认为"即使在各种体制、机制不完善的情况下,发展中国家只要解放思想、实事求是,能够从自身有什么(也就是要素禀赋),能做好什么(也就是比较优势)的国情出发"①,就能在激烈的国际竞争中体现各自国家的优势。经济决定政治,政治是对经济的集中反映。同理,如果能从政治资源禀赋(即中国特有的某种品质或素质)出发探讨中国的基层民主政治发展,不仅能找到基层民主政治发展的比较优势,更能发现基层民主政治发展道路自信、制度自信、理论自信、文化自信的深层次依据。

基层民主作为发展社会主义民主的基础性工程,是"社会主义民主最广泛的深刻实践"②,也是"人民当家作主最有效、最广泛的途径"③。在党的领导下,广大基层群众在基层自治制度框架内以村民自治、社区居民自治、企事业单位职工代表大会为主要内容,依法直接行使"四个民主权利"(选举、决策、监督、管理),实现"四个自我"(管理、服务、教育、监督)。我国民主政治发展相较于西方发达国家起步较晚,但改革开放 40 余年来我国在硬性与软性政治资源方面得到了充分沉淀与积累,产生了丰富的基层民主样态,基层民主已经成为展示中国民主发展"后发优势"的重要窗口。进入新时代,基层民主发展开启了新的征程,丰富的政治资源禀赋(即比较政治资源优势)蕴藏了新时代基层民主政治的生长逻辑与发展逻辑。基于政治资源禀赋,不断开发并充分运用这些资源,确定中国基层民主政治发展的资源富集点,据此明确中国

---

① 林毅夫等:《中国的奇迹:发展战略与经济改革》,格致出版社、上海人民出版社,2014 年,第 8 页。
② 《江泽民文选》第 2 卷,人民出版社,2006 年,第 30 页。
③ 胡锦涛:《高举中国特色社会主义伟大旗帜,为夺取全面建设小康社会新胜利而奋斗——在中国共产党第十七次全国代表大会上的报告》,人民出版社,2017 年,第 30 页。

基层民主政治发展的优先点，逐渐积累资源，以点带面，推动基层民主政治渐进有序发展，是新时代基层民主政治发展可资借鉴的新思路和新取向。

二、新时代基层民主政治发展的政治资源禀赋优势分析

当前，基层民主政治发展面临时代机遇。随着中国经济实力的增强，全社会正在共享经济发展成果，国家财政不断反哺社会，为基层民主政治发展提供了较好的经济基础；政治体制改革不断走向深入，政治权力正在国家与社会、国家与市场两个层面进行重新配置，为基层民主政治发展提供了政治基础；马克思主义的理论指导与优秀传统政治文化的滋养，为基层民主政治发展提供了思想文化基础；基层民主制度的不断完善，为基层民主政治发展提供了制度基础；人民群众在基层政治生活实践中的创造能力与参与能力不断得到锤炼与提高，为基层民主政治发展提供了主体能力基础；习近平总书记正凭借丰富的个人基层政治阅历、高超的政治智慧与卓越的政治能力，尤其是以他为主要贡献者形成的习近平新时代中国特色社会主义思想谋划着中国基层民主政治的未来。因此，当代中国基层民主政治发展中硬性要素与软性要素兼具的综合政治资源禀赋优势特征明显。这些资源从不同侧面对我国基层民主政治的发展发挥着推动作用（见表1）。

表1　我国基层民主政治发展的主要政治资源禀赋优势

禀赋属性	禀赋要素	禀赋功能
硬性	国家财政的大力投入	经济基础
	政治权力的优化布局	政治基础
软性	马克思主义民主理论	理论基础
	优秀传统政治文化	文化基础
	基层群众自治制度	制度基础
	人民群众参与能力	能力基础
	领导者的出色领导	能力基础

（一）硬性政治资源禀赋优势分析

1. 国家经济社会发展对基层社会的反哺性回馈

国家财政是一个国家共同体拥有的重要政治资源，其收入与支出意味着资源的获取与使用，它直接影响着政治体系的效能发挥。从2006年全面取消农业税以来，一系列惠民利民的政策相继制定与落实，这标志着国家完成了由从基层社会吸取资源到为基层社会输入资源的转向，这必将为基层治理带来深刻的变革。2009年中共十七届四

中全会决定广大基层自治组织的工作经费，主要负责人的工资薪金、社会保障等由政府财政转移支付进行保障，各地方政府也基本制定了对村（社区）自治组织及党组织运行进行财政转移支付的实施意见。2012年党的十八大以来，财政转移支付不断完善，城乡社区的财政投入持续加大。其中，直接关系城乡基层自治组织运行的城乡社区类财政支出就呈现出不断增长的趋势：2012年为9079.12亿元，2017年为21255.10亿元，增长了134.1%。2018年的城乡社区类预算支出在全国一般性公共预算支出中更是与教育、社保就业支出一起位列前三位。除财政对基层社会重点投入外，工会经费改革也有实质性突破，要求"将全国工会经费全年收入的95%留在地方基层工会，本级工会经费全年收入的70%用于对下补助"[1]。这些举措平衡了国家与基层社会之间的经济资源分配，为新时代基层村委会、居委会、工会等自治组织的运行提供了强有力的物质保障。

2. 政治权力面向基层社会及市场的有效性重构

政治权力在本质上是一种力量的制约关系，它是政治资源的积累状态，也是政治资源的运用过程，其在纵向和横向上的分配影响着政治共同体内成员利益的实现。20世纪50年代末到80年代初，我国在基层管理上采用政社合一的人民公社体制，最终造成了以国家权力强制性植入为主要特点的"农村国家化"[2]局面，社会活力减弱，效率低下。随着人民公社的解体和基层群众自治的全面展开，国家政治权力开始从行政村收缩至乡镇，但是这种收缩却导致基层社会发展动力紊乱。针对这一问题，国家进行了基层治理逻辑的转换，党和政府通过各种组织技术和制度安排加强基层党组织与自治组织建设，这表明国家政治权力重新向基层社会下渗。[3]这轮带着资源重组特征的政治权力"回归"使基层治理向着更加规范化、制度化、法治化、精细化的方向发展。这主要表现为村（社区）自治组织中党组织的"政治性"权威增强与基层自治机构的"行政化"权威增强，并与"自治性"社会权威相协调。具体表现为组织成员的待遇来自国家财政，实行村（社区）基层干部坐班制，加强岗位业务培训及绩效考核，设置村纪检小组（乡镇党委在选举基础上任免考核），加强"微权力"监督，通过向村庄派驻第一书记加强基层党组织建设等。另外，国家政治权力在市场方向出现了有"退"有"进"的局面。在"退"的方面，深化"放、管、服"改革，简政放权，简化行政

---

[1] 樊曦、齐中熙：《习近平总书记关心工人阶级和工会工作纪实》，2018年10月21日，http://www.xinhuanet.com/politics/2018-10/21/c_1123589652.htm。
[2] 周晶晶、朱力：《治理精英视角下的中国农村权力结构研究》，《人口与社会》2018年第2期。
[3] 景跃进：《中国农村基层治理的逻辑转换——国家与乡村社会关系的再思考》，《治理研究》2018年第1期。

审批,增强了基层组织的活力,扩大了基层组织的自主活动空间;在"进"的方面,近年在公有制与非公有制范围内,基层党组织建设不断融入公司治理结构。企事业单位的党支部基层建设与企事业单位发展的紧密结合,增强了企事业单位基层民主活动的组织保障与民主参与的有序性。

(二) 软性政治资源禀赋优势分析

1. 马克思主义"自治民主"思想的真理性引领

马克思主义经典作家对未来社会制度的设计蕴含了科学的政治价值,其系统的"自治民主"理论给我国民主政治建设提供了坚实的理论基础。马克思认为,抽象的理性并非人类社会的本源,人的本质应该"是一切社会关系的总和"①。但是旧有的社会关系对人的本质造成了异化,政治革命是实现人类解放、实现人的本质回归的第一步,"工人革命的第一步就是无产阶级上升为统治阶级,争得民主"②。列宁认为,社会主义新型民主一定是建立在人民当家作主的基础之上的,"确实是群众性的即有大多数居民参加然后有全体居民参加的前进运动"③。这种民主作为一种国家形式或国家形态,"普选权已被应用于它的真正目的"④,公职人员由选举产生,并呈现出两种发展阶段,即初级阶段的间接民主和高级阶段的直接民主。直接民主的形式是自治,从而"把本来属于社会的权力重新返还给社会"⑤,形成社会自治。自治并非盲动,它必须有组织,而且必须是由劳动先锋队构成的群众组织。在马克思看来,共产党无疑正是最先进的劳动先锋队组织,正是这种组织"第一次着手使真正全体人民都学习管理,并且开始管理"⑥。"有组织就有权威"⑦,这里的权威是建立在对组织的自觉自愿、高度认可和主动服从基础之上的。马克思主义的"自治民主"思想主要有以下几点内容:第一,未来社会民主政治一定是建立在普遍而平等参与的基础上;第二,未来社会民主政治一定是采用直接选举与间接选举相结合的选举方式,并逐步扩大直接选举的范围;第三,未来社会民主政治发展一定是以实现群众自我管理、自我教育、自我服务的自治状态为目的;第四,未来社会民主政治一定是在组织机构的领导下有序进行。可见,马克思主义"自治民主"理论是深邃而富有前瞻性的,其真理光芒在实践中照亮了我国社会主义基层民主政治发展的道路。

---

① 《马克思恩格斯选集》第1卷,人民出版社,2012年,第135页。
② 《马克思恩格斯选集》第1卷,人民出版社,2012年,第421页。
③ 《列宁选集》第3卷,人民出版社,2012年,第201页。
④ 《马克思恩格斯选集》第3卷,人民出版社,2012年,第141页。
⑤ 王沪宁:《政治的逻辑:马克思主义政治学原理》,上海人民出版社,2004年,第181页。
⑥ 《列宁选集》第3卷,人民出版社,2012年,第504页。
⑦ 王沪宁:《政治的逻辑:马克思主义政治学原理》,上海人民出版社,2004年,第182页。

2. 中华民族优秀传统政治文化的长期浸润

传统政治思想作为古人政治实践的理论凝练与经验遗产，为当代政治发展提供了丰富的政治资源。在中国传统政治思想中，"重民，是中国古代政治思想的重要特征之一"①。"民惟邦本，本固邦宁"（《尚书·五子之歌》）、"民为贵，社稷次之，君为轻"（《孟子·尽心上》）、"政之所兴在顺民，政之所废在逆民心"（《管子·牧民》）等思想是传统重民思想的经典表达，突出了百姓作为国家社稷基础的重要性，百姓安居乐业才能带来国家的兴旺发达，"下贫则上贫，下富则上富"（《荀子·富国》）。在重民思想指导下，古代思想家和政治家们提出了有针对性的治民之策，这些治民之策蕴含了很多有价值的基层治理思想。如老子主张"我无为，而民自化；我好静，而民自正；我无事，而民自富；我无欲，而民自朴"（《道德经》），通过清静无为，实现基层民众的自我顺化与提升；孔子也提出了重视基层民生问题的"先富而后教"（《论语·子路》）的主张。尽管古代上千年的重民思想与治民策略是服务于君主专制的，与当代民主思想具有本质区别，但又不得不承认二者在顺从民心、维护民意、实现民利等方面具有一致性，甚至有的治民策略从当代来看仍具有价值。同时，"行德治，施仁政"是中国传统政治思想的又一特征，并渗透在基层社会的治理之中，注重道德教化与道德约束。如孟子主张"谨庠序之教，申之以孝悌之义"（《孟子·梁惠王上》），这里的庠序即专门实行道德教化的学校。王阳明主张制定"劝民为善、以德为主"的乡规民约，民众推行约长，约长在民意的基础上执行乡约，在地方治理上也具有积极意义。②以"仁义礼智信"为主要内容的儒家伦理也融入了基层社会的日常生活，通过地方的民风民俗、家族的家风家训、人际关系、矛盾调处方式、崇尚道德精英（乡贤）等形式表现出来。因此，当代中国基层民主政治的发展理应从文化自信的立场观照现实，批判继承"重民""德治"等优秀传统政治思想并对其进行现代性的创造转换。

3. 基层群众自治制度随着时代变革不断完善

所谓制度禀赋，就是制度具有不断变革发展的内在素质③。我国的社会主义初级阶段的性质决定了生产力与生产关系、经济基础与上层建筑两大基本矛盾的解决是通过改革的调适来完成的，其实质是社会主义制度的自我完善与调整。因此，制度的可变性是我国政治发展的必然选择与天然禀赋。正是有了制度的不断调整，我国政治才不断迈向民主化与法治化。从1981年《关于建国以来党的若干历史问题的决议》提出

---

① 刘泽华：《中国传统政治哲学与社会整合》，中国社会科学出版社，2000年，第206页。
② 曹德本：《中国政治思想史》，高等教育出版社，2012年，第258页。
③ 虞崇胜：《可变革制度：改革40年中国政治发展的制度秘笈》，《东南学术》2018年第5期。

基层社会逐步实现直接民主的目标并于次年将群众自治写入宪法以来，我国在探索与发展基层民主的基础上形成了以村民自治为核心的农村基层民主、以居民自治为核心的城市基层民主、以职工代表大会为中心的企事业民主三大内容，并最终在党的十七大上将基层民主制度提升到基本政治制度的地位，如表2所示。当前该制度依然在随着时代进步而不断完善，目前已经完成了《中华人民共和国工会法》《中华人民共和国村民委员会组织法》与《中华人民共和国城市居民委员会组织法》的修订。基层民主制度的逐步完善给新时代的基层民主政治发展奠定了制度基础。

表2 我国不断完善的基层民主制度

三大基层民主		农村基层民主		城市基层民主		企事业基层民主	
		年份	标志性事件	年份	标志性事件	年份	标志性事件
以主要事件为标志的基层民主制度的完善		1978	广西合寨村等地实行村规民约	1954	《城市居民委员会组织条例》	1950	《工会法》
		1980	广西宜山等地成立自治组织	1989	《城市居民委员会组织法》	1981	《国营工业企业职工代表大会暂行条例》
		1982	将村民自治纳入宪法修正案	2001	《全国城市社区建设示范活动指导纲要》	1986	《全民所有制工业企业职工代表大会条例》
		1998/2010	《村民委员会组织法》/《村民委员会组织法》修订	2018	《城市居民委员会组织法》修订	1992/2009	新《工会法》实施，1950年《工会法》废止/新《工会法》修订
	1981	《关于建国以来党的若干历史问题的决议》提出在基层政权和基层社会生活中逐步实现直接民主					
	1982	党的十二大报告提出将社会主义民主扩大到基层；将群众自治写入宪法					
	2007	党的十七大报告提出基层民主制度是我国的一项基本政治制度					

4. 人民群众的参与能力在实践中得到持续性提高

根据达尔的分析，政治资源能否形成影响力是政治参与的关键。而影响力是个体行动者或集体行动者出于主观意愿采取行动对另一个个体或集体行动者施加影响的效果①。这种行动在政治系统中大都表现为政治参与。"政治参与对于政治民主而言，是一种极有价值的工具。"② 我国基层民主政治的发展与基层群众的积极参与有密切关联。改革开放以来，基层群众的政治参与具有极大的主动性和创造性，基层群众自治的最早探索就始于20世纪70年代末80年代初的广西宜山与罗城等地。时至今日，全国各地创造性地发展了恳谈会、议事会、理事会、监事会等民主形式。正是有了群众的主体创造

---

① 罗伯特·A.达尔：《现代政治分析》，王沪宁等译，上海译文出版社，1987年，第37页。
② 杨光斌：《政治学导论》，中国人民大学出版社，2004年，第268页。

性，基层民主政治的内容与形式才能不断得到丰富与发展。总之，随着经济社会发展与教育水平提高，政治制度完善与政治体制改革持续深化，政治参与渠道不断拓宽，基层群众个体理性得到充分释放，权利意识逐渐增强，基层群众以积极主动的姿态在公共领域展现自己的政治行为并不断释放影响力，基层群众的参与能力在这一过程中得到不断提高。

5. 习近平基层民主观在地方阅历中的厚实积淀

个人的政治知识和技能，也是一种政治资源。① 政治领袖的能力与素养更是重要的政治资源。这种能力与素养来源于时代，并对政治发展起着关键变量的作用。"成功的政治家不只是影响其时代，更重要的是创造新的政治传统。"② 习近平总书记具有丰富的地方从政阅历，其工作始终以马克思主义为指导，以人类政治文明优秀成果为参照，他适时把握党情与国情的变化，构建起了具有深刻内涵的基层民主观。他在担任陕西延川县梁家河大队党支部书记期间，就真抓实干，兴建沼气、兴办铁社，着眼于群众民生问题，将个人价值的实现与群众需求的满足紧密相连。在河北正定县工作期间，他狠抓农村经济发展与基层领导班子建设，按照"革命化、年轻化、知识化、专业化"③ 的标准改造村级领导班子。在福建工作期间，他高度重视村民自治建设，强调"我们的村民自治是社会主义民主的一种形式，是党的领导下的自治"④。在深入调研的基础上，他强调把农村基层组织建设作为党建工作的重点，并把基层治理放在党领导下的大治理格局中去思考，"在农村村一级，有党支部、村委会、团支部、妇代会、民兵组织、村合作经济组织等各种组织，承担着政治、经济、社会管理等多方面的工作，其中党支部是领导核心，这一格局只能坚持和完善"⑤。在浙江工作期间，他在"法治浙江""平安浙江"的建设思路下，着眼于基层社会矛盾，强调党对基层民主建设的领导作用，通过发展基层协商，扩大公民有序参与、创新参与方式，把矛盾化解在基层。通过在浙江的基层民主实践的探索，"浙江先后创出温岭民主恳谈、乐清人民听证、武义村务监督、诸暨升级版'枫桥经验'等基层民主和社会治理方面的亮点"⑥。在从陕西延川县梁家河大队党支部书记到浙江省委书记的地方从政阅历中，习近平的基层民主观得到厚实积淀并渐趋成熟，在其指导下，十八大之后的中国基层民主政治建设更

---

① 罗伯特·A.达尔：《现代政治分析》，王沪宁等译，上海译文出版社，1987年，第94页。
② 杨光斌：《政治学导论》，中国人民大学出版社，2004年，第214页。
③ 《习近平总书记"三农"思想在正定的形成与实践》，《人民日报》2018年1月18日，第1版。
④ 习近平：《摆脱贫困》，福建人民出版社，1992年，第121页。
⑤ 习近平：《摆脱贫困》，福建人民出版社，1992年，第120—121页。
⑥ 杨卫敏：《习近平基层民主建设思想的浙江发微》，《观察与思考》2018年第5期。

加富有生机与活力。

三、政治资源禀赋视角下新时代基层民主政治的发展道路

我国基层民主政治发展以丰富的硬性和软性政治资源作为基础。进入新时代，我国基层民主政治既面临经济、社会和教育变迁带来的重要发展机遇，又面临农村社会结构变迁带来的挑战。要进一步把我国基层民主政治发展推向深入，就需要在马克思主义自治民主理论和习近平新时代基层民主观的指导下挖掘和开发各类丰富政治资源，并对它们进行动态调整与合理配置，以发挥禀赋优势的集成效应。

（一）在强化与优化硬性政治资源禀赋中发展基层民主政治

1. 增加对基层公共服务财政投入，保障基层民主发展的物质基础

基层公共服务主要包括经济性公共服务与社会性公共服务[1]。经济性公共服务主要涉及区域经济发展，以及为促进区域经济发展而提供的设施建设、技术培训、信息发布等；社会性公共服务主要涉及社会保障、公共管理、人文与生态环境等领域。基层公共服务领域是基层民主发挥功能与价值的重要场域，两者彼此促进。发挥基层民主的制度功能，有利于基层公共事务建设贴近民众需求；参与基层公共事务的管理，有利于参与主体的民主技能训练，提升民主素养。虽然近年国家财政对基层社会投入不断加大，但是与相应的社会公共服务需求相比依然有相当大的差距，尤其是在广大的农村。当前广大农村面临社会结构变迁、经济基础薄弱等严峻问题，人口老龄化、妇女化、儿童化严重。基层公共服务作为社会公共产品的市场供给非常有限，主要依靠有限的农村乡镇及县级财政进行支持。而单薄的农村基层自治组织也无力将农民组织起来实现基层公共事务的治理，农村公共事务治理呈现衰退迹象。[2] 公共事务治理的衰退导致了村两委的组织功能弱化，村民在经济理性作用下呈现出原子化的趋势，集体"公意"很难在诉求多元且物质资源相对匮乏的背景下形成，基层民主缺乏必要的参与纽带与共享基础。因此，国家应该建立对农村基层公共服务的长效和持续性的财政投入机制，加大投入力度，提高转移支付标准，加强项目资金监管，提高基层公共服务供给效率，为基层民主发展提供坚实的物质保障。

---

[1] 赵和楠：《财政支农、基本公共服务均等化与城乡收入差距调节》，《地方财政研究》2012年第2期。
[2] 王亚华：《中国农村公共事务治理的危机与响应》，《清华大学学报（哲学社会科学版）》2016年第2期。

2. 优化农村基层权力结构，加强党对基层民主发展的组织领导

携带经济资源的国家政治权力对基层社会的诱导必将引起"国家—社会"结构的改变。一方面，这有利于改变基层社会羸弱的财政基础，使更多的发展资源能够留在基层或者以一种再分配的形式注入基层；另一方面，国家政治权力的向下延伸也可能会制约或扭曲基层社会的自治。当前村（社区）自治组织成员的工资绩效来源于财政，这强化了基层自治组织与上级行政机构的委托—代理关系，自治组织在实际工作中承担了大量的指令性的行政性事务，而对自身基层民主建设任务有所忽略。如何在权力延伸过程中使基层社会日益自发产生的自治力量更好地有序成长，就需要党的基层组织的有力指导。党的基层组织是"国家协调与社会关系的重要途径，是基层群众自治发展的重要政治力量"①，这也是马克思主义"自治民主"思想的题中应有之义。但是，当前基层党组织面临的"组织弱化、虚化、边缘化"②等问题比较突出。随着基层议事组织、监督组织的兴起，如何更好地协调平衡各方力量共同服务于当前农村发展大局，对基层党组织的统领作用提出了更高的要求。因此，党的十八届五中全会通过的《中共中央关于制定国民经济和社会发展第十三个五年规划的建议》指出："强化基层党组织整体功能，发挥战斗堡垒作用和党员先锋模范作用。"③党的十九大报告强调基层党组织建设并把政治建设放在首位，"要以提升组织力为重点，突出政治功能"④，基层党组织要"建设成为宣传党的主张、贯彻党的决定、领导基层治理、团结动员群众、推动改革发展的坚强战斗堡垒"⑤。由此可见，党的系列文件报告已经厘清了加强基层党组织的政治建设、增强基层党组织权威的清晰路径。具体而言：首先，要创新基层党组织"带头人"的选拔与任用方式，积极吸纳民间精英进入党组织，尝试基层支部书记与基层自治组织负责人的"一肩挑"模式；其次，要强化政治纪律和政治规矩，严肃党内政治生活，有效保证基层民主发展与党中央的方针政策、决策部署相一致；再次，要规范与创新基层组织生活，落实基层"三会一课"制度，坚持民主集中制，不搞"一言堂"，反对宗族势力对基层组织建设的影响；最后，要完善基层党组织的民主监督制度，将党内监督与群众监督相结合，反对基层"四风"，遏制"微腐败"。

---

① 林尚立：《基层群众自治：中国政治建设的实践》，《政治学研究》1999 年第 4 期。
② 习近平：《决胜全面建成小康社会　夺取新时代中国特色社会主义伟大胜利——在中国共产党第十九次全国代表大会上的报告》，人民出版社，2017 年，第 65 页。
③ 《中华人民共和国国民经济和社会发展第十三个五年规划纲要》，人民出版社，2016 年，第 193 页。
④ 习近平：《决胜全面建成小康社会　夺取新时代中国特色社会主义伟大胜利——在中国共产党第十九次全国代表大会上的报告》，人民出版社，2017 年，第 65 页。
⑤ 习近平：《决胜全面建成小康社会　夺取新时代中国特色社会主义伟大胜利——在中国共产党第十九次全国代表大会上的报告》，人民出版社，2017 年，第 65 页。

（二）在深度调适与建设软性政治资源禀赋中发展基层民主政治

1. 以马克思主义民主理论为指导，创造性转化传统"民本"思想，确立"以人民为中心"的政治理念

如前所述，马克思主义"自治民主"思想强调人民对国家事务的平等参与，中国传统的"重民"思想也强调国家基层治理对民意、民心、民利的维护与实现。新时代的基层民主政治发展应该对这两种思想的人本取向进行继承与发展，确立"以人民为中心"的价值取向。在社会主义国家，民主意味着绝大多数人在国家与社会的政治生活中享有充分的知情权、参与权、监督权等，是人民当家作主的体现。"人民当家作主不是一句口号、不是一句空话。"① 因为"人民不是抽象的符号，而是一个一个具体的人，有血有肉，有情感，有爱恨，有梦想，也有内心的冲突和挣扎"②。因此，把以人民为中心的基层民主建设具体落到实处，回应基层群众的真实需求，就是要"把党的群众路线贯彻到治国理政全部活动之中，把人民对美好生活的向往作为奋斗目标，依靠人民创造历史伟业"③。坚持"以人民为中心"的价值取向，推动基层民主政治的发展，可以在以下几个方面进行创新和开拓：首先，要通过大力发展经济，实施民生工程，以利益的表达、维护和增益来调动基层群众公共参与的积极性。只有基层经济社会发展了，人民群众的诉求才会从隐性走向显性，他们才有动力借助各种公共参与渠道走向利益表达的前台，并在基层民主的实现形式上"敢试""敢闯"。如安徽的村民理事会、成都的居民小组议事会、江苏的村务监事会等都是人民群众首创精神的体现。其次，要创设和积累一系列行之有效的程序与规范来推动和保障基层民主制度的运行，扩大人民的有序政治参与，为基层民主政治发展提供规制保障。最后，要全面从严治党，实施群众路线教育实践活动，保持与人民群众的血肉联系，强化"三严三实"，严格党的纪律，落实"两学一做"等，不断提高基层干部的民主素养，为基层人民参与公共事务的治理提供坚强的政治保证。

2. 完善基层民主制度，加强运行机制建设，扩大人民有序参与

马克思主义民主理论认为，"自治"与"权威"两者是辩证统一的，即民主参与一定是有序的。党的十八大把扩大人民有序参与作为完善基层民主制度的重点。党的十九大再次强调"扩大人民有序政治参与，保证人民依法实行民主选举、民主协商、民

---

① 《习近平谈治国理政》第2卷，外文出版社，2017年，第291页。
② 《习近平谈治国理政》第2卷，外文出版社，2017年，第317页。
③ 习近平：《决胜全面建成小康社会 夺取新时代中国特色社会主义伟大胜利——在中国共产党第十九次全国代表大会上的报告》，人民出版社，2017年，第21页。

主决策、民主管理、民主监督"①。扩大人民有序参与，就是在党的领导下，在宪法和法律的范围内，让人民通过多样的形式与渠道参与基层公共事务管理，充分行使民主权利。当前基层社会经济成分多元和社会力量分化，治理矛盾凸显，民众公共参与激增，公共参与的有序性面临考验。新时代基层民主政治发展应充分利用我国制度的可变性禀赋，继续完善基层民主制度，加强制度的运行机制建设。具体而言：首先，要加强基层自治组织运行的法治化、程序化建设，完善并推进相关法律、法规、办法、条例的修订工作，在此基础上要加强制度运行的程序化建设（如建立签字、公开、表决程序等），"只有程序安排才能够将机会性参与渠道变成有效的参与渠道"②。其次，扩大人民有序参与，还要通过机构的增设与平台的建立来丰富参与形式，扩张参与渠道，创造更加灵活高效的基层民主制度运行机制。如将地方经济精英、知识精英等吸纳为基层自治主体，鼓励他们做名誉村（社区）基层干部，积极对基层事务贡献智慧与资源。另外，要搭建实体性与虚拟性的多元化沟通平台，吸引更多基层群众参与基层事务的民主讨论。如通过组织实体性的对话会、恳谈会与建立虚拟性的网络聊天室，使广大群众在基层事务管理方面能够充分沟通、协调。再次，要通过培育社会组织扩大人民有序参与。农民协会、专业合作社等社会组织有利于凝聚原子化的村民力量，从而成为村民的专项利益的公共表达与维护者。最后，扩大人民有序参与，还需加强"扫黑除恶"专项斗争，加大对基层恶势力违纪违法行为的整治力度，从而形成基层社会安定有序、长治久安的和谐局面。

3. 加强民众参与能力与领导驾驭能力建设，为基层民主发展提供能力支撑

基层民众的参与能力与领导者的领导能力是基层民主政治发展的重要政治资源。市场经济的发展与城乡流动性的加快使群众的主体理性意识增强，现代信息技术的发展使群众参与公共事务时能够打破时空地域的限制，义务教育的推行使基层群众的文化知识素养有了很大提高，基层群众的政治参与已经具备了一定的能力基础，但这种能力基础却没有产生相应的民主政治绩效。利益表达的非制度化、合作参与意愿不高、村（居）务监督不力是目前存在的主要问题。③这主要归因于当前的压力型管理体制、传统的村（社区）两委的权威、基层社会的低组织化程度、熟人社会的行事规则等。基层社会事务主要通过少数精英依靠行政性指令来进行管理，这在很大程度上使民众

---

① 习近平：《决胜全面建成小康社会　夺取新时代中国特色社会主义伟大胜利——在中国共产党第十九次全国代表大会上的报告》，人民出版社，2017年，第37页。

② 邓大才：《利益、制度与有效自治：一种尝试的解释框架——以农村集体资产股份权能改革为研究对象》，《东南学术》2018年第6期。

③ 马华：《村治实验：中国农村基层民主发展样态及逻辑》，《中国社会科学》2018年第5期。

主动或被动地屏蔽其参与能力，造成基层民主有形式无内容。解决当前基层民主运行中的有能力低绩效、富形式弱内容的问题，需要从两个维度出发：一是对群众主体而言，要加强群众的民主技能训练，以留守农村的中青年中坚农户为主要对象，对他们的表达、议事、监督等能力进行培训，让他们在民主实践程序中有效锻炼民主技能，进而积累更多的民主参与经验。二是对基层民主的领导者而言，要在思想上以习近平新时代基层民主观为指导，行为上树立人民公仆形象，加强对现代民主理念以及与基层民主运行相关的法律法规的培训与学习，尤其是基层党组织要在基层治理多元力量中发挥平衡协调作用，提升宏观驾驭能力，为基层群众的有效参与提供政治保障。

（三）在培育技术与协商政治资源禀赋新优势中发展基层民主政治

1. 开发快速发展的网络资源优势，以技术民主拓宽基层民主发展的新空间

政治资源并不是处于静态的绝对稳定之中，而是处于不断的动态挖掘与积累状态。由于现代科学技术的发展，科技作为一种有效手段被政治系统不断地吸纳，使政治资源出现了新的表现形态与作用形式。作为一种技术手段，互联网重塑了政府和社会权力，对两者都起到了增益作用，这是一种技术赋权。[①] 在不断扩大的网络公共领域内，逐渐成长的网络政治主体（可能是个体，也可能是作为群体的社群、阶层）通过网络舆论形成政治议题对政府决策、管理、监督等权力运行环节产生重要影响，从而形成网络民主或技术民主。进入新时代，党中央高度重视互联网在民主政治发展中的积极作用，把网络作为一种重要政治资源。如2013年成立了中央网络安全和信息化领导小组；党的十八届五中全会提出了"实施网络强国战略""互联网＋"行动计划，不断推动互联网在政务领域的纵深实践。在网络安全和信息化工作座谈会上，习近平总书记强调要加大农村网络的有效覆盖，"善于运用网络了解民意、开展工作，是新形势下领导干部做好工作的基本功"[②]。因此，在基层民主发展的实践中，基层党务、政务、村（居）务利用网络平台进行扁平化管理应成为基层治理体制探索的重要方向，要建立健全线上农村（社区）综合信息服务中心，把QQ群、微信群建设作为基层治理组织开展工作的主要渠道，从而开发基层民主政治发展的新空间。

2. 利用协商在基层治理的特点与优势，把协商民主作为基层民主的发展重点

中国特色语境下的"协商"，既是马克思主义"自治民主"思想与中国传统"民本"思想的理论转换，也是中国共产党与各民主党派、无党派人士在社会主义革命、

---

① 郑永年：《技术赋权：中国的互联网、国家与社会》，东方出版社，2014年，第46页。
② 《习近平谈治国理政》第2卷，外文出版社，2017年，第335页。

建设、改革中的伟大创造和实践,更是社会主义民主的真谛所在。"在中国社会主义制度下,有事好商量,众人的事情由众人商量,找到全社会意愿和要求的最大公约数,是人民民主的真谛。"①当前社会主义事业的各项改革进入攻坚期,社会转型速度加快,在不同利益主体间出现诉求的交织与碰撞,社会矛盾突出;农业现代化所带来的城镇化变迁改变了居民的居住形态和交往形态,大量新型农村社区的形成带来了观念和组织关系等社会资本的巨大变迁②,基层社会治理面临系列严峻挑战。针对当前基层社会发展的新情势,"有事好商量"的中国式协商民主作为基层熟人社会的行事逻辑,正在成为基层良善治理的重要路径。因此,要充分利用协商民主的独特优势,推进基层协商,"加强协商民主制度建设,形成完整的制度程序和参与实践"③。要利用协商形式的非建制化与建制化特点④,将非建制化的灵活协商形式(如茶馆式"龙门阵"、QQ群、微信群等)与建制化的规范协商形式(如村/居民议事会、小区协商会、业主协商会、村/居民决策听证会等)紧密结合起来,使协商民主在全国城乡社区走向深入,从而丰富基层民主形式和拓宽民众参与渠道。另外,协商民主也应被广泛运用于职场民主,以保障和增益职工的劳动经济权益和民主政治权利。在党的领导下,在政府的监督引导下,全国应普遍建立工会与企业(或行业组织)的劳资协商平台。

(四)综合利用各种政治资源禀赋,使系统效应成为基层民主政治发展新动力

由于各种政治资源在基层社会并行存在,因此需要采用系统优化策略进行有序安排,并构建合理的结构,这样才能发挥整体功能,真正达到"治理有效"的目的。新时代基层民主政治的发展必须坚持系统性与整体性思维。《中共中央国务院关于实施乡村振兴战略的意见》(以下简称《意见》)的发布与实施,基本反映了这一思维正趋向成熟并为政策所采纳。《意见》运用系统优化思维塑造了新时代基层民主政治发展的"合力机制"。这一机制要求发展基层民主政治需要注意以下四个方面的统一。

1. 将农村经济社会发展与基层民主政治发展相统一

民主政治发展需要的基础性条件是多种多样的,其中经济发展状况决定了民主政治的实现程度。《意见》指出,产业兴旺是乡村振兴的重点所在,要大力发展农村生产力,增强制度、政策供给力度,加大对农村的持续财政投入,推动农业供给侧改革,

---

① 《习近平谈治国理政》第2卷,外文出版社,2017年,第292页。
② 王洪树:《农村社区协商治理机制建设研究》,人民出版社,2018年,第7页。
③ 习近平:《决胜全面建成小康社会 夺取新时代中国特色社会主义伟大胜利——在中国共产党第十九次全国代表大会上的报告》,人民出版社,2017年,第38页。
④ 王洪树:《农村社区协商治理机制建设研究》,人民出版社,2018年,第177页。

实施"三产"融合，发展现代农业。农村的产业兴旺势必会进一步活跃农村市场经济，强化农村各利益主体的互动，这有利于培育社会组织，增强基层群众的公共参与动力。同时，《意见》指出，要继续提高农村民生保障水平，改善农村基础设施建设，搞好脱贫攻坚，让农民切实得到实惠，将农村发展与农民个人利益紧密相连。这将充分调动农民参与公共事务的积极性，夯实农民公共参与的物质基础。

2. 将农村自治层面的公权力与其他治理力量相统一

在基层农村存在一个复杂的多元运行的权力网络，而且随着国家政治权力在基层社会的下沉、居住社区和网络社区内社会权力的形成、农村经济精英影响力的增强和社会经济组织的兴起，这些社会力量与基层自治层面的公权力相互交织，基层治理主体呈现多元分化和共同参与的趋势。要理顺它们在治理过程中相互作用的关系，划清二者的边界，突破利益的藩篱，追求更大的共识，增强各种力量的黏合度，需要合理优化基层政治资源的禀赋结构。因此，《意见》提出，要建立健全"党委领导、政府负责、社会协同、公众参与、法制保障"[①]相互配套的多元现代治理体制，创新自治机制，构建多层次协商格局，完善各治理主体间的沟通协调机制。

3. 将基层民主制度与基层群众的民主能力相统一

我国基层群众自治制度赋予了基层群众在选举、决策、监督、管理等各方面的民主权利。这些权利的落实不仅需要外在的物质保障和法律保障，更需要主体的能力支持。长期以来，我国基层民主制度是在国家的外部推动下生成的，而主体的参与能力支撑不足。切实提高民主制度运行中群众的参与能力，是突破基层民主政治发展瓶颈的关键所在。参与能力的锻炼与提高，一方面在人才，另一方面在技术。在人才方面，《意见》指出要大力培育新型职业农民，发挥社会各界力量的作用，通过自主培育与人才引进加强农村专业人才队伍建设，这将极大地提高农民的科技文化素质和民主参与能力。在技术方面，《意见》指出"在村庄普遍建立网上服务站点，逐步形成完善的乡村便民服务体系"[②]，"以网格化管理为抓手，以现代信息技术为支撑，实现基层服务和管理精细化精准化"[③]。互联网技术在基层事务中的广泛运用将提高农民的信息获取能力与反馈能力，进一步增强他们的参与意识，扩大他们的民主参与空间。

4. 将现代民主理念与传统文化价值相统一

关于未来社会的民主政治构建，马克思主义主张在平等的基础上，在秩序的范围

---

① 《中共中央国务院关于实施乡村振兴战略的意见》，人民出版社，2018年，第19页。
② 《中共中央国务院关于实施乡村振兴战略的意见》，人民出版社，2018年，第21页。
③ 《中共中央国务院关于实施乡村振兴战略的意见》，人民出版社，2018年，第23页。

内，民众主动参与自我权利的实现，它与现代的多元治理理念具有高度的自洽性。以熟人社会为主要特点的中国乡村有传统村落的特殊性，具有基于传统文化特点的自我调节与利益实现机制。当前的乡村治理应该将基层民主政治发展置于传统治理与现代治理的结合点上去思考，将民主化、法治化、德治化结合起来统筹，实现各种力量的民主"合力"。因此，《意见》强调要实现自治、法治、德治的"三治"融合，在强调自治与法治的同时，要以乡风文明为目标，加强思想道德建设，继承与发展农村优秀传统文化，提升德治水平，从而实现现代民主政治理念与传统文化价值的有机结合。

四、结语：政治资源禀赋视角下基层民主政治发展的未来前景

尽管当前中国基层民主政治发展面临诸多挑战，但是从政治资源禀赋视角进行梳理，不难发现中国民主政治发展在基层依然具有深厚的比较优势。硬性政治资源的强化与优化，软性政治资源的调适与转化，新兴政治资源的开发与培育，各种政治资源的综合统筹性把握，有利于在理论与实践两个层面彰显中国基层民主政治的巨大潜力。理论层面，它丰富了新时代基层民主观的内涵。基于政治资源禀赋视角的基层民主政治发展阐释，使新时代基层民主观具有完整的系统性、深刻的理论性、鲜活的实践性、科学的指导性。在实践层面，它将助推基层社会的"良善治理"与治理现代化的实现，促进中国式民主政治发展道路的形成。政治资源禀赋视角下的新时代基层民主政治发展，有利于构建起国家与社会、政府与公众之间的良性合作互动关系，形成多元主体合作治理的清晰格局，将基层公共事务置于制度化、法治化、程序化的方向上进行有效管理，将基层治理引向秩序良好、参与积极、成本适宜、稳定持续的良好状态。政治资源禀赋视角下的新时代基层民主政治发展呈现的中国式基层民主政治发展图景，是对民主政治发展道路"中国特色"的微观解读，是对"西方中心论"民主论调的有力回应。

人民民主彰显中国制度显著优势①

张 磊

新中国成立 70 年来发生了翻天覆地的变化,这一巨变无论就其深刻性还是广泛性而言,都是举世瞩目、世所罕见的。新中国的成功有着什么独特的原因或优势？在人们的各种讨论中,有一个看法越来越成为共识,那就是：中国有着独特的制度优势！

正如党的十九届四中全会所指出的,新中国彰显了"坚持人民当家作主,发展人民民主,密切联系群众,紧紧依靠人民推动国家发展的显著优势"。这一独特的制度优势,为人类深刻认识"民主"提供了新的成功范例。

一、人民民主实现了人民当家作主,亿万人民焕发出从未有过的主人翁精神和无穷创造力

民主作为人类长期追求的理想,其本义是多数人的统治。在中国,这个"多数人"就是亿万劳动人民。在旧中国,劳动人民普遍贫困,没有丝毫民主权利。毛泽东同志在《中国革命和中国共产党》一文中说："中国人民的贫困和不自由的程度,是世界所少见的。"他在谈到中国革命的形式为什么只能是武装斗争时说,因为我们的敌人不给中国人民以和平活动的可能,中国人民没有任何的政治上的自由权利。② 是中国共产党领导劳动民众进行革命,带领他们为着独立、民主、自由、幸福而战。在中国历史上,

---

① 本文发表于《光明日报》2019 年 12 月 4 日。
② 毛泽东：《中国革命和中国共产党》,载《毛泽东选集》第 2 卷,人民出版社,1991 年,第 636 页。

从来未有像共产党领导的革命那样，被压迫人民为求得解放，迸发出那样巨大的牺牲精神，有着那么多惊天地泣鬼神的英雄故事，那么多令后人无尽感佩的慷慨悲歌。新中国成立以后，人民成为国家的主人。《中华人民共和国宪法》明确规定，中华人民共和国的一切权力属于人民。人民行使国家权力的机关是全国人民代表大会和地方各级人民代表大会。坚持实行普遍、平等、直接选举和间接选举相结合以及差额选举的原则，凡年满18周岁的中国公民，不分民族、种族、性别、职业、家庭出身、宗教信仰、教育程度、财产状况、居住期限，除依法被剥夺政治权利的人外，都有选举权和被选举权。解放了的中国人民，以主人翁精神建设自己的国家，表现出高昂奋发的气概和高尚的精神境界。改革开放以来，中国人民的创造精神绚丽迸发，无数创业成功的动人故事，生动诠释了"中国梦"是每个中国人自己的梦，每个人都有人生出彩的机会。在当代中国，全心全意为人民服务、以人民为中心、公平正义、民主法治、个人自由、人权保障以及财产权、隐私权、知情权、参与权、表达权、监督权的观念广泛普及，民主的观念已经深深根植于中国大地，成为中国发展进步的强大政治保障和精神力量。

二、人民民主实现了最广泛最真实最管用的民主，促进了中国文明程度的提高和社会的巨大进步

民主不能光看形式，还必须探究其实质，要看人民实际上行使了多少民主权利。习近平总书记指出："人民是否享有民主权利，要看人民是否在选举时有投票的权利，也要看人民在日常政治生活中是否有持续参与的权利；要看人民有没有进行民主选举的权利，也要看人民有没有进行民主决策、民主管理、民主监督的权利。"[①] 人民民主是一种全过程的民主，而西方民主是以"投票"为标志的"一次性"民主、"消费性"民主，一旦投票完成，就相当于商品已经售出，民主成为在议会中、政府里讨价还价的筹码。中国共产党始终追求真实全面的民主，在长期奋斗中，不仅领导人民争取政治权利，而且坚决保障全体人民参与政府和社会管理的权利。在新中国，人民参与决策的渠道不断拓宽，可以通过各种层次各种形式参政议政，参与法律、政策、决策的讨论并提出意见。人民民主不是只在某些时段某些场合某个问题上才"民主"，而是服务人民生活，贯穿决策全过程，真正掌握在人民手中的民主。

---

① 习近平：《在庆祝中国人民政治协商会议成立65周年大会上的讲话》，《人民日报》2014年9月21日，第1版。

三、人民民主实现了社会共识的广泛凝聚，为国家发展聚集了攻坚克难、移山倒海的磅礴力量

把一个有着 14 亿人口的大国治理好，必须集中广泛的智慧和共同的意志，听取民声、汇聚民意、集中民智。习近平总书记说："在中国社会主义制度下，有事好商量，众人的事情由众人商量，找到全社会意愿和要求的最大公约数，是人民民主的真谛。"① 人民通过多种形式，在决策之前和实施之中，充分表达意见、献计献策、提出诉求、达成共识，把真知灼见和意见要求反映出来；政府给予积极回应和认真解决，这是人民民主制度的重要特点。一名来自山西运城的快递小哥，在网上给公开征求意见的《快递条例（草案）》留言，随后被邀请进中南海咨询建言。政府的信息公开不断增多，涉及群众利益的重大决策、重大项目、民生政策、环境保护……凡涉众人之事，必听众人之言。事实证明，人民民主的有效机制能够充分集中社会意见，表达人民意志，为国家发展聚集最广泛的智慧和力量。

四、人民民主实现了公民有序政治参与，确保民主始终在有序轨道上发挥建设性作用

各国实践表明，民主必须在法治的保障下、在制度的范围内才能发挥建设性作用。否则，脱离了法治和规则的民主，要么流于空想，要么为暴力所劫持，沦为被非法活动左右的"伪民主"。我国人民民主的发展，始终坚持人民当家作主，始终坚持人民主体地位，始终坚持民主基础上的集中和集中指导下的民主相结合。早在 20 世纪 50 年代，毛泽东同志在《关于正确处理人民内部矛盾的问题》一文中就指出："在人民内部，不可以没有自由，也不可以没有纪律；不可以没有民主，也不可以没有集中。"他提出："我们的目标，是想造成一个又有集中又有民主，又有纪律又有自由，又有统一意志又有个人心情舒畅、生动活泼，那样一种政治局面。"在改革开放新时期，邓小平同志总结"文化大革命"的教训，多次引用毛泽东同志这段话阐明民主和集中、自由和纪律的关系，强调要保证社会主义民主健康发展。公民有序政治参与是民主健康发展的必然要求，也是人民民主的鲜明特征，为我国公民参与国家政治生活发挥了积极

---

① 习近平：《在庆祝中国人民政治协商会议成立 65 周年大会上的讲话》，《人民日报》2014 年 9 月 21 日，第 1 版。

作用。西方国家的民主始终无法摆脱多党竞选与统一意志、维护党派利益与维护多数民众利益之间的矛盾。为了竞选各党派要争夺选民，而争夺选民首先要"切割"选民，将不同利益群体的分歧公开化、对立化，从而形成党派各自的政治基础；各党派为了竞选必须维护作为自己政治基础的利益群体和利益集团的利益，因而可能不顾其他群体、不顾社会整体的利益。美国难以解决枪支管控、医疗保障、移民等诸多问题就是明显例子。各个政党在"民主"竞争中不择手段、相互攻讦、无所顾忌，导致社会冲突对立不断。这种"民主"流弊被输出到一些发展中国家，导致许多国家陷入长期纷争，内战频仍、民生凋敝。在中国，公民有序政治参与不断发展和丰富，开门立法、公开听证、民主测评……凡与人民利益相关的决策、管理、事务，都有公民有序政治参与的身影。越来越多的公民参与政治生活，赋予人民民主更加充沛的生机与活力。

五、人民民主实现了民主与集中的有机结合，形成了世界上最科学、最高效的决策、管理和执行机制

人民民主不仅体现为国家政治制度，而且体现为科学的政治运行模式。习近平总书记指出："我们要把民主和集中有机统一起来，真正把民主集中制的优势变成我们党的政治优势、组织优势、制度优势、工作优势。"[①] 在这种机制下，国家权力的运行采用民主机制，制定任何法律、做出任何决策，都要广泛听取人民群众、各民主党派、各人民团体和各阶层人士的意见，充分体现人民意愿；同时又要求把人民分散的、不系统的、不完备的意见，加以集中化、系统化、完备化，通过人民代表大会达成统一意志，再把这个意志付诸受监督的有为政府依靠人民共同贯彻下去。民主集中制是由人民民主制度的本质属性所决定的。人民民主制度要求一切权利属于全体人民，并且是完整地、不可分割地属于人民，不能像西方国家那样以人民的名义虚置民主，然后由不同利益集团依据特定游戏规则分配权利并相互制约。这种所谓"民主"已经与人民无关，只是利益集团之间的博弈，人民的权利完全被架空。民主集中制既确保了人民权利的完整性，又确保了执行人民意志的至上性。通过这样的机制，可以把人民群众的意见充分集中起来，也可以把人民群众的集中意志切实贯彻下去，使"人民当家作主"真正落到实处。

---

① 习近平：《在中共中央政治局民主生活会上的重要讲话》，《人民日报》2018年12月27日，第1版。

六、人民民主实现了民主机制的自我完善，是充满活力并不断丰富发展的民主

评价一种民主制度好不好，既要看其运行效果，也要看其能否与时俱进。西方民主制度初创时是先进的，它为资本主义制度取代封建主义制度提供了政治条件。但西方民主制度发展缓慢，就英国来说，从 1215 年《大宪章》开启权利保障的历史算起，到 1948 年实现全国普选权，这个过程长达 700 多年；美国从早期殖民地白人男子有选举权，到 1965 年黑人等其他少数族裔获得选举权，实现全民普选，经历了 350 年。今天，西方国家依旧沉迷于其先辈创立的"民主制度"，其制度体系在数百年的扭曲下已严重变形、漏洞百出，其弊端显而易见。相反，中国的人民民主制度始终坚持与时俱进、自我完善。习近平总书记说："中国特色社会主义民主是个新事物，也是个好事物。当然，这并不是说，中国政治制度就完美无缺了，就不需要完善和发展了。制度自信不是自视清高、自我满足，更不是裹足不前、固步自封，而是要把坚定制度自信和不断改革创新统一起来，在坚持根本政治制度、基本政治制度的基础上，不断推进制度体系完善和发展。"[1] 新中国成立 70 年来，特别是党的十八大以来，人民民主制度始终在发展：完善人民代表大会制度，推进人大立法、监督、任免、选举等各项改革；坚持社会主义协商民主的独特优势，统筹推进政党协商、人大协商、政府协商、政协协商、人民团体协商、基层协商以及社会组织协商，构建程序合理、环节完备的协商民主体系，完善协商于决策之前和决策刚实施之中的落实机制，丰富有事好商量、众人的事由众人商量的制度化实践。不久前召开的党的十九届四中全会，对进一步坚持和完善中国特色社会主义制度包括人民民主制度提出了新要求和新任务，必将赋予人民民主更加强大的生命力！

---

[1] 习近平：《在庆祝全国人民代表大会成立六十周年大会上的讲话》，《求是》2019 年第 18 期。

经济篇

关系全局的重大判断
——深入领会习近平总书记关于经济发展进入新常态的重要论述①

张 磊

经济发展进入新常态，是党的十八大以后习近平总书记对近年来我国经济发展具有全局性转折意义新趋势做出的重大判断。这一重大判断，高度概括了新阶段我国经济发展深刻的趋势性特征，清晰阐明了这种趋势性变化的内在逻辑，为我国新时期的经济发展提供了根本战略指导，是当代中国特色社会主义政治经济学的重要成果。

一、新常态是我国经济发展的客观趋势

党的十八大前后，在2008年国际金融危机冲击的复杂影响下，我国经济发展长期积累的矛盾和问题开始显现，出现了重大的趋势性新变化，最为明显的就是保持了30多年的高速经济增长出现了明显的持续回落。2003年至2007年我国经济年均增长率达到11.6%，2008年至2011年年均增长率降到9.6%，2012年至2013年落到了7.7%，2014年又进一步退到7.4%。各种数据表明，这种回落不是短期调整，也不是经济景气循环周期波动，而是一种趋势性的变化，预示着我国经济发展进入了一个重要的转折期。

如何看待这种新的变化？面对国内外不绝于耳的各种议论，习近平总书记综合分析世界经济长周期和我国发展阶段性特征及其相互作用，做出我国经济发展进入新常态的重大判断。2014年5月，他在河南考察时指出："我国发展仍处于重要战略机遇

---

① 本文发表于《经济日报》2017年7月23日，理论版。

期,我们要增强信心,从当前我国经济发展的阶段性特征出发,适应新常态,保持战略上的平常心态。"这是他首次公开提出"新常态"的概念。同年年底,在中央经济工作会议上,他指出:"去年,中央做出一个判断,即我国经济发展正处于增长速度换挡期、结构调整阵痛期、前期刺激政策消化期'三期叠加'阶段。今年年中,在中央政治局会议上,我对'三期叠加'进一步作了分析,强调经济工作要适应经济发展新常态。"他认为:"我国经济发展进入新常态,是我国经济发展阶段性特征的必然反映,是不以人的意志为转移的。认识新常态、适应新常态、引领新常态,是当前和今后一个时期我国经济发展的大逻辑。"

新常态作为我国经济发展的新阶段,不是凭空出现的,更不是人为设定的,它是社会主义初级阶段历史长过程在当前的"阶段性特征"。社会主义初级阶段是我国实现工业化和经济的社会化、市场化、现代化的阶段。在工业化过程中,当一个经济体达到中等收入水平之后经济增速都有一个回落阶段,这是一个普遍规律,第二次世界大战后的日本、德国、韩国等一些成功追赶型国家,在20世纪六七十年代都经历了高速增长之后的回落。增速回落有多方面原因,但有一点都类似,即经历了前期的粗放式发展,到一定阶段随着经济体量的增大,增速自然放慢。从我国看,随着国民经济总量基数变大,同样是1个百分点的增长速度,在2000年意味着900多亿元的增量,到2016年就是7400多亿元的增量,支撑这样大体量的经济增长,如果还要保持以往的高速度,所需要的能源、资源等要素和环境的消耗将是巨大的,是不可承受之重。习近平总书记科学分析现阶段我国经济发展的特点指出:"由于目前的问题主要不是周期性的,不可能通过短期刺激实现V型反弹,我国经济可能会经历一个L型增长阶段。我们要做好打持久战的准备,敢于经历痛苦的磨难,适当提高换挡降速容忍度,先筑底、后回升。"从高速度平稳度过回落期,实现经济发展方式的转型升级,决定了一个国家的工业化最终能否成功。世界上不少国家进入这个阶段后,都没有成功度过这个回落期而实现经济转型,导致经济发展长期停滞、社会矛盾不断激化,落入所谓"中等收入陷阱"。

习近平总书记鲜明地指出,我们要清醒认识新常态,"保持战略定力,增强发展自信"。"对中国而言,'中等收入陷阱'过是肯定要过去的,关键是什么时候迈过去、迈过去以后如何更好向前发展。"他强调:"我国经济发展进入新常态,没有改变我国发展仍处于可以大有作为的重要战略机遇期的判断,改变的是重要战略机遇期的内涵和条件;没有改变我国经济发展总体向好的基本面,改变的是经济发展的方式和结构。""新常态将给中国带来新的发展机遇。""我国经济正在向形态更高级、分工更复杂、结构更合理的阶段演化。"

毛泽东同志在《中国革命战争的战略问题》一文中说："指挥全局的人,最要紧的,是把自己的注意力摆在照顾战争的全局上面。""一个原则,就是注意于那些有关全局的重要关节点。"习近平总书记深刻把握了"经济发展新常态"这个关系中国经济发展全局的重大关节点,明确了当前我国发展的战略定位,深化了我们党对社会主义初级阶段发展的丰富性、多样性和各个阶段的特殊性的认识,对于统一全党全国各族人民思想、正确把握我国发展战略转机、推动我国经济发展迈向新高度具有重大指导作用,这不仅是中国特色社会主义事业的重大理论成果,对世界上其他国家的工业化进程也有重要的思想启示意义。

二、准确认识经济发展新常态的丰富内涵

习近平总书记指出:"对我国经济发展新常态,要深化理解、统一认识。"经济发展新常态具有特定内涵,准确理解把握这些内涵,才能更好地指导实践。

其一,新常态是"三期叠加"时期。习近平总书记指出,新常态下,"面对世界经济持续低迷的复杂局面,面对我国经济增长速度换挡期、结构调整阵痛期、前期刺激政策消化期'三期叠加'的状况,经济形势可以说是变幻莫测、瞬息万变"。经济下行压力大,矛盾和困难不少,但也要看到,在这个阶段"经济发展速度必然会下降,但也不会无限下滑;经济结构调整是痛苦的,却是不得不过的关口;前期政策消化是必需的,但可以通过有效引导减缓消化过程中各类风险的影响"。特别是经过30多年高速发展,我国经济上了大台阶,家底厚了,实力强了,能力大了,我们有力量去做过去想做却很难做到的事情,克服困难、破解难题是完全有条件的。要保持战略定力,保持克服困难的韧性,保持应对风险的坚定。他强调:"大家要加深对'三期叠加'和经济发展新常态的认识和理解,彻底抛弃用旧的思维逻辑和方式方法再现高增长的想法,切实把思想和行动统一到党中央的重大判断和决策部署上来。"

其二,新常态是经济发展的质量提升期。习近平总书记指出:"新常态下,我国经济发展的主要特点是:增长速度要从高速转向中高速,发展方式要从规模速度型转向质量效益型,经济结构调整要从增量扩能为主转向调整存量、做优增量并举,发展动力要从主要依靠资源和低成本劳动力等要素投入转向创新驱动。"这些变化意味着我国经济正在向形态更高级、分工更复杂、结构更合理的阶段演化,将整体迈入一个以提升质量为中心的时期。因此,必须把转方式、调结构放到更加重要的位置,把经济发展的基点放到主要依靠自主创新上来,依靠创新来引领、依靠知识和技术来提升。

其三,新常态是经济体制改革深化期。习近平总书记指出:"能不能适应新常态,

关键在于全面深化改革的力度。"他说："改革是推动发展的制胜法宝。路总是有的，路就在脚下，关键是要通过变革打通道路，释放经济发展潜力。"进入新常态后，国际环境发生了巨大变化，30多年高速发展积累的矛盾更为突出，新发展又带来新问题，要破解这些矛盾和问题，除了深化改革，别无他途。习近平总书记强调，因循守旧没有出路，畏缩不前坐失良机。"我们要紧紧抓住经济调整的窗口期，扎扎实实推进供给侧结构性改革，推动经济结构不断优化、经济发展方式不断转变、经济增长动力加快转换。"如果我们在这个问题上不着力、不紧抓，一旦其他大国结构调过来了，我们就会在下一轮国际竞争中陷于被动。只有着力深化改革创新，不断增强经济发展的内生动力，才能适应和引领新常态，确保中国经济持续健康发展。

其四，新常态是经济发展方式转变期。习近平总书记指出，转方式、调结构是新常态下中国经济发展必须迈过的坎。他说："我国经济规模很大，但依然大而不强，我国经济增速很快，但依然快而不优。主要是依靠资源等要素投入推动经济增长和规模扩张的粗放型发展方式是不可持续的。"改变这种状况，最根本的就是转变经济发展方式，加快产业结构调整，加快从要素驱动、投资驱动转向创新驱动，使我国经济发展由中低端迈向中高端。他强调，要树立质量第一的强烈意识，下大力气抓全面提高质量，用质量优势对冲成本上升劣势。要处理好减法和加法的关系。做减法，就是减少低端供给和无效供给，去产能、去库存、去杠杆，为经济发展留出新的空间。做加法，就是扩大有效供给和中高端供给，补短板、惠民生，加快发展新技术、新产业、新产品，为经济增长培育新动力。

其五，新常态是经济发展空间布局优化期。习近平总书记指出，新常态下，完善经济发展空间布局，既是培育发展新动力的战略选择，也是经济发展的现实要求。经过30多年的快速发展，我国区域经济发展的基础性条件发生了巨大变化，已经具备优化区域间联动发展的良好基础性条件。他指出，要抓住有利时机，"更加注重人口经济和资源环境空间均衡。既要促进地区间经济和人口均衡，缩小地区间人均国内生产总值差距，也要促进地区间人口经济和资源环境承载能力相适应，缩小人口资源环境间差距"。党的十八大以来，我国优化经济发展空间布局的"大手笔"，是习近平总书记亲自部署的"三大发展战略"。2014年12月在中央经济工作会议上，习近平总书记说："中央决定，要重点实施'一带一路'、京津冀协同发展、长江经济带三大战略。这三大战略的共同特点，是跨越行政区划、促进区域协调发展。"要调整经济结构和空间结构，走出一条内含集约发展的新路子，促进区域协调发展，形成新增长极。党的十八届五中全会通过的"十三五"规划建议，进一步就拓展发展新空间，用发展新空间培育发展新动力，用发展新动力开拓发展新空间提出明确要求。在党中央坚强领导下，我国已经形成了以三大战略为支撑，统筹东中西部发展、统筹国内发展和对外开放的经济发展新格局，为打造新的经济发展支撑带、建设具有全球影响力的开放合作新平台奠定了坚实基础。

三、积极主动把握和引领经济发展新常态

经济发展新常态作为对我国发展具有重大战略影响的阶段，是一个充满发展机遇也充满矛盾挑战的阶段。习近平总书记强调，在新常态下不能无所作为，"新常态不是不干事，不是不要发展，不是不要国内生产总值增长，而是要更好发挥主观能动性、更有创造精神地推动发展"。要抓住机遇、应对挑战，深化认识、主动把握、积极引领经济发展新常态。

（一）要以积极姿态把握新常态带来的新机遇

习近平总书记深刻指出：经济发展新常态虽然是我国经济发展重要转折点，但并没有改变我国仍处在发展的重要战略机遇期的现实。他在首次提出"新常态"时就指出，我国发展仍处于重要战略机遇期，我们要增强信心，保持战略上的平常心态。2014年11月，他在亚太经合组织工商领导人峰会上明确指出："新常态将给中国带来新的发展机遇。"2015年他在接受外国记者采访时说："中国经济发展进入新常态，正经历新旧动能转化的阵痛，但中国经济稳定发展的基本面没有改变。中国新型工业化、信息化、城镇化、农业现代化深入推进，国内市场需求强劲，经济发展具有巨大潜力、韧性、回旋余地，结构性改革正在深化，中国经济的前景十分光明。"2016年9月，他在杭州G20峰会上讲话时指出："今天的中国，已经站在新的历史起点上。这个新起点，就是中国全面深化改革、增加经济社会发展新动力的新起点，就是中国适应经济发展新常态、转变经济发展方式的新起点，就是中国同世界深度互动、向世界深度开放的新起点。我们有信心、有能力保持经济中高速增长，继续在实现自身发展的同时为世界带来更多发展机遇。"

（二）要牢固树立新的发展理念

习近平总书记反复强调，新常态下加快经济发展必须牢固树立新的发展理念。他说："按照新发展理念推动我国经济社会发展，是当前和今后一个时期我国发展的总要求和大趋势。"新常态下的主要任务是转变发展方式，所谋求的发展是创新发展。因此，"要牢固树立和贯彻落实创新、协调、绿色、开放、共享的发展理念，适应经济发

展新常态,坚持稳中求进,坚持改革开放,实行宏观政策要稳、产业政策要准、微观政策要活、改革政策要实、社会政策要托底的政策"。他在"十三五"规划说明中指出,面对经济社会发展新趋势新机遇和新矛盾新挑战,"必须确立新的发展理念,用新的发展理念引领发展行动"。新理念就是针对我国经济发展进入新常态、世界经济复苏低迷开出的药方。"新的发展理念就是指挥棒,要坚决贯彻。"

(三)要坚持稳中求进的工作总基调

党的十八大以来,以习近平同志为核心的党中央,始终坚持"稳中求进"的工作总基调。2014年12月1日,习近平总书记在与党外人士座谈时指出:"我国已经进入了经济发展新常态,我们要继续坚持稳中求进工作总基调。""经济社会平稳才能为深化改革开放和经济结构调整创造稳定的宏观环境。要继续推进改革开放,为经济社会发展创造良好预期和新的动力。实现经济发展目标,关键要保持稳增长和调结构平衡,坚持宏观政策要稳、微观政策要活、社会政策要托底的总体思路。"2016年12月14日,他在中央经济工作会议上强调,"稳中求进工作总基调是我们治国理政的重要原则,也是做好经济工作的方法论",贯彻好这个总基调具有特别重要的意义。他强调,新常态下必须处理好"稳"和"进"的关系。"稳"的重点要放在稳住经济运行上,确保增长、就业、物价不出现大的波动,确保金融不出现区域性系统性风险。"进"的重点要放在调整经济结构和深化改革开放上,确保转变经济发展方式和创新驱动发展取得新成效。"稳"和"进"是辩证统一、互为条件、相互促进的。二者是一静一动的关系,静要有定力,动要有秩序,关键是把握好这二者之间的度。

(四)要以供给侧结构性改革为主攻方向

新常态下深化改革创新,其主攻方向是供给侧结构性改革。习近平总书记说:"推进供给侧结构性改革是我国经济发展进入新常态的必然选择,是经济发展新常态下我国宏观经济管理必须确立的战略思路。必须把改善供给侧结构作为主攻方向,从生产端入手,提高供给体系质量和效率,扩大有效供给。"长期以来,我国经济主要依靠低廉的要素成本参与竞争,处于所谓"微笑曲线"的低端,虽然实现了高速增长,但增长的质量不高。进入新常态后,原来低端增长的弊端开始凸显,内外环境的变化,倒逼我们必须提高经济发展质量,以质量的提升来支撑发展,把经济发展推向"质量时代"。习近平总书记强调:"推进供给侧结构性改革,是一场硬仗。""要以锐意进取、敢于担当的精神状态,脚踏实地、真抓实干的工作作风,打赢这场硬仗。"对于"三去一降一补",不能不作为,不能害怕困难,要树立信心,坚定不移把这项工作做好。要加快从外延式增长向内涵式可持续增长转变，从注重总量扩张的增长向更加注重经济结构和运行质量的增长转变，从单一看重经济的增长向经济、政治、文化、社会和生态文明全面协调发展的增长转变，推动我国经济朝着更高质量、更有效率、更加公平、更可持续的方向发展。

（五）要以更加积极的姿态参与经济全球化进程

党的十八大以来，以习近平同志为核心的党中央敏锐把握国际形势的新变化，做出了进一步扩大开放、更加主动地参与经济全球化进程的战略举措。习近平总书记说："我国经济发展进入新常态，妥善应对我国经济社会发展中面临的困难和挑战，更加需要扩大对外开放。"他在"一带一路"建设工作座谈会上说："随着我国经济总量跃居世界第二，随着我国经济发展进入新常态，我们要保持经济持续健康发展，就必须树立全球视野，更加自觉地统筹国内国际两个大局，全面谋划全方位对外开放大战略，以更加积极主动的姿态走向世界。"他强调，当前世界经济正进入国际金融危机后的深度调整期，特别是新一轮科技和产业革命正在全球兴起，世界主要经济体都在积极调整经济结构和产业结构，纷纷发展高端制造业、高技术产业、高端生产型服务业，这无疑是对我们的巨大压力，也对我们的发展提出了新要求、提供了新机遇。我们决不能错过新一轮全球性产业大洗牌的机遇，必须在新一轮国际分工中转向全球价值链更高端的位置，转向全球经济贸易体系中更有优势的位置。他提出，要抓住时机进行全球布局，"要坚定不移发展开放型世界经济，在开发中分享机会和利益、实现互利共赢"。党中央出台了一系列政策措施，大力推进"一带一路"建设，大力推动战略性新兴产业、先进制造业的发展，优先发展生产性服务业，进一步提升了我国参与国际经济竞争的能力，使我国经济在世界经济发展格局中赢得了更加主动的地位。

认识新常态，把握我国经济发展的大逻辑，是一个必须深入思考回答的大课题。我们要深入学习领会习近平总书记的一系列重要论述，不断深化对新常态的认识，不断增强适应新常态、把握新常态、引领新常态的能力。

建设现代化经济体系必须坚持的基本取向[①]

蒋永穆

习近平总书记在党的十九大报告中指出,经过长期努力,中国特色社会主义进入了新时代,这是我国发展新的历史方位。如何进一步解放和发展社会生产力,激发全社会的创造力和发展活力,实现更高质量、更有效率、更加公平、更可持续的发展,是我们在新的历史方位中必须解决的时代课题。

一、建设现代化经济体系是新时代经济发展的迫切要求和战略目标

党的十九大报告提出建设现代化经济体系,基本依据在于我国经济发展阶段的变化。在所处历史方位上,中国特色社会主义已经进入新时代,中华民族实现了从站起来、富起来再到强起来的历史性飞跃。在发展水平上,"落后的社会生产"状况已经得到根本性改变,我国已成为全球第二大经济体,社会生产能力在很多方面名列世界前茅。我国社会主要矛盾已经转化为人民日益增长的美好生活需要和不平衡不充分的发展之间的矛盾,其中根本性的还是经济发展的不平衡不充分问题。建设现代化经济体系,主要目的就在于解决经济发展不平衡不充分问题,不断解放和发展社会生产力,推动更高质量、更有效率、更加公平、更可持续的发展,不断壮大我国经济实力。因此,实现"两个一百年"奋斗目标、实现中华民族伟大复兴的中国梦,必须坚定不移地把发展作为党执政兴国的第一要务。

[①] 本文发表于《马克思主义研究》2017年第12期。

党的十九大报告指出，我国经济已由高速增长阶段转向高质量发展阶段，正处在转变经济发展方式、优化调整经济结构、加快转换增长动力的攻坚期，建设现代化经济体系是跨越关口的迫切要求和发展的战略目标。建设现代化经济体系，就是要贯彻新发展理念，推动经济发展质量变革、效率变革、动力变革，着力加快建设实体经济、科技创新、现代金融、人力资源协同发展的产业体系，着力构建市场机制有效、微观主体有活力、宏观调控有度的经济体制。为实现建设现代化经济体系的战略目标，在基本取向上必须做到"五个坚持"，即坚持以人民为中心的发展，体现公有制主体地位和共同富裕的基本要求；坚持正确处理实体经济与虚拟经济的关系，推动经济发展质量变革；坚持正确处理政府与市场的关系，推动经济发展效率变革；坚持以创新引领经济发展，推动经济发展动力变革；坚持开放发展的基本战略，培育国际经济合作和竞争新优势，在不断开放中增强我国经济的创新力和竞争力，从而推动国民经济持续健康发展。

二、坚持以人民为中心的发展，体现公有制主体地位和共同富裕的基本要求

坚持以人民为中心的发展，体现公有制主体地位和共同富裕的基本要求，是建设现代化经济体系的根本出发点。社会主义经济发展的本质特征就是坚持以人民为中心。社会主义经济发展与资本主义经济发展的区别，归根结底体现为是以人民为中心还是以资本为中心，是为了少数人的利益还是为了多数人的利益，这是两种截然不同的发展道路和发展思想。坚持以人民为中心的发展思想，关键在于体现公有制的主体地位和共同富裕的基本要求。经过40年的改革开放，中国特色社会主义经济制度得以确立并不断完善，社会生产力水平得到提升并不断发展。能取得这一历史性突破，就是因为我们党坚持了以人民为中心的发展思想，体现了公有制的主体地位和共同富裕的基本要求。

在"坚持以人民为中心的发展，体现公有制主体地位和共同富裕的基本要求"上，有学者存在不同看法。一是在生产资料所有制方面主张私有化，即反对以公有制为主体，倡导私有产权。二是在分配制度方面主张按资分配，即在一些地方，"拥抱资本、疏远劳动"的风气盛行，"按劳分配为主"事实上逐渐被"按资本分配为主"所代替。[①] 这些观点的错误在于没有充分理解我国的社会性质和所处的发展阶段。首先，坚持以公有制为主体是由我国的社会主义性质决定的。我国正处于社会主义初级阶段，以公有制为主体，确保公有制在社会主义市场经济中的主体地位，是中国特色社会主义性质

---

① 朱继东：《共同富裕与中国特色社会主义理论研讨会综述》，《马克思主义研究》2011年第9期。

的根本标志，必须毫不动摇地坚持。只有坚持以公有制为主体，从质和量上夯实社会主义市场经济发展的基础，才能不断解放和发展生产力，逐步提高社会生产水平。其次，坚持公有制和按劳分配为主体，是实现共同富裕的基本保证。社会主义与资本主义的区别，表现在分配上就是社会主义反对剥削、注重公平。只有坚持和完善社会主义基本经济制度和分配制度，才能消灭剥削、消除两极分化，为全体人民共同富裕提供经济基础和制度保障。

三、坚持正确处理实体经济与虚拟经济的关系，推动经济发展的质量变革

正确处理实体经济与虚拟经济的关系，是推动经济发展质量变革的必然选择。当前，我国经济已经进入中高速增长的新常态，正处于向形态更高级、分工更复杂、结构更合理转化的发展阶段。经济新常态对我国经济发展质量和效益提出了新的要求，即要深化供给侧结构性改革，把发展经济的着力点放在实体经济上，妥善处理实体经济与虚拟经济的关系，显著提升金融服务实体经济的能力，加快建设实体经济、科技创新、现代金融、人力资源协同发展的产业体系。

对于实体经济与虚拟经济的辩证关系，有学者存在异议，甚至公开宣称虚拟经济时代已经到来，过度强调虚拟经济在经济发展中的作用，过分夸大虚拟经济对实体经济的影响。这种观点的错误在于，没有认识到虚拟经济是来源于实体经济并与实体经济相互作用、相互影响的。[1]一是在发展时序上，虚拟经济是实体经济发展到一定程度和一定阶段之后才产生与发展的。实体经济是虚拟经济产生的基础，正是实体经济发展的需要促成了虚拟经济的出现，没有实体经济就没有虚拟经济，二者的存在与发展的先后顺序不能颠倒。二是在发展作用上，虚拟经济对实体经济发展的影响是双向的。一方面，虚拟经济的发展能够给实体经济带来正向的促进作用；另一方面，把握不好虚拟经济发展的尺度，则会给实体经济带来负向的阻碍作用。如西方发达国家屡次发生的金融危机，就是虚拟经济超前于实体经济并过度发展的结果，其后果是严重阻碍了实体经济的发展，导致资本主义世界出现经济危机。可见，虚拟经济发展应与实体经济发展相适应，不能过度膨胀。三是在发展导向上，虚拟经济是为实体经济发展服务的。要明确虚拟经济发展的目的是服务于实体经济，摒弃"脱实向虚"的错误导向，

---

[1] 蒋永穆、张晓磊、周宇晗：《积极探索和构建中国特色社会主义的经济发展理论》，《政治经济学评论》2017年第3期。

规范发展虚拟经济，做大做优实体经济，从而实现国民经济的平稳健康发展。

正确处理实体经济与虚拟经济的关系，其着力点在于深入推进供给侧结构性改革。坚持走中国特色社会主义经济发展道路，即将经济发展的着力点放在实体经济上，推进去产能、去库存、去杠杆、降成本、补短板五项工作，加快培育新的经济增长点，不断提升供给体系的质量。坚持走中国特色新型工业化道路，突出创新和绿色发展导向，在加快发展先进制造业的同时推动传统产业优化升级，着力提升产业发展效益和创新能力，加快抢占价值链中高端，逐步降低环境污染和能源消耗，实现产业发展与资源环境的和谐共生。坚持走中国特色农业现代化道路，着力实施乡村振兴战略，切实解决好农业农村农民问题，巩固农业基础地位，推进农业农村优先发展。

四、坚持正确处理政府与市场的关系，推动经济发展效率变革

正确处理政府与市场的关系，是推动经济发展效率变革的关键所在。我国正处于全面深化改革的攻坚期，推进经济体制改革尤为重要，而其中的核心问题就是要处理好政府与市场的关系。正确处理两者关系，就是要加快完善中国特色社会主义市场经济体制，充分发挥市场在资源配置中的决定性作用，更好地发挥政府作用，着力构建市场机制有效、微观主体有活力、宏观调控有度的经济体制。

对于市场与政府作用的边界，有学者信奉新自由主义的观点，过分强调市场的决定性作用，即主张非调控化，反对政府干预。[①] 这种观点的错误在于，没有充分理解和把握市场在资源配置中起决定性作用与更好发挥政府作用的科学内涵。一是就市场发挥作用的范围而言，是一部分资源，而不是所有资源，即市场作为有效的资源配置方式，应在其愿意而且能够配置的资源领域充分发挥作用，在其不能够（如国防安全）、不愿意（如公共资源）、不充分（如市场失灵）发挥作用的领域，则需要政府加以调节和发挥作用。二是就市场发挥作用的力度而言，是决定性作用，而不是全部作用。习近平总书记指出："市场在资源配置中起决定性作用，并不是起全部作用。"[②] 即在市场有效发挥作用的同时，要更好发挥政府作用，建设有为政府，同时将其与有效市场相结合，形成"看得见的手"与"看不见的手"齐头并进、协同发挥作用，不断提升经济发展效率的良好格局。

建设有效市场与有为政府，核心在于加快完善中国特色社会主义市场经济体制。

---

① 程恩富、孙秋鹏：《论资源配置中的市场调节作用与国家调节作用——两种不同的"市场决定性作用论"》，《学术研究》2014年第4期。

② 习近平：《关于〈中共中央关于全面深化改革若干重大问题的决定〉的说明》，《求是》2013年第22期。

一方面，要加快完善现代市场体系。要着力破除市场配置资源的体制机制障碍，建立现代产权制度，健全要素市场体系，完善市场决定价格的机制，构建灵活有序的市场规则，培育发展市场主体，不断提升市场配置资源的效率，从而实现产权有效激励、要素自由流动、价格反应灵活、竞争公平有序、企业优胜劣汰。另一方面，要实行科学的宏观调控。要创新和完善宏观调控方式，不断提升宏观调控水平；强化宏观战略制定与发展方向把控，做好国民经济和社会发展规划；深入推进消费、投融资、财税、金融等体制改革，完善财政、货币、产业、区域发展等经济政策，强化政策之间的协调与配合，协同推进社会主义市场经济体制的完善。

五、坚持以创新引领经济发展，推动经济发展动力变革

坚持以创新引领经济发展，是推动经济发展动力变革的基础所在。从全球来看，新一轮科技革命和产业变革正在加速孕育发展，世界各国纷纷加快了科技创新和转型发展布局。从我国来看，我国正在加快推动经济发展方式的转变，促进经济增长从要素驱动向创新驱动转变。面对国内外的发展状况，只有坚持以创新引领经济发展，才能从根本上培育经济发展新动能，为建设现代化经济体系提供战略支撑。坚持以创新引领经济发展，就是要坚定实施创新驱动发展战略，加快建设创新型国家，不断增强经济发展的创新力和新动力。

我国在创新方面仍然存在不充分的问题，突出表现在三个方面：一是自主创新能力仍然不强。我国是科技大国，但不是科技强国，主要原因在于掌握的关键核心技术不足。习近平总书记指出："同建设世界科技强国的目标相比，我国发展还面临重大科技瓶颈，关键领域核心技术受制于人的格局没有从根本上改变，科技基础仍然薄弱，科技创新能力特别是原创能力还有很大差距。"[①] 二是创新成果转化应用和产业化发展水平仍然不高。近年来，我国知识产权创造能力不断增强，科技创新成果日益丰富，目前已成为继美国和日本之后世界上第三个国内发明专利拥有量超过百万件的国家。但是，知识产权和创新成果往往被束之高阁，运用转化效益和市场化、产业化程度仍然不高，转化成现实生产力的能力和对经济增效的支撑作用仍然不强。三是科技创新体制机制还不完善。创新不仅包括科技创新，还包括体制机制等制度创新。目前，我国创新政策体系仍然不健全，科技与经济融合发展的通道还不够畅通，各创新主体的积极性还未被充分调动起来。

---

① 习近平：《在省部级主要领导干部学习贯彻党的十八届五中全会精神专题研讨班上的讲话》，《人民日报》2016年5月10日，第2、3版。

解决创新不充分的问题，关键在于走中国特色自主创新道路。在发展战略上，要瞄准和把握世界科技前沿，进行预先谋划和超前部署。在体系构建上，要推进国家创新体系建设，建立健全"国家—区域—产业—企业"四位一体的创新体系，充分调动和发挥创新主体的能动性，加快形成全社会尊重创新、支持创新、参与创新的良好局面。在重点领域，要着力提升自主创新能力和原创能力，开展关键环节和重点领域攻关，加强基础和应用研究。在体制机制上，要深化科技体制改革，强化企业创新主体作用和市场化发展导向，加强知识产权的创造、保护与运用，推动产学研深度融合发展，促进科技成果加快转化为现实生产力，实现科技创新与经济发展的紧密结合。

六、坚持开放发展的基本战略，培育国际经济合作和竞争新优势

坚持开放发展的基本战略，是壮大我国经济实力和综合国力的必由之路。当前，世界正处于大发展大变革大调整时期，世界多极化与经济全球化等深入发展，我国要顺应这一发展趋势，主动参与和推动经济全球化进程。同时，世界面临的不稳定性不确定性因素更加突出，全球经济增长动能不足，贫富分化日益严重，人类面临许多共同挑战，我国应主动应对各种挑战，发展更高层次的开放型经济，推动构建人类命运共同体，为解决全球性问题贡献中国智慧和中国方案。

我国的开放仍然是不充分的，主要表现在三个方面：一是适应和引领国际贸易发展的能力不强。我国在国际贸易规则的制定、修改和谈判中，主动参与的程度仍然不够高，灵活运用的能力仍然不够强，不利于贸易和投资的自由化。二是比较优势下降的压力较大。随着发达国家制造业的回流和新兴经济体的加快发展，我国劳动力的比较优势正在逐步下降，如何培育和建立新的比较优势和竞争优势，抢占全球贸易分工格局中的有利地位，是开放发展面临的又一难题。三是开放发展的限制仍然较多。一方面，我国仍然存在许多限制开放的领域，尤其是服务业开放发展的程度还不够高，市场准入的限制还比较多，亟待扩大准入条件；另一方面，我国对外开放的载体和平台发展不足，尤其是自由贸易区发展还比较滞后，亟待加快发展。

解决开放不充分的问题，关键在于走中国特色的全面开放道路，即统筹利用好国内国际两个市场两种资源，始终坚持引进来和走出去并重，积极实施双向开放、互惠互利的开放发展战略。完善对外开放体制机制，实行贸易和投资自由化、便利化相关政策，大幅度放宽市场准入，扩大服务业对外开放程度。推进"一带一路"建设与国际合作，加快构建国际合作新平台，增添共同发展新动力。加快自由贸易区建设，探索自由贸易港建设，为开放型世界经济发展贡献中国力量。

大数据、平台经济与市场竞争
——构建信息时代计划主导型市场经济体制的初步探索[①]

王彬彬

一、前言

在大数据时代，计划经济能回归吗？2012年大数据概念的明确提出，再次引燃了计划经济可行性的论争。作为当代两种主要的经济体制之一，计划经济所特有的集约配置资源和按比例生产的体制优势，理论上可以借助大数据技术实现。这是自20世纪中叶奥斯卡·理沙德·兰格（Oskar Ryszard Lange）提出用计算机模拟市场的试错过程以来，新兴的信息技术所提供的最接近实现计划经济的机会。然而，有了大数据技术，是否就能重建计划经济？显然，经济运行不同于天气变化，不能仅靠大数据的海量数据分析、挖掘进行预测，而忽视人的主体性和社会规律的复杂性。毕竟，现实存在的经济体制总是在一定的社会制度环境中形成的，需要依托某种形式的社会经济组织运行，从而呈现出多样化的实现形式。离开制度和组织的革新，大数据技术相比20世纪中叶的计算机技术只有量的进步而无质的区别[②]，大数据时代的计划经济仍然难以回应"计算机乌托邦"[③]的质疑。

[①] 本文主体部分以同名论文发表于《马克思主义研究》2017年第3期。基金项目：国家社科基金青年项目"提升西部地区自我发展能力战略研究"（10CJY003）、四川大学中央高校基本科研业务费研究专项项目"信息时代的新计划经济与社会主义模式"（skqx2017-27）。

[②] 计算机可能有助于官僚处理社会管理中日益增长的麻烦，但它本身不能产生一个新的社会结构，更不必说提供一个更好的社会结构了。参见：Stephen Botington, *Computers and Socialism* (Nottingham: Spokesman Books, 1973), pp. 123-124.

[③] Eugen Loebl, "Computer Socialism", *Studies in Soviet Thought*, Vol. 11, No. 4, 1971, pp. 294-300.

本文在回顾计划经济思想的基础上，分析构建计划主导型市场经济体制的两个基本条件，提出构建信息时代计划主导型市场经济体制的初步方案。

二、从兰格模式到计划主导型市场经济体制

计划经济可行性的论争肇始于 20 世纪 20 年代，其源头之一是与价格形成相关的经济计算问题。1920 年，奥地利学派的代表人物、自由主义经济学家路德维希·冯·米塞斯（Ludwig von Mises）率先向计划经济发难。他提出，在市场交易中，市场价格是精确形成各种商品和劳动雇佣的经济计算的基础；社会主义国家取消了自由市场，定价机制也就不存在了；没有定价机制，就无法对产品的供给和需求进行经济计算，从而不可能对资源和产品实行合理分配。[1] 针对米塞斯的质疑，1928 年美国经济学家弗莱德·泰勒（Fred M. Taylor）提出了一个社会主义制度下经济计算的理论方案：在产品的需求方面，社会主义国家只要确保个人得到一定的货币收入，并以此任意选购国家生产的商品，就等同于授权居民以"货币投票"的方式指导国家生产商品的种类和数量；在供给方面，构成商品出售价格的经济要素成本可以用"试错法"加以确定，即"估价过高，要素将过剩，估价过低，要素将短缺"，经过多次核算可确定合理的价格。[2] 在泰勒的回击下，到 20 世纪 30 年代中期，这场"拉锯战"的焦点从计划经济的理论可行性转向实际可行性，米塞斯一派退守"第二道防线"。作为米塞斯的学生，奥地利自由主义经济学家弗里德里希·奥古斯特·冯·哈耶克（Friedrich August von Hayek）继承了米塞斯的基本立场，他认为，计划经济合理配置资源虽然在逻辑上是成立的，但在生产资料公有制的社会主义经济制度下却不可行。而英国自由主义经济学家莱昂内尔·罗宾斯（Lionel Robbins）则直接从操作层面否定了"试错法"的可行性，他指出这种方法需要搜集百万级的数据、解百万级的方程式并进行百万级的计算，而且信息的动态变化将使经济计算陷入不断地重新计算而趋于崩溃。[3] 哈耶克和罗宾斯的挑战，实质上是否认社会主义经济具有像市场经济那样仅用简单的试错法分配资源

---

[1] Ludwig von Mises, *Economic Calculation in the Socialist Commonwealth*, trans. S. Adler (Auburn: Ludwig von Mises Institute, 1990), p. 25.
[2] Fred M. Taylor, "The Guidance of Production in a Socialist State", *The American Economic Review*, Vol. 19, No. 1, 1929, pp. 1–8.
[3] Oskar Lange, "On the Economic Theory of Socialism: Part One", *The Review of Economic Studies*, Vol. 4, No. 1, 1936, p. 56.

的功能。① 对此，波兰经济学家奥斯卡·理沙德·兰格做出了系统而有力的回应。他在批驳米塞斯误用狭义价格否定计划经济可行性等错误的基础上，回顾竞争市场上如何靠试错达成主观和客观的均衡条件、建立经济均衡，认为社会主义经济也能实现类似的均衡。在理论论证中，兰格将泰勒的"试错法"嵌入了社会主义经济运行，构建了模拟市场的社会主义经济模式，即"兰格模式"。该模式假设了一个存在消费品市场和劳动服务市场的社会主义制度，消费品市场的主观均衡条件与竞争市场下的相同，生产决策按照中央计划局规定的规则做出，因此实现社会主义经济的主观均衡的前提是价格已知。在竞争市场下，价格是在竞争中形成的一个客观结果，而客观的价格结构如何在社会主义经济中生成呢？兰格的方法是："中央计划局必须规定物价并且监督所有工厂、产业和资源的经理根据中央计划局规定的物价做他们的会计工作，而不允许使用任何其他的会计方法。"②"兰格模式"的核心是"中央计划局"以及围绕其运转的一套制度。"中央计划局起到市场的作用"，其基本职能是制定规则和规定物价，它使"计划代替市场的功能成为可能"。③

在20世纪30年代的大论争之后，40年代以大型机为代表的信息技术开始出现，加速了数据处理自动化的进程。兰格敏锐地发现信息技术在经济管理上的巨大潜力，他指出电子计算机技术非常适合于搞计划，但不能代替复杂多变的市场，电子计算机和市场是当代社会主义经济管理人员的两个核算工具。④ 应该说，在兰格所处的时代，信息技术的发展还只是迎来第一缕曙光。70年代以后，小型机、微处理器的大规模商业化应用，催生了以信息革命为核心的技术革命。这不仅极大地提升了生产过程的自动化水平、经济效率、经济活动集中度，而且在西方资本主义经济中孕育出新的因素——"有计划的商品生产"⑤ 以及民主计划的思潮。英国学者斯蒂芬·博丁顿（Stephen Botington）就此预测，计算机和信息革命所带来的监测整个经济体系的可能性和

---

① Oskar Lange, "On the Economic Theory of Socialism: Part One", *The Review of Economic Studies*, Vol. 4, No. 1, 1936, p. 56.

② Oskar Lange, "On the Economic Theory of Socialism: Part One", *The Review of Economic Studies*, Vol. 4, No. 1, 1936, p. 63.

③ "它规定组合生产要素和选择一个工厂的生产规模的规则，确定一个产业的产量的规则，分配资源的规则，以及在会计中将价格当参数使用的规则。最后，它规定物价，以便使每种商品的供求数量平衡。"参见 Oskar Lange, "On the Economic Theory of Socialism: Part One", *The Review of Economic Studies*, Vol. 4, No. 1, 1936, p. 64.

④ Oscar Lange, "The Computer and the Market", in *Socialism, Capitalism and Economic Growth: Essays Presented to Maurice Dobb*, ed. C. H. Feinstein (Cambridge: Cambridge University Press, 1967), pp. 158–161.

⑤ Stephen Botington, *Computers and Socialism* (Nottingham: Spokesman Books), 1973, p. 110.

有效传播信息的可能性必将产生新型的调节和控制手段。①与"兰格模式"中央计划局的集中计划不同，借助新的信息技术，博丁顿所谓的"调节和控制手段"实质上是一种基于市场的民主计划，正如他所设想的"电视计划经济"——在许多不同的个人和集团的共同参与下，让协调和计划新社会经济的问题在信息双向流动的频道系统上被公开讨论。② 20 世纪 80 年代中期以后，互联网技术的兴起解决了媒体技术的实时双向信息互动问题，对生产组织形式和社会生活方式产生了深远影响，分布式、小批量、定制化生产发展迅速，网络民主、网络消费等新兴事物不断涌现。1997 年美国学者安迪·波拉克（Andy Pollak）发表《信息技术与社会主义的自我管理》一文，认为：（1）超级计算机早就具备了解百万级方程式的并行处理能力，能够模拟社会生产、交换、消费、分配四个环节间的比例关系，实现了对现代社会主义经济社会的规划。（2）人民群众可以通过因特网参与企业和社会经济管理，如联通不同公司内部的局域网，形成公司间的网络系统；在此网络系统上，推动跨公司的计划化和计算机购物，最终实现整个经济的计划化。（3）电子货币可以支持社会主义经济核算。③由此，他断言："可以通过因特网向民主的、高效的计划经济过渡。"④

除了信息技术与计划经济结合的技术路线，在民主计划的制度路线方面，一个重要的理论探索是由西方马克思主义学者及其他左翼学者所倡导的"民主计划参与式社会主义"（Democratic Planned Participatory Socialism，DPPS）。自 20 世纪 80 年代中叶以来，一些既有别于苏联模式又明显不同于资本主义社会经济系统（尤其是资本主义市场经济）的社会主义经济模式相继进入理论视野。它们具有以下一般特征：以经济计划而非市场力量引导经济活动、民主特征的政治和经济体制、决策制定的广泛参与、生产产权的社会所有制等。⑤其中，由帕特·迪瓦恩（Pat Devine）、迈克尔·阿尔伯特（Michael Albert）和罗宾·汉内尔（Robin Hahnel）、保罗·科克肖特（Paul Cockshott）和艾林·考特里尔（Allin Cottrell）构建的"民主计划参与式社会主义"模式最具代表性。这种模式对"市场社会主义"（Market Socialism）提出了严厉批判：迪瓦恩主张用利益相关者之间的"协商协调"（Neogiated Coordination）代替市场⑥；

---

① Stephen Botington, *Computers and Socialism* (Nottingham: Spokesman Books, 1973), p. 116.
② Stephen Botington, *Computers and Socialism* (Nottingham: Spokesman Books, 1973), p. 208.
③ Andy Pollak, "Information Technologyand Socialist Self-Management", *Monthly Review*, Vol. 49, No. 4, 1997, pp. 32—50.
④ Andy Pollak, "Information Technologyand Socialist Self-Management", *Monthly Review*, Vol. 49, No. 4, 1997, p. 33.
⑤ David M. Kotz, "Socialism and Innovation", *Science & Society*, Vol. 66, No. 1, 2002, pp. 94—115.
⑥ Pat Devine, *Democracy and Economic Planning: The Political Economy of a Self-Governing Society* (Boulder: Westview Press, 1988), pp. 21—25.

阿尔伯特和汉内尔提供了分散计划程序（Decentralized Planning Precedure）的理论模型①；科克肖特和考特里尔建议以平等分配的劳动券（Labor Tokens）取代货币②，建立新"雅典民主"（Neo-Athenian Democracy）式的社会经济模式。③大卫·科茨（David Kotz）进一步指出，"市场化不是一个社会中立的机制"，"市场社会主义将重现许多资本主义的问题，包括不平等、宏观不稳定和环境破坏"④，由此他认为，"民主国家和参与式计划体制代表了一个可行的社会主义的基础"⑤。

这些在互联网普及之后提出的计划经济构想被称为"新计划经济"⑥，是相对于传统计划经济而言的。现有关于传统计划经济的深刻经验是工业化时代的苏联模式。俄国十月革命后，出于实现国家快速工业化和强化集中统一领导的需要⑦，苏联选择了国家社会主义（State Socialism）下的计划经济体制。而这种经济体制由于资本积累和稀缺资源配置上的优势，在工业化时代迸发出巨大的生产力和惊人的增长速度。同样在东欧、东南欧的社会主义国家，各具特色的计划经济也推动了这片传统的"国际萧条地区"⑧成功实现工业化。苏联及东欧社会主义国家的传统计划经济的一个重要特征是普遍采用由官僚机构主导的集中计划。在复杂多变的信息时代（始于20世纪70—80年代），集中计划的传统计划经济难以捕捉更加多元的消费需求和瞬息万变的商品价格，从而显得滞后和僵化。以苏联为例，信息革命的新生产力被集中计划的经济体制所束缚，不但未能催生产业革命，相反却出现了技术危机："当20世纪70年代及80年代早期西方的技术创新不断加速之时，苏联却愈来愈依赖进口机器与技术来促使其主导性工业部门转型。"⑨对此，美国学者曼纽尔·卡斯特（Manuel Castells）批评道，苏

---

① Michael Albert and Robin Hahnel, *The Political Economy of Participatory Economics* (Princeton: Princeton University Press, 1991), pp. 1—7.

② W. Paul Cockshott and Allin F. Cottrell, *Towards a New Socialism* (Philadelphia: Coronet Books Inc., 1993), pp. 5—8.

③ Len Brewster, "Towards a new socialism?", *The Quarterly Journal of Austrian Economics*, Vol. 7, No. 1, 2004, pp. 65—77.

④ David M. Kotz, "Socialism and Capitalism: Lessons from the Demise of State Socialism in the Soviet Union and China", in *Socialism and Radical Political Economy: Essays in Honor of Howard Sherman*, ed. Robert Pollin (Cheltenham and Northampton: Edward Elgar Pub, 2000), pp. 300—317.

⑤ David M. Kotz, "Sustaining Socialism: Lessons from the Soviet and Chinese Experience", the Tenth Conference of North American and Cuban Philosophers and Social Scientists, Havana, Cuba, 1998.

⑥ 陶文昭：《信息时代两种经济体制的新论争》，《马克思主义与现实》2009年第5期。

⑦ 房广顺：《十月革命后苏联选择计划经济体制的若干背景》，《马克思主义研究》2009年第9期。

⑧ P. N. Rosenstein-Rodan, "Problems of Industrialization of Eastern and South-Eastern Europe", *The Economic Journal*, Vol. 53, No. 210/211, 1943, pp. 202—211.

⑨ Manuel Castells, *End of Millennium: The Information Age: Economy, Society, and Culture Volume III (Second Edition With a New Preface)* (Malden: Wiley-Blackwell, 2010), pp. 34—35.

联技术危机的核心在于国家主义本身的逻辑,其中之一就是中央计划经济的官僚原则。①约瑟夫·奈(Joseph Nye)也认为高度集中的计划经济与信息化存在冲突。②表面上看,信息时代的"信息大爆炸"使中央计划局的经济计算能力疲于应付,但这仅是技术条件的问题,在更快速度的计算机和网络出现后可以马上得到缓解。而更深层次的矛盾则存在于两个方面:(1)苏联式配给制的不民主性质与信息时代民主化的趋势之间存在矛盾。兰格明确指出:"在消费选择自由和职业选择自由都不存在的社会主义制度中……合理的经济会计也是可能的,只是会计反映中央计划局官僚集团的偏好,而不是消费者的偏好。"③而泰勒更早提出的社会主义经济合理配置资源的两个前提之一就是"保证每个个人特殊的嗜好和需要不致因拥有全权的国家所确定的消费标准而受到损害"④。(2)社会主义经济生活的官僚化与信息时代经济治理改进的要求之间存在矛盾。在兰格看来,这是"社会主义的真实危险",只是在当时垄断资本主义的官僚化同样严重而已。关于官僚化的问题,由于其涉及社会学的理论范畴,兰格并没有展开,而且其论点主要集中在"公共官吏与私人企业家作为生产经理的效率比较问题"⑤。今天,"组织理论"的发展为我们从中央计划局这个核心组织入手研究去官僚化问题提供了理论支持。

相对于传统计划经济,西方新计划经济倡导的民主计划,似乎更符合信息时代的特征和趋势。然而,正如波拉克所担忧的:"谁来控制信息技术",信息技术如何摆脱作为一种寻找榨取剩余价值新方法的工具的利用初衷;如何改变因特网的无政府状态,使之不被以大型信息技术公司为代表的私人资本所控制;如何避免因信息技术缩短资本周转时间而加剧经济衰落和萧条。⑥这个问题本质上是由生产资料所有制所决定的,在坚持生产资料公有制的社会主义国家,以国家力量主导(而非直接干预)信息技术与网络是个可行的选择。

综上所述,通过对苏联式计划经济、兰格式计划经济和西方新计划经济的讨论,

---

① Manuel Castells, *End of Millennium: The Information Age: Economy, Society, and Culture Volume III (Second Edition With a New Preface)* (Malden: Wiley-Blackwell, 2010), pp. 36—37.
② 陶文昭:《信息时代的新计划经济论》,《江苏行政学院学报》2007年第3期。
③ Oskar Lange, "On the Economic Theory of Socialism: Part One", *The Review of Economic Studies*, Vol. 4, No. 1, 1936, p. 68.
④ Fred M. Taylor, "The Guidance of Production in a Socialist State", *The American Economic Review*, Vol. 19, No. 1, 1929, p. 5.
⑤ Oskar Lange, "On the Economic Theory of Socialism: Part Two", *The Review of Economic Studies*, Vol. 4, No. 2, 1937, p. 127.
⑥ Andy Pollak, "Information Technology and Socialist Self-Management", *Monthly Review*, Vol. 49, No. 4, 1997, pp. 32—50.

我们尝试在竞争性领域构建一种计划主导型市场经济体制。我们主张"以市场为基础、计划为主导"的经济体制，而非"民主计划参与式社会主义"的理论路线，有三个基本的理由：第一，"民主计划参与式社会主义"的民主计划需要在全球层面运行[1]，而在资本主义通过全球化试图建立"统一的世界市场"和"超国家的全球治理"的背景下[2]，单一国家在奉行自由放任主义（Laissez-faire）的"世界市场"中只是有限的个体，国家基于汇总和代表（而不是代替）国内各阶层利益而做出的集中计划，在全球层面与"民主计划参与式社会主义"的民主计划具有一致性。第二，"以国家为导向的战略是进行经济转型和经济发展的唯一有效途径"[3]，且在全球化背景下各国普遍采用国家行动主义（State Activism）参与全球竞争[4]，而作为为数不多的社会主义国家，面对新自由主义削弱国家权力、实现资本的全球统治的企图[5]，也必须以国家增强（State-augmenting）的逆向方针来抵制这一趋势，坚持以国家主导国民经济的运行和发展、坚持国家所有制而非社会所有制的原则尤为必要。第三，"民主计划参与式社会主义"的创新速度可能比资本主义慢[6]，在"世界市场"的价值规律作用下，创新滞后的国家将在竞争中走向失败。遗憾的是，到目前为止，市场经济仍然是创新效率最高的经济体制。在资本主义制度在全球占绝对优势的现实下，虽然代价巨大[7]，但出于生存及与资本主义国家竞争的需要，社会主义国家仍然要发展市场经济。

因此，我们构建的计划主导型市场经济体制应坚持民主计划与集中计划的有机融合，可实现"使市场在资源配置中起决定性作用和发挥国家主导作用"的高度统一，能达成反映消费者偏好、发挥价值规律作用、突出产业规划引导、加强宏观调控监管、降低官僚主义成本等综合性目标。其核心思想滥觞于著名马克思主义政治经济学家程恩富教授提出的重要理论。1992年，针对我国经济体制改革的方向选择，程恩富教授指出"社会主义初级阶段的经济特征之一，是计划经济与商品经济即市场经济的有机

---

[1] Alex Callinicos, *An Anti-Capitalist Manifesto* (Cambridge: Polity Press, 2003), pp. 90-122.

[2] Linda Weiss, "Globalization and State Power", *Development and Society*, Vol. 29, No. 1, 2000, pp. 1-15.

[3] David M. Kotz, "The Role of the State in Economic Transformation: Comparing the Transition Experiences of Russia and China", *Economics Study of Shanghai School*, Vol. 86, No. 273, 2005, pp. 178-184.

[4] Linda Weiss, "Global Governance, National Strategies: How Industrialized States Make Room to Move Under the WTO", *Review of International Political Economy*, Vol. 12, No. 5, 2005, pp. 723-749.

[5] Linda Weiss, "The State-augmenting Effects of Globalisation", *New Political Economy*, Vol. 10, No. 3, 2005, pp. 345-353.

[6] David M. Kotz, "Socialism and Innovation", *Science & Society*, Vol. 66, No. 1, 2002, p. 57.

[7] David M. Kotz, "Socialism and Capitalism: Lessons from the Demise of State Socialism in the Soviet Union and China", in *Socialism and Radical Political Economy: Essays in Honor of Howard Sherman*, ed. Robert Pollin (Cheltenham and Northampton: Edward Elgar Pub, 2000), pp. 300-317.

结合和统一"①，由此他前瞻性地主张建立社会主义有计划主导的市场经济体制。借助大数据和平台经济，这种经济体制在今天有望成为现实。

三、计划主导型市场经济体制的两个基本条件

技术创新和制度创新是经济体制演化的共同决定力量。信息时代计划主导型经济体制的构建也需要依托新一代的信息技术和新兴经济形态，而大数据和平台经济则构成了当前发展阶段下计划主导型市场经济体制发展的两个基本条件。

（一）大数据：计划主导型市场经济体制的技术条件

计划经济的经济计算需要大量的信息搜集和高频的信息处理，搜取信息的数量与质量、信息的处理能力共同决定了计算效果。随着"摩尔定律"下处理器性能的快速提升、超级计算机系统和云计算（Cloud Computing）的更新发展，信息的处理能力大幅提高，而信息搜集领域的技术进步却相对缓慢。在互联网时代，对搜索引擎、电子商务网站、金融服务平台等的访问，都将以海量数据呈现。根据国际电信联盟（ITU）的统计，截至2015年底全球互联网个人用户已达31.74亿人②，即使是极小比例的用户同时在线，在某一时点产生的数据量也是十分庞大的。而物联网时代的到来，更意味着除了计算机、智能手机、全球定位系统设备外，工业设备、穿戴式电子设备、生活设施、智能汽车等都将成为网络终端，从而构成"物物相连的互联网"，融入物联网的人和物品时时刻刻都是信息的使用者和生产者，信息将以前所未有的速度增长。然而，传统的信息搜集技术仅能利用其中微量的信息，绝大部分信息资源被忽略、闲置和浪费。难以充分获取、记录、存储和计算信息，正是传统计划经济无法对信息时代的供给与需求进行全面反映和精确计算的技术原因。

以云计算的分布式处理、分布式数据库和云存储、虚拟化技术为基础，大数据技术应运而生。2007年美国科学家吉姆·格雷（Jim Gray）预言，数据密集型科学正在从计算科学中分离出来，成为科学研究的第四范式。③ 同年，美国学者邓肯·沃茨（Duncan J. Watts）在《自然》杂志刊文指出，数据密集型科学一旦应用到社会科学领

---

① 程恩富：《借鉴西方经验建立有计划主导的市场经济体制》，《财经研究》1992年第9期。
② *The Key 2005—2015 ICT Data for the World*，http://www.itu.int/en/ITU-D/Statistics/Pages/stat/default.aspx.
③ Tony Hey, Stewart Tansley and Kristin Tolle (eds.), *The Fourth Paradigm: Data-Intensive Scientific Discovery* (Seattle: Microsoft Research, 2009), p. xvii.

域，就可以完整记录个人的活动轨迹，从而生成极为丰富的数据用于精确计算和精准预测。① 2012 年在达沃斯世界经济论坛上，一份题为《大数据，大冲击》的报告横空出世，标志着大数据经济的概念框架的正式提出。

大数据何以成为计划主导型市场经济体制的技术条件？这主要取决于它的以下特性：(1) 大数据可以发现和利用默会知识。哈耶克认为，碎片化是知识存在的主要形式，其中含有大量未经组织、隐含于社会生活之中的默会知识，如地方风俗、消费习惯等。② 据此，他质疑高度集中的计划经济能否最大限度地掌握必要的经济信息，从而对国民经济体系做出科学的计划。③ 而互联网的"互联互通"虽然构建了一个庞大的网络公共信息池（Information Pool），部分解决了"知识分立"（Division of Knowledge）的问题，但同时在个体的网络交互过程中却产生了更多的默会知识。这种默会知识既具有个体特征，又常常出现群体效应、自证预言效应，显得异常复杂。作为一种数据集合，大数据具有容量大、类型多、存取速度快、应用价值高的主要特征，能够对数量巨大、来源分散、格式多样的数据进行采集、存储和关联分析。今天，电子商务企业可以根据客户历年来的购买记录、浏览记录、出行轨迹、收货方式等进行网络定制营销，正是基于大数据技术对客户消费习惯的预测。而沿着大数据的发展逻辑，在未来实现全数据革命④，就有望对信息进行时序连贯、全样本的获取、存储和分析，为发现和利用默会知识、推动经济计划化创造条件。(2) 大数据使现时预测（Now Casting）成为可能。除了计划所赖信息的完备性外，计划的时滞性也受到广泛的批评。这种时滞性使计划落后于经济活动的发展，甚至使其因信息传递中的信息损失而产生谬误。相对于传统技术，大数据基于海量信息存储、云计算、互联网应用，大大缩短了信息搜集和处理的时间。更重要的是，大数据不强调事前的理论设定，不依赖信息的高质量要求，不注重变量间的因果关系，其内在逻辑是"数据驱动理论"⑤"数据即事实""数据即决策"⑥，从而可以实时地发现问题、修正计划、宏观预测⑦和强化监管。(3) 大数据可以促进个性化、多样化的供给和需求。哈耶克批评传统计划经济的人为

---

① Duncan J. Watts, "A twenty-first century science", *Nature*, Vol. 445, No. 7127, 2007, p. 489.
② F. A. von Hayek, "Economics and Knowledge", *Economica*, New Series, Vol. 4, No. 13, 1937, pp. 33-54.
③ F. A. Hayek, *Collectivist Economic Planning: Critical Studies on the Possibilities of Socialism* (London: George Routledge & Sons, 1935), pp. 208-209.
④ 王馥芳：《从大数据危机到全数据革命》，《中国社会科学报》2015 年 3 月 23 日。
⑤ 王达：《宏观审慎监管的大数据方法：背景、原理及美国的实践》，《国际金融研究》2015 年第 9 期。
⑥ 周涛：《大数据 1.0 版本，2.0 版本和 3.0 版本：颠覆性变化下的商业革命》，《人民论坛》2013 年第 10 期。
⑦ 刘涛雄、徐晓飞：《大数据与宏观经济分析研究综述》，《国外理论动态》2015 年第 1 期。

设计和强制性偏好否定了人的自由,认为市场才是符合人类理性的。[1]事实上,在小数据时代,由于消费者偏好仅可细分到某类群体而无法精确量化到个体,企业往往针对目标群体实行大规模生产、提供同质化产品,整个市场充斥着排浪式消费,因此所谓"选择的自由"也是相对有限的,大量个性化的、零散的"奇异性"消费需求湮没在需求曲线的"长尾"中[2],被"成本-收益法则"所忽略,人们被迫放弃自己的真实偏好,在市场"供给"的若干同质产品中进行有限的选择。大数据的兴起为解开需求的"长尾"破除了技术瓶颈。一旦能依据个体偏好规划生产和供给,就能克服市场自身的盲目性,真正发挥计划经济合理配置资源的优势。(4)大数据正在推动企业组织和商业模式的深刻变革。早期的信息技术在企业的应用产生了企业资源计划(ERP)、供应链管理(SCM)、客户关系管理(CRM)等信息系统,改变了企业的经营方式,促进了企业内部的自动化、嵌入化和计划化。而以大数据为代表的新一代网络技术,深入推动企业组织从集中式科层制组织向分布式网络化组织演化,使企业更易实现内外部知识高度整合、生产链与消费链有效对接[3]、制造与服务高效集成。在国外,一些以大数据为基础的商业模式纷纷出现,如在一种新的定价"试错法"的社会试验中,网站向消费者提供即时的网络产品价格有助于提升消费者在充分信息下的议价能力,从而更精确地制定价格。[4]随着大数据技术的发展,企业内的数据积累和循环正走向对外提供数据服务,大数据越来越具有公共性。正如网络技术从局域网联通成互联网的发展趋势,在不久的将来也必然要求我们在行业层面乃至宏观层面对大数据进行整合、管理和应用,大数据将成为重要的国家战略资源。

(二)平台经济:计划主导型市场经济体制的制度和组织条件

大数据为计划主导型市场经济体制提供了技术准备,也创造了运行环境。在网络技术和大数据的推动下,社会生产、流通和消费呈现出前所未有的信息化、扁平化、无界化。[5]计划主导型市场经济体制如何才能适应新环境、实现有效运行?在此,我们引入"平台经济"这一新变量,以"平台经济"呈现计划主导型市场经济体制的具体

---

[1] F. A. Hayek, *The Road to Serfdom* (London: Routledge, 2001), pp. 91-104.
[2] 任保平、辛伟:《大数据时代中国新常态经济增长路径及与政策的转型》,《人文杂志》2015年第4期。
[3] 金晓彤、王天新、杨潇:《大数据时代的联动式数据库营销模式构建——基于"一汽大众"的案例研究》,《中国工业经济》2013年第6期。
[4] 2011年,美国西雅图一家科技公司Decide.com推出一个门户网站,为无数顾客预测商品的价格。网络产品的价格受一系列因素的影响,公司收集的价格数据是即时的,这些都是用户想知道的信息,而且都会影响产品价格。基于数据预测制定价格无疑会提高竞争力。参见马智萍:《大数据时代的中小企业营销创新方式选择》,《商业经济研究》2015年第4期。
[5] 张亚斌、马莉莉:《大数据时代的异质性需求、网络化供给与新型工业化》,《经济学家》2015年第8期。

经济形态,以"平台经济组织"替代中央计划局在传统计划经济中的核心作用。

平台实质上是一种交易空间或场所,通过促成双方或多方客户之间的交易,收取恰当的费用而获得收益。① 作为一种新兴的经济形态,平台经济是全球化、信息化、网络化三大趋势的集大成者。② 它广泛存在于各个行业,包括机场、交易所、购物中心、信用卡系统等线下平台经济和电子商务、金融服务、社交网络等线上平台经济。平台经济的基础是所谓的双边市场(Two-sided Markets)。有别于传统市场,双边市场由通过同一平台发生交互影响的交易双方构成,其中一方的收益取决于加入平台的另一方的数量。③ 以手机应用的营销为例,在传统市场下手机生产商一般采用向目标群体直销或预装捆绑软件等销售方式,而在双边市场下则会以平台商的身份,创建一个诸如超市一样的"应用商店"(如苹果商店、华为应用市场),由第三方应用开发商提供各种性能和用途的手机应用,供使用该品牌手机的消费者选择;应用被下载得越多、好评率越高,其他消费者越倾向于购买,开发商获利就越多,手机生产商则因提供增值服务而提高市场占有率。双边市场这种跨侧或同侧的网络外部性,事实上是对交易双方的利益捆绑:供应商为了吸引消费者,必须根据消费者的偏好开发多种产品和服务,并对优势客户采取倾斜性定价④;而偏好相似的消费者通过团购、订购等方式,获得合理的市场价格,并引导供应商的产品生产和服务提供。这样,长期隐藏在"长尾市场"中的潜在需求也能被充分挖掘。⑤ 在模仿型排浪式消费基本结束,个性化、多样化消费已然到来的中国经济新常态下,从卖方市场到买方市场再到双边市场的转变是大势所趋。

平台经济具有计划经济的特征。这是因为:(1)平台经济具有独特的商业生态系统。平台经济的商业生态系统一般由领导种群、关键种群和支持种群三类构成。⑥ 领导种群即平台商,是平台的构建者和交易的中介,可分为市场制造者(Market Makers)、受众制造者(Audience Makers)和需求协调者(Demand Coordinators)。⑦ 关键种群是在平台系统中交易的供需双方,其主体是众多提供异质性供给和需求、在双边市场处

---

① 徐晋:《平台经济学——平台竞争的理论与实践》,上海交通大学出版社,2007年,第1页。
② 李允尧、刘海运、黄少坚:《平台经济理论研究动态》,《经济学动态》2013年第7期。
③ Mark Armstrong, "Competition in Two-Sided Markets", *The RAND Journal of Economics*, Vol. 37, No. 3, 2006, pp. 668-691.
④ 李小玲、李新建:《双边市场中平台企业的运作机制研究评述》,《中南财经政法大学学报》2013年第1期。
⑤ 李凌:《平台经济发展与政府管制模式变革》,《经济学家》2015年第7期。
⑥ 黄勇、周学春:《平台企业商业模式研究》,《商业时代》2013年第23期。
⑦ David S. Evan, "The Antitrust Economics of Multi-Sided Platform Markets", *Yale Journal on Regulation*, Vol. 20, No. 2, 2003, pp. 325-381.

于不同位置的参与者,它们共同决定了平台的规模和质量。支持种群包括平台自身运行所依赖的营销、技术、咨询等服务供应商和由平台交易衍生的物流、金融、电信等服务供应商以及政府监管机构。在平台经济的商业生态系统中,平台商具有集中信息、匹配供求、实施监管和提供增值服务等功能,在平台经济中处于中央计划者、战略制定者、监管执行者的核心地位。(2)平台经济具有天然的垄断性。在网络外部性的自我增强效应作用下,参与者具有越多的平台就越能吸引新加入者、降低综合成本和提高技术水平,市场扩张的速度也越快。当平台的参与者和交易总量达到一定规模时,平台就占据了一个成熟的网络市场,对关键种群、支持种群以及各类要素的"虹吸效应"不断增强;平台通过从技术战略向标准战略转换[①],以排他性的准入标准限制竞争、巩固垄断地位,导致在平台经济中"赢者通吃"或者"赢者得多数"的现象普遍存在。[②]而由国家代表公共利益来担当超级垄断者的角色主导平台经济,更具有正当性和合理性。

信息时代计划主导型市场经济体制的核心组织是平台商。与传统计划经济的核心组织中央计划局相比,平台商可以较大程度地缓解官僚制组织所内生的官僚主义及其对资源配置的扭曲。从社会学的视角看,官僚制组织的典型叙述是职能分工、权力等级、指挥服从、权责明确、作风严明、程序严谨、公私分明。[③]作为一种官僚制组织,中央计划局不可避免地存在由信息不对称、权力过度集中所引致的工作懈怠、非理性决策乃至寻租腐败等官僚主义现象,甚至会如科茨所忧,有蜕变为拥有特权且高度利己的经济精英阶层的危险。[④]相较于中央计划局结构严密的组织体系,平台商具有组织扁平、决策分散的优势,对官僚制层级结构可产生分化与整合的作用[⑤],有利于减少层级结构所导致的信息损耗和自上而下、高度集中的决策带来的风险,提高信息的透明度和决策的科学性。此外,马克斯·韦伯(Max Weber)式官僚制的公共组织隐含的假设是精英治理和可预测的长期职业回报[⑥],相较于中央计划局为专业官员提供的政治

---

① Carl Shapiro and Hal R. Varian, "The Art of Standards Wars", *California Management Review*, Vol. 41, No. 2, 1999, pp. 8-32.
② 傅瑜、隋广军、赵子乐:《单寡头竞争性垄断:新型市场结构理论构建——基于互联网平台企业的考察》,《中国工业经济》2014年第1期。
③ 张康之:《韦伯对官僚制的理论确认》,《教学与研究》2001年第6期。
④ David M. Kotz, *Sustaining Socialism: Lessons from the Soviet and Chinese Experience*, the Tenth Conference of North American and Cuban Philosophers and Social Scientists, Havana, Cuba, 1998.
⑤ 杨嵘均:《论网络虚拟空间的组织结构及其对官僚制层级结构的影响与治理》,《教学与研究》2015年第11期。
⑥ Peter Evans and James E. Rauch, "Bureaucracy and Growth: A Cross-National Analysis of the Effects of Weberian State Structures on Economic Growth", *American Sociological Review*, Vol. 64, No. 5, 1999, pp. 748-765.

地位、福利待遇以及不可预测的升迁机会，平台商的经济激励因其直接、灵活、可预期的特点而更有效。最后，利用信息技术，政府部门可以对平台商实行嵌入式监管，依据大数据发现平台的运营信息、财务信息中的异常现象，及时防止官僚主义的出现以及可能产生的各种损失。关键种群可以通过网络社区、社交软件的协商协调、服务评价、听证制度、投诉问责等，以近似"民主计划参与式社会主义"模式所设想的方式，平等、公开地进行社会监督和参与式管理。

四、计划主导型市场经济体制的框架构建

我们所要构建的计划主导型市场经济体制是以大数据为基础、由国有企业主导运营的平台经济。为了便于理解，我们以现实中的机场为例，分析由国有机场形成的计划主导型市场经济体制。假设有这样一个经济系统：（1）国家所有和国家主导。机场是由国家出资建立或控股的国有企业投资建设，国家通过国有企业拥有机场的全部或大部分所有权。机场的日常运营由国有企业出资建立或控股的专业公司负责，该公司制定各种进入机场交易的航空服务标准和非航空服务标准，维护和监督环境、安全、公平交易等机场秩序，拓展非航空服务市场[①]，成为面向"航空公司－乘客"的航空服务市场和面向"零售商－乘客"的非航空服务市场的双重平台商。（2）信息密集和信息依赖。机场是信息密集的场所，航空公司信息、票务信息、航班信息、乘客信息、空管信息以及公共媒体信息、商业媒体信息、互联网信息等在此实时发生、实时汇集、实时交互，航班的起降高度依赖信息综合后的空管决策，机场的运转也高度依赖各种信息流。（3）价值规律和市场竞争。各种所有制的航空公司依据机场的客流量大小、目标客户的需求情况和自身的业务特点，决定是否进驻机场、增设航线和班次以及为目标客户提供差异化的产品和服务。在此，所有制不是市场竞争的决胜因素，是否具有竞争力取决于航空产品和服务对消费者偏好的满足程度。价值规律引导资源配置、促进服务创新、实现优胜劣汰，从而在各种所有制的航空公司之间形成良性的充分竞争。（4）双边市场和供需匹配。航班的销售采用预售订单制，只有恰好匹配航班的目的地、时间、价格、机型、服务的消费者才会购买该航班的机票，具有其他偏好的消费者基本不会选择该航班；而上座率和盈利水平越高的航线和航班，在起飞时间安排、机型选择、服务配置等航空产品性能上越有优势，从而进一步吸引消费者选择该航线

[①] 史普润、江可申、郑艺：《平台经济分析框架下的机场定价策略及其影响因素——基于我国机场市场结构的实证分析》，《财贸经济》2013年第6期。

和航班，因此具有双边市场的基本特征。(5)集中计划和民主计划。在航空产品和服务的双边市场上存在着多种计划形式：航班起降时刻资源分配和航线布局的依据是民航局空管局等部门的指令性计划；机场运营公司具有汇总航班信息和乘客信息的职能，通过集中供需双方的数量、类型等信息，引导航空公司参与市场竞争和消费者进行产品选择，促进航空服务市场交易；航班一般是固定的，航空公司关于航班增减的决策主要根据上一个时期（而非当期）的航班上座率做出；除了节假日等航运高峰时消费者可以通过团购、包机等形式临时增加航班外，通常情况下消费者并不能实时地通过购买行为和历史记录引导航空公司的产品和服务供给，因此出于资源配置和航空安全的考虑，航空服务业的集中计划强于民主计划。(6)宏观指导和公共监管。航空公司的航线和航班的安全运营受到民航局空管局的指导和监督；机场管理公司关于机场的运营安全和运营绩效向国有出资人负责；机场管理公司自身的运营受到相关政府职能部门的依法监督；机场区域的空港经济发展纳入地方政府的发展规划，受地方政府的指导；机场的服务能力和服务水平受到广大乘客的网络监督。显然，类似的经济系统在当前我国的经济生活中大量存在。它具有国有企业主导运营、集中计划和民主计划有机结合、多部门和多主体协同监管、双边市场充分竞争等计划主导型市场经济体制的基本特征。

为不失一般性，我们结合信息技术的发展态势，将此经济系统扩大到整个国民经济领域，从理论上给出信息时代计划主导型市场经济体制的一种框架性方案：

(1)体制架构。国家出资建立或控股三家互联网平台企业，分别在大数据、电子商务、金融服务三个双边市场中承担平台商的职能，主导国民经济中的信息流、商品和服务流、资金流。同时，在三个互联网双边市场上，供给侧存在着大量具有各种所有制并提供差异化产品和服务的企业，需求侧存在着数量更为庞大的拥有各种偏好的消费者。作为公共企业，这三家企业的首要目的不是盈利，而是保持国民经济的平稳运行和市场规模、交易效率的持续提升。在主营业务上，三家企业独立经营但紧密联系：大数据平台向电子商务平台、金融服务平台的运营提供数据支持，向平台的供给侧和需求侧分别提供公共数据服务和定制数据服务；金融服务平台向电子商务平台、大数据平台的供给侧和需求侧分别提供投融资服务；电子商务平台的市场交易产生对大数据平台和金融服务平台的服务需求。在资本结构上，为维持企业间的业务联系和战略协调，三家企业相互参股、互派董事；同时，有少量股份（或优先股）向社保基金和私人资本（尤其是拥有嵌入式专利技术的高科技公司）开放投资，但二者不参与平台企业的经营决策，以此实现公平分配和效率分配相统一的"社会分红"。另外，国家出资建立或控股独立的直接经营大数据、电子商务和金融服务的企业，平时参与双边市场竞争,在战争、灾难等不可抗力致使双边市场无法持续运营时,直接以商品和服务的供销方式替代双边市场,作为维持国民经济基本运行的"最后手段"。

(2) 运行机制。第一类是民主计划机制,即在个性化、多样化消费需求集中的"长尾市场"上,采用互联网预售订单制,由供应商在电子商务平台、金融服务平台上公开提出商品和服务的购买要约,公开承诺商品和服务性能,消费者按需购买订单,供应商按照订单的数量、种类和具体性能要求规划商品生产和服务。民主计划机制通过双边市场的交易匹配,在具体商品和服务的交换领域实现消费对生产的直接引导。第二类是集中计划机制,即在规模化、同质化的消费市场上,互联网平台企业依托大数据技术,对消费者的浏览记录、购买记录、出行记录、送货记录、资金收支记录、网络理财记录等信息进行汇总和整合,生成并定义消费者的消费习惯,针对目标群体乃至全社会的消费习惯精准预测消费需求,通过数据挖掘实时发现群体性、区域性、周期性的消费需求波动;以目标群体、目标区域乃至整个国民经济的总需求确定总供给,在不同的精确程度下确定主要商品和服务的旬度、月度、季度、年度生产指导目录,并用大数据技术跟踪双边市场的交易状况,编制和实时更新主要商品和服务的供求指数,向平台中各种所有制的供应商开放,为供应商的生产决策提供参考。供应商根据大数据下的弹性生产指导目录和反映市场需求满足度的实时供求指数,规划商品和服务的供给类型和数量,规划生产技术和要素组合,规划商品和服务的技术性能和市场定位,从而在双边市场的供给侧展开充分竞争。通过民主计划机制和集中计划机制,互联网平台可以实现"个性需求—精准计划—定制生产—供给竞争"的全过程结合。

(3) 国有互联网平台企业功能。作为中央计划局核心作用的替代者,国有互联网平台企业具有以下重要功能:第一,从中央计划者转变为综合计划者。多种类型的计划在平台综合上使国有互联网平台企业具有双重身份,它既是服务国民经济运行和发展的集中计划的制定者,又是利用大数据技术和平台优势、接收来自市场自发交易的民主计划的匹配者。第二,新兴产业的规划者。对于国家鼓励发展的新兴产业,国有互联网平台企业从传统的政府政策支持、要素支持、项目支持,转变为市场"注意力资源"支持,通过在互联网平台设置专栏、优先推荐,让民用高新技术商品和新兴服务直接与市场对接,以预售订单制、众筹等方式接受双边市场需求侧的预选,从而遴选出具有市场潜力的商品和服务,并吸引资金、技术等各种要素向新兴产业进一步聚集。第三,大数据公共服务的提供者。现代市场深受信息的影响,市场主体依赖不完备信息形成预期,做出决策,因此掌握了信息就掌握了市场动向。由国有互联网平台企业向双边市场提供基础性的大数据公共服务,既可使大数据直接服务商品生产和服务，又可规避市场的盲目性和投机性，使双边市场的运行更加稳健。第四，双边市场标准的制定者。标准是现代市场竞争的又一战略资源，全球主要经济体纷纷通过垄断标准来间接控制市场。①国有互联网平台企业以制定互联网双边市场的准入标准增强对市场的控制力，以制定或采纳行业领导企业的技术标准作为平台供给侧同类企业的共同产业标准增强对产业发展的影响力。第五，双边市场的监管者。与传统的对市场秩序的监督执法相比，国有互联网平台企业的网络监管更有效率。根据国家法律法规和双边市场准入标准，它可以依托大数据、商品和服务评价、消费者网络投诉，对商品和服务质量、商业欺骗、劳工使用、环境污染等直接进行监督和治理。第六，宏观调控政策的执行者。作为国有企业，国有互联网平台企业也是国家政策的重要承担者。理论上，由于集中计划和民主计划的有效性，互联网双边市场可在内部大幅降低供求失衡所带来的经济波动，从而减少宏观调控政策的使用。然而，考虑到输入性经济波动的冲击，国有互联网平台企业必须对双边市场进行有效调控，同时执行宏观调控政策，以双边市场在国民经济中的规模和地位，促进经济协调运行和健康发展。第七，平台生态系统的组织者。以国有互联网平台企业为核心，在平台上嵌入技术、物流等第三方的商品和服务，可以围绕互联网平台经济形成庞大的"平台+群落"的产业体系。

五、余论：计划主导型市场经济体制的若干问题

由上述方案还衍生出四个基本问题需要回答。（1）坚持社会主义初级阶段的基本经济制度的问题。在该方案中，双边市场存在大量公有制和非公有制的企业，多种所有制的企业平等竞争、共同发展，而公有制的主体地位集中体现在国有互联网平台企业对大数据等无形经济资产的全面掌控、对整个平台经济的主导作用、对双边市场的控制力以及通过双边市场对整个国民经济的影响力。此外，兰格曾指出，资本主义经济和社会主义经济的资源分配只是形式上原理相同，实际分配不同②；不同之处在于收入分配（Distribution of Incomes）和进入价格制度的项目的齐备性③。计划主导型市场经济体制完全可以用较高的劳工标准和环境标准引导初次收入分配，反映商品生产和

---

① 如21世纪初，在移动通信3G标准之争中，欧盟、美国、中国分别制定排他性的WCDMA、CDMA2000、TD-SCDMA标准，并使其成为本地市场的准入标准。
② Oskar Lange, "On the Economic Theory of Socialism: Part Two", *The Review of Economic Studies*, Vol. 4, No. 2, 1937, p. 123.
③ Oskar Lange, "On the Economic Theory of Socialism: Part Two", *The Review of Economic Studies*, Vol. 4, No. 2, 1937, pp. 123-125.

服务的社会成本。(2) 促进非竞争领域经济计划化的问题。在需要大规模集中投入和长期回报的基础设施建设、基础科学研究、重大科技攻关等重大基础性投资领域，实践表明社会主义制度下的大投资、大推进比市场化方式更有效率，因此仍以现有的"规划—项目制"为主，即通过上级政府的集中计划与下级政府和企业的项目竞争来实现。在决定经济运行基础成本的大宗原材料市场和能源市场，在我国石油、黄金等期货市场交易逐渐完善以后，应采用国家制定规则、国有资本主导的期货市场价格形成机制。这是因为，今天的"石油价格不再取决于传统的供求关系，而是受控于复杂的金融市场体系"①。(3) 化解生产过剩的问题。在我们的方案中，也会存在生产过剩的问题。但要区分两种形式的生产过剩，第一种是在竞争中未能实现"惊险一跃"的失败产品，第二种是"僵尸企业"(Zombie Firms) 生产的产品。失败产品并非没有价值实现的机会，其失败有可能是由于偏好的个性化、多样化而在错误的时间和地点、针对错误的目标群体出现的匹配失败，如当前我国过剩的农产品和工业品。我们可以通过大数据技术"去库存"，对过剩产品进行跨期、跨国家和区域、跨行业调剂和再匹配。而"僵尸企业"原指在日本"失去的十年"中，资不抵债、无力恢复、仅靠大型银行的"虚假"贷款重组而存活的企业。②这类企业生产率增长缓慢③，挤占、空耗经济要素和政策资源，是当前我国产能严重过剩的主要根源，需要在供给侧结构性改革中进行调整。正如兰格所言："能把错误限制在局部，局部的生产过剩不必变成普遍的生产过剩。"④在大数据的历史分析和精准预测下，企业更能及时发现过剩、纠正过剩，相比于偏离消费者偏好的盲目生产来说是一种进步。(4) 拓展社会就业的问题。信息技术的发展使生产越来越自动化、智能化、服务化，对劳动力的绝对需求和相对需求不断减少。而平台经济的商业生态系统，可以将劳动力从生产环节转移到流通环节、从制造业转移到支持平台经济运行的服务业，如物流、技术、金融等行业。在信息时代，在这些行业拓展社会就业的效率远高于传统制造业。

应该指出的是，我们提出的信息时代计划主导型市场经济体制的方案是一种在社会主义初级阶段实行的过渡性方案。该方案初步只是勾勒了计划主导型市场经济体制的总体框架，还需要进一步的理论论证。

---

① Frederick William Engdahl, "Perhaps 60% of today's oil price is pure speculation", *Global Research*, 2008, p. 36.
② Ricardo J. Caballero, Takeo Hoshi and Anil K. Kashyap, "Zombie Lending and Depressed Restructuring in Japan", *The American Economic Review*, Vol. 98, No. 5, 2008, pp. 1943–1977.
③ Alan G. Ahearne and Naoki Shinada, "Zombie Firms and Economic Stagnation in Japan", *International Economics and Economic Policy*, Vol. 2, No. 4, 2005, pp. 363–381.
④ Oskar Lange, "On the Economic Theory of Socialism: Part Two", *The Review of Economic Studies*, Vol. 4, No. 2, 1937, p. 126.

习近平新时代中国特色社会主义经济思想对邓小平社会主义本质论的继承和创新[①]

杜黎明

党的十八大以来，以习近平同志为核心的党中央观大势、谋全局、干实事，适应并引领社会生产生活方式变革，成功驾驭我国经济发展大局，坚持并创造性地发展了邓小平社会主义本质论，在实践中形成了以新发展理念为主要内容的习近平新时代中国特色社会主义经济思想，谱写了破解时代难题的新篇章。习近平新时代中国特色社会主义经济思想蕴含了中国特色社会主义政治经济学的四大公理：一是超越理性经济人假设的以人民为中心公理，二是超越利润最大化成本最小化原则的共同富裕公理，三是超越政府－市场二元对立的二元协同公理，四是超越霸权主义的合作共赢公理。四大公理对西方经济学原理的超越，体现了习近平新时代中国特色社会主义经济思想对邓小平社会主义本质论的坚持和继承；新发展理念的深刻内涵，体现了习近平新时代中国特色社会主义经济思想对邓小平社会主义本质论的创新和发展。

一、邓小平社会主义本质论的特征及创新的内在张力

邓小平社会主义本质论是马克思主义中国化的重要成果，是中国特色社会主义理论体系的重要基石，体现了马克思主义立场、观点和方法的有机统一。改革开放持续深入推进，社会生产方式的变革，人民生活的不断改善，必然提出创新社会主义本质

[①] 本文发表于《江西社会科学》2018年第4期。基金项目：四川大学中央高校基本科研业务费研究专项项目"理论与实践协同视域下的马克思主义整体性研究"（skqx201728）。

论的要求。邓小平社会主义本质论具有理论创新的内生张力，不仅为社会主义建设提供了方向指引和方法指导，而且奠定了与时俱进创新中国特色社会主义理论体系本质论的基础。

（一）邓小平社会主义本质论的特征

中华人民共和国成立以后，我们曾把马克思主义创始人关于未来社会的一些现象预测、现象描述当作社会主义的本质，对社会主义本质的教条、僵化认识严重制约了社会主义建设。以邓小平为核心的党的第二代领导集体以"敢为天下先"的勇气和担当，以"摸着石头过河"的沉着和智慧，在回答什么是社会主义、怎样建设社会主义的伟大实践中形成了特征鲜明的邓小平社会主义本质论。

邓小平社会主义本质论具有鲜明的实践性特征。邓小平社会主义本质论源于我国改革开放实践而不是主观抽象的理论设想。"关于社会主义本质的概念，在马克思、恩格斯那里没有，在列宁、斯大林那里没有，在毛泽东那里也没有，他们更多的是讲社会主义的特征。"[①] 新中国成立之后，我们机械套用马克思主义创始人关于未来社会的设想，从社会主义社会区别于资本主义社会的特征、从社会生产关系的角度认识社会主义的本质，认为社会主义的本质是"公有制""按劳分配""计划经济"，建设社会主义就是要维护和坚守这些特征。更有甚者，"四人帮"叫嚷要搞"穷社会主义""穷共产主义"，胡说共产主义主要是精神方面的。[②] 邓小平社会主义本质论是对社会主义建设实践经验的总结，是在中国特色社会主义建设的实践中逐渐成熟的。

中国的改革开放不是基于主观设计的方案按图施工，不是采取拿来主义、效仿他国经验，而是中国共产党顺应人民群众追求自我发展、追求美好生活的诉求在实践中摸索前行。在探索中国特色社会主义建设道路的过程中，邓小平不断克服对社会主义本质的教条、僵化认识的影响，从排除社会主义不应该有的特征与要求和增加社会主义应该具有的特征与要求两个方面同时着力，把社会主义本质概括总结为："解放生产力，发展生产力，消灭剥削，消除两极分化，最终达到共同富裕"[③]。"解放和发展生产力"是社会主义的根本任务。社会主义的优越性最终要通过比资本主义更发达的生产力表现出来。"消灭剥削，消除两极分化"是对社会主义生产关系的规定和描述。"最终达到共同富裕"是对社会主义发展目标和归宿的明确。社会主义本质是社会主义社

---

① 包心鉴：《邓小平社会主义本质思想研究述评》，《毛泽东邓小平研究》2003年第3期。
② 《邓小平文选》第3卷，人民出版社，1993年，第10页。
③ 《邓小平文选》第3卷，人民出版社，1993年，第373页。

会的根本属性和内在规定性，是社会主义社会区别于其他社会的根本标志，贯穿于社会主义社会发展全过程，决定着社会主义社会的基本特征和发展规律①，是对"什么是社会主义、怎样建设社会主义"这两个根本问题的回答。邓小平社会主义本质论，坚持"生产力－生产关系－发展目的"三位一体，只有三者有机统一、不可分割的完整表述，才是对社会主义本质的揭示，才能体现社会主义社会和其他社会的根本区别。由此可见，是改革开放的实践孕育了邓小平社会主义本质论。

邓小平社会主义本质论揭示的是社会主义的一般本质，而不仅仅是"中国特色社会主义的本质""社会主义初级阶段的本质"。社会主义是人类最终迈向共产主义"自由人联合体"的过渡阶段，是共产主义的初级阶段，邓小平社会主义本质论揭示的是这个过渡阶段的社会本质。1992年邓小平在南方谈话中概括提炼出社会主义本质之后，学界就社会主义本质论展开了广泛而深入的研究，取得了许多重要成果，但也出现了一些似是而非的认识。如社会主义本质论讲的是"我们现在所坚持的建设有中国特色社会主义道路的本质"，"是指我国现在所处的社会主义初级阶段的本质"，不是讲的社会主义社会的本质。②邓小平社会主义本质论强调生产力的发展、生产关系的调整，都要指向共同富裕的目标，深刻揭示了从剥削制度的消灭到"自由人联合体"这段历史进程的特征。

邓小平社会主义本质论具有鲜明的结构性特征。"三位一体"的结构性特征是理解社会主义本质论的核心和关键。孤立地谈论解放和发展生产力不是谈论社会主义的本质；没有生产力的发展作为前提，就算是消灭了剥削，消除了两极分化，也只能是共同贫穷；没有生产力的发展，就不可能有富裕；而不管生产力如何发展，只要存在剥削和两极分化，就不可能有共同富裕。邓小平社会主义本质论的科学性在与不同社会的特征的比较中得以凸显。社会主义社会与原始社会虽然有财富平等占有方面的相同，但前者远远高于后者的生产力发展，使前者的财富平等占有表现为"共同富裕"，表现为共同发展，而后者则是"共同蒙昧"和"共同落后"。社会主义社会不仅有比封建社会发达的生产力，而且有迥异于封建社会财富不公平、不平等占有的社会生产关系。仅仅依据生产力，不能把社会主义和资本主义区别开：在社会主义和资本主义并存的社会格局中，在相当长的时间内资本主义生产力高于社会主义生产力；但社会主义生产力的发展是要实现"共同富裕"，而资本主义生产力的发展则是要实现占有生产资料的资本家和出卖劳动力的财富创造者——工人之间的两极分化。

---

① 吴敏、范俊彦：《关于社会主义本质问题的探讨》，《理论前沿》2003年第18期。
② 吴敏、范俊彦：《关于社会主义本质问题的探讨》，《理论前沿》2003年第18期。

（二）邓小平社会主义本质论创新的内在张力

创新社会主义本质论的实质在于，及时总结提炼彰显社会主义本质的实践经验，以丰富社会主义本质论的具体内容。社会主义的实践迥异于马克思主义创始人的继承资本主义高度发达生产力的设想。在资本主义和社会主义两种制度并存且激烈竞争，资本主义不停地对社会主义进行"和平演变"、推销和实施霸权主义以遏制社会主义建设的大背景下，创新社会主义本质论，既要抵御资本主义的思想侵蚀，更要以理论创新推动实践创新，表现和释放出比资本主义更强劲的生机和活力。基于改革开放实践而不是主观设想，在对社会主义和资本主义的比较中形成的邓小平社会主义本质论，具有创新发展的内在张力。

剥削现象的存续与消灭剥削制度的张力推动邓小平社会主义本质论创新。邓小平社会主义本质论揭示了社会主义消灭剥削制度与允许剥削现象存在的辩证统一。剥削的本质是对他人劳动的无偿占有。如果这种占有是制度使然，是社会运行的必然，那么它一种剥削制度安排；如果这种占有是社会运行的组织方式，是刺激劳动生产率提高的手段，且劳动者能够通过其他制度化的途径和方式去分享、获取其在劳动过程中被占有的劳动剩余，那么它只是剥削的表象。生产资料私有导致的剥削制度可以通过社会革命而加以消灭，而剥削现象难以根除。只要劳动者使用的不是自己的生产资料，劳动者和生产资料所有者不能实现直接的统一，剥削现象就无法根除。就是在生产资料公有制条件下，生产资料所有者和劳动者也难以完全地实现直接的统一，集体的、部分甚至是个别劳动者使用属于全体劳动者的生产资料时，依然存在集体的劳动者对个别的具体劳动者劳动剩余的暂时占有。剥削使生产资料所有者和劳动者之间存在矛盾对立的张力，适度的"劳-资"张力是生产力发展的动力，而过度的"劳-资"张力会因引发社会冲突、社会革命而破坏甚至摧毁生产力发展。社会主义既要消灭剥削制度，又要利用剥削现象促进生产力发展；在邓小平"三位一体"社会主义本质论中，消灭剥削是要消灭剥削制度和导致两极分化的剥削现象。

契合共同富裕的物质保障和制度保障之间的张力推动邓小平社会主义本质论创新。邓小平社会主义本质论揭示了共同富裕的物质保障和制度保障的辩证统一。生产资料私有，导致劳动剩余掌握在占社会人口极少数的生产资料私有者手中，占社会人口绝大多数的劳动者没有制度化的渠道占有劳动剩余；生产资料公有，则劳动剩余由劳动者集体占有，每一个劳动者都能通过制度化的集体成果分配方式占有劳动剩余。从两极分化的成因看，生产资料所有者和劳动者参与社会财富分配的权利依据不同，前者凭借生产资料所有权，后者凭借劳动力商品使用权的转让，生产资料私有制是两极分化的制度性成因;生产资料公有制可实现生产资料所有者和劳动者的角色与身份的统一,劳动者不仅能够依据劳动力商品使用权的转让获得劳动力商品价值,还能够凭借生产资料所有者的角色身份分享劳动剩余,因而实现共同富裕有着制度性的保障。社会主义的共同富裕建立在生产力发展的基础上,是覆盖全部地理空间的、长时期的共同富裕,这与剥削制度下主要依靠掠夺、接受援助、生产资料所有者大发善心做慈善等特定时空条件下暂时实现的共同富裕有着根本的区别。在邓小平"三位一体"社会主义本质论中,实现共同富裕既要有生产力发展的物质保障,又要有消灭剥削的制度保障,而物质保障和制度保障又具有紧密的内在关联,二者有机统一,不可分割。

社会主义本质论体现的过程性张力推动其创新发展。邓小平社会主义本质论的过程性描述体现其现实具体化的创新要求。只要人类社会存在,就有发展生产力的现实要求,生产力发展永无止境。"解放生产力、发展生产力"中的"解放"和"发展",描述了生产力水平从低到高的动态发展过程,体现了生产力无止境发展的要求;"解放生产力、发展生产力"是社会主义的根本任务,但如何解放生产力,如何发展生产力,却是需要在实践中不断具体化的问题,解放和发展生产力的经验及理论总结为社会主义本质论的创新注入了不竭动力。"消灭剥削,消除两极分化","消灭"和"消除"同样描述了动态的过程,体现了生产关系的运动变化性特征和要求。

如何依据生产力动态发展适时调整社会生产关系,在消灭剥削制度的前提下利用剥削现象发展生产力,也是一个需要在实践中具体化的问题,对这个问题的理论总结也为社会主义本质论的创新奠定了基础。共同富裕也有水平和程度的考量,在不同的生产力水平、不同的时空条件下,共同富裕有着不同的量的规定,有着不同的现实的具体表现。社会主义本质论强调"最终达到共同富裕","最终"实则强调现实的"共同富裕"总是具体的、存在缺陷和不足的"共同富裕";"达到"突出了追求"共同富裕"的过程性,与无止境发展的生产力和适应生产力发展而不断调整的生产关系之间保持了理论逻辑和实践逻辑的一致。共同富裕是创造社会财富的人民群众公平分享社会财富的结果和归宿,社会财富的公平分配转而有效激发财富创造者的创造活力,"最终达到共同富裕"也使社会主义本质论体现了人民群众创造历史的主观能动性。如何才能"达到共同富裕",怎样实现更完善更优质的"共同富裕",同样是需要在实践中不断现实化、具体化的问题,对这个问题的理论总结同样奠定了社会主义本质论创新性发展的基础。

二、习近平新时代中国特色社会主义经济思想对邓小平社会主义本质论的坚持和继承

作为习近平新时代中国特色社会主义经济思想的主要内容，新发展理念包含的创新、协调、绿色、开放、共享丰富了新时代中国特色社会主义的内涵。中国特色社会主义进入新时代，创新发展在继续强调制度创新、科技创新、文化创新等不同类型的创新并举，原始创新、集成创新、引进消化再创新齐头并进等既有内涵的基础上，突破"精英创新""创新人才才能创新"等思维局限，以"大众创业、万众创新"为载体，增添了创新主体的大众性、创新活力的广泛性、创新形式和方法的关联性等内容。协调发展在坚持传统的城乡区域发展协调、经济社会发展协调等内涵的基础上，在国家总体安全观的大视野中，增添了经济社会发展和国防军事建设协调、军民融合发展等内容。绿色发展坚守了重视人与自然和谐的传统内涵，增添了对人与自然和谐的系统思考、顶层设计等内容。开放发展增添了以开放促进全球经济治理，构建人类利益共同体、责任共同体、命运共同体等内容。共享发展增添了共同富裕的路径选择、节奏把控等内容。新发展理念突出强调创新发展、协调发展、绿色发展、开放发展、共享发展之间紧密联系并互为践行前提和保障的要求。中国特色社会主义新时代突出强调新发展理念的整体性和系统性，任何一个理念的践行都需要落实其他理念以创造条件、营造环境，践行任何一个理念所引发、所伴生的社会问题都可以且只能在践行其他理念的过程中加以化解。① 没有创新发展，脱离制度创新根本不可能实现协调发展、开放发展和共享发展，脱离技术创新的绿色发展实则是无源之水。践行创新、绿色发展理念提出了淘汰落后产能、大力发展战略性新兴产业等现实要求，将不可避免地伴生和引发产能过剩、传统行业就业人员下岗转岗再就业等问题，这些问题既需要在践行开放发展理念，不断推进国际产业合作中得到缓解，也需要在践行共享理念，不断改善民生中加以克服和化解。

2017年12月召开的中央经济工作会议用"七个坚持"概括习近平新时代中国特色社会主义经济思想的主要内涵：坚持加强党对经济工作的集中统一领导，坚持以人民为中心的发展思想，坚持适应把握引领经济发展新常态，坚持使市场在资源配置中起决定性作用、更好发挥政府作用，坚持适应我国经济发展主要矛盾变化完善宏观调控，

---

① 杜黎明：《试论五大理念发展理论对政治经济学理论发展的贡献》，《兰州学刊》2016年第7期。

坚持问题导向部署经济发展新战略,坚持正确工作策略和方法。① "七个坚持"是对新时代经济建设经验的总结,生动展现了习近平新时代中国特色社会主义经济思想的实践性特征,是中国特色社会主义政治经济学的重要成果。在"七个坚持"中,坚持加强党对经济工作的集中统一领导最为核心和根本,其他六个坚持都是对这个坚持的展开,都以这个坚持为前提和保障。习近平新时代中国特色社会主义经济思想蕴含了以人民为中心、共同富裕、政府－市场二元协同和合作共赢四大公理。这四大公理是总结提炼中国改革开放实践经验的理论范畴,是对西方经济学理性经济人、利润最大化原则等经济学原理的扬弃和超越,充分体现了对邓小平社会主义本质论的坚持和继承。

以人民为中心的公理坚持和继承邓小平社会主义本质论。理性经济人追求利润最大化、成本最小化,是西方市场经济学的基本原理。这条原理为生产资料私有制条件下的劳资对立、两极分化披上了一层合理的外衣,资本主义制度因而必然是以资本为中心的制度,不管资本主义制度有着多么精美的自由、平等、民主的外包装,市场竞争、资本运动自然驱使以资本为中心表现为以少数资本家为中心。西方市场经济的公理借道我国经济市场化改革,曾在我国大显威力:权钱交易、权力资本化、资本权力化等不良现象滋生,制假售假、坑蒙拐骗、恶意炒作、市场投机等追求利润最大化、成本最小化原则的丑恶现象一度屡禁不止。以习近平同志为核心的党中央把坚持人民主体地位作为经济社会发展的基本原则,把实现以人民为中心的发展作为治国理政、推动经济社会发展的基本要求;"以人民为中心"也就成为超越西方理性经济人假设,扬弃利润最大化、成本最小化原则的中国特色社会主义政治经济学的公理。以人民为中心,一方面是要充分调动人民群众在生产力发展中的积极性、主动性、创造性,为人民群众展现其发展能力创造条件、提供机会;另一方面是要围绕人民群众发展水平、发展能力,完善社会产品分配体系。以人民为中心的公理体现了邓小平社会主义本质论"生产力－生产关系－发展目的"有机统一的结构性特征,是对邓小平社会主义本质论在新时代的继承。

共同富裕公理坚持和继承邓小平社会主义本质论。共同富裕是邓小平社会主义本质论的理论旨归,也是中国特色社会主义政治经济学的公理。生产资料私有制条件下,生产资料所有者凭借其对"物"的所有而占有和掌控"人－物"结合的劳动过程、劳动成果以及对劳动创造价值的分配。生产资料所有者作为一个追求成本最小化、利润最大化的理性经济人,具有尽可能压低劳动力商品价值以最大限度地追求剩余价值的内

---

① 《坚持习近平新时代中国特色社会主义经济思想——论贯彻落实中央经济工作会议精神》,《人民日报》,2017年12月21日。

在冲动,劳动者和生产资料所有者在社会财富占有上的两极分化不可避免。占领华尔街运动"反对0.1%的人占有社会99.9%的财富"的口号,就是这种两极分化的直观体现。生产资料公有制在保障劳动者凭借劳动力商品使用权的转让参与社会财富分配的同时,还保障劳动者能以生产资料所有者的身份参与社会财富分配,进而避免劳动者和生产资料所有者在社会财富分配和占有上的两极分化。中国特色社会主义既坚持生产资料公有制为主体,这奠定了共同富裕的制度基础;又坚持多种所有制共同发展,释放生产力发展的多元动力,积极地为提高共同富裕的程度和水平创造条件。新发展理念中,共享发展指向发展不平衡、贫富分化等现实问题,直接导向共同富裕。党集中统一领导经济工作,不仅使公有制经济和非公有制经济各自单独释放发展活力,还使混合所有制经济发展更多地体现公有制保障共同富裕的制度性功能,为实现共同富裕提供了多重保障。

政府－市场二元协同公理坚持和继承邓小平社会主义本质论。经济社会发展中,政府和市场分别代表两种机制、两类主体。在西方,从亚当·斯密"市场万能论"和"守夜人论"的扬市场、抑政府,到凯恩斯主义国家干预论的扬政府、抑市场,再到新自由主义放松政府管制论的扬市场、抑政府,西方主流经济学总是将政府和市场看作两类不能兼容、此消彼长的机制和主体。在我国改革开放进程中,在不同发展阶段、不同时空条件下我国对政府和市场的作用、功能的认识虽然存在差异,但在实践中始终坚持政府和市场协调的辩证思维,这也是邓小平社会主义本质论的实践性特征的生动体现。党的十八届三中全会强调让市场在资源配置中起决定性作用和更好地发挥政府的作用,既是对我国改革开放中辩证对待政府和市场两种机制、两类主体实践经验的总结,也是对新时代有效市场和有为政府有机协同以实现两种机制、两类主体各展所长、优势叠加提出的更高要求,更是对坚持邓小平社会主义本质论的实践经验的提炼和升华。党集中统一领导经济工作,既为政府－市场二元协同提供了实践操作层面的运行保障,也使政府－市场二元协同始终坚持以人民为中心,以实现共同富裕为目标。

合作共赢公理坚持和继承了邓小平社会主义本质论。经济全球化曾是美国为首的先发国家对外扩张的理论依据和实践手段。用零和博弈思维审视全球化,先发国家利用其先发优势在国际经济交往中获利,国际交流的范围越广,全球化程度越深,其获利空间、获利规模就越大。全球化的初始动力主要源自社会化大生产引发的国际分工,逐利的资本在全球范围内寻找获利机会;过去较长一段时间内,奉行零和博弈的先发国家依据确保其在国际分工、资本跨国运动中获利的原则倡导和制定国际规则,促进经济全球化向纵深发展。随着科学技术的发展,科学技术推动全球化发展的动力作用越来越凸显,既有国际规则和国际秩序越来越难以适应先发国家的逐利追求;先发国家对国际规则采用的"合则用之、不合则弃之"的自私和实用主义的态度，自然会导致逆全球化潮流滋生与泛滥。先发国家泛起的逆全球化潮流、全球化动力的演变没有改变全球化发展的内在趋势，当今人类面临的气候变化、资源枯竭、恐怖主义等共同问题也需要世界各国通力合作才能解决。合作共赢不仅成为新时代的经济公理，也是完善全球治理急需奉行的行为准则。只有坚持合作共赢，才能夯实不同国家间经济交流的基石，迎击逆全球化潮流，这不仅有助于拓展生产力发展的空间，而且会在更为广阔的地理空间彰显社会主义共同富裕的本质；中国特色社会主义新时代的合作共赢公理也充分体现了其对邓小平社会主义本质论的坚持和继承。

三、习近平新时代中国特色社会主义经济思想对邓小平社会主义本质论的创新和发展

理念源于实践，理念指引行动。"发展理念是发展行动的先导，是管全局、管根本、管方向、管长远的东西，是发展思路、发展方向、发展着力点的集中体现。"① 以新发展理念为主要内容的习近平新时代中国特色社会主义经济思想对邓小平社会主义本质论的创新和发展，既表现为新发展理念对中国特色社会主义生产力理论、生产关系理论和共同富裕理论的创新，也表现为以四大公理指引社会主义本质彰显机制的运行。

（一）新发展理念创新中国特色社会主义生产力理论

生产力是有具体物质形态的人的要素（劳动者）和物的要素（生产工具、劳动对象），以及没有物质形态的渗透性要素（科学技术、信息、管理）等所构成的生产力系统在运行过程中所释放出的物质产品生产和创造能力；生产力的发展最终要体现和落实到人与自然之间的物质变换上。创新发展促使生产力发展动力发生转换，一是科技创新不仅丰富了生产力系统要素的形式和内容，而且改造和提升了既有物质性要素的功能，全面提高了生产力系统要素质量；二是制度创新推动生产力系统要素优化配置；三是"万众创新"激发和汇聚生产力系统运行的活力与动力。协调发展促使生产力系统稳定运行：生产力系统内部结构的协调增强了系统运行稳定性，生产力系统单元内外环境的协调增强了系统运行持续性，国防建设和经济发展协调构筑了生产力系统持

---

① 习近平：《关于〈中共中央关于制定国民经济和社会发展第十三个五年规划的建议〉的说明》，《人民日报》2015年11月4日。

续稳定运行的保障。绿色发展致力于人与自然之间物质变换能力和效率的提升、物质变换裂缝的修复和弥补；绿色发展突出强调保护生产力，不仅在于绿色发展构建了生产力系统外在的生态保护屏，而且在于绿色发展充实了生产力系统内在的保护机制。开放发展丰富了生产力发展要素的供给，增大了生产力发展的核心要素的选择空间，为生产力的发展营造了安全环境。共享发展促进了生产力发展成果公平分配，为生产力系统运行提供了良性的目标激励，引导生产力安全发展。

（二）新发展理念创新中国特色社会主义生产关系理论

中国特色社会主义生产关系是消灭剥削制度与允许一定程度和范围的剥削现象并存，消除两极分化和允许一定程度的财富占有差异并存，适应生产力发展的效率要求与满足共同富裕的目标诉求相统一的生产关系。创新发展的关键在于消解两极分化的制度性成因，不仅要以制度创新推动混合所有制经济的发展，而且要以技术创新，特别是以互联网为代表的信息技术创新促进利益共同体的形成和发展。劳动者和生产资料所有者的角色固化是两极分化的根本原因，协调发展重在消除劳动者和生产资料所有者间的角色固化，充实消除两极分化的条件。共享发展重在形成多元主体分享劳动剩余的合理机制，特别是以"劳－资"共享改善劳动剩余形成机理，以要素所有者共享合理分配劳动剩余。绿色发展既着力于生产关系的生态调控，又协同推进绿色生产和绿色消费，重在形成有利于人与自然和谐的关系。开放发展着力于拓展中国特色社会主义生产关系反作用于生产力的地理空间。

（三）新发展理念创新中国特色社会主义共同富裕理论

社会主义本质论中，共同富裕是作为两极分化的对立面而存在的。两极分化描述的是强者更强、富者更富，社会财富占有格局中富裕者群体占有社会总体财富的比例不断攀升的现象；共同富裕是要避免这种现象的发生。共同富裕不是同步富裕、同等富裕，走向共同富裕的过程必然同时具备社会成员个体拥有的财富规模绝对增长、社会弱势群体的财富规模更快增长、居民收入与经济同步增长等三重特征。新发展理念的共同富裕意蕴主要表现四个方面：一是践行新理念保障生产力安全发展，充实共同富裕的物质基础；二是共享发展形成实现共同富裕的财富分享和发展机会分配机制；三是协调发展调节和控制实现共同富裕的节奏和程度；四是绿色发展提升共同富裕的品质。

（四）四大公理指引社会主义本质彰显机制运行

习近平新时代中国特色社会主义经济思想蕴含的四大公理，指引和保障了新发展理念践行机制的运行，把彰显社会主义本质的要求内嵌于新发展理念践行之中。以人民为中心，成为践行新发展理念的投入－产出核算原则；共同富裕，成为践行新发展理念的成果分配原则；合作共赢，成为践行新发展理念的行为组织原则；政府－市场二元协同，驱动新发展理念践行机制运行。践行新发展理念彰显社会主义本质，必须通过创新驱动生产力发展，实现比资本主义更好更快更稳的经济发展，积累和创造消灭剥削的物质条件；在生产力尚未发展到可以彻底消灭剥削的水平之前，协调发展和共享发展是规范和限制事实上存在的剥削现象的途径和手段；共享发展和生产力发展互动耦合，既在于以改善民生落实共享发展理念，又在于以生产力发展成果共享促进人的全面发展，还在于把人的发展能力提升作为促进生产力发展的条件。

四、结语

新发展理念是习近平新时代中国特色社会主义经济思想的主要内容，新发展理念直接丰富了邓小平社会主义本质论所包含的生产力理论、生产关系理论、共同富裕理论；习近平新时代中国特色社会主义经济思想蕴含的四大公理成为践行新发展理念的原则，内在地契合了彰显社会主义本质论的实践要求。习近平新时代中国特色社会主义思想因而就是坚持和发展邓小平社会主义本质论的成果，新发展理念实质就是新时代的社会主义本质论。新时代践行新发展理念的实践，必然为中国日益走向世界舞台中央奠定坚实的基础，成为彰显社会主义本质，积累最终形成"自由人联合体"的物质力量的伟大创举。

主动适应和把握经济运行的稳中有变[①]

曹 萍

2018年7月31日,中共中央政治局召开会议分析研究当前经济形势,部署下半年经济工作。会议指出:"当前经济运行稳中有变,面临一些新问题新挑战,外部环境发生明显变化。"这一科学研判定位精准、指向明确,具有全局性、战略性、前瞻性的重大意义。主动适应和把握经济运行的稳中有变,有利于我们廓清思想迷雾,坚定发展信心,抓住主要矛盾,实现稳中有进。

审时度势,冷静看待稳中有变。近一段时期以来,受国内外因素影响,中国经济的政策方向、增长潜力和发展前景引起了一些社会舆论的疑虑和担心,十分有必要戒急戒躁、客观冷静、厘清认识、达成共识。稳中有变深刻体现了发展的辩证法,稳是总态势、变是新形势,稳总领变、变提升稳。科学认识经济运行稳中有变,必须把握好以下三个方面。第一,变的层面是经济运行层面。中国经济取得了世界瞩目的发展成绩,经受住了全球经济危机的考验,已令人信服地证明了其基本制度的先进性。需要因时而变的是基本制度在新时代的运行方式。第二,变的内容是面临的一些新问题新挑战。它们有的是制约中国经济升级的长期结构性问题的新表现,有的是在全面深化改革中需主动排查化解的新问题,还有的是由外部环境变化引起的输入型冲击的新挑战。第三,变的突出表现是外部环境发生明显变化。今年7月,美国宣布实施对我国部分出口美国产品加征关税,挑起中美经贸摩擦,并持续对中国施压,受到中国的坚决对等反制。单边主义、保护主义愈演愈烈,反映了"百年未有之大变局"下围绕

[①] 本文发表于《光明日报》2018年8月13日。

全球治理体系深刻重塑的激烈交锋和持续博弈。由此可见，外部环境明显变化，既有突发性和严重性，又可能存在长期性的趋势，我们要应对和适应这种变化。

坚定信心，从容适应稳中有变。稳中有变是当前经济运行的客观态势，适应稳中有变并不是盲目自信，而是建立在中国经济发展的坚实基础之上的信心。延续稳的底气在于中国经济总体平稳、稳中向好的发展态势：一是增长稳，2018年上半年国内生产总值同比增长6.8%，已连续12个季度保持在6.7%~6.9%的区间；二是生产稳，农业生产稳中有增，工业增长总体平稳，服务业较快增长；三是消费稳，全国居民人均消费同比实际增长6.7%，加快1.3个百分点；四是投资稳，全国固定资产投资同比增长6.0%；五是就业稳，6月份全国城镇调查失业率为4.8%，同比下降0.1个百分点；六是收入稳，全国居民人均可支配收入同比实际增长6.6%。适应变的信心来自结构调整深入推进、新旧动能接续转换、质量效益稳步提升、高质量发展起步良好的发展成效：一是新动能加快成长，上半年工业战略性新兴产业增加值同比增长8.7%，新能源汽车、工业机器人、集成电路成为增长最快的新兴产业，全国网上零售额同比增长30.1%。二是外贸结构不断优化，对中东欧16国进出口增长14.7%，高出货物进出口总额增速达6.8个百分点。三是供给侧结构性改革深入推进，去产能方面，上半年全国工业产能利用率同比提高0.3个百分点；去库存方面，6月末全国商品房待售面积同比下降14.7%；去杠杆方面，5月末规模以上工业企业资产负债率同比下降0.6个百分点；降成本方面，1—5月份规模以上工业企业每百元主营业务收入中的成本同比减少0.31元；补短板方面，基础设施投资增长7.3%。

练好内功，主动把握稳中有变。千变万变，内因是根本。应对国内外新形势新问题新挑战，要坚持稳中求进的工作总基调，坚持稳的确定性与变的不确定性的辩证统一。一是要坚持底线思维，保持战略定力，从坏处准备，把握主动权，科学分析错综复杂的形势，充分考量各类不利局面，统筹协调各种力量，有效规避风险挑战，努力争取最好的结果。二是要练好经济基本功，抓住保持经济社会大局稳定的关键，实施积极的财政政策和稳健的货币政策，提高政策的前瞻性、灵活性、有效性，坚决做好稳就业、稳金融、稳外贸、稳外资、稳投资、稳预期工作，实现经济平稳健康运行。三是要以改革引领变化，加大基础设施领域补短板的力度，增强创新力、发展新动能，打通去产能的制度梗阻，降低企业成本，坚定做好去杠杆工作，提高金融服务实体经济的能力和意愿，加快建立促进房地产市场平稳健康发展长效机制。四是要坚决扩大开放，以高度的自信，落实扩大开放、大幅放宽市场准入的重大举措，推动共建"一带一路"向纵深发展，携手各国特别是新兴市场国家和发展中国家促进世界繁荣稳定。五是要夯实社会民生基本盘，高度重视稳就业、保民生，强化深度贫困地区脱贫攻坚工作，做实做细做深社会稳定工作。

主动适应和把握稳中有变，既要齐心协力、同舟共济，又要担当有为、狠抓落实。要切实增强"四个意识"、坚定"四个自信"，坚定不移贯彻党的十九大做出的各项战略部署，深入推进供给侧结构性改革，打好"三大攻坚战"，加快建设现代化经济体系，推动高质量发展，确保实现经济社会发展的目标。

着力补齐农业现代化这块短板[①]

王国敏

今年的中央一号文件指出,"乡村振兴,产业兴旺是重点。必须坚持质量兴农、绿色兴农,以农业供给侧结构性改革为主线"。多年来,我国农业发展取得了显著成绩,但也累积了一些矛盾和问题,如农产品结构升级滞后于消费结构升级、农业增效和农民增收后劲不足等,农业现代化仍是我国现代化建设的短板。要从根本上解决这些矛盾和问题,加快农业现代化步伐,必须以农业供给侧结构性改革为主线,深入推进农业经营体制、科技体制、产业发展体制改革。

推进农业经营体制改革,发挥规模效应。一是深入实施土地"三权分置"改革。扩大土地经营规模,是提高劳动生产率、土地产出率和资源利用率的基本途径。应深入实施土地所有权、承包权和经营权"三权分置"改革,促进土地流转,发展适度规模经营。在这个过程中,要注意维护流转双方的权益,形成科学有效的土地流转机制。二是大力发展农业生产性服务业。着眼于满足农户和新型农业经营主体的生产经营需要,着力发展农业市场信息服务、农资供应服务、农业绿色生产技术服务、农业废弃物资源化利用服务、农机作业及维修服务、农产品初加工服务、农产品营销服务,让农业经营主体通过购买服务就可以实现生产经营的机械化、规模化。三是培育新型农民和新型农业经营主体。发展现代农业,需要加快培育新型农民和新型农业经营主体,使其具备较高文化水平、掌握多种生产技能、拥有良好沟通协调能力,以有效解决融资、技术和营销等问题。

[①] 本文发表于《人民日报》2018年5月2日。

推进农业科技体制改革，发挥科技乘数效应。现代农业竞争越来越表现为农业科技创新能力的较量，但我国农业科技短板问题还比较突出。推进农业供给侧结构性改革，一项重要任务就是加强农业科技创新与推广，发挥科技乘数效应。首先，增加财政投入，整合农业科研和农技推广经费，并充分发挥财政资金的撬动作用，拓宽资金来源渠道。其次，健全协同创新机制。依托科研院所和高校，发挥农业龙头企业主体作用，广泛吸引社会力量，形成协同创新机制，突破单一主体的局限。再次，提高科技研发的针对性。根据我国国情农情和农业发展需要，有针对性地开展农业科技研发。例如，针对北方水资源短缺问题，研发节水品种；针对南方丘陵地区实际，研发小型农机设备。最后，加大农业科技成果推广力度，让农业新技术、新成果尽快转化为现实生产力。充分发挥新型农业经营主体的示范作用，带动其他经营者采用先进技术和设备。建立健全农业科技成果转化平台，促进供需对接，加速成果转化。

推进产业发展体制改革，发挥三产融合带动效应。农业是弱质产业，比较效益低。加快农业发展，提高农业综合效益，促进农民增收，需要走三产融合发展之路。首先，大力发展优势特色产业。农业生产地域性很强，各地推动农业发展，应依据自然禀赋条件和现实基础，充分发挥比较优势，着力把特色产业做大做强做优。其次，积极发展农产品加工业，延伸农业产业链条。发展农产品加工业，是实现农业增效、农民增收的有效途径。应依据地区资源优势和产业特色，提升农产品精深加工水平，不断拓展农产品增值空间。再次，推进农业区域品牌建设，形成品牌生产区。市场竞争在很大程度上是品牌竞争。加强农业品牌建设，围绕优势品牌形成具有特色和核心竞争力的品牌生产区，是提高农产品附加值和农业综合效益的重要抓手。

基于绿色农业的市场化直接补偿方式研究[①]

王彬彬　李晓燕

促进生态补偿市场化、多元化是党的十八大以来我国生态治理变革的基本趋向。早在2007年，我国就探索性地在自然保护区、重要生态功能区、矿产资源开发区和重点流域四个领域建设生态补偿政策体系和市场化机制。然而，农业领域的市场化生态补偿制度建设却一直相对滞后：尽管开展了耕地的保护性补偿、农业碳汇交易、农业生物多样性保护等市场化生态补偿工作，但2015年农业仍然超过工业成为我国最大的面源污染产业。究其原因，主要在于农业兼具自然属性与产业属性，偏重自然属性而忽略产业属性的传统市场化生态补偿方式并不能从根本上扭转农业生态环境恶化的趋势。因此，有必要结合农业生态系统的特点，分析传统市场化生态补偿方式的不足，提出协同推进农业生态保护与绿色发展的新方式。

一、基于绿色农业的市场化直接补偿方式的提出

按照逻辑线索，市场化生态补偿方式的提出，需要回答"有什么生态服务""其中哪些生态服务可以市场化""如何对可市场化的生态服务进行补偿"等问题。

（一）农业生态系统的基本功能、生态服务类型及其分类补偿

自Costanza等[②]的开创性研究后，按照自然生态系统的功能对生态服务进行分类

[①] 本文发表于《农村经济》2019年第6期。
[②] Robert Costanza, et al, "The Value of the World's Ecosystem Services and Natural Capital", *Nature*, Vol. 387, 1997, pp. 253–260.

成为从生态有偿服务到市场化生态补偿转变的起点。作为全球最重要的生态系统之一，农业生态系统主要提供了两种功能：第一，生态功能。农业生态系统覆盖了全球陆地表面的28%~37%，其中70%为草场、30%为农作物。相比流域、湿地等生态系统，农业生态系统的地均生态服务价值相对较低，通过发展绿色农产品和提供农业生态服务，更利于改善整个陆地生态系统。第二，生产功能。工业化农业曾是人类消除饥饿的最高农业形式，在全球范围内喂养了超过60亿人口。但其大规模生产也导致了农业资源环境的过度利用，产生了包括农业环境污染、农业景观破坏、人的健康损害等外部成本，并"在全球范围内构成了对生物多样性的最大威胁"。

农业生态系统的生态功能与生产功能提供了四种农业生态服务。[①]从自然价值的角度看，它们包括调节服务、供给服务、文化服务、支持服务四种农业生态服务。从经济价值的角度看，它们可分为市场化生态服务（供给服务、支持服务）和非市场化生态服务（调节服务、文化服务）。虽然近年来部分非市场化的生态服务通过某种商业模式创新，间接建立起生态服务的交易市场，如绿色休闲农业开发了农业生态系统文化服务的市场价值，但它在理论和实践上都不属于经典的农业生态环境补偿范畴。因此，从农业生态系统的基本功能出发，对市场化生态服务可进行补偿的分别是属于生产功能的供给服务和属于生态功能的支持服务（见表1）。

表1 基于自然价值与经济价值的农业生态服务

服务类型	内容	功能	市场化补偿
调节服务	空气质量调节、气候调节、噪音调节、水调节、水供给、控制侵蚀和泥沙滞留、废物处理、自然灾害控制等	生态功能：通过生物地球化学循环和其他生物圈过程，调节基本的生态过程和生命支持系统	非市场化补偿
供给服务	食物、原材料、基因资源、观赏资源、药用资源等人类消费的产品和服务	生产功能：产出的商品和服务需要消耗属于生态功能的生态服务，如支持服务和调节服务	市场化补偿
文化服务	审美、娱乐活动、文化艺术信息、精神历史信息、科学教育信息等	生产功能：文化服务为维持人类的健康和福祉做出了重要贡献，如农民通过绿化实现景观提升，农场兼营生态休闲旅游。新发展起来的文化服务还有参与式教育、文化遗产等	非（局部）市场化补偿
支持服务	授粉、生物防治、碳汇、植物养分矿化、土壤形成、固碳、防护林生态服务等	生态功能：支持服务为如食品、纤维、饲料、木材等的生产提供了支持体系。离开支持服务，农业生产无法持续	市场化补偿

① Harpinder S. Sandhu., Neville D. Crossman and F. Patrick Smith, "Ecosystem Services and Australian Agricultural Enterprises", *Ecological Economics*, Vol. 74, 2012, pp. 19–26.

（二）市场化间接补偿方式的基本特征与不足

在传统意义上，生态补偿常常被直观地理解为对生态功能的补偿，因而市场化生态补偿一般是对属于生态功能的支持服务的补偿，以至于作为支持服务主要内容的碳汇交易、排污权交易、流域生态补偿等，成为近年来发展最为迅猛的市场化生态补偿领域。其理论基础是所谓的"科斯型生态补偿"，即在环境污染或资源利用的权利和产权配置下，通过限额的市场交易（Cap and Trade）对生态产品和服务进行补偿。鉴于生态赤字的广泛存在，在经济利益最大化目标下，生态系统内资源环境总量相对于经济社会发展需求总是呈现出稀缺状态，从而为支持服务的市场交易提供了客观基础。为了将附属于供给服务的支持服务独立出来，这种市场化生态补偿往往需要创建一个新的、专属的生态服务交易市场，建立支持服务的测量体系，实现支持服务的标准化和商品化，并通过商品交易使支持服务的提供者获利而得到补偿（如在碳交易市场中交易的碳减排指标），因此它是一种需要通过中介市场的市场化间接补偿方式。随着中介的商品市场增值为资本市场，在标准化的支持服务交易商品的基础上商品证券化得以实现，形成了相关的金融衍生产品交易，如在全球碳金融框架下的碳远期交易、碳期货交易、碳期权交易、碳互换交易及其他衍生品交易。在投资资本和投机资本的追逐下，间接性市场化补偿方式所营造的生态服务商品市场和资本市场空前繁荣，相应地被认为是 21 世纪初最重要的生态金融创新而得以快速兴起。

然而，市场化间接补偿方式存在着一些显著的内在缺陷。（1）在这种方式下，农业生态系统的生态功能与生产功能之间因割裂而脱节，无法通过有效补偿根治生态破坏与环境污染问题。在农业生态服务中，旨在提供农业产品和服务的供给服务需要消耗支持服务和调节服务，生产功能决定了生态功能的损耗程度，生态功能也反作用于生产功能，影响生产功能的质量水平。以农村面源污染为例，它是大量化肥残留物、农药重金属、禽畜粪便、生活垃圾等污染物渗入耕地土壤和饮用水源而造成的污染。它在农业生产中形成，已局部触及生态红线和食品安全底线，严重威胁农业生态、农业生产和城乡居民生活，因此农村面源污染问题能否解决本质上取决于农业生产方式，不从生产的源头进行治理，就难以从根本上扭转污染恶化的趋势。（2）在这种方式下，农业生态环境市场化补偿的收益被资本俘获，无法通过对生产者的有效激励改变农业生产方式和个体生产行为。由于支持服务主要是附着于土地之上的自然生态服务，对其补偿就是对各种类型土地的直接补偿，因此生态补偿的利益首先被土地所有者获取。当土地所有权与使用权不一致时，土地所有者与租种其土地的佃农在生态补偿上往往存在利益分歧。如在拉丁美洲，一些拥有大片土地的地主在比较土地地租和生态补偿收益后,实行新"圈地运动",从佃农手中收回土地,造成大面积的"补偿致贫"①。此外,作为中介的商品市场和资本市场也进一步将市场化生态补偿"异化"为资本游戏,资本逻辑取代了生态逻辑,投资价值最大化取代了生态价值最大化,因此生态补偿的利益信号无法传递到生产者,促使其改变生产行为。

(三)基于绿色农业的市场化直接补偿方式

鉴于市场化间接补偿方式的内在缺陷,市场化生态补偿急需以直接补偿方式代替间接补偿方式。所谓市场化直接补偿方式,是以生产功能为指向,不通过中介市场,直接对属于生产功能的供给服务进行补偿。这种方式既不同于间接性市场化补偿方式下广泛流行的限额交易,也不简单地等同于生态认证、生态标签等旨在消除市场摩擦的市场化补偿机制,其理论基础是所谓的"庇古型生态补偿",即当个人或企业的经济社会活动所产生的社会成本(如生产活动对环境的破坏)与私人成本不一致时,由政府通过征税、罚款等方式"内化"其外部性,使个人或企业被动承担额外的社会成本。而直接性市场化补偿方式则是在消费者自愿的基础上,通过绿色产品市场交易中的生态溢价(Eco-Premium),将"庇古税"直接补偿给生产者,激励生产者主动承担额外的社会成本,改进绿色生产方式,减少环境破坏和资源滥用,进而实现生态环境的根本改善(见表2)。

表2 市场化间接补偿方式与市场化直接补偿方式

补偿方式	理论基础	中介性	补偿对象	补偿效果
市场化间接补偿方式	科斯型生态补偿	创建并通过独立的产权交易市场	属于生态功能的支持服务	生态功能与生产功能脱节,激励机制的"俘获"和"异化"
市场化直接补偿方式	庇古型生态补偿	不通过	属于生产功能的供给服务	生态功能与生产功能绑定,有合约、信誉约束的直接激励

市场化直接补偿方式的关键是发展绿色生产方式,这与绿色农业具有耦合性。所谓绿色农业,是以绿色技术为基础,囊括食品加工、分销、零售等环节的综合供应链。早在1992年,欧洲共同体就在其"共同农业政策"框架下推出"农业环境计划",试图通过资金补贴,促使农民自愿采取绿色生产方式,以保护耕地的生物多样性,实现农业的可持续发展。2004年欧盟实施"欧洲有机食品与农业行动计划",提出了21条政策,规定了有机农业的信息质量、公共支持、生产标准、监控系统等,以促进有机

---

① 王彬彬、李晓燕:《生态补偿的制度建构:政府和市场有效融合》,《政治学研究》2015年第5期。

农业的市场交易。除了政策支持,生产技术的效率提升、商业经营的模式创新也推动了绿色农业风潮快速向全球扩散。自20世纪70年代以来,以收益共享和风险共担为特征、生产者与消费者合作生产高质量食品的供应模式——社区支持农业(CSA),追求高质量食品的机构与当地家庭农场连接起来的本地化生鲜食品供应模式——农场-机构计划(FTI),以及依托电子商务的供应模式——"预售制"农业等绿色农业商业模式相继出现。①它们普遍采用环境友好的生产方式和供应方式,在满足绿色化市场需求的同时有效改善了农业生态环境。在绿色农业下,农业生态环境的生态服务根据生态价值、社会文化价值、经济价值等确定总价值,并据此做出决策选项管理;而决策选项管理又会反馈到生态系统结构中,根据市场交易情况,可特别突出某些生态服务,从而增加相应的生态系统功能,并按生态系统功能调整生态产品和服务。

二、基于绿色农业的市场化直接补偿方式的核心

市场化直接补偿方式是通过供求机制得以实现的,因此绿色农产品的价格就是补偿相应生态服务的核心因素。一般来说,绿色市场中的消费者对绿色农产品往往要求有较高的可持续性标准,并有意愿对高可持续性及其不确定性支付更高的价格。这种超出同类型的一般农产品的市场价格之上的部分可视为生态溢价,它本质上是一种包含在价格内的生态补偿费用。②在现有生态经济学文献中,生态溢价已被多个领域的研究所佐证。如从企业生态创新的研究视角,市场环境主义者指出,在克服市场绿化中的动态交易成本后,生态创新一方面通过吸引市场上的绿色租金,以市场机制缓解环境退化;另一方面通过为绿色声誉、产品支付的溢价,实现更高的资源利用效率,降低排放成本,从而改善企业的"绿色竞争力"③。还有学者提出了"品牌溢价"的类似概念。他们发现,产品溢价能力直接影响到工业企业单位产值能耗的大小,获得较高的品牌溢价有助于降低单位产值能耗。④

根据以上讨论,本文提出一个基于绿色农业的市场化直接补偿方式的概念模型,(如图1所示)。该模型模拟了生态服务交易市场:(1)市场上存在农业生产者和农产品消费者两大主体。农业生产者是一个确定且数量有限的群体,包括农民、家庭农场、

---

① 蔡军、王彬彬:《我国生态农业经营模式创新》,《农村经济》2016年第8期。
② 王彬彬、李晓燕:《生态补偿的制度建构:政府和市场有效融合》,《政治学研究》2015年第5期。
③ R. Kemp and M. M. Andersen, "Strategies for Eco-efficiency Innovation" (Strategy paper for the Informal Environmental Council Meeting, Maastricht, VROM, Den Haag, 2004).
④ 袁文华、孙曰瑶:《实现生态文明的品牌溢价路径研究》,《中国人口·资源与环境》2013年第9期。

农业专业合作组织和农业公司。他们既是农产品的生产者，也是农业生态服务的提供者。农产品消费者是一个分散分布、规模变化的群体，他们消费各类农业生态服务，这些农业生态服务集中体现在干净、健康、绿色的农产品及其他增值服务上。这个群体由现实的消费者、流动的消费者、潜在的消费者构成，现实的消费者对于优质的农业生态服务有强偏好，流动的消费者对于优质的农业生态服务有弱偏好，潜在的消费者是未来有可能成为现实消费者和流动消费者的群体。对于农业生产者来说，他们都是未知的。（2）市场交易的商品是农业生态系统的各类产出。这些产出包括市场化的生态服务和非市场化的生态服务。市场化的生态服务可以直接在市场上交易，以价格来调节市场供需。非市场化的生态服务虽然不能直接交易，但其效果和价值已经转移到最终的农产品及其增值服务当中，因此以最终的农产品及其增值服务为价值载体，通过非市场化的生态服务的价值估算，并将价值总量折算到最终的农产品及其增值服务的单位价格当中，理论上也可参与市场交易。

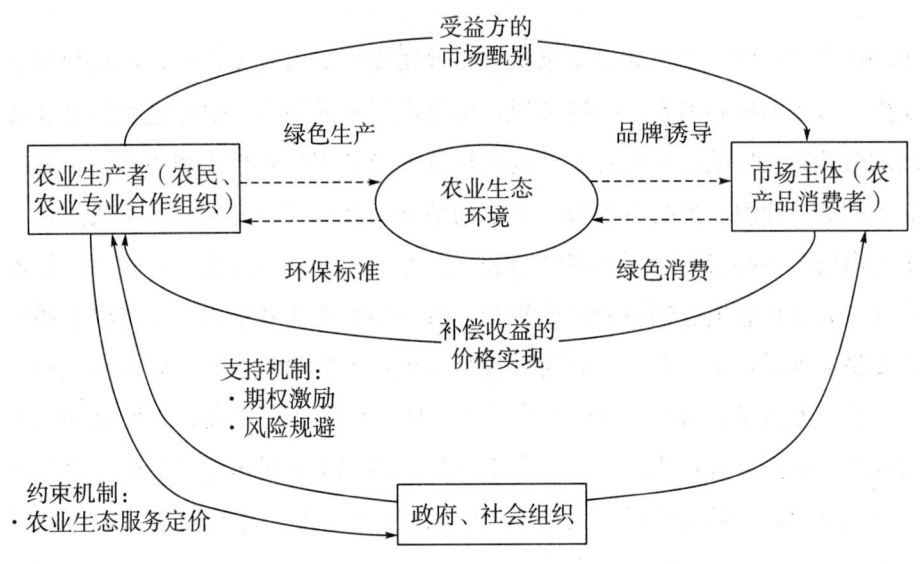

图1　基于绿色农业的市场化直接补偿方式的概念模型

注：虚线为市场供求机制，实线为市场化生态补偿机制。

基于绿色农业的市场化直接补偿方式的交易过程如下：（1）农业生产者建立生态品牌，通过生态认证，取得生态标识，或公开承诺进行绿色生产，制定高于同类一般商品价格的农产品与服务价格，向市场传递信号，诱导消费者的购买和消费行为，以市场摩擦机制减少信息不对称。（2）农产品消费者接收到交易品品质及其价格信号后，根据消费偏好和预算，选择购买或拒绝购买。这就通过市场信号甄别出了农产品的消费群体，他们同时也是农业生态服务的消费群体。（3）农产品消费者的绿色消费行为形成了农业生产者与农产品消费者之间的契约关系,这种契约关系的前置条件是良好的农业生态系统。正是出于对良好的农业生态系统的偏好,消费者才愿意购买其产品和服务。(4)交易契约使农业生产者必须自觉履行农业生产者与农产品消费者之间关于可持续性标准的约定,实行强制性的农业生态环境保护,如保持高质量的土地、水源、空气,控制病虫害和自然灾害,监管农产品生产要素投入和生产流程,加强农产品的品质管控等。这些农业生态服务最终都凝结到农产品及其增值服务当中,通过生态溢价得到补偿。(5)政府和社会组织有限参与市场交易,包括:为农业生产者建立对应于农业生态系统的各层级的产权关系;为农业生态服务交易提供政策规制;通过交易信息交流、启动资金垫付、生态服务价值评估与科学研究等,降低交易费用;宣传绿色消费理念,教育农产品消费者,增进绿色农业交易市场的培育和发展;为市场交易提供一定的财政补贴和政策性保险,以将农业生态服务的交易价格维持在一个可持续的水平,保障交易市场的长期运行。(6)市场交易的存续依靠品牌诱导机制、复合激励机制、风险分担机制来实现。

　　基于绿色农业的市场化直接补偿方式具有以下基本特征:(1)生态补偿具有内生性。一是经济层面的内生性。这种方式注重用价格标示一项或多项农业生态服务的总价值,用价格信号直接引导市场交易,用价格信号甄别农业生态服务的消费者,通过包含社会成本的生态溢价实现对农业生态环境的补偿。虽然有政府或社会组织的有限参与,但它总体上依赖绿色农业交易市场的自发调节,是一种补偿收益的价格实现。二是生态层面的内生性。这种方式通过价格对生态服务进行总支付,是对多项生态服务的"集合"补偿,也是对市场化生态服务和非市场化生态服务的综合补偿。这就解决了农业生态系统的有机整体问题,避免了突出某一生态服务而忽略其他生态服务。(2)以基于价格的工具为中心。在市场化直接补偿中,基于价格的工具主要表现为生态溢价,相当于农业生产者对自愿交易的消费者收取的类似"庇古税"的生态服务费。这种生态溢价的上限有多高?虽然价格上涨理论上会抑制消费,但是经验研究表明,价格上涨有时也会增加消费,如水价上涨有可能引起自建设施用水的替代加剧,使居民用水不降反升。[1]因此,根据农业生态服务的内容组合和质量等级来制定阶梯式的生态溢价,满足更加细分的消费市场,是内生价格补偿的重要手段。

---

[1] 郑新业、李芳华、李夕璐、郭琎:《水价提升是有效的政策工具吗》,《管理世界》2012年第4期。

三、基于绿色农业的市场化直接补偿方式的实现机制

从对物、人、风险的补偿出发,基于绿色农业的市场化直接补偿方式的实现机制,分别涵盖以生态标签为基础的品牌诱导机制、以复合激励为基础的供给激励机制、以互助保险和稳定契约为基础的风险分担机制。

(一)对物的补偿:以生态标签为基础的品牌诱导机制

农业品牌是指农作物或动物本身,或它们所产出的产品,或以它们为原料加工而成的产品,或以它们为素材所营造的具有教育性、休闲性、资源再生性、医疗保健性及环保效果等的产品或环境。[①]农业品牌的生态补偿效应源于它对上游的农业生产者(农民、农民合作组织)的生产决策与行为、下游的市场主体(农产品消费者)的消费决策与行为的诱导功能。[②]对农业生产者来说,农业品牌的诱导作用体现在以下三个方面:(1)在市场效率方面,促进生产者以成本-效率原则构建绿色供应链。较高的价格限制了绿色农产品的可持续供应数量。由于农产品市场的充分竞争,价格偏高和规模不经济使绿色农业的生产者在与常规农业的生产者的竞争当中处于劣势地位。这就倒逼绿色农业的生产者进一步对整个供应链进行生态化改造,全面建立绿色壁垒的品牌垄断优势,以提升其对市场的议价能力。(2)在责任方面,促进生产者主动满足可持续性要求。从事绿色农业的生产者更倾向于确保产品符合可持续发展的标准,因此会严密监控农业要素投入、农业装备投入、农业科技投入,全流程监测相关产品的生产条件、技术参数等。(3)在创新激励方面,促进生产者提升对生态产品的创新能力。这些创新包括:符合可持续性标准的产品和服务的开发;对附属品以及其他方面额外的可持续性规定,如使用可生物降解包装、做出可回收承诺、禁止使用人工香精和配料等;采用高于国家标准、行业标准的更严格的替代标准或第三方认证计划,如动物福利、野生动植物保护、生物多样性承诺、产品可追溯性等。

对农产品消费者来说,农业品牌的诱导作用体现在以下三个方面:(1)在市场定位方面,降低消费者的信息成本,提高消费者的体验感受。虽然农产品消费者越来越关注生态、环保、健康对自我福利和社会福利的价值,但是复杂的生态学原理、可持

[①] 吴文希:《现在及未来不可或缺的农业品牌》,《世界农业》2013年第11期。
[②] Olga Chkanikova and Matthias Lehner, "Private Eco-brands and Green Market Development: towards New Forms of Sustainability Governance in the Food Retailing", *Journal of Cleaner Production*, Vol. 107, 2015, pp. 74-84.

续性划分标准、产品生态价值核算、生态品牌体系使他们很难准确辨识和区分具有不同可持续性特征的农产品。而生态品牌及其分级制度、可持续性标准的产品特性表征，可以使农产品消费者简单明了地了解绿色农产品，从而促进绿色农产品的消费。同时，农业生产者通过邀请消费者参观生态农场，开展烹饪和园艺教学，使消费者更直观、深入地了解绿色农产品，建立起消费者的品牌信任和品牌忠诚。（2）在可用性方面，为消费者提供更多、更好、更廉价的绿色产品。对于生态产品的品牌化，可以不断丰富但符合可持续性标准的农产品，满足多样化的市场需求；按照不同等级的可持续性标准，采取高、中、低搭配的生态品牌策略，可以满足不同消费能力的消费者；同时，生产者通过消费者体验等增值服务为消费者创造更多价值。（3）在信任方面，促进消费者对农产品的可持续性声明建立起信任。生态品牌或第三方认证在消费者信任和接受绿色农产品方面具有至关重要的作用。特别是由于信息不对称，绿色农产品价格越高，消费者越倾向于认同该产品的可持续性以及其他功效。因此，对于一般消费者可接受的、较为廉价的绿色农产品，生态品牌是建立信任的基础。

（二）对人的补偿：以复合激励为基础的供给激励机制

在绿色农业模式下，消费者委托农业专业合作组织生产符合可持续性标准的农产品，农业专业合作组织又进一步委托单个农业生产者生产符合可持续性标准的农产品。因此，为避免农业生产者生产行为上的机会主义，有必要对农业生产者进行分层的复合激励。以低碳农业产业链为例，将农业专业合作组织、单个农业生产者、企业联合起来，实行利益捆绑，在保证成员有稳定收益的同时对售后利润进行再分配，形成三次分利制度：（1）第一次是农业专业合作组织按照成本和市场平均价格加上一定比例的溢价，收购成员的低碳农产品，使成员稳定地获得第一次销售利润。（2）第二次是农业专业合作组织将加工、流通环节利润的一定比例按照成员的交易额比例进行返还。（3）第三次是年终盈余按照成员持股比例分红。在复合激励下，成员倾向于维护低碳农业品牌，按技术要求进行生产，提高产品的生态品质，提升产品的市场竞争力。[①]

在此基础上引入期权激励，进一步消除农业生产者生产行为上的机会主义倾向，严格确保绿色农产品的生态质量。期权常常被用来作为企业财务激励的重要手段，当员工在一定期限内完成预定目标时，就有权利按事先约定的价格购买一定数量的企业权益。在农业专业合作组织中引入期权激励机制，可以进一步优化农业生产者的收入结构，在上述三次分利的年度收入制度基础上构建长期激励机制：与农业生产者签订

---

① 李晓燕：《低碳农业发展研究——以四川为例》，经济科学出版社，2010年，第91页。

长期期权激励协议，当农业生产者在一定期限内严格按照可持续性标准生产绿色农产品并达到既定目标时，可允许农业生产者以事先约定的价格获得农业专业合作组织的权益。

（三）对风险的补偿：以互助保险、稳定契约为基础的风险分担机制

农产品市场是个不确定性市场，具有环境状态的不确定性、生产的不确定性、需求的不确定性和农产品产出的不确定性。①这些不确定性会造成系统性风险和非系统性风险。系统性风险来源于不可抗力或其他外来冲击，如自然灾害、绿色农产品市场价格整体波动等。非系统性风险大多是由个体性因素引起的，其中一个主要方面是由缺乏信任、契约不稳定等造成的绿色农产品市场交易受限、绿色农产品供给不连续、生态环境保护难以维持。一般来说，绿色农业生产者具有强烈的风险规避偏好：（1）为改善生态环境、优化生产条件，绿色农业需要长期的巨大投入，由专项投入所形成的资产专用性进一步限制了绿色农业生产者的经营行为。（2）绿色农产品针对的是一个更为狭窄的细分市场，从供需双方的市场结构来说，绿色农业生产者并没有额外的议价能力，一旦销售不成功，可能直接面临绿色农产品的生产过剩，导致其生鲜程度、无污染等可持续性品质随时间不断退化。

针对绿色农业生产者的风险偏好特征，有必要建立以互助保险、稳定契约为主的风险分担机制，通过市场交易进行风险转移和风险分担。（1）以农业保险解决系统性风险。在美国，农业保险和农产品期货套期保值是抵抗自然灾害等系统性风险、确保农业生产者收入稳定性的重要途径。②在我国，绿色农业保险尚处于起步阶段，一般的绿色农业生产者难以承受高昂的保费。因此，可以在不同的农业专业合作组织之间、农业生产者群体之间引入互助保险，以自愿为原则，在团体内部成员之间筹措资金，实现共济互助。（2）以稳定契约化解非系统性风险。通过"农场-机构"计划建立长期的食品供应关系，通过"社区支持农业"模式建立信任与合作伙伴关系，在一定程度上实现契约的稳定性。在签订长期购销合同时明确绿色农产品生产者和消费者的权利与义务，并完善全程监督机制。在契约实施过程中，赋予绿色农产品生产者再谈判的能力，一方面培育绿色农产品的新兴消费市场，寻找更多的潜在消费者，扩大可交易对象；另一方面通过更严格的生态品牌认证，进一步提高绿色农产品的可持续性标准。

---

① 孙捷、朱宝、韩福秋：《农民的农业生产行为选择研究述评》，《江西社会科学》2012年第2期。
② 董婉璐、杨军、程申、李明：《美国农业保险和农产品期货对农民收入的保障作用——以2012年美国玉米遭受旱灾为例》，《中国农村经济》2014年第9期。

四、结论

理论上,土地是农业生产的基本条件,土地的费用是农产品成本的重要组成部分,对农产品的供给服务的市场化直接补偿将包含对土地的支持服务的市场化间接补偿。实践中,从农地到餐桌,农业生态环境问题贯穿于农产品生产、分配、交换、消费的全过程,衍生出食品安全、面源污染诸问题,需要通过生态溢价,由最终受益者(分散的农产品消费者)对其进行市场化直接补偿。而以市场化直接补偿为起点,将生态环境保护与绿色发展有机融合,将生态补偿内化于绿色农业,将成为生态文明时代农业发展的总趋势。

(四)

文化篇

牢牢坚持党性原则不动摇

张 磊

党性原则是党的新闻舆论工作的根本原则。牢牢坚持党性原则，是习近平总书记"2·19"讲话深刻阐明的重要观点，也是党的十八大以来他反复强调的一个重要思想。

党和人民的新闻舆论工作必须坚持党性原则，这是马克思主义新闻观最基本、最重要的观点。马克思、恩格斯认为，无产阶级报刊是组织群众进行革命斗争的思想武器；党报是党的旗帜，必须按照党的思想进行编辑工作，始终代表和捍卫无产阶级和人民大众的利益。列宁认为，新闻出版事业是无产阶级总的事业的一部分，党组织要加强对新闻出版事业的领导。毛泽东同志强调，党报要无条件地宣传党的纲领、路线、方针、政策，成为党联系群众的纽带。邓小平同志指出，"要使我们党的报刊成为全国安定团结的思想上的中心"。江泽民同志强调，新闻工作者必须讲政治，同党中央保持一致，确保新闻舆论宣传的领导权牢牢掌握在忠于马克思主义、忠于党、忠于人民的人手里。胡锦涛同志强调，党管宣传、党管媒体，是中国共产党在长期实践中形成的重要原则和制度，必须始终牢牢坚持，任何时候都不能动摇。

新闻舆论工作必须坚持党性原则，是无产阶级革命事业发展的重要经验。以马克思主义为指导的新闻事业已有170多年的历史，中国共产党领导的新闻事业已经历了90多年的历史，新中国成立后的新闻实践和理论的发展也经历了60多个春秋。无论是无产阶级革命兴起和马克思主义广泛传播的时代，还是各国人民争取解放的革命岁月；无论是在热火朝天的社会主义建设年代，还是在波澜壮阔的改革开放时期，坚持党性

---

① 本文发表于《经济日报》2017年2月17日理论版。

原则，始终把新闻舆论工作同党和人民的事业、命运联系在一起，是无产阶级政党新闻舆论事业发展的鲜明特色，也是党的新闻舆论事业发展壮大、兴旺发达的根本保证。无产阶级新闻舆论工作如果放弃党性原则，偏离或失去党的领导，不仅是新闻舆论事业之祸，更是党和人民之祸。东欧剧变的历史教训充分说明，如果新闻媒体的政治方向发生错误，不再坚持党性原则，舆论工作领导权不掌握在党和人民手里，无产阶级政党的领导地位和社会主义国家的政权就很难守得住。2002年12月24日，习近平同志在一次重要讲话中说："新闻舆论是上层建筑、意识形态的重要组成部分。新闻宣传一旦出了问题，舆论工具一旦不掌握在真正的马克思主义者手中，不按照党和人民的意志、利益进行舆论导向，就会带来严重的危害和巨大的损失。"

　　新闻舆论工作具有党性，并不是特殊的社会现象，而是一个普遍的社会现象。新闻传播作为人类特有的一种有意识的社会性的信息传播活动，始终存在观点的表达、是非的把握、好恶的取舍，离不开一定的价值取向，离不开特定的思想理论指导，反映着利益诉求，体现着政治立场。所谓新闻舆论工作的"党性"，就是这种倾向性、阶级性、政治性的表现。现实中只存在某种特定党性的新闻舆论，不存在没有党性的新闻舆论。西方新闻媒体自我标榜"立场公正"、不涉党派、不卷入政治，是所谓"社会公器""公共通讯工具"，但在实际行为中不仅丝毫不能摆脱自己的倾向性、阶级性和政治性，而且由于"资本"介入和利益集团的分野，这种倾向性、阶级性、政治性更加露骨和鲜明。当今世界的每一个重大事件，不同媒体做出的报道分析、提出的观点看法、得出的观察结论，乃至思想感情和爱憎态度各不相同甚至迥然相异，其深层原因就是政治立场、价值取向、利益诉求的不同。在西方，这种倾向性甚至可以达到完全背离事实、背离新闻真实性原则的程度。例如，有一个叫章家敦的美籍华人，十几年一贯地在西方媒体上鼓吹"中国经济崩溃论"，一次次"精确预测"都被现实击破，仍然毫无愧色、毫不知耻、不管不顾地鼓吹他的那一套老调，以致成为西方学术界、新闻界的笑料。在日本，新闻为反映国家利益，更是走到了可以不顾道德底线的极端。据英国《星期日泰晤士报》披露，为了"批判中国"，散布"中国威胁论"，日本驻英国大使馆每月出资10000英镑收买英国右翼智库在英国媒体刊发文章攻击中国，收买"有影响的"政治人物发表"对中国不利的言论"。报道中国的日本记者也面临"批评中国"的无形压力。据日本共同社客座论说委员冈田充说，很多日本记者私下感叹，"不在稿子里加入批判中国的评论，稿子就通不过"。

　　新闻舆论工作具有党性，在相当长时期内，被我们的一些单位和一些个人搞得相当混乱。有人刻意模糊"党性"和"人民性"的关系，把两者分割开来、对立起来；有人大谈"新闻自由""媒体公器""第四权力"等观点；一些报刊和互联网上有人公开质疑和攻击党性原则；一些部门和媒体也不敢提、不愿提"党性"，不愿多讲坚持党性原则,以致讨论党性和人民性问题成为一个有禁忌的话题。

党的十八大以后,习近平总书记旗帜鲜明地提出了坚持党性原则的问题,强调这个问题不仅要明确地讲,而且要经常地讲、反复地讲。2013年8月19日,他在全国宣传思想工作会议上发表讲话,专门论述了党性和人民性问题,强调党性原则不仅要讲,而且要大张旗鼓、理直气壮、坚持不懈地讲。2015年12月25日,他在视察解放军报社时指出,要坚持党管媒体原则,严格落实政治家办报要求,确保新闻宣传工作的领导权始终掌握在对党忠诚可靠的人手中。2016年2月19日,在主持召开党的新闻舆论工作座谈会上,他围绕"牢牢坚持党性原则",从多个方面进行了深入系统的阐述,明确提出"无论时代如何发展,媒体格局如何变化,党管媒体的原则和制度不能变"。习近平总书记关于坚持党性原则的一系列重要论述,深刻总结了国际国内经验教训,深刻论述了马克思主义新闻观的一系列重大基本问题,针对人们头脑中的模糊认识和社会上的错误观点,从历史到现实,从理论到实践,从中国到世界,深刻系统地阐述了新形势下坚持党性原则的根本意义、基本要求,廓清了误区,端正了本源,明确了方向。总书记振聋发聩的警世之言,对于全党特别是党的新闻舆论工作战线起到了醍醐灌顶、发人深省的重要作用,是党的十八大以来新闻舆论工作的根本指导原则。

习近平总书记关于坚持党性原则的思想内容非常丰富,具有鲜明的时代性、强烈的针对性和深刻的理论性,不仅为当前的新闻舆论工作提供了基本遵循,而且对社会主义新闻事业的发展具有长远的指导意义。他强调,党和政府主办的媒体是党和政府的宣传阵地,必须姓党。坚持党性原则,最根本的是坚持党对新闻舆论工作的领导。党的新闻舆论媒体的所有工作,都要体现党的意志,反映党的主张,维护党中央权威,维护党的团结,做到爱党、护党、为党;新闻媒体必须把政治方向摆在第一位,不断增强政治意识、大局意识、核心意识、看齐意识,在思想上政治上行动上始终同党中央保持高度一致;要坚持党性和人民性相统一,把党的理论和路线、方针、政策变成人民群众的自觉行动,及时把人民群众创造的经验和面临的实际情况反映出来,丰富人民精神世界,增强人民精神力量;要始终坚持正确舆论导向,这是党的新闻舆论工作的灵魂和关键,是党的新闻舆论事业顺利发展必须坚持的基本方针,任何时候都要把导向问题摆在首位,始终绷紧导向这根弦,讲导向不含糊,抓导向不放松。这一系列深刻论述,全面阐明了坚持党性原则的理论依据和原则要求,丰富发展了马克思主义新闻观,具有很强的现实针对性,是党的新闻舆论事业健康发展必须坚持的根本理论观点。

习近平总书记关于新闻舆论工作必须坚持党性原则的重要论述,内涵丰富,思想深刻,博大精深,实际管用,需要我们深入持久、经常反复地学习和领会,并注重把这些基本要求、基本原则具体化,把学习同推进新闻事业发展、促进新闻舆论工作创新结合起来,更好地学以致用、指导实践。

社会主义核心价值观大众传播的现实情境与未来走向[①]

薛一飞 邢海晶

社会有机体论认为，社会的核心价值观乃社会有机体之灵魂，具有凝聚社会共识、规范社会行为、调动社会资源、维护社会稳定、推动社会发展之功能。而社会核心价值观功能的发挥则以核心价值观的有效大众传播及逐渐内化为大众的广泛认同为前提。其中，传媒技术是影响传播效果的重要变量。传统传媒技术所构建的传播者与大众之间主—客单向灌输的传播格局正受到网络新媒体的冲击。网络视域下，社会核心价值观能否嵌入传播者与大众主体间双向互动的新型网络传播格局，成为其能否实现大众化目标的关键。而社会主义核心价值观的价值旨归是对大众的主体性尊重，这就决定了其本身与主体间双向互动的网络大众传播格局的高度契合性。因此，遵循网络传播规律，探索网络大众传播的实现路径，已成为社会主义核心价值观大众化的必然选择。

一、网络带给社会核心价值观大众传播的格局变迁

当前，网络传播的兴起已成为社会主义核心价值观大众化必须面对的现实。"我们所有的人都通过'媒介'活动来了解我们所在世界中的事件。"[②]继报纸、广播、电视

[①] 本文主体部分以同名论文发表于《马克思主义研究》2018年第9期。基金项目：2014年国家社科基金一般项目"宗教网络传播对大学生信仰的影响及对策研究"（14BKS116）、2017年四川大学中央高校基本科研业务费青年学术人才项目"宗教网络传播对少数民族大学生信仰的影响及对策研究"（skqx201733）、四川大学一流学科建设：马克思主义原理与中国特色社会主义基本理论与实践问题方向（18SYL001）。

[②] 吕西安·斯费兹：《传播》，朱振明译，中国传媒大学出版社，2007年，第100页。

等传统媒体之后,网络正在成为人类获取信息的主渠道。第 41 次《中国互联网络发展状况统计报告》显示:截至 2017 年 12 月,我国网民规模达 7.72 亿,全年共计新增网民 4074 万人,增长率为 5.6%,互联网普及率为 55.8%,网民人均上网 27 小时/周。[①] 置身于数字虚拟社会的大众对社会核心价值观的理性认知和信仰认同都必然受到网络的影响。

传播媒介是传播内容的载体,传播内容是大众传播质的规定性的直接呈现,而"传播效果的形成并不是单纯由所传播的信息作用的结果,传播行为和传播媒介本身都是形成传播效果的重要因素……在一定意义上,媒介所产生的影响大于内容所产生的影响"[②]。由此可知,传播媒介直接决定着社会核心价值观大众传播的时、效、度。那么,能否适应网络传播的快速发展态势,发挥网络大众传播机制的作用,推动社会主义核心价值观的价值旨归与网络大众传播信道(information channel)并轨,通过网络技术为社会主义核心价值观营造即时、高效、全覆盖的大众传播舆论场域(field),就成为社会主义核心价值观走向大众认同必须面对的现实问题。

在以互联、即时、去中心化为特征的网络大众传播虚拟结构空间中,立足主体性认识论的传统灌输法的有效性遭到极大的消解。只有解构传统媒介下的传播关系格局,剖析灌输法在大众传播过程中发挥效用的条件和运转机制,才能找准网络大众传播过程中灌输法失效的原因并探索有效的替代方法。在此将借助以网络(O)为原点的函数坐标系(如图 1 所示)清晰地呈现这一大众传播格局的变迁过程。

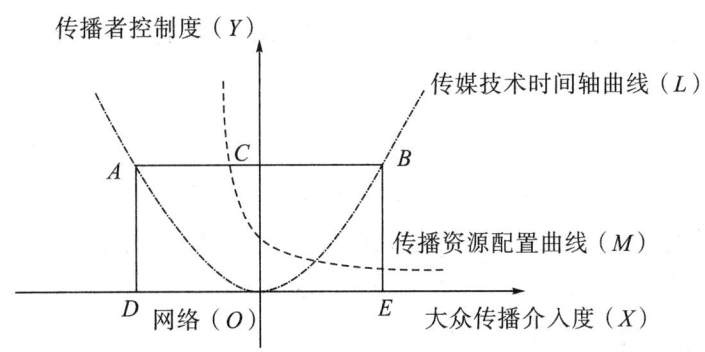

图 1 大众传播格局的变迁

灌输是马克思、恩格斯提出的经典大众传播方法。列宁也认为,先进的意识形态难以直接在人民群众的实践中产生并最终升华为自觉认同,"这种意识只能从外面灌输

---

① 《中国互联网络发展状况统计报告》(2018 年 1 月),http://www.cac.gov.cn/cnnic39/index.htm。
② 段京肃:《大众传播学:媒介与人和社会的关系》,北京大学出版社,2011 年,第 233—234 页。

进去"①。经过列宁的系统化,灌输法被认为是意识形态大众传播与教育最为有效的应然方法。而产生于特定的历史条件下,起步于单向度传播阶段的灌输法在前网络时代的大众传播中的确产生了强有力的效果。在前网络时代,以灌输方式推进社会主义核心价值观的大众认同,需要一个前提条件——传播者(国家和执政党)能够控制大众传播。正如传播学控制论揭示的,控制的基础是信息,一切信息传递都是为了控制。在前网络时代,传播者通过对(报刊、广播、电视等组成的)大众传播全天候全方位的管控,建构(shape)了一对一(one-to-one)或一对多(one-to-many)的超稳定传播格局。超稳定传播格局中的传播者处于话语权金字塔的顶端,掌控着社会核心价值观传播的决定权和资源。正如图1所示,坐标系中的传播资源配置曲线(M),在网络出现之前无限靠近传播者控制度(Y轴)。同时,传播者还以"把关人"的身份对传播全程进行监控,即时过滤滋扰社会核心价值观大众传播的各种"杂音"和"噪音",从而实现以自身的价值观强力整合社会意识,制造坚固的社会价值共识之目标。在这种灌输过程中,大众则被置于被动接受的客体地位。正如图1第二象限所示,由传媒技术时间轴曲线(L)任意一点A向传播者控制度(Y轴)和大众的传播介入度(X轴)做垂线分别相交于C和D点,则$ACOD$的面积就代表了前网络时代大众传播的超稳定结构,面积越大则超稳定传播格局下的灌输法效用也就越强。

超稳定传播格局中,信息在相对稳定与封闭的环境中流动。传播者控制了决定信息传播的流速、流量和流向的权力阀,单向灌输式的大众传播非常有效。然而,当大众传播进入网络时代,传播者"控场"的超稳定传播格局面临着传媒技术带来的革命性变革。

网络传媒具有传统大众传媒所欠缺的开放、互联、匿名、去中心化等典型性技术特征,这些特征直接分化了传播者在传统大众传播中的话语权和传播资源垄断力。如图1中的传播资源配置曲线(M),在网络传播时代逐渐向大众传播介入度(X轴)靠拢。面对多对多(many-to-many)②的开放式网络传播格局,强力控制网络信息传播所需的巨大成本超出了传播者的承受范围,全覆盖式的单向度灌输法已然失效。在网络传播权力结构中,大众的主体性得到了最大限度的彰显和尊重。如图1所示,$BCOE$的面积越大,则大众对网络传播的参与度越高,大众的主体性地位越凸显,社会核心价值观的大众传播越需要传播者和大众借助在网络平台上的平等沟通与互动走向价值

---

① 《列宁选集》第1卷,人民出版社,2012年,第317页。
② 史蒂文·拉克斯:《尴尬的接近权:网络社会的敏感话题》,禹建强、王海译,新华出版社,2004年,第32—33页。

观共识。

传统传播格局的解体打破了主体性单向度灌输方法的效用条件。在网络多元意识形态并存的状态下，要突破社会主义核心价值观的大众传播困境，需从哲学认识论层面检视单向度灌输方法失效的根源，重新界定社会核心价值观网络大众传播过程中传播者与大众的关系；在尊重网络大众传播机制的基础上，实现社会主义核心价值观大众传播方法论的更新以及方法论指导下的有效路径探索，以坚持其网络意识形态的主导地位，为最终达成全社会的核心价值观共识奠定基础。

二、网络视域下社会主义核心价值观大众传播的认识论反思和方法论转向

网络直接消解了社会核心价值观单向灌输式大众传播的有效性。要扭转这种态势，需从认识论层面切入，透析社会主义核心价值观网络大众传播的主体间关系结构，从而实现双向互动的方法论转向，并为具体路径探索提供指引。

灌输是源于主体性认识论的大众传播的方法选择。主体性（subjectivity）是作为主体的人在有目的的对象性实践中，有意识地调动资源并运用自身力量作用于客体，通过改造客体的实践结果而确认自我的规定性。单纯从语言结构分析"社会主义核心价值观大众传播"，很容易产生主体性"错觉"，即先入为主地预设传播者为主体，大众自然成为灌输的对象性目标。

而"社会主义核心价值观大众传播"的语言结构分析"误差"实为传播权力逻辑作用的结果。前网络时代的传播格局中，传播者与大众之间知识、权力、经济尤其是信息方面的不对称，决定了传播者在权力结构中的优势主导地位。传播者能够调动和配置传播资源，强力控制甚至垄断主流价值观传播市场，对大众进行高密度、高频度、单向度的价值观投放，以实现其强塑社会价值观共识的目标。人民群众在很大程度上成为蕴含传播者价值选择的灌输对象。这种主—客二元模式就是以主体性认识论解读社会主义核心价值观大众传播的直接反映，相应的方法选择必然是"行之有效"的单向度灌输。

然而，网络的出现分解了传播者的大众传播控制权。去中心化的网络技术所决定的平等关系结构赋予大众对价值观的主动选择权，为传播者和大众以数字化在场的方式进行"传播—接受—反馈—修正—传播"的信息互动，并在平等互动中达成社会核心价值观共识提供了沟通平台。随着网络大众的主体性被唤醒和尊重，传播者与大众之间只有通过网络沟通平台凝聚价值共识，由传播者主导的社会主义核心价值观才能

逐渐成为意识形态主流。①

在网络传播格局下,传播者与大众关系的变化呈现了哲学认识论由主体性到主体间性的转变。而以主体间性认识论对网络大众传播进行解析,则决定着社会主义核心价值观大众化的方法论选择及具体路径探索。

主体间性(inter-subjectivity)即"研究或规范一个主体怎样与完整的作为主体运作的另一个主体互相作用","是指主体之间在语言和行动上相互交流、相互理解和双向互动、双重融合的关系,是不同主体间在实践中形成的发展共识,通过共识关系表现的相关性和一致性"②。在主体间性认识论视野下,传播者和大众是平等的交往互动主体,平等享有独立的话语权,这就决定了双方能够按照自身的认知习惯、知识结构和实践需要在"视域交融"③中探寻并达成价值观共识。

本质上,网络推动的社会主义核心价值观大众传播的主体间性认识论转向并非单纯网络技术作用的客观结果,而是社会主义核心价值观价值旨归的彰显。

社会主义核心价值观的价值旨归在于整合社会意识,凝聚价值共识,指导人民群众以科学的价值准则规范并指导自身在改造世界的实践中推动社会全面发展。然而,科学的理论只有被群众掌握才会变成积极的物质力量。社会主义核心价值观只有经过有效的大众传播,涵化为人民大众共同的价值信仰,才能以人民群众为依托,实现自身改造世界的实践目标。可见,社会主义核心价值观引领社会价值发展方向并赢得大众认同的前提是承认人民群众的主体性,而网络媒介技术则极大地激发与尊重了人民群众的主体性自觉,这正是社会主义核心价值观的价值旨归与网络技术功能的高度契合,决定了其经由网络大众传播最终能内化为人民群众的自觉价值诉求和信仰。

尊重人民群众的主体性是社会主义核心价值观的价值旨归,而人民群众的主体性将自觉导向对社会主义核心价值观的理性认同,这是认知逻辑的必然结果。人民群众是历史的创造者,而社会主义核心价值观则是由人民群众在创造历史的实践中高度抽象而来的,被赋予政治伦理意蕴,是判定是非的一种价值取向和规范公共行为的系统化价值准则。人民群众主体性的最高层次的反映就是面对大众传播领域的多元价值观做出独立、科学的选择,尤其当网络打破了信息封闭流动的超稳定传播格局,大众传

---

① 卢黎歌在《主导转化为主流是培育和践行社会主义核心价值观的关键》(http://newsxq.xjtu.edu.cn/info/1007/43322.htm)的访谈中,对主导价值观与主流价值观的区别进行过辨析:主导价值观是指统领、引导全局,推动整个社会发展的价值观,通常是指国家运用行政权力、宣传机器所倡导的价值观。主导价值观在本质上是体现统治阶级意志和价值目标、价值取向的价值观。主流价值观是指符合时代发展趋势,得到社会多数成员所认同、所赞赏、所践行的价值观,具有民众性、大众化的特点。
② 姜建成:《科学发展观:现代性与哲学视域》,江苏人民出版社,2008年,第193页。
③ 汉斯-格奥尔格·伽达默尔:《真理与方法(诠释学I)》,洪汉鼎译,商务印书馆,2010年,第434页。

播走向没有边界的开放虚拟空间时，再也没有"任何一种力量能够强制处在健康清醒状态的每一个人接受某种思想"①。传播者以社会主义核心价值观作为凝聚社会共识的价值基础，指引大众实践的价值目标，规范大众行为的价值准则，只有还原社会主义核心价值观的价值旨归——尊重人民群众的主体性，秉持开放平等的网络政治心态，让人民群众在实践中自觉自主地进行比较和评判，人民群众对社会主义核心价值观科学性的认识才会更加深刻，才会由理性认同走向信仰自觉。

由此可见，主体间性是由社会主义核心价值观的价值旨归决定的，以网络传媒技术变革为线索，以大众传播格局重构为背景，是传播者与大众关系再定位的哲学认识论的必然向度。网络技术倒逼传播者放弃主体性思维下的单向灌输法，使大众传播向主体间性认识论下的社会主义核心价值观的价值旨归还原。主体间性认识论下的社会主义核心价值观大众传播将实现网络技术实践和哲学认识论内核在元意义上的高度契合。

网络视域下社会主义核心价值观大众传播主体间性认识论的转向，反映在实践上则是双向互动的方法论选择。哈贝马斯将主体间性阐释为主体之间以交往行为为媒介的相互作用关系，而交往行为的"目标是导向某种认同，认同归于……两相符合的主观际相互依存"②。这是从双向互动的方法论视角对主体间性做出的界定，并且指明了双向互动方法论指导下的交往互动将促成主体间的价值共识。主体间性认识论下的社会主义核心价值观大众传播也理应从单向灌输的强制接受走向交往对话的理性认同。

以此审视开放平等的网络传播，大众早已跳出传统灌输法制造的"沉默的螺旋"，"草根"民意、公知卓见、精英见地都已通过网络直达"庙堂"，并在相互碰撞与交融中凝聚成核心价值共识。传播者则应本着"理论只要说服人，就能掌握群众；而理论只要彻底，就能说服人"③的价值自信，通过双向互动，将大众的"创造力诱导出来，将（他们）的生命感、价值感'唤醒'"④，在自我价值的实现中将社会主义核心价值观逐渐升华为全社会共同的信仰自觉。因此，如果说主体间性认识论转向是网络催化作用下社会主义核心价值观大众化的必然向度，那么双向互动就成为与主体间性认识论相配套的方法论的必然选择。

社会主义核心价值观大众传播本质上是一种思想政治教育行为。思想政治教育之内涵在于："在交往实践的意义上，只有当教育者和受教育者真正发生了实质性互相影响和互相作用，真正有了双方创造性、能动性的显现，我们才能说开始了真正意义上

---

① 《马克思恩格斯选集》第3卷，人民出版社，2012年，第463页。
② 尤尔根·哈贝马斯：《交往与社会进化》，张博树译，重庆出版社，1989年，第3页。
③ 《马克思恩格斯选集》第1卷，人民出版社，2012年，第9页。
④ 鲁宽民：《网络思想教育价值论》，社会科学文献出版社，2014年，第214页。

的教育过程。"① 以此观照网络视域下社会主义核心价值观大众传播的主体间性认识论转向与双向互动方法论选择,就是在网络公共领域中扬弃主体性认识论与灌输方法论,在传播者和人民群众之间重构开放平等的交往互动关系,让广大人民群众主动选择、认同并自觉信仰和践行社会主义核心价值观。

三、网络视域下社会主义核心价值观大众传播的有效路径探索

传媒学者麦克卢汉认为:"一个时代的媒介决定了该时代的本质,电子媒体将给我们的社会带来革命。"② 网络视域下,虽然大众传播边界无限拓展,但大众传播机制却有序可寻。在双向互动的方法论指引下,推进社会主义核心价值观网络大众化,需要重新界定传播者和大众的关系以及传播的功能;将社会主义核心价值观传播于网络之中而践行于网络之外;在视域的交融中谋求价值共识;通过外在制度保障和内在媒介素养提升相统一,为人民群众营造风清气正的网络传播,让社会主义核心价值观成为人民群众的主动和必然选择。

(一)将尊重人民群众主体性与坚持传播者大众传播主导权相结合

网络视域下,社会主义核心价值观要由主导发展成为主流意识形态,本身就蕴含将传播者主导权与人民群众主体性相结合的要求。这对传播者的传播理念和技能提出了更高要求。

在尊重人民群众的主体价值选择中引导全社会的社会主义核心价值观理性认同,传播者尤其要戒除学术名词满天飞的精英化和官方话语满堂灌的贵族化模式。要在增强网络信息资源驾驭能力的同时,提高网络舆情研判水平,讲求引导艺术,从人民群众的认知特点出发,适应网民碎片化、浅显化、感性化等网络阅读习惯,运用网络传媒新技术,以图文并茂、简洁通俗的网络语言,"接地气"的网络热点和"萌态亲民"的表情符号、VR主体融入技术来丰富社会主义核心价值观的传播方式和形式。通过嵌入式的软性传播增强社会主义核心价值观的亲和力和人民群众的价值归属感,推动社会主义核心价值观网络大众传播由知识形态向信念体系转化,并最终内化为人民群众的自觉信仰。

---

① 张耀灿:《思想政治教育学前沿》,人民出版社,2006年,第207页。
② 理查德·韦斯特、林恩·H.特纳:《传播理论导引:分析与应用》,刘海龙译,中国人民大学出版社,2007年,第471页。

然而，尊重人的认识规律，以网络传媒开启大众的感官兴趣，不能单纯为了迎合大众的感性体验或部分人的低级趣味而忽视社会主义核心价值观的价值深度。所以，尊重人民群众的主体性要与坚持传播者的主导权相结合。传播者要清醒地认识到人民群众在价值鉴别力和信仰自觉性维度上的不足，坚持社会主义核心价值观的原则性和方向性不动摇，不能以稀释社会主义核心价值观的价值浓度为代价赚取网络点击率，使其沦为网络意识形态浮萍。传播者要遵循互联网的幂率法则，承担网络意见领袖的责任，将高势位的社会主义核心价值观通过少数网络中心节点辐射至整个网络，在提高大众的网络逻辑推理、辩证分析等理性认知能力的过程中提高其价值品位、审美和鉴赏水平。要锤炼网民大众检视自身价值观的自省品质，引导其改变潜意识中无知、偏狭、盲目地以自我为中心的认知模式。要在尊重人民大众价值选择的独立自主性、目的自律性的基础上，促使他们的价值认同坚定地向社会主义核心价值观靠拢。

（二）将社会主义核心价值观传播于网络之中而践行于网络之外的反馈机制运用好

"一种价值观要真正发挥作用，必须融入社会生活，让人们在实践中感知它、领悟它。"①知行合一是重要的教育规律，也是实践论的重要内容。只有将网络涵化和线下实践检验相结合，社会主义核心价值观才能实现内化于心和外化于行的有机统一。社会主义核心价值观的大众传播要尊重人民群众的主体性，而人民群众主体性的确证方式就是社会实践本身。所以，社会主义核心价值观网络大众传播的出发点在于网络宣传和教育，而落脚点却是在生活化的实践中升华人民群众的核心价值信仰。

对习惯于网络化生存的大众而言，传播者需从网民普遍关心、需要解决的实际问题与思想困惑出发，搭建社会主义核心价值观线上涵化与线下实践的反馈链。以网络调动和凝聚广大人民群众践行社会主义核心价值观的正能量，通过融合网络和社会生活话语，让更多人与社会主义核心价值观同频共振，建立"网上察民意、网下解民忧"的网上网下反馈强化机制，通过丰富多彩的实践活动验证社会主义核心价值观的科学性和先进性，提升人民大众对人、社会和国家在价值目标统一性上的认知和认同，进而把这种认知和认同转化为整个社会的价值准则和行为规范。

对传播者而言，社会主义核心价值观的大众传播"不要去译解，而是去行动，使那译解（阐释）变成一场'改变世界'的变革"②。这是启示作为传播者的主体核心力

---

① 《习近平谈治国理政》，外文出版社，2014年，第165页。
② 雅克·德里达：《马克思的幽灵：债务国家、哀悼活动和新国际》，何一译，中国人民大学出版社，1999年，第45—46页。

量——广大党员干部，社会主义核心价值观不仅要在网络中唱响，更要在全心全意为人民服务的实践中践行。要走好网上群众路线，带着网上民意，深入群众生活，在为民解忧中诠释社会主义核心价值观的时代意蕴，拓展社会主义核心价值观的理论疆界，释放社会主义核心价值观的价值魅力，充分发挥自身示范效应，启迪大众对社会主义核心价值观的信仰自觉。要通过将社会主义核心价值观传播于网络之中而践行于网络之外的反馈机制，使传播者与人民大众在理论诠释、实践验证、价值求索的互动中，实现执着于真理的价值实践目标。

（三）在传播者与人民大众的"视域交融"中设置社会主义核心价值观网络议程

传播学议程设置理论认为"新闻媒体远远不止是信息和观点的传播者。也许在多数时候，它在使人们'怎样想'这点上比较难奏效，但在使受众想什么上十分奏效"①。前网络时代，传播者通过单向灌输可以决定大众想什么。但在网络中，传播者只能通过双向互动来引导大众想什么。而共同的话题则是双向互动与沟通的前提。如果传播者只是滔滔不绝地倾泻自己的价值观，其结果只能是"官对民"失语。而传播者设置的核心价值观议程如果能与大众"视域交融"，就会促成整个社会的价值共鸣。正如伽达默尔所言："不是使另一个人受制于我们自己的标准，而总是意味着向一个更高的普遍性的提升……'视域'这一概念本身就表示了这一点，因为它表达了进行理解的人必须要有卓越的宽广视界。"②

由此观之，社会主义核心价值观的网络大众传播，需要传播者以开阔的视野选择能够触动大众视觉神经、激起大众情感波澜、引发大众精神回响的话题，通过资源共享、平等对话的网络平台，在与大众的互动中慢慢形成交融视域。传播者要在"视域交融"的基础上推动"价值的融合"，将社会主义核心价值观大众传播与网络大众崇尚先进、积极向上的自我价值实现相结合，努力提高具有社会主义核心价值观高附加值的网络文化产品供给能力，通过打造一批弘扬爱国主义、倡导公平正义、体现诚信友爱正能量的网络文化品牌，唱响社会主义核心价值观网络主旋律。同时，也要正视网络中价值观多元化的现实，在交流与沟通中既坚持真理，又倾听彼此的观点，准确把握大众的思想共鸣点，弥合分歧、扩大认同，在传播者与大众间形成良性网络舆论引导合力，通过双方融洽的对话建构价值共享的网络世界，最大限度地达成"视域交融"

---

① 斯坦利·巴兰、丹尼斯·戴维斯：《大众传播理论：基础、争鸣和未来》，曹书乐译，清华大学出版社，2004年，第307页。
② 汉斯-格奥尔格·伽达默尔：《真理与方法（诠释学I）》，洪汉鼎译，商务印书馆，2010年，第431-432页。

的价值共识。

（四）完善社会主义核心价值观网络大众传播的软硬双重保障

社会主义核心价值观的重要功能之一是为社会提供行动价值准则，保障社会规范、有序发展。然而，网络信息资源的超载，开放而不规则的传播使网络社会呈现不确定性和失序的"熵"状态。能否走出"熵"状态直接关系到社会主义核心价值观网络大众传播目标的实现。借鉴耗散理论，针对这种状态，制度保障和媒介素养提升两个变量的引入是使网络系统的信息组织和传播获得负熵，从时间、空间和功能上走向健康有序发展的关键。

社会主义核心价值观的科学内涵决定了其高势位价值观的定位。社会主义核心价值观在与其他价值观的碰撞与冲突中必然能够在大众认同中走向异质性价值观集合的中心。但是，这种必然性有一个前提条件——开放、公正、平等的网络意识形态对话空间。从现实来看，法律制度刚性的外在规范是保障网络大众传播开放、公正、平等秩序的底线。社会主义核心价值观传播者要保障网络大众传播制度有效供给，通过完善《互联网信息服务管理办法》《信息网络传播权保护条例》等网络监管法规，积极预防网络传播失范行为，加大惩罚力度。完善网络大众传播的法律规范，加大执法力度，目标在于培养广大网民的法治观念，"弘扬社会主义法治精神，建设社会主义法治文化"，形成"全民自觉守法、遇事找法、解决问题靠法"的法治氛围[1]，以掌握网络传播主动权，形成以法律为保障的开放、规范、自由的互联网传播秩序。应在尊重多元价值并存的前提下，对各种困惑、疑问以及挑战给予有法可依的理性回应，从而为社会主义核心价值观网络大众传播提供制度性保障。

正所谓"道之以德，齐之以礼"。法律制度是刚性外在规范，大众素养则是柔性的内在约束。良性的网络大众传播秩序，既需要传播者法律制度供给的保障，也需要人民群众媒介素养的提升。只有在全社会树立起网络权利与义务意识，将法律规范和社会核心价值内化为人民群众自身的社会责任感和行动目标，引导全社会自觉遵守《互联网新闻信息服务自律公约》，提高网民科学的网络评价能力，培养网民健康的网络使用习惯，建立牢固的精神屏障，共守网络舆论传播的"七条底线"，以增强网络大众对网络不良信息的免疫力，使其自觉抵制网络三俗传播，才能营造网络社会分享科学价值观的良好环境。

---

[1] 《中共中央关于全面推进依法治国若干重大问题的决定》，人民出版社，2014年，第26页。

新时代文化自信的应然性、规范性和超越性之价值属性论析[①]

邓宏烈

文化研究的根本在于对文化本质深层次的揭示和把握。习近平总书记在党的十九大报告中指出:"文化是一个国家、一个民族的灵魂。文化兴国运兴,文化强民族强。没有高度的文化自信,没有文化的繁荣兴盛,就没有中华民族伟大复兴。"[②]文化自信不是抽象的精神表现和模糊的价值判断,文化自信的核心是对价值观的自信。在习近平新时代中国特色社会主义思想这一当代中国马克思主义的指引下,在我们迈向中华民族伟大复兴的历史征程中,文化自信再次凸显其重要意义。之所以如此,在于其历史逻辑是推动新时代社会主义文化事业繁荣兴盛的必然性命题,在于这一命题的价值属性、基本前提、反思维度、核心观念等与我们中华民族的历史继承、时代创新、社会发展,与我们的国家富强、民族振兴、人民幸福深深结合在一起。

一、文化自信是中华民族最深层的精神追求和独特的精神标识

"文化"在中文里的最初表述为"人文化成",源自《周易》"观乎人文,以化成天下"[③]。李亦园阐释道:"其意义在鼓励人们发挥人文素养,提升道德精神,发扬艺术创造,并进而以这些人文的成就来教导民众、转化世俗,使成为有文明而尊重人性的社

[①] 本文发表于《思想战线》2019 年第 3 期。基金项目:四川大学中央高校基本科研业务费项目"网络与数字时代增强中华文化全球影响力的实现途径研究"(skgszd-09)。
[②] 《党的十九大报告辅导读本》,人民出版社,2017 年,第 40 页。
[③] 黄寿祺、张善文:《周易译注》,上海古籍出版社,2004 年,第 174 页。

会。最早把'人文化成'转化为'文化'一词的是汉代的刘向，他在《说苑》一书中有一句话说'凡武之兴，为不服也；文化不改，然后加诛'，其所指教化的意义也是一样的。"① 这就是说文化的本质在于教育民众，培养社会成员高尚的思想道德品格，或引领民族精神的飞升。黑格尔（G. W. F. Hegel）认为："在精神形态发展的每一个阶段上的形式文化，不但能够生长，而且必须生长、成熟，同时这一个阶段在发展着它自己成为一个国家，并且在这个文明的基础上进展到理智的反省和思想的各种普遍形式——如像进展到法律一样，就是关于其他一切也全都如此。"② 可见文化在民族的精神构建、道德养成、思想培育、科学发展、文明进步乃至国家形成的过程中起着不可替代的重要作用，可以说文化是造就人类社会的基石。文化伴随人类社会产生，又在人类社会的发展演变中不断丰富，臻于完善，潜移默化地塑造着社会成员的人文素养以及整个社会的思想道德水准和精神文化风貌。

文化自信需要文化自觉精神的弘扬，脱离文化自觉精神的文化自信不符合文化形成、成长、进步与繁荣的发展逻辑。关于文化自觉，费孝通晚年在对人类社会进入世纪之交的人文价值进行再思考时做了定义式的解释，即文化自觉是指"生活在一定文化中的人对其文化有'自知之明'，明白它的来历、形成的过程，所具有的特色和它的发展的趋向，自知之明是为了加强对文化转型的自主能力，取得决定适应新环境、新时代文化选择的自主地位"③。费老的这一文化自觉论精辟地阐明了文化自觉的社会意义和价值指向，即生活在一定文化中的人对自己文化的知晓、赞美、展望与自信的态度和境界，以及放眼文化发展的胸怀和视野。他希望人们看到文化自觉的重要，看到这是人类美好前景所依托的基础。④ 这其实就内含了文化自觉精神的要义。我们可以这样认为，文化自觉精神是文化主体或文化承载者对自己民族或国家历史文化的精髓、要义的认可与坚守，是对人类根脉相连的道德期许的展望。

怎样认定中国文化的根脉，这是一个需要沉下心来认真思考与深究的问题。劳思光曾在其《中国文化要义新编》中对此有一简明精辟的阐释。首先，劳先生从文化的普遍意义上讲明文化的出现及其自觉性，或即文化精神、文化自觉精神。他认为，我们知道任何一个群体或个体，自然一定存在于一组经验条件中——这可以包括自然环境，以及某些由环境引生的事实。这种生活基本上是"被决定的"，因此是非自觉的生活，也可以称为"自然生活"。"文化"之严格意义在于自觉性。因此，当某一群人对

---

① 李亦园：《文化与修养》，九州出版社，2013年，第3页。
② 黑格尔：《历史哲学》，王造时译，生活·读书·新知三联书店，1956年，第109页。
③ 费孝通：《文化与文化自觉》下册，群言出版社，2012年，第544页。
④ 费孝通：《文化与文化自觉》上册，群言出版社，2012年，第287页。

其自然生活提出某种自觉的态度时，我们便说，这里有一种精神方向，也即一种文化出现。由此形成的文化特性，即指文化精神的方向，它以自觉性为基础。确切地说，人类历史的内容基本上是人类自觉活动（以价值意识为中心）与自然事实的复合体。一切文化问题之所以产生，皆由于这种自觉的成素运行于人类实际生活中。① 其次，劳先生对中国文化的自觉性或自觉精神做了相当深入的论证。他指出，中国历史至周代，方进入自觉时期。周以后方有文化精神出现。周人所提出的自觉态度有两点特色。第一个是强调人生一切问题应由人自身作主，这可以称作"人本"的观念，表现周人对原始信仰的态度。第二个是深信万事都应当纳入一种秩序，这种秩序观念即表现为周之礼制，后世简称为"周文"。将这两点合起来看，恰恰一个是有关"人"的地位的，另一个是有关"文"的重要性的。因此，有人将周人这种精神或态度称为"人文主义"。后来孔子所建立的儒学可说是周文的发展。孔子所代表的精神正是以"人文"为根本方向的。他一方面强调自觉的自我之最高主宰性，另一方面又强调秩序与正当观念。这样，在哲学上便有了以"仁、义、礼"为支柱的儒学理论，其在文化精神上即显现出"重德精神"。"重德精神"的意义可以从两方面了解。第一是以自我为价值之源，因此自我之实现价值，不依赖外在之"神"或"物"。第二是以世界为实现价值之场所，即对一切事只求符合"正当性"，不关心事象本身，因此即只问理之是非，不问事之成败。这两点即构成儒学的德性观，也是"重德精神"的特色。孔子的重德精神不仅成为中国哲学之主流，而且成为中国文化生活之主要支配力。所以总摄地看，我们可以说中国文化精神以儒学的重德精神为主流，以道家超越精神的各种变形为旁支，此外尚有来自印度的佛教思想。② 余英时认为我们分析中国传统的社会理论必须注重有价值自觉能力的个人，而每一个人的内心自觉，使个人的修养或修持成为关键所在。如果说中国文化具有"人文精神"，这便是一种具体表现。③ 张岱年在论述中国哲学的基本观点与基本倾向时认为："原始人不分人与自然，是原始思想，后来区分了人与自然，是原始思想的否定，而中国哲学所谓天人合一，则是否定之否定。中国哲学家认为肯定天人合一才达到人的自觉，这可谓高一级的自觉。把人与自然界区别开，是人的初步自觉；认识到人与自然界既有区别也有统一的关系，才是高度的自觉。"④ 陈来认为中国优秀传统文化的连续传承，很大程度上要归功于儒家的文化自觉。⑤ 张岂之对

---

① 劳思光：《中国文化要义新编》，香港中文大学出版社，1998年，第307—311页。
② 劳思光：《中国文化要义新编》，香港中文大学出版社，1998年，第307—311页。
③ 何俊：《余英时学术思想文选》，上海古籍出版社，2010年，第204页。
④ 张岱年：《张岱年自选集》，首都师范大学出版社，2008年，第525—526页。
⑤ 陈来：《陈来儒学思想录》，华东师范大学出版社，2016年，第116页。

《论语》中孔子所言"人能弘道,非道弘人"①有精当的解释,他认为这八个字表述了中国思想史上最早的自觉性,认为人有发现和宣传真理的能力。很明显,这样的自觉是理性的集合,它追求的不是个人的富贵尊荣,而是强烈的历史使命感。②以上这些论述和阐释对我们领会中国文化的深刻内涵,树立文化自信或文化自觉精神的意识具有很好的指导意义。我们至少可以据此就中国文化的根脉或精神源流做出这样的认定:一是中国文化的自觉性或自觉精神有着很长久的历史,这符合中国文化数千年来绵延不断、传承至今的文化特性;二是中国文化重人文,兼修于个体追求内心世界的完美与个体对于外部世界至善秩序的舒张;三是中国文化具有集儒释道于一体的文化特性,体现出和、美、善的高度统一,这三者的完美结合表现了中国文化的深厚底蕴。

人类文化有着共同的本性,无论讲什么语言,信仰什么样的宗教,推行何种社会制度,一个民族对生命的尊重和敬畏都是改不了的,世界的完美是因为生命的存在。而世界的完美是没有标准模式的,故人们只是在朝着一个预设的美好目标前行。歌德(Johann Wolfgang von Goethe)说过:"如果人类健康的天性是作为一个整体在起作用,如果他觉得处在世界中就跟处在一个宏大、美丽、庄严、宝贵的整体中一样,如果和谐的愉悦为他提供一份纯洁、自由的惊喜,那样的话,宇宙假使能够感觉到自己,就会如同抵达目的地般地欢呼起来,欣赏自身发展与本质的顶峰。"③这是歌德假设的人类通过奋斗所愿达到的最高境界。这样,一个完美的人的形象就包裹在一幅无与伦比的艺术品中,镶嵌其中的是体现人的美德、秩序、和谐的本质所在。这和中国文化的和、美、善的精神实质有着异曲同工之妙,表达了最为美好的思想感情。可以这样认为,在今天的中国,我们所能赋予新时代最真最美的思想感情就是对中国文化的坚定的自信。这种生长在中国土壤里的文化自信,正如习近平所言:"是更基础、更广泛、更深厚的自信。在5000多年文明发展中孕育的中华优秀传统文化,在党和人民伟大斗争中孕育的革命文化和社会主义先进文化,积淀着中华民族最深层的精神追求,代表着中华民族独特的精神标识。"④这样的阐释规定了新时代中国特色社会主义文化发展的远大目标与光荣使命,因为"在文化传统上说,世界没有一个民族有我们中华文化那样久长和丰富。我们中国人有责任用现代科学的方法来完成我们'文化自觉'的使命,继往开来地努力创造现代的中华文化,为全人类的明天做出贡献"⑤。

---

① 金良年:《论语译注》,上海古籍出版社,2004年,第192页。
② 张岂之:《中国思想史》,西北大学出版社,2012年,第47页。
③ 歌德:《歌德文集·论文学艺术》(10),范大灿等译,人民文学出版社,1999年,第414页。
④ 《习近平谈治国理政》第2卷,外文出版社,2014年,第36页。
⑤ 费孝通:《文化与文化自觉》上册,群言出版社,2012年,第290页。

二、文化自信是中华文化自觉精神开放包容的应然性结晶

　　文化是稳定、包容、开放性的体系。梁漱溟在论及中国文化的个性特征时指出："从中国以往历史征之，其文化上同化他人之力最为伟大。对于外来文化，亦能包容吸收，而初不为其动摇变更。由其伟大的同化力，故能吸收若干邻邦外族，而融成后来之广大中华民族。此谓中国文化非惟时间延绵最久，抑空间上之拓大亦不可及。"① 梁先生对中国文化之诊可谓中肯，道出了中国文化精、深、广、远、博的崇高境界与优越之处。在梁先生看来，中国文化是以意欲自为调和、持中和为其根本精神的。② 李亦园亦曾指出："我们认为中国文化中最基本运作法则是追求均衡与和谐……传统民间文化理想中的最完善境界，无论是个人的身体健康以至于整个宇宙的运作，都以此一最高的均衡和谐为目标。"③ 由此可见，两位文化大师对中国文化的相同的、精深的见解，说明中国文化已达到超越自我的境地，其成熟之至是我们引以为豪的文化自信的源泉。然而，正如德国社会学家西美尔（Georg Simmel）所言："我们人类的一切较高级文化，都悖论般地基于以下事实：随着文化的不断发展，为达到某个目的，我们必须经过越来越漫长、越来越复杂、充满坎坷和曲折的道路。人的文明程度愈高，他实现其目的的间接性就愈甚。"④ 这表明我们秉持文化自信的品格远未过时，而文化赋予自身的优秀品格是文化自信的基础与前提，文化自信是文化自觉精神开放包容的应然性结晶。文化自信，是我们在面向历史实现中华民族的伟大复兴、面向时代走中国特色社会主义道路、面向人民坚持以人民为中心的发展思想这三个层次所做出的积极回应，是中华民族对于民族自我价值实现、全民族自我超越的前景确信。

　　汤因比（Arnold Joseph Toynbee）在论及中国悠久的历史与丰富的文化传统时说："几千年来，中国人比世界任何民族都成功地把几亿民众从政治文化上团结起来，显示出这种在政治上文化上统一的本领，具有无与伦比的成功经验。"⑤ 汤因比这句话实际上谈到了中国文化的一个自我包容、自我发展的特性。文化自信的内在依据是我们的文化感知，也就是文化自觉，或可称之为民众或民族作为生存主体对其文化的背景语境的自我认知、自我确认和自我发展的确切观念。从历史发展来看，中华民族之所以

---

① 梁漱溟：《中国文化要义》，上海人民出版社，2011年，第9页。
② 梁漱溟：《东西文化及其哲学》，上海人民出版社，2011年，第63页。
③ 李亦园：《文化与修养》，九州出版社，2013年，第108页。
④ 格奥尔格·西美尔：《西美尔文集》，莫光华译，上海译文出版社，2006年，第1页。
⑤ 汤因比、池田大作：《展望二十一世纪》，国际文化出版公司，1989年，第294页。

创造了蔚为大观、丰富多彩、底蕴深厚的中华文化，形成了开放包容的文化品格，其中的原因就在于对五千多年优秀传统文化的坚守，就在于中国共产党领导中国人民进行伟大社会变革形成的理论与实践相结合的文化自觉，就在于社会主义先进文化的融会。所以新时代的文化自信是一种高度文化自觉下开放包容的文化品格的应然性结晶。

中华文化高度的文化自觉性与几千年历史积淀的开放包容的文化品格紧密相关。费孝通曾经指出："它（中华民族）的主流是由许许多多分散孤立存在的民族单位，经过接触、混杂、联结和融合，同时也有分裂和消亡，形成一个你来我去、我来你去、我中有你、你中有我，而又各具个性的多元统一体。"[①] 我们可以这样说，开放包容是我们这个多语种、多民族、多元化社会的重要价值之一。中华民族在岁月长河中形成的开放包容的文化品格的本质正是文化自信。从历史上看，强汉盛唐作为中国古代历史的鼎盛时期，其文化繁荣与各国不同类型的多元文化的交流是分不开的，同时这种繁荣也是文化自信最鲜明的体现。因为自信，所以敢于开放；因为自信，所以可以广泛包容各种类型的文化。近代中国因为屡屡受到外来压迫和侵略，民族自信心不断遭受创伤，社会发展也踟蹰不前，民生凋敝，在这种大背景下，国人难免产生文化怀疑，怀疑儒学，否定礼教，继而怀疑体制、宗教和所有的传统文化，这从根源上来说还是国力落后的影响。所以文化自信的提出既是文化自身顺应时代发展要求的历史回应，也是经济社会现实感召力对文化发展的道德要求。改革开放以来，随着我国综合国力和国际影响力的不断提升，我们的文化自信塑造工程在不断开展，我们有理由也有底气再次呐喊出文化自信的口号。从文化自信内在的阐释角度来看，应然性的自信是多方面的。实际上，无论是社会价值还是行为规范，中华民族优秀的传统文化一直存在于我们的日常文化生活之中。陈宣良曾说："由于中国文明有世界上最悠久的没有间断的历史，曾经创造过无与伦比的辉煌，这样一种文明自身传统中必定有最为稳固的自身逻辑。"[②] 信、孝、善、忠、仁等观念也一直呈现在我们的文化价值中。无论是制度文化层面、政治文化层面，还是社会文化层面，都是依据传统的基本的伦理观念来展开的，也是符合民间文化风俗习惯的。文化讲传承，传就是延续历史，承则是做出对应于时代的转换，也是我们最需要积极应对和思考的。

新时代对文化自信的自觉认知是在当今全球化语境下寻求中国话语权的一个具有必然性的时代性课题。冷战过后出现的世界经济日趋全球化、区域经济一体化、政治格局趋于多极化、信息传播多元化等时代特征，其主要的影响和带来的深刻变革是世

---

① 费孝通：《中华民族多元一体格局》，中央民族大学出版社，1999年，第3页。
② 陈宣良：《中国文明的本质》第1卷，上海人民出版社，2014年，第7页。

界主要国家在综合国力的布局比较中纷纷展开对文化话语权的争夺,文化软实力显得愈加重要。客观来说,我们很多优秀的文化内容也亟待开发和挖掘,物质文化遗产、非物质文化遗产的保护也需要引起重视。新时代文化自信塑造工程如何开展以及如何在世界大舞台展现蔚为大观、博采众长的中华文化新风采,是一个必然应现也是必须回应的时代性课题。

  法国著名结构主义人类学家克洛德·列维－斯特劳斯(Claude Levi-Strauss)曾指出:"文明史中曾经有些文化在历史长河中闪现出异样的光芒,但是,这异样的光芒并不必然地出现在独一无二的发展道路上,也不是永远在同一个方向进行的。"①列维－斯特劳斯是为阐明某一民族在某一时候暂时的优越性对民族前途并不具有决定性意义而做此论证的。在中国近代历史上,中西文化互相冲击,中华优秀传统文化的坚守者与西方文化思想的鼓吹者展开激烈的争辩,他们恪守中华文化本位,以自己的拳拳爱国之心和坚实的学问对传统文化进行阐述,为中华传统文化在世界文化中的影响与传播做出了贡献。当今新时代构建人类命运共同体的文化自信应该是一种"各美其美""美人之美"的文化容忍精神。②习近平总书记在党的十九大报告中也指出:"要尊重世界文明多样性,以文明交流超越文明隔阂、文明互鉴超越文明冲突、文明共存超越文明优越。"③允许文化文明差异存在,保持多样性,却不深陷冲突而难以自拔,既是中国文化的追求,也是中国文化的实际成就。我们绝不否认和贬低其他国家的文化,因为文化是各有所长的。同样,我们完全有理由相信自己的文化之美,只有这样的文化自信才是繁荣新时代中国特色社会主义文化的应然性的精神牵引,才是真正自觉于中华民族伟大复兴实践的文化结晶。

三、文化自信是社会主义核心价值观的规范性思考

  人类创造文化,又被文化所创造。人类究竟在何种意义上讲是文化的产物,这应该就是对文化作为社会核心价值的规范性思考所应具有的视角。文化孕育着人类思想的形成、成长,培育着价值观的萌发、树立,引导着人们行为观念的养成、磨砺。习近平总书记在阐述社会主义核心价值观时指出:"核心价值观是文化软实力的灵魂、文化软实力建设的重点。这是决定文化性质和方向的最深层次要素。一个国家的文化软

---

  ① 列维－斯特劳斯:《种族与历史·种族与文化》,于秀英译,中国人民大学出版社,2006年,第75页。
  ② 费孝通:《缺席的对话——人的研究在中国——个人的经历》,《读书》1990年第10期。
  ③ 《党的十九大报告辅导读本》,人民出版社,2017年,第58页。

实力，从根本上说，取决于其核心价值观的生命力、凝聚力、感召力。"① 可见，文化自信反映了一个民族深厚的文化底蕴和人文素养，文化自信的核心是价值观自信。如果说文化是根，价值观就是魂，它书写着民族和国家久远的历史和生生不息的力量源泉，体现着整个社会的道德风尚和精神风范，规定着人们对社会整体价值的思维判断的基本走向。关于中国文化之精神价值，唐君毅之论述可谓精辟，他说："吾人如自内部探索中国文化精神之价值，吾人实可发现：中国文化精神，至少在一点上，实有其至高无上之价值。此即依于人者仁也之认识，以通天地、成人格、正人伦、显人文是也。"② 这是对中国文化精神价值的真实表述，其实质是在表达文化的精神价值对于社会人的规范作用。这说明，文化价值的最终意义是赋予人类对自身行为遵从于其道德规范的目的追求，文化自信就是对此内在价值的坚定认同。

习近平总书记在阐明"道路自信、理论自信、制度自信、文化自信"的论述中明确指出："文化自信是更基本、更深沉、更持久的力量。"③ 应然性的文化自信是面向历史、面向时代、面向人民的伟大实践的结晶。中国已进入新时代，"新时代"是新思想的鲜明标识。因此，理解文化自信思想的精神实质，首先要准确把握"新时代"的深刻内涵。过分狭隘的历史视角只会使文化自信变成文化自负，所以基于新时代的文化自信，我们需要对其做出时代性的阐释。德国哲学家叔本华（Arthur Schopenhauer）在讨论人生不同阶段的意义时，引述了法国启蒙思想家伏尔泰（Voltaire）曾经说过的话"谁不具有他的时代之精神，将会经历他的时代的所有不幸"④，以阐明我们人类的全部生命所具有的唯有现在，除此无其他崇高的、现实的时代意义。这就意味着文化自信作为新时代中国特色社会主义现代化建设的精神标杆，其具有的时代价值和思想引领作用尤为重要。文化自信不是抽象的精神表现和模糊的价值判断，而有其具体的规范性和规定性。基于新时代这个前提和背景赋予文化自信的核心内涵，即什么样的文化自信是对历史负责的，什么样的文化自信是有利于我们当前社会发展的，什么样的文化自信是人民真正所喜闻乐见的，我们需要对新时代的文化自信做出更具规范性的思考和规定性的表述。新时代语境下强调的文化自信不是对以往传统文化的简单自信，而是以优秀传统文化为基础，以多元化文化自觉包容开放为品格，以文化相通性

---

① 《习近平谈治国理政》，外文出版社，2014年，第163页。
② 唐君毅：《中国文化之精神价值》，台北正中书局，1953年，第476-477页。
③ 习近平：《结合中国特色社会主义伟大实践加快构建中国特色哲学社会科学》，《人民日报》2016年5月18日，第1版。
④ 叔本华：《意欲与人生之间的痛苦——叔本华随笔和箴言集》，李小兵译，上海三联书店，1997年，第141页。

精神为价值引领的文化自信。斯图尔特·霍尔（Stuart Hall）等人的研究表明："文化的一个必备因素是共享的、自然获得的知识。当我们说人们进入一种文化时，这意味着人们进入意义的共享地图，在这一意义地图中定位事物，理解事物，表达思想，交流想法。从文化的视野看，任何事物均具有'文化人工制品'的本质，因为它无不进入着意义的世界，是意义在一种文化中的广泛分享和认同。"[1] 也就是说，共享性的文化实质指向了我们思考或者赋予文化概念时的普遍认同感，我们应当在提炼文化价值观时做出大众层面普遍认同的意义赋予。这就需要我们把眼光转向文化研究的基础，也就是共享的意义及其社会实践下的文化。具体来说，就是在新时代大环境下去考虑文化价值观，这些规范性的思考和规定性的聚合展示了新时代我们所要弘扬的文化自信的本质与内涵。

新时代需要弘扬什么样的文化价值？什么样的文化是值得我们自信的？要回答这些问题，就需要基于整个新时代社会文化系统而建构的价值规范体系。近年来中国社会出现了一些反映社会道德倾向的问题，在很大程度上就是由于社会的文化价值取向出现了问题，沉醉于物质享受中的人们没有关于情操价值的文化共识。而理解这种文化共识的首要前提就是国家层面的规范，这也是社会主义核心价值观的规范性意义之所在。这就是说，中华文化作为以多元文化为背景的话语体系，所秉持和坚守的是一种积极的、平等的、向上的规范。我们在考虑新时代文化自信时，与其他某个国家或者某个民族的价值规范相比，我们所持有的价值观一定是适合这个以多元文化为背景的中国模式的，这也是中华民族的人文道统所要求的。规范性的文化自信是对新时代中国发展与中国范式做出的一种积极的、向上的阐述和描绘。当前，文化自信的内核就是对社会主义核心价值观的自信，故文化自信的建设要聚焦社会主义核心价值观。社会主义核心价值观也是社会主义制度文化的灵魂，是社会主义文化的精髓。我们提出社会主义核心价值观是着眼于时代特色与中国实际，是基于整个新时代社会文化系统而建构的具有规范性的价值规范体系。从逻辑层次上看，作为文化自信内核的社会主义核心价值观是对新时代所要弘扬的文化价值做出的规范性的聚合，是着眼于历史发展逻辑、时代发展要求、人民现实向往的融价值性、规范性、约束性于一体的新时代中国特色社会主义文化的精髓。

习近平总书记在党的十九大报告中指出："文化自信是一个国家、一个民族发展中更基本、更深沉、更持久的力量。必须坚持马克思主义，牢固树立共产主义远大理想

---

[1] 保罗·杜盖伊、斯图尔特·霍尔等：《做文化研究——索尼随身听的故事》，霍炜译，商务印书馆，2003年，第10页。

和中国特色社会主义共同理想，培育和践行社会主义核心价值观，不断增强意识形态领域主导权和话语权，推动中华优秀传统文化创造性转化、创新性发展，继承革命文化，发展社会主义先进文化，不忘本来、吸收外来、面向未来，更好构筑中国精神、中国价值、中国力量，为人民提供精神指引。"[1] 根据这个指导精神，我们要弘扬的文化自信是对习近平新时代中国特色社会主义文化的自信，首要的就是要始终坚持以马克思主义为指导思想，坚守理想信念，坚定走中国特色社会主义发展道路，树立强烈的文化自觉，强化主动的文化担当。所以坚定文化自信，其根本任务和最主要的路径就是要有效地推进社会主义核心价值观的培育和弘扬。在这一过程中，不仅要注重对社会主义核心价值观的宣传教育，而且要注重核心价值观在文化发展各领域与层面的融入贯穿。其主要措施可分为以下四个方面：第一，要将文化自信全面融入国民教育全过程和百姓的日常生活各方面，注重社会主义核心价值观在人们日常生产生活中的融汇，让价值观念带着人们的生活气息与人们的价值期盼追求连接在一起，尤其要发挥各级教育单位的主阵地作用，弘扬新时代社会正能量。第二，要将以社会主义核心价值观为核心的文化自信全面融入新时代文学艺术创作的全过程及各方面，坚持以人民为中心的创作导向，不断推出人民喜闻乐见的、体现文化自信的、富有灵魂的文化作品。第三，要将文化自信全面融入法治建设全过程的方方面面。如2018年1月正式执行的《中华人民共和国公共图书馆法》首先声明："为了促进公共图书馆事业发展，发挥公共图书馆功能，保障公民基本文化权益，提高科学文化素质和社会文明程度，传承人类文明，坚定文化自信，制定本法。"[2] 这充分体现出新时代文化自信已融入法治建设的基本精神。第四，要将文化自信全面融入全媒体制作和传播的全过程各方面，以新时代的视野，创新多样化的表达方式，利用新时代话语传播模式，优化文化自信传播的主体、客体、内容、方式、话语等构成要素，设计出社会主义核心价值观在媒体层面传播的最优路径和理想模式。用自信传播文化，用文化普及科学，用科学推动创新，使社会主义核心价值观成为人们在社会生产和日常生活中表达思想、调剂感情、规范秩序的价值观标尺。

四、文化自信走向文化自强繁荣发展的超越性展望

文化伴随人类产生，也必将随人类社会的发展进步而丰富自身的内容，在科学地

---

[1] 习近平：《决胜全面建成小康社会　夺取新时代中国特色社会主义伟大胜利——在中国共产党第十九次全国代表大会上的大报告》，人民出版社，2017年，第23页。

[2] 《中华人民共和国公共图书馆法》，中国民主法制出版社，2017年，第1—3页。

认知自身地位和作用中不断求得其适应人类的需要而通向更高形态的发展。文化的本质反映在人类认知世界的思维活动中就是突破原有的认识，建立一种崭新的体系以探寻世界的根源。康德（Immanuel Kant）在谈到文化的本质时运用目的论来加以阐释，他认为在自然界中，只有人能够形成一个"目的"概念，并且凭其理性为一群合乎目的的方式产生的事物形成一个目的系统，故我们可视为自然的目的。而使一个有理性者适合于达到任何目的的，便是文化。这就是说，康德是就人创造文化的能力，将人视为自然的"最后目的"。对他而言，历史意识是文化发展的结果，在"自然"与"文化"这一组对比概念中，历史无疑属于"文化"的概念。[①] 此种见解抱定文化自身超越的界限，其本质是人心或道德作用的结果，这是对人类把握文化发展方向的坚定认同。关于人类自身创造文化，文化是人类有目的的活动的行为或结果的观点，柴尔德（Childe）认为："人类的社会遗产（知识、经验与能力）并非从他的灵魂中的胚胎原生质遗传而来，而是在他出生之后从社会传统中习得。文化传统的变化都能传承、延续，靠的是创始人和继承人等有意识的行为和深思熟虑的选择。人类的发明创造并非源于胚胎原生质的偶然变异，而是将多年传统中所积累的经验重新合成。"[②] 柴尔德在这里是想阐明，自从有文化的人类社会开始，人类都是自己创造自己。柴尔德是相信人类能够依靠聪明才智把自身引向光明前途的。李亦园针对中国文化在未来世界中的竞争地位指出："从文化本身而言，我们自己拥有一个源远流长而内涵极为丰富的文化传统，在世界许多文化传统中是极具特色的一支，其间值得欣赏、值得发挥的成分很多。但是一个长远发展的文化传统总不免有其包袱负担，特别是面临西方文化以强大的气势加诸于全世界之时，整个局面都变了，这个时候我们必须有所适应，也应有所选择，哪一些文化特质是最有利于我们，哪一些是不利于我们竞争生存下去的，这是我们最应慎重从事之处。其实，比起别的民族来说，我们应该还算是幸运的，我们虽然在抛弃若干传统的文化之时受到痛苦、灾难，但是无论如何我们文化传统的库藏仍然丰富，可供选择适应的因素还是很多样化，在未来的竞争中我们可接收许多西方的文化特质，可是我们还有许多传统的资料可供采择而加与富丽。"[③] 据此而论，我们处在历史如此悠久、内涵如此丰富的文化传统的涵养中，这应该是我们文化自信的底气所在，也是我们走向文化自强繁荣发展的弥足珍贵的文化资源和精神财富。

文化自信本身便是在文化的人我相遇中、在开放的境遇与对话的语境中提出的反

---

① 康德：《康德历史哲学论文集》，李明辉导论，台北联经出版事业股份有限公司，2013年，第21页。
② 戈登·柴尔德：《人类创造了自身》，安家瑗译，上海三联书店，2012年，第15页。
③ 李亦园：《文化与修养》，九州出版社，2013年，第192页。

思性的哲学问题。我们在充分继承和发扬我国优秀传统文化的前提下，以历史与现实、共性与个性的结合为基调，厘清文化自信对中华民族走向伟大复兴时代的积极意义，探索多元文化背景下从文化自觉走向文化自信，最后达到文化自强繁荣发展的超越性展望，是具有重要理论意义和学术价值的。从文化本身的角度看，文化是具有超越性、创造性的生命体。从空间上来说，文化从来不是封闭自守的；从时间上来说，文化也不是停滞不前的。从本质上讲，新时代我们提出包括文化自信在内的四个自信的意义，就是着眼于未来，使人民建立起对于社会发展目标和方向的高度自觉意识与自我认同。我们的优秀文化被人民所掌握，被人民所运用，人民日用而自觉，自觉而自信，自信而自强，就是文化自信建设的最大成功，所以说全民族的文化自信塑造工程，是一项人民自我超越寻求终极文化意义的系统工程。

　　文化自信的意义，从哲学上探究，指文化超越自身的存在。文化之于其意义来说就是其外在形式或载体，是人类探索世界不可或缺的基本要素。文化自信的超越性意味着文化不是由那些我们所已经认知的文化而定，而是由我们对已有文化的解释而定的。马克思（Karl Marx）曾经指出："动物和自己的生命活动是直接同一的。动物不把自己同自己的生命活动区别开来。它就是自己的生命活动。人则使自己的生命活动本身变成自己意志的和自己意识的对象。"① 所以，人应当在自己的社会生产活动中赋予自身赖以生存的世界以文化意义。我们需要文化的氛围，进入新千年尤其是当下进入新时代更需要哲学文化的浸润。人类需要的不仅是作为知识的哲学文化，而且是富有创造性的文化，后者对于人类文明的进步与发展更具有积极意义和承接价值。这需要我们从时代着眼，从科学出发，从为人类着想的宽阔视野来认识文化自信的意义。正如卡西尔（Ernst Cassirer）所说："在我们现代世界中，再没有第二种力量可以与科学思想的力量相匹敌。它被看成是我们全部人类活动的顶点和极致，被看成是人类历史的最后篇章和人的哲学的最重要主题。"② 卡西尔是将科学思想看成人类文化最高最独特的成就而做此论断的，其中蕴含着人类文化自信的崇高目标和最终价值。这说明文化自信既是一个应然性的符号，又是一个超越性的存在。要认识文化自信的意义和价值，就要立足当下，着眼于其规范性所指向的时代先声，去创造富有文化意义的生活世界。这就是说文化自信的意义来自人类自身的创造，自信是一种超越自我而又还原于自我的创造性思维活动。

　　我们的文化自信是用具有历史洞察力的目光来关怀现实以映照未来。所以，文化

---

① 卡尔·马克思：《1844 年经济学哲学手稿》，人民出版社，2014 年，第 53 页。
② 恩斯特·卡西尔：《人论》，甘阳译，上海译文出版社，1985 年，第 263 页。

自信的超越性具体表现在三方面，即需求层次的超越性，文化生活的超越性和价值追求的超越性。

首先就需要层次的超越性而言，改革开放以来社会经济得到蓬勃发展，这造成人们过去被压抑的对于富裕物质文化生活的需求得到释放，这种现象在改革开放后得到普遍正视和认同。但是，市场经济下那种逐利普遍化的本性同样致使社会精神风气愈加"买卖化"，进而庸俗化、浮躁化，这是随着改革开放的深入而不可忽视的问题。所以新时代我们弘扬以社会主义核心价值观为本质的文化自信，就是以文化自信的超越性寄托超越现实功利主义的终极性文化关怀。新时代要求我们更加注重文化价值观的树立，从文化价值本身做出认定，对什么是崇高的追求做出说明并给出指导方法，这不仅有利于塑造社会文化和谐价值，更有利于提高人民的文化生活品质。

其次，就文化生活的超越性而论，新时代人们的文化实践活动实际上指向的是一个意义符号构建的文化的世界。马克思曾经鲜明地指出："在社会主义的前提下，人的需要的丰富性，从而某种新的生产方式和某种新的生产对象具有何等的意义：人的本质力量的新的证明和人的本质的新的充实。"[①] 新时代文化自信指向一个形式多样、意蕴高尚的文化生活，其超越性在于对人的行动发挥着动力和向导作用。不论何种文化理念都带有某种抽象性，从任意性到非任意性，本身就是文化符号社会化的过程，这也是文化符号贴上历史标签、烙上时代印记、体现人民追求的过程。文化的内涵随着社会和时代的变化发展而不断充实的过程，既有变化的一面，也有稳定的一面，尤其是稳定的一面的根源就是面向历史的内涵建构，其在对话和扬弃中达到一种更为普遍性的视域，从而使文化自信的符号建构和精神境界向更高层次的方向发展。这样的建构才会让人民有信仰，国家有力量，民族有希望。

最后就价值追求的超越性而论，信仰在人们的生活中发挥着支柱作用，回归"人"这个尺度，则是价值追求的超越性。资本时代的主要评价尺度是财富价值，一切其他道德层面以及精神层面的价值都变为财富的侍者，这是不符合我们优秀的传统文化的。中国是一个社会主义国家，其最高理想为实现人的自由而全面的发展。在现阶段的社会主义市场经济之下，我们应当充分认识到文化价值追求的超越性。人们在物质生活愈加丰富的情况下，精神信仰层面的空虚感就愈强烈，对文化自信的要求也就愈高，升华文化自信的使命感也就愈强。针对这一情况，我们需要对过去与未来、历史与现实、东方与西方有清晰的认识，把握不同文化传统之间的张力，塑造文化自信。所以说，新时代文化自信最重要的指向就是做出对人民走向更美好、更文明、更自信的中

[①] 《马克思恩格斯全集》第42卷，人民出版社，1979年，第132页。

华民族伟大复兴时代的一种超越性展望。

人类现实被看作社会文化关系的网络，而个人则是这一整体系统的功能。马克思在一百多年前就已清楚地认识到这一点，他指出："人的本质并不是单个人所固有的抽象物。在其现实性上，它是一切社会关系的总和。"①这就是说，人的本质是社会关系的反映。人既是文化的创造者，也是文化的消费者，人类生活在由文化关系构成的社会关系网络里，剥离文化属性的人类社会是不符合人类社会发展的基本规律的。没有了文化，思想也就坠落到了黑暗的深渊。普列汉诺夫（Plekhanov）曾经指出："思想并不是什么脱离现实世界而独立存在的东西。任何一个人的思想，都是由他对这个世界的关系所决定和丰富的。"②这说明由文化传播的思想在社会关系中存在的意义和价值是一个有机的统一体。故怀特（Leslie A. White）这样认为："文化是一种传统，它是世代相传的，而且同代人和近邻都可以横向地汲取它。文化由信仰、习俗、制度、工具、用品等等构成，它在人类每个有机体出生时就抓住他不放，用这种或那种方式塑造他们，使之成型。一个民族之所以具有某种社会组织形式，而不具有另一种社会组织形式，是因为作为生物机体，他们要对作为刺激物的不同文化要素组合做出反响和反应。"③中华民族生命机体中的中华文化要素应该是文化自信走向文化自强繁荣发展的必然反应。

五、结语

新时代文化自信有其内在的定力，我们在此文化定力的涵养中汲取营养，储备力量，肩负文化自信的担当精神、责任精神和使命精神。同时，对于文化自信，我们更应该具有内视文化感召力的真知灼见和外察文化影响力的远见卓识，因为"从文化长远的传承着眼，重新肯定人类作为文化缔建者的意义和价值。此一传统得以递嬗，文化得以历久的过程，属于人类一代一代的承担，无疑成为无可逃避的责任，而此一责任的履行，正是人的尊严所在"④。故我们在新时代树立的文化自信，其内涵和表现以及评价标准需要被赋予新的内容。这主要表现在要有基于内部阐释角度的三种属性、基于外部表现角度的三层描述、基于评价标准角度的三个面向这三个层面的理解上。首先，要有基于内部阐释角度的三种属性的思考，即文化自信应然性、规范性和超越

---

① 《马克思恩格斯选集》第1卷，人民出版社，1972年，第18页。
② 普列汉诺夫：《没有地址的信·艺术与社会生活》，曹葆华等译，人民出版社，1962年，第274页。
③ 怀特：《文化的科学——人类与文明研究》，沈原等译，山东人民出版社，1988年，第192页。
④ 恩斯特·卡西尔：《人文科学的逻辑》，关子尹序，上海译文出版社，2004年，序第23页。

性三个属性,是文化自信的价值属性。其次,要有基于外部表现角度的三个层次的描述,即新时代的文化自信是一种高度文化自觉下开放包容的文化品格的结晶,是引导人们思想道德观念的一种哲学思考,是对人民走向更美好、更文明、更自信的中华民族伟大复兴时代的一种展望。最后,要有基于评价标准角度的三个面向的反思,即面向历史、面向时代、面向人民三个层面的价值反思。没有面向历史,文化自信就变成了无源之水;没有面向时代,文化自信就变成了纸上谈兵;没有面向人民,文化自信就丧失了文化的真正主体和民族的未来。这三个面向也是我们塑造文化自信工程的现实出发点与根本落脚点。新时代"坚定文化自信,推动社会主义文化繁荣兴盛"的目标已经确定,我们理应"担负起新的文化使命,在实践创造中进行文化创造,在历史进步中实现文化进步"[①]。正如维特根斯坦(Johann Wittgenstein)所言:"一种文化犹如一个大型组织。它给每个成员分配一席之地,使这些成员按照整体精神进行工作,按照每个成员给整个组织做出的贡献来衡量他的力量,是完全公正的。"[②]这就是说,文化的表现是一种现象,社会的每一个成员都在文化现象的表现中扮演着角色,发挥着作用,影响着文化的发展,故我们需要的是按照新时代文化自信繁荣兴盛的目标找准自身的位置。只要我们抱定"文化兴国运兴,文化强民族强"的坚定信念矢志不移,五千年中华文明的优秀文化传统必将造就一个屹立于世界文明之林的文化强国。

[①] 习近平:《决胜全面建成小康社会 夺取新时代中国特色社会主义伟大胜利——在中国共产党第十九次全国代表大会上的报告》,人民出版社,2017年,第44页。

[②] 维特根斯坦:《文化和价值》,黄正东、唐少杰译,译林出版社,2014年,第8页。

思想政治教育视角下研究生职业能力构成及培养途径[①]

李栓久　吴宇　唐棣

研究生教育是我国高等教育人才培养的最高层次，培养和造就适应现代经济社会发展需要的拔尖创新人才是研究生教育的核心任务。当前我国的研究生教育"还不能完全适应经济社会发展的多样化需求，培养质量与国际先进水平相比还有较大差距"[②]。研究生的培养质量归根到底表现为学生的职业能力，因此，从关注学生在学校"学到了什么"到关注学生未来在社会"能够做什么"的视角转换，是高校主动跨越学校与社会的界限、积极满足社会需要的体现。厘清职业能力的内涵，从职业能力培养的各个环节入手规划研究生思想政治教育，是研究生思想政治教育工作主动适应新形势、积极拓展新途径的必然要求。

一、国内外对职业能力的研究及其启示

（一）国外对职业能力的研究

国外对职业能力的研究起步较早，取得了丰硕成果。自20世纪七八十年代以来，以欧美为代表的西方国家的教育及劳动部门、高校及科研机构、就业帮扶社团等公共部门就开始对青少年和高校大学生的职业能力培养开展专题研究，并在20世纪90年

[①] 本文发表于《思想教育研究》2014年第1期。基金项目：教育部2011年人文社会科学研究专项任务项目（高校思想政治工作）"大学生思想政治教育测评工作研究"（11JDSZ1001）。

[②] 教育部、发改委、财政部：《关于深化研究生教育改革的意见》，教研〔2013〕1号。

代形成了一股研究热潮。他们的典型研究成果是对职业能力内涵的解释实现了从"通用性能力"（genetic skills）概念向"可雇佣性能力"（employability）概念的嬗变。

从概念的发展沿革来看，西方教育及劳动部门主要将"通用性技能"界定为高校大学生在毕业时应当普遍培养起来的综合能力。通用性技能是站在教育机构立场，对学生加以培养的各种方法和措施。20世纪90年代以后，"可雇佣性"概念日益兴起。可雇佣性就是指提升毕业生初次就业、维持就业以及必要时重新就业的可能性的一系列素质。[1] 对"可雇佣性"的研究更多的是从劳动力市场需求即企业或雇佣单位的视角出发，强化了教育目标与劳动力市场实际情况之间的联系，期望通过研究劳动力市场的需求来选择和构建职业能力培养目标体系。例如，1997年11月，欧盟委员会在"为了建立一个知识欧洲"（Towards a Europe of knowledge）的会议上首次提出将"可雇佣性"概念作为一项新的人才培养标准[2]；1998年，英国工业联合会（Confederation of British Industry）又具体指出了"可雇佣性"是个人所具有的、能够满足雇主和教育消费者不断变化的需求的品质和能力，具有"可雇佣性"的素质能够帮助毕业生展示出就业的潜力和实现就业的愿望，建立起"可雇佣性"的模型[3]。2001年，经济合作与发展组织（Organization for Economic Co-operation and Development，OECD，简称"经合组织"）支持的"能力的定义和选择"研究项目（Definition and Selection of Competencies，简称DeSeCo.）也进一步指出，"可雇佣性"是以"通用性技能"为基础的，而一系列的"通用性技能"本身又由3种更加基本的能力演变而来：其一是能够独立自主地对不同情况做出有效反应的能力；其二是能够选择符合特定环境、适合解决特定问题的工具的能力，即交互式地使用工具的能力；其三是融入多样的社会群体并且找到发挥自身作用的空间的能力。[4]

同时，在研究通用性能力和可雇佣性能力的基础上，西方国家的一些劳工组织还构建起了复杂的职业能力测评体系。例如，1990年美国联邦劳动部所属组织——"达成必须技能秘书委员会"（Secretary's Commission on Achieving Necessary Skills，SCANS），经过一系列研究构建了美国学生职业能力的详细指标体系。[5]

---

[1] 宋国学：《基于可雇用性视角的大学生职业能力结构及其纬度研究》，《中国软科学》2008年第12期。

[2] European Union, "Toward a Europe of knowledge", 2013-9-30, http://europa.eu/legislation_summaries/other/c11040_en.htm.

[3] CBI, "Education and Skills Survey: How UK employers view the education system", 2013-9-30, http://www.cbi.org.uk/business-issues/education-and-skills/education-and-skills-survey/.

[4] OCDE, "Definition and Selection of Competencies (DeSeCo)", 2013-9-30, http://www.oecd.org/fr/edu/apprendre-au-dela-de-l-ecole/definition and selection of competencies deseco.htm.

[5] United States Department of Labor Employment Training Administration, "Secretary's Commission on Achieving Necessary Skills", 2013-9-30, http://wdr.doleta.gov/SCANS.

(二) 国内对职业能力的研究

相比国外对职业能力的研究,国内的研究起步较晚。现有的研究大多以大学生就业能力为研究对象,"缺乏可雇佣性视角中的就业能力和胜任能力的整合"①。宋国学作为国内较早关注职业能力研究的学者,通过实证研究把大学生职业能力分为专业技能(包括学术技能和应用技能 2 个因子)、沟通技能(包括口头交流、书面技能和信息技能 3 个因子)、个人属性(包括诚信、事业心、自我管理和积极主动 4 个因子)、学习能力(包括创造性、理解技能、记忆力和逻辑思维 4 个因子)和人际技能(包括社会技能、团队技能、赢得信任和影响他人 4 个因子)5 个维度、17 个因子。② 在国内,"职业能力"依然是一个新兴的、经验性的、描述性的概念,其最初的提出是基于中国高校毕业生在"初次就业"时的表现不尽如人意的社会背景。扩招后的大学生包括研究生逐渐失去了"天之骄子"的光环,其综合素质特别是职业能力未能得到全面提升,高等教育内涵改革面对社会对高素质人才的急迫需求显得相对滞后。"职业能力"概念在我国的初步提出和深入研究是高等教育反思"大学如何培养人"这一根本性问题的重要成果,也是高校由强调培养大学生的初次"就业能力"向培养适应未来职业需求、具有可持续发展潜能的终生"职业能力"的转变。

(三) 国内外对职业能力研究的对比及启示

相比之下,国外的职业能力构成中没有单独的专业能力,而国内关于就业能力或职业能力的研究中,专业技能却占据着比较重要的地位,这与我国学校教育长期以来注重知识传授的教育模式密不可分。同时,从欧美社会的演变轨迹来看,他们在职业能力构成中淡化学习领域和具体职业之间的联系,而更加注重通用知识和态度,这种变化是教育大众化形势下发展的必然。③ 当然,在职业能力构成中淡化专业知识和技能并不是否认专业培养的重要性,职业能力构成的诸多素质如学习能力、思维能力、创新能力等还有赖于在专业学习过程中积累和升华。

职业能力是一个人取得岗位、胜任工作并获得职业发展的一系列基本素质的总和,而这些素质正是当前素质教育和思想政治教育的传统领域。职业能力是决定学生未来发展的重要因素。当前,研究生的专业培养与思想政治教育如何有效衔接是研究生教

---

① 宋国学:《可雇佣性全面开发观对大学生就业教育变革的启示》,《现代教育管理》2010 年第 2 期。
② 宋国学:《基于可雇佣性视角的大学生职业能力结构及其纬度研究》,《中国软科学》2008 年第 12 期。
③ 宋国学:《可雇佣性全面开发观对大学生就业教育变革的启示》,《现代教育管理》2010 年第 2 期。

育的重要议题,基于提升研究生职业能力的思想政治教育可以有效地解决长期以来存在的研究生专业培养和思想政治教育"两张皮"现象,即用提升研究生职业能力来丰富传统思想政治教育的内涵,统领研究生综合素质的提升和专业技能的培养,为打造研究生的未来职业竞争力提供共同的保证和支撑。

二、研究生职业能力结构概念模型

要在研究生思想政治教育视角下培养研究生的职业能力,就必须首先定义"研究生职业能力"的概念和内涵构成。国外对"职业能力"概念的研究为我们界定研究生职业能力内涵和构成提供了重要的理论参考和借鉴。但要做好我国研究生职业能力的培养工作,还要明确其在中国职业环境语境下的具体内涵,这也是提高研究生职业能力,构建研究生思想政治工作和专业培养工作契合机制的必然要求。

2013年,教育部、发改委、财政部在《关于深化研究生教育改革的意见》中指出,要创新人才培养模式,"加强研究生职业发展教育和就业指导,提高研究生就业创业能力"[①]。研究生职业能力培养已经成为我国下一阶段进一步深化研究生教育改革的重要举措。研究生的职业能力是研究生教育界站在社会需要、行业需求和职业规范角度,提升研究生综合素质的社会性概念,其内涵必然包括研究生满足全球职业需求的普适性能力,更包括研究生作为高知群体应具有的创新创造能力。笔者认为,研究生职业能力的内涵和构成是广泛的,并且随着时代的发展不断丰富,主要包括:以正确的世界观、人生观和价值观为内涵的思想境界和人生态度;以阅读写作能力、动手操作能力、时空运筹能力等为内涵的基础性职业技能;以人际交往能力、思维表达能力、自我管理能力、团队合作能力等为内涵的拓展性职业能力;以创新创造能力为内涵的创造性职业素养。

思想境界和人生态度是研究生在长期的学习生涯和社会生活中形成的思想状态、道德品质和性格特征,是一种较为稳定的心理素质。提升研究生的思想境界,端正其人生态度正是研究生思想政治教育的首要目的。正确的世界观、人生观、价值观等思想基础,是研究生未来职业发展和其他职业能力锤炼的精神根基,发挥着行动指引的重要作用。在打牢良好的思想素质结构基础之上,发展研究生职业能力的关键性工作就是要养成研究生的基础性职业能力,锻炼其拓展性职业能力,并不断增强其创新创造能力,这也应当成为研究生思想政治教育的题中之义。

---

① 教育部、发改委、财政部:《关于深化研究生教育改革的意见》,教研〔2013〕1号。

三、思想政治教育视角下研究生职业能力培养的有效途径

思想政治教育视角下,培养研究生的职业能力就是要正确把握研究生教育培养规律,把提升职业能力作为研究生思想政治教育的重要切入点,以充分调动研究生自我成才的主观能动性为目的,拓宽做深研究生思想政治教育内涵,全面提高研究生的培养质量。

(一)把思想政治教育与学生成长成才有机结合

研究生思想政治教育要紧紧围绕提升研究生的职业能力这一中心,引导研究生从过去仅仅关注专业学习和科研素质提升,转变到更加注重自身的职业能力培养。值得注意的是,随着研究生就业形势的变化,研究生群体也已经开始关注自身就业能力的培养,从过去主要关注自身的科研训练和学位获取过程,转到逐渐意识到职业能力对于自身未来一生发展的重要性。研究生思想政治教育工作与学生成长成才相结合,就是要比照研究生职业能力的内涵构成,从提升包括研究生的思想境界与人生态度、基础性职业能力、拓展性职业能力和创新创造能力等在内的综合素质出发,引导研究生打牢思想基础,树立正确的世界观、人生观和价值观。这些综合素质不仅是职业能力的重要构成内容,更是锻炼其他能力的重要基础。只有将职业能力培养纳入研究生思想政治工作的重要范畴,才能充分与研究生的关注视点、成长焦点密切结合,才能调动研究生的主观能动性,帮助研究生树立主动成才意识,引导研究生将职业能力锤炼与自身成长成才紧密结合,努力把研究生培养成为既具有正确的思想观念和人生态度,又具有较强的职业技能和持久的发展潜能,既具有较强科研创新能力,又具有适应社会职业发展需求的综合素质全面发展的人才。

(二)把思想政治教育与专业培养充分结合

尽管专业技能在现代职业能力的概念构成中被逐渐淡化,但毋庸置疑的是,专业培养的过程本身也是对研究生思维能力、表达能力、学习及创新能力积淀和升华的过程。研究生思想政治教育工作与专业培养充分结合,就是要在科研领域里强化研究生未来适应职业生涯发展能力的全面培养,通过严格的专业学习和科研训练,在构建某一专业领域知识结构的同时,储备研究生未来职业发展所需要的系统化的知识体系和逻辑思维建构能力;通过对学科前沿动态的学习和了解,帮助研究生提升学习热情和对专业的热爱,培养其对学科发展的责任感,从而养成适应未来职业发展所需要的积

极职业态度和社会责任感;通过参与课题组的科研实践,培养研究生团队协作及沟通能力,培养其正确处理个人与团队、与集体关系的能力和职业素养。

(三) 把思想政治教育与导师工作紧密结合

导师是研究生培养的第一责任人,既负有对研究生进行学科前沿引导、科研方法指导和学术规范教导的责任[①],也负有对研究生进行思想政治教育的首要责任[②]。研究生思想政治教育工作与导师工作紧密结合,就是要求导师必须主动承担起研究生思想政治教育的责任,在科研培养的过程中主动将科学研究与科技进步方向、行业发展需求紧密结合,指导研究生树立正确职业观,培养其吃苦耐劳、踏实肯干的职业精神,培养其善于思考、勤于动手、坚忍不拔的职业素养,培养其团队合作、不断创新的职业能力。

强化导师的思想政治教育责任,集中体现在导师要切实做好"导思想、导人生、导学习、导科研、导心理、导生活"等六个方面的思想政治教育工作。"导思想、导人生"就是导师应深入了解研究生的思想动态,引导研究生树立正确的人生价值追求,培养研究生健全的人格和优良的道德品质;应根据学生的基础和潜质,指导研究生做好学术生涯和人生发展规划,特别要注重引导研究生对职业能力的重视和培养。"导学习、导科研"就是导师要做好研究生日常学习的指导工作,根据学生的人生规划,制定体现全方位职业能力培养的具体计划,因材施教,促进学生全面健康成长;应注重学生科研基本知识学习和基本技能训练,强化学术道德及学术规范教育。"导心理、导生活"就是导师要关注研究生的心理健康,特别要培养研究生适应职业需求的心理素质结构;要加强就业指导,积极发挥导师的人格魅力和在相关专业领域的影响力,为研究生职业能力培养提供支撑。与此同时,要建立工作联动机制,导师、辅导员要有机配合,形成共同辅导研究生成长成才,提升研究生职业能力的合力。

(四) 坚持面上教育辅导与个性化培养服务密切结合

研究生的培养既是全面的培养,也是个性化的培养。进一步加强研究生思想政治教育,紧紧抓住提升研究生职业能力这个重点不放,就要坚持面上教育辅导与个性化培养服务密切结合,既要从面上入手,做到职业能力培养深入性、嵌入化和全覆盖;更要根据研究生的专业方向、学术兴趣、知识结构、能力水平,制定个性化的职业能

---

① 教育部、发改委、财政部:《关于深化研究生教育改革的意见》,教研〔2013〕1号。
② 教育部:《教育部关于进一步加强和改进研究生思想政治教育的若干意见》,教思政〔2010〕11号。

力培养计划。重点是要围绕培养"学术大师""青年领袖""商业巨子""管理精英"等职业倾向，加大对优秀研究生群体的培养。对于学术型人才，要着眼于指导研究生做好学术生涯规划，鼓励其长期、终身从事学术科研工作，培养其成为未来专家学者和科学家的职业能力和素质；对于应用型人才，要重点培养研究生的工程技术技能，鼓励其向工程领域领军人物、工程技术创新人才、工程技术应用人才等方向发展；对于管理型人才，要强化培养研究生的管理素质、组织能力，提升其参与社会组织管理的能力和素质。

努力在思想认识上达到新高度
——深入学习《习近平新时代中国特色社会主义思想学习纲要》①

张 磊

在全党启动开展"不忘初心、牢记使命"主题教育之时,中宣部组织编写的《习近平新时代中国特色社会主义思想学习纲要》(以下简称《纲要》)出版,这是思想理论战线的一件大事,必将对主题教育活动的深入开展、对全党全国持续兴起的学习贯彻习近平新时代中国特色社会主义思想热潮产生新的强大推动力。中共中央发出关于印发《纲要》的通知,强调要在多思多想、学深悟透上下功夫,深入学习领会这一思想的时代意义、理论意义、实践意义、世界意义,深刻理解其核心要义、精神实质、丰富内涵、实践要求。这既是对党员领导干部的要求,也是对全体党员和广大群众的要求。我们必须按照这一要求,以《纲要》为重要辅助读物,精读原著,加深理解,努力在思想认识上达到新的高度。

一要深刻把握时代背景和历史地位。马克思、恩格斯曾经说过:"一切划时代的体系的真正的内容都是由于产生这些体系的那个时期的需要而形成起来的。"习近平新时代中国特色社会主义思想,正是适应时代需要而形成、引领时代进步而发展的具有划时代意义的思想体系。

《纲要》从四个方面深刻阐述了习近平新时代中国特色社会主义思想形成的时代背景,指出这一思想正是在把握世界发展大势、应对全球共同挑战、维护人类共同利益的过程中创立并不断丰富发展的,正是在中华民族迎来从站起来、富起来到强起来的

---

① 本文发表于中国共产党新闻网,2019 年 6 月 26 日,http://theory.people.com.cn/big5/n1/2019/0626/c40531-31196272.html。

伟大飞跃中创立并不断丰富发展的,正是在不断推进党的自我革命,实现党的自我净化、自我完善、自我革新、自我提高的过程中创立并不断丰富发展的,正是在对科学社会主义理论与实践的深邃思考、深刻总结,对坚持和发展中国特色社会主义的不懈探索、砥砺前行中创立并不断丰富发展的。这些论述深刻揭示了习近平新时代中国特色社会主义思想形成的时代动因和历史根据。

时代是思想之母,实践是理论之源。每个伟大的时代变革,都会产生反映这个时代本质的伟大理论。毛泽东思想是我们党领导新民主主义革命和社会主义革命、建设时代的产物;邓小平理论是我国实行改革开放、开创中国特色社会主义道路的产物;"三个代表"重要思想、科学发展观,是我们党应对世纪之交世界社会主义遭受严重曲折,国际格局深刻变动,探索中国特色社会主义道路取得新成就、面临新考验的产物。习近平新时代中国特色社会主义思想是中国特色社会主义进入新时代,中国正在经历着历史上最为广泛而深刻的社会变革,也正在进行着人类历史上最为宏大而独特的实践创新的产物。在这个需要理论而且一定能够产生理论的时代,在这个需要思想而且一定能够产生思想的时代,习近平新时代中国特色社会主义思想应时代而产生、随实践而发展,反映了当代中国和当代世界发展的内在要求,代表了21世纪的时代精神,彰显了马克思主义的强大生命力。

充分认识习近平新时代中国特色社会主义思想的历史地位,就要深刻认识这一思想对中国特色社会主义事业发展的根本指导意义。党的十九大确立了习近平新时代中国特色社会主义思想在全党的根本指导地位,实现了党和国家在指导思想上的与时俱进,这是全党全国各族人民共同意志的体现,是马克思主义中国化进程中又一个辉煌的里程碑。我们要通过对《纲要》的学习,更深刻地领会这一载入史册的伟大意义。

二要充分认识理论渊源和实践基础。学习和掌握科学理论,必须搞清楚理论渊源和实践基础,因为理论渊源体现了理论发展的思想线索和本质特征,实践基础决定了理论的现实根基和科学依据。

《纲要》深刻阐述了习近平新时代中国特色社会主义思想的理论渊源和实践基础。指出这一思想源于马克思列宁主义、毛泽东思想、邓小平理论、"三个代表"重要思想、科学发展观。虽然它们形成于不同的历史时期,回答了不同的时代课题,但其精神本源是一脉相承的。它们在哲学基础上一脉相承,都坚持辩证唯物主义和历史唯物主义的科学世界观和方法论;它们在理论纲领上一脉相承,都把实现全人类解放,通过建设社会主义最终实现共产主义作为奋斗目标;它们在理论立场上一脉相承,都坚持以人民为中心的价值取向,始终代表最广大人民的根本利益,始终相信人民、依靠人民、为了人民;它们在理论品质上一脉相承,都坚持解放思想、实事求是、与时俱进，以宽广的眼界观察世界，通过批判地吸收人类社会创造的一切文明成果来丰富和发展自己。习近平新时代中国特色社会主义思想既坚持"老祖宗"，又讲了很多"新话"，使我们党对共产党执政规律、社会主义建设规律、人类社会发展规律的认识达到了新高度，为发展马克思主义做出了原创性贡献，把马克思主义推进到21世纪的新水平。

习近平新时代中国特色社会主义思想不是凭空产生的，它深深扎根于当代实践、扎根于中国大地。《纲要》从多个方面深刻阐述了习近平新时代中国特色社会主义思想的理论土壤和实践基础。党的十八大以来，以习近平同志为核心的党中央团结带领全党全国各族人民，坚持以当代中国马克思主义为指导，以巨大的政治勇气和强烈的责任担当，从容应对来自国内和国际的、来自党内和党外的、来自社会上和自然界的各种困难挑战和风险考验，提出了一系列新思想新战略，出台了一系列重大方针政策，推出了一系列重大举措，推进了一系列重大工作，解决了许多长期想解决而没有解决的难题，办成了许多过去想办而没有办成的大事，推动党和国家事业取得了历史性成就、发生了历史性变化。实践是理论的源泉，也是检验理论真理性的唯一标准。党的十九大把习近平新时代中国特色社会主义思想确立为党必须长期坚持的指导思想，从根本上说，就在于这个思想经受了当代实践的检验，为全党全国各族人民高度认同和衷心拥护，成为引导我们前进的强大思想武器。

在新的历史进程中，我们必须坚持用习近平新时代中国特色社会主义思想指导新的实践，在实践中继续推进理论创新，不断开辟马克思主义理论发展的新境界。

三要学深悟透丰富内涵和科学体系。习近平新时代中国特色社会主义思想内涵非常丰富，是一个博大精深的理论体系。学习《纲要》，最基本的功夫，就是要通过深读细研，透彻理解和全面把握这一思想的丰富内涵，在此基础上完整把握科学体系。

《纲要》紧紧围绕习近平新时代中国特色社会主义思想是党和国家必须长期坚持的指导思想这一主题，以党的十九大报告阐述的"八个明确"和"十四个坚持"为核心内容和主要依据，用21章、99目、200条，近15万字的篇幅，对习近平新时代中国特色社会主义思想的丰富内涵和科学体系作了全面系统的阐述。《纲要》指出，这一思想涵盖了新时代坚持和发展中国特色社会主义的总目标、总任务、总体布局、战略布局和发展方向、发展方式、发展动力、战略步骤、外部条件、政治保障等基本问题，并根据新的实践对经济、政治、法治、科技、文化、教育、民生、民族、宗教、社会、生态文明、国家安全、国防和军队、"一国两制"和祖国统一、统一战线、外交、党的建设等各方面做出新的理论概括和战略指引；这一思想涉及生产力与生产关系、经济基础与上层建筑各个环节，涵盖改革发展稳定、内政外交国防、治党治国治军各个领域，统领伟大斗争、伟大工程、伟大事业、伟大梦想各个方面；这一思想创造性地把马克思主义基本原理同当代中国和当今世界的实际紧密结合起来，在许多重大问题上提出了一系列新思想、新理念、新战略，丰富了马克思主义理论宝库；这一思想有着深厚的历史文化底蕴，传承着5000多年中华文明的根脉，弘扬了中华优秀传统文化和我们党领导人民创造的革命文化、社会主义先进文化，体现了我们党高度的文化自觉和文化自信，赋予马克思主义鲜明的时代特征和中国气派。

《纲要》明确阐明，习近平新时代中国特色社会主义思想是一个体系严整、逻辑严密的科学体系，贯通马克思主义哲学、政治经济学、科学社会主义，贯通历史、现实和未来，贯通改革发展稳定、内政外交国防、治党治国治军等领域，标志着我们党对共产党执政规律、社会主义建设规律和人类社会发展规律的认识达到了新的高度。学习把握习近平新时代中国特色社会主义思想，要把这一思想作为一个体系来把握，突出系统性、完整性，做到全面地而不是片面地、系统地而不是零碎地、实际地而不是空洞地把握丰富内涵、内在逻辑和整体结构。在学习把握中，还应注意深刻领会贯穿其中的马克思主义基本立场和思想方法，通过学习真正提高我们贯彻落实这一思想的能力。

四是全面领会政治品格和精神风范。《纲要》指出，习近平新时代中国特色社会主义思想充满着对马克思主义的信仰，充满着对社会主义和共产主义的坚定信念，展现了当代中国共产党人的政治品格、价值追求、精神风范。学习《纲要》不仅要学习文字表述和理论内容，更为重要的是要结合原著的学习，深刻领会和感悟习近平总书记的政治品格和精神风范。

在习近平总书记的著作中，几乎处处可以感受到那种志存高远、坚韧不拔、格局宏阔、睿智深沉、奋发进取、开拓创新的政治品格和精神风范。党的十八大以来，以习近平同志为核心的党中央，大力破除僵化保守、萎靡不振、不思进取、得过且过、贪图安逸、贪污腐化、作风漂浮、脱离群众的思想和惰气，下力气解决干部队伍中存在的庸懒散奢、推诿塞责、尸位素餐、为官不为等问题，大力弘扬直面困难、勇于担当、改革创新、知难而进的精神，要求各项工作都要做到抓铁有痕、踏石留印，在全党全社会形成了奋发进取的精神状态。这样的精神状态已经成为推动当代中国社会发展进步的一道巨流、一种气场和一股催人奋进的强大内蕴力。

这种强大的内蕴力，首先来自理想信念的坚定。习近平总书记多次强调，对马克思主义的信仰，对社会主义和共产主义的信念，是共产党人的政治灵魂，是共产党人经受住任何考验的精神支柱。理想信念就是共产党人精神上的"钙"。他指出："中国共产党之所以叫共产党，就是因为从成立之日起我们党就把共产主义确立为远大理想。

我们党之所以能够经受一次次挫折而又一次次奋起,归根到底是因为我们党有远大理想和崇高追求。"学习这一思想,就要始终坚定共产主义理想、坚守中国特色社会主义自信,不忘初心、牢记使命,做到思想不变质、信念不动摇,不断激发灵魂深处的伟力,用行动践行自己的誓言,凝聚起强大的真理力量与道义力量,为国家富强、民族振兴、人民幸福建立更大功勋。

这种强大的内蕴力,来自对人民的赤子之心。2014年2月习近平总书记在俄罗斯索契接受俄罗斯电视台专访时说:"我的执政理念,概括起来说就是:为人民服务,担当起该担当的责任。"今年3月22日,他在意大利回答提问时说"我将无我,不负人民",为中国的发展奉献自己。为人民谋幸福、为民族谋复兴、为世界谋大同,是习近平新时代中国特色社会主义思想的出发点和归宿,也是理解和把握习近平新时代中国特色社会主义思想的金钥匙。学习这一思想,要牢牢掌握这把金钥匙,坚持以人民为中心的发展思想,始终把人民群众的向往作为我们的奋斗目标,为了人民、依靠人民、造福人民,不断增进人民福祉,不断促进社会进步和人的全面发展。

这种强大的内蕴力,来自奋发有为、勇于担当的精神品质。坚持解放思想、实事求是、与时俱进,勇于开拓、永不懈怠,是习近平新时代中国特色社会主义思想的精神特质。习近平总书记指出:"生活从不眷顾因循守旧、满足现状者,从不等待不思进取、坐享其成者,而是将更多机遇留给善于和勇于创新的人们。"坚持与时俱进、改革创新,是我们党始终与时代发展同步伐、与人民群众共进步的根本原因。学习这一思想,就要始终保持那样一种奋发有为、勇于担当的昂扬精神,保持那种埋头实干、艰苦卓绝的工作作风,努力做到锐意进取、大胆探索、敢于负责、实干兴邦,秉持"功成不必在我"的境界,坚守"功成必定有我"的精神,发挥历史的主动性和创造性,不断有所发现、有所创造、有所前进,不断推进理论创新、实践创新、制度创新。

五

社会篇

托底与共享：国家治理能力建设的社会政策路径①

丁忠毅

国家治理能力是一个历史范畴。不仅历史上的国家和现代国家的治理能力要素与结构不可同日而语，即使在同一历史时期，不同国家的治理能力结构也有较大差别。一国的国家治理能力从时间维度可简单地划分为特定历史时期的国家治理能力、当下的国家治理能力以及愿景式的国家治理能力。从国家治理能力建设的实践维度来看，国家治理能力建设具有强烈的现实指向和未来取向。所谓现实指向主要是指在国家治理过程中，应着力提升解决当前经济社会发展突出问题的能力，其主要解决的是"脚踏实地"的问题。所谓未来取向则主要是指，从应然角度设计一个愿景式的国家治理能力体系，以及愿景式的能力提升规划，其所解决的主要是"仰望星空"的问题。受路径依赖等多重因素的影响，国家治理能力建设的现实指向和未来取向之间并非自然链接和天然耦合，而是具有强大的张力。因此，在国家治理能力建设过程中，一方面不能基于理想主义和浪漫主义情怀，以未来代替现实；另一方面也必须注重构建现实指向和未来取向之间的桥梁和纽带，使前者能够沿着符合国家治理能力建设一般规律的轨道前进，从而有效防止现实和愿景"脱轨"。

国家治理能力建设所具有的现实指向和未来取向特征，为理论界对相关问题的研究提供了两条进路：一是以现实指向为中心的观察与思考，二是以未来取向为焦点的

---

① 本文发表于《社会科学战线》2017 年第 1 期。基金项目：教育部人文社会科学基金青年项目"促进共同富裕的包容性社会政策体系构建研究"（13YJCZH032）、中央高校基本业务费学科前沿与交叉问题研究项目"省际对口支援边疆民族地区中的利益冲突与协调研究"（skqy201636）。

探索和设计。综观已有研究成果,多数学者主要采取的是第二条进路,即从应然角度构建愿景式的国家治理能力体系,探讨这些愿景式的国家治理能力建设的基本路径,并着重强调民主化、法治化、权力运行的制度化在国家治理体系与治理能力现代化中的极端重要性。①这些研究成果为全面深化改革背景下加快国家治理体系和治理能力现代化指明了努力方向,提供了必要的智力支持。但我们也需要检视这一研究进路存在的突出问题。第一,一些学者往往以发达国家的治理能力为参照,来构建中国国家治理能力建设的愿景,而在一定程度上忽视了中国的文化背景、制度和能力基础的独特性,所提出的建议往往缺乏现实针对性和可操作性。第二,倾向于在抽象层面探讨国家治理能力建设,而忽视对当前国家治理突出难题的解决。而事实上,对现阶段国家治理突出难题的有效化解,既是对国家治理能力存量的检验,也将进一步提升国家治理能力。因此,在国家治理能力建设研究中,应进一步强化对当下国家治理突出问题的观照。如此才能更好地分析国家治理的能力需求结构,也才能从供给侧的角度思考实现国家治理能力需求与供给结构动态平衡的有效路径。

改革开放 30 余年来,我国在国家治理绩效和治理能力上都取得了举世瞩目的成就,但也面临一系列亟待破解的难题,其中社会建设长期滞后于经济建设所带来的民生问题及其可能引发的系统性风险尤其值得关注。在全面深化改革特别是经济发展进入新常态的背景下,党和政府日益重视社会政策发展在国家治理中的联动效应和整体效应,多次强调:"宏观政策要稳、微观政策要活、社会政策要托底。"现代社会政策蕴含的公平正义价值理念、再分配属性,以及社会投资和社会保护功能,使其具有"托底"与"共享"的双重功能。构建适应中国国情的社会政策体系,既是推进国家治理体系和治理能力现代化的题中应有之义,又是促进国家治理能力整体提升的重要突破口。本文拟从理论层面阐释现代社会政策蕴含的"托底"与"共享"功能及其促进国家治理能力提升的主要维度和机理,从历时性维度考察我国社会政策体系托底共享功能开发不足对国家治理能力建设的不利影响,并以国家治理能力建设为目标导向,思考完善社会政策体系、强化我国社会政策托底与共享功能的对策思路。

一、现代社会政策蕴含的托底与共享功能

社会政策的兴起与发展是欧洲资本主义国家生产力发展、国家成长与现代化逻辑

---

① 俞可平:《推进国家治理体系和治理能力现代化》,《前线》2014 年第 1 期。

的矛盾运动的历史性结果。① 社会政策这一概念，最初与"英国的产业革命及随后发展起来的社会福利事业"紧密相关②，直接发端于"解决社会问题的实践"③。在资本主义发展过程中，为有效应对日益凸显的贫困、阶级斗争等社会政治问题，作为统治阶级的资产阶级和资本主义国家不得不从国家层面思考应对之策。1601年的《伊丽莎白济贫法》、1795年的《斯品汉姆兰法令》、1834年的《济贫法修正案》、俾斯麦开创的现代社会保障制度，以及第二次世界大战后福利国家的建立和发展，便是资本主义国家应对日益增多的社会问题和社会矛盾的制度性产物。社会主义国家在国家治理中也高度重视通过社会政策体系的建构，维护社会公平正义、促进经济社会可持续发展。

在社会政策学科140余年的发展历程中④，理论界和实务界对社会政策的概念并未形成统一的认识。虽然不同研究对社会政策的概念的界定各有侧重，但社会政策通常被视为"政府对社会服务提供的介入"⑤，"影响公共福利的国家行为"⑥。从狭义的视角看，社会政策体系主要包括就业、公共医疗卫生、基础教育、养老、社会救助和住房等领域的公共政策。从广义的角度看，社会政策体系还包括妇女儿童保护、人口政策、劳工政策、拥军优属、救灾等政策。⑦ 在现代国家治理过程中，社会政策发挥着满足公民基本生存与发展需要、充当缓解危机的安全网以及保障与改善民生等多重功能，是现代国家应对社会风险、治理社会问题、构建社会秩序、保障公民权利、增进社会福祉的基本途径。社会政策的上述功能，可以抽象、化约为两大功能，即"托底"和"共享"。虽然受意识形态和发展水平等诸多因素的影响，不同国家的社会政策体制和水平存在诸多差异⑧，但现代社会政策普遍蕴含着托底与共享这两大基本功能。

（一）现代社会政策的托底功能

针对社会政策的托底功能，一些研究者从社会保障和社会救助的角度认为，托底就是"应保尽保"。也有研究者认为，社会政策既应托民生的底，还应托社会心理和社

---

① 王云龙、陈昇、胡鹏：《福利国家：欧洲再现代化的经历与经验》，北京大学出版社，2010年，第22页。
② 熊跃根：《社会政策：理论与分析方法》，中国人民大学出版社，2009年，第7页。
③ 杨团：《社会政策的理论与思索》，《社会学研究》2000年第4期。
④ 唐钧：《参与、共享视角的社会政策调整与社会管理创新》，《重庆社会科学》2013年第4期。
⑤ 安东尼·哈尔、詹姆斯·梅志里：《发展型社会政策》，罗敏、范酉庆等译，社会科学文献出版社，2006年，第5页。
⑥ 迈克尔·希尔：《理解社会政策》，刘升华译，商务印书馆，2003年，第13页。
⑦ 吴忠民：《从平均到公正：中国社会政策的演进》，《社会学研究》2004年第1期。
⑧ Isabela Mares, Matthew E. Carnes, "Social Policy in Developing Countries", *The Annual Review of Political Science*, Vol. 12, 2009, pp. 93–113.

会结构的底。①本文从满足人的基本生存与发展需要和现代社会公平正义诉求两个维度出发,将社会政策的托底功能分为满足人的基本生存与发展需要层次的托底和保障底线公平的托底。

社会政策的托底功能首先表现在其满足人的基本生存与发展需要方面。从国家的发展历史来看,在很长一段时间内,国家更多的是基于父爱主义的角度解决满足民众的基本需要的问题,但近代以来,满足民众的基本需要日益成为国家的基本职能。20世纪50年代以来,社会权利逐渐成为普通民众继公民权、经济权、政治权之后所应享受的合法权益。②社会政策便成为一国满足其民众基本需要的制度化平台。虽然人的基本需要往往难以界定,且各种"否定需要客观性的尝试普遍存在",但如果人的基本需要不能得到满足,不仅对社会个体而言会造成极大的伤害,而且可能引发系统性风险。因此,"基本的人类需要确定人必须达到什么目标才能避免在这个意义上的、持续而严重的伤害"③。按照这一逻辑,人的基本需要至少包括身体健康和自主权两个方面。④这就要求国家通过社会政策为特定社会成员提供基本的食物、医疗、教育和住房,亦即基本的民生保障,从而避免因普通民众基本生存缺乏保障而导致的经济社会风险。也正是在这一意义上,社会政策被称为现代社会运行的"安全网"和"安全阀"。

其次,社会政策的托底功能还表现在维护社会底线公平方面。⑤有效协调公平和效率之间的张力是国家治理的重要难题之一。尽管不同国家的社会政策所遵循的价值观念有所差异,但权利、公平、正义等却是各国社会政策设计与实施所追求的基本价值理念。在某种程度上,社会政策已经成为现代国家维护社会公平正义的制度化平台。具体而言,社会政策可通过以下两种方式维护社会公平与正义:一是维护社会成员的基本权利,以权利均衡增进社会参与、社会分配的公平;二是借助社会政策的再分配功能修正初次分配中过大的收入差距,以防止整个社会贫富分化水平超过社会可以接受的阈值。

从托底的层次来看,基于基本需求的托底往往属于较低层次的托底,基于底线公平的托底一般而言要高于基于基本需求的托底。因为,从目前大多数国家的发展水平来看,社会政策对底线需求托底的实现,并不必然带来对社会公平托底的实现。

---

① 王思斌:《新常态下积极托底社会政策的构建》,《探索与争鸣》2015年第4期。
② 武川正吾:《福利国家的社会学:全球化、个体化与社会政策》,李莲花、李永晶、朱珉译,商务印书馆,2011年,第252页。
③ 莱恩·多亚尔、伊恩·高夫:《人的需要理论》,商务印书馆,2008年,第63页。
④ 莱恩·多亚尔、伊恩·高夫:《人的需要理论》,商务印书馆,2008年,第63—91页;肯·布莱克默:《社会政策导论》,王宏亮、朱红梅、张敏等译,中国人民大学出版社,2009年,第23—24页。
⑤ 李越美:《经济发展新常态下社会政策如何托底?》,《东岳论丛》2016年第4期。

（二）现代社会政策的共享功能

共享是一个具有分配性、共同性和相互性的概念①，主要指共同体成员基于权利平等、权责对等和公平正义原则而共同享有共同体的公共利益（资源）的状态。对国家这一政治共同体而言，共享强调的是国民共同享有国家改革发展的成果和红利。共享与独享、少数人分享相对立，也绝非均享。社会政策作为现代国家保障其国民共享国家发展成果的重要机制，其促进共享发展的机理主要体现在以下四个方面：

一是通过对经济社会发展过程中利益受损者或边缘群体的扶助，帮助其走出物质与心理的双重困境，既确保其对经济成果的共享，又维护其基本尊严。

二是社会政策本身具有再分配性质，包容性、普惠性的社会政策是民众共享一国经济发展成果的重要机制。

三是通过基础教育、公共就业、公共医疗卫生等服务的供给，不断强化社会成员的人力资本积累，从而增强普通民众参与经济社会发展与获得发展机会的能力，夯实社会成员持续共享经济社会发展成果的主体基础，以实现共建共享的目标。

四是社会政策体系的有效运转有利于弱化社会排斥②、增进社会团结、强化社会资本积累，从而为普通民众共享经济社会发展成果提供更有力的社会支持。

就社会政策托底与共享功能的关系而言，托底在本质上也是一种共享机制。从共享的层次和水平来看，基于托底的共享是一种较低层次和水平的共享，也是一国必须优先考虑并努力达成的共享。但现代国家所追求的共享绝不仅仅是限于托底层次的共享，而是基于权利、责任、公平正义等原则的全面、有尊严、可持续的共享。

二、社会政策促进国家治理能力提升的维度与机理

从国家治理的视野来看，社会政策作为"国家治理体系的重要组成方面"③，其蕴含的托底与共享功能，既契合现代国家所承担的保障公民基本生存和发展权利职能的内在要求，又与现代国家所追求的公平正义价值观相适应，由此使社会政策在现代国家治理中的效用不仅仅局限于社会治理领域，而是可以溢出、扩散到经济、政治等诸多领域，在提升国家治理能力方面形成联动和整体效应。厘清社会政策促进国家治理

---

① 王思斌：《理解共享发展及社会工作的促进作用》，《重庆工商大学学报》（社会科学版）2016 年第 5 期。
② 马用浩：《社会政策与全体人民共享改革发展成果》，《求实》2007 年第 1 期。
③ 岳经纶、邓智平：《国家治理现代化离不开社会政策》，《中共浙江省委党校学报》2014 年第 5 期。

能力提升的机理，亦即社会政策在哪些方面、以何种形式促进国家治理能力建设，是从社会政策维度加强国家治理能力建设的重要前提。基于社会政策建设对经济、政治和社会发展的综合效应，社会政策至少可从国家软实力、经济发展内生能力、政治发展能力和社会秩序建构能力四个方面促进国家治理能力的整体提升。①

（一）社会政策蕴含的公平正义价值观是国家治理软实力的重要来源

在国家治理能力结构体系中，软实力的地位日益凸显。②从软实力的生成机制来看，一国所秉持和践行的价值观是其国家软实力的重要影响因素。③在当今世界纷繁的价值观念中，公平正义成为现代国家共同追求并践行的重要价值观。在国家治理中，公平正义的实现程度与国家软实力水平呈正相关关系。提升国家治理的软实力水平，内在地要求通过有效的制度设计，切实推动公平正义从观念向实践转化。尽管不同国家社会政策的模式和实践因受到特定意识形态或价值观念的影响而呈现出多元性，但如前文所述，公平、正义等价值观已成为现代社会政策的核心价值观念。各国也力图通过社会政策托底与共享功能的发挥，来化解国土空间发展失衡、贫富差距悬殊等突出社会问题，从而一方面强化国内民众对政府的认同与支持，增强国家的凝聚力与向心力；另一方面树立一国在国际社会的良好形象，以赢得国际社会的尊重，逐渐提升国家治理的软实力。

（二）完善社会政策体系是提高一国经济发展内生能力的重要途径

如何增强经济发展的内生能力始终是困扰世界各国的难题。不同知识背景的实务工作者和学者分别从有效率的制度安排、所有权的确立与保护④、产业政策规划、政府与市场的协同⑤等多个角度给出了富有洞见和可操作性的理论探讨和政策建议。从经济与社会发展的关系维度思考增强经济发展的内生动力也逐渐成为一个重要视角。长期以来，经济政策和社会政策被视为相互独立的领域，且社会政策的经济效应往往被低估。但从历史维度来看，经济和社会，抑或市场与社会之间存在着彼此依赖、相得益彰的关系。正如卡尔·波兰尼所指出的："现代社会由一种双向运动支配着：市场的不

---

① 丁忠毅：《国家治理能力建设的社会政策之维：依据、路径及提升》，《四川大学学报》（哲学社会科学版）2016年第6期。
② 黄金辉、丁忠毅：《中国软实力建设战略的基本框架与优先序选择构想——以"资源禀赋—行为能力"为分析框架》，《教学与研究》2013年第4期。
③ Joseph S. Nye, "Soft Power", *Foreign Policy*, No. 80, 1990, pp. 153—171.
④ 道格拉斯·诺思、罗伯斯·托马斯：《西方世界的兴起》，厉以平、蔡磊译，华夏出版社，1998。
⑤ 林毅夫：《新结构经济学——重构发展经济学的框架》，《经济学》2010年第1期。

断扩张以及它所遭遇的反向运动（即把市场的扩张控制在某种确定方向上）。"① 如果市场的运行完全"脱嵌"于社会，必将导致社会的毁灭，并最终危及市场的发展。② 社会政策建设对一国市场经济的良性运行、经济发展内生能力的提升具有重要价值：

一是优化经济发展的动力结构。在促进经济发展的"三驾马车"中，消费具有独特的价值。社会政策无疑是影响民众消费能力的重要变量之一。完善的社会政策体系，不仅能直接减少民众的生计支出，而且可以弱化其储蓄动机，减少其储蓄规模，强化其消费动力和能力，有助于一国启动和扩大内需，促进经济发展结构的优化升级。

二是供给经济社会发展所需的社会性基础设施，促进人力资本的积累，推动人力资源在不同地理空间流动与分布的均衡，从而为提升经济发展的内生能力和区域经济的协调发展提供有力支撑。

三是促进经济发展成果为全民共享，推动经济的包容性发展，以全民获得感的提升强化民众对经济改革与发展的认可，增强经济可持续发展的主体动力。

（三）完善社会政策体系有利于提升政治发展能力

不断提高政治发展能力，提升政治对经济社会发展的有效推动作用，是促进国家成长的重要保障。③ 从社会政策与现代政治发展互动的历史来看，哥斯塔·埃斯平－安德森指出："福利国家的产生早于民主制度的实现，而且是受到出于限制民主制度的动机所驱使。"④ 但安德森所忽视的是，正是社会政策的建立和完善，为民主制度的建立和完善提供了有利的社会条件。原发现代化国家治理的经验表明，凡是社会政策相对完善、社会建设开展较好的国家，其民主化过程也相对平稳，民主政治运行也更为有序和有效。⑤ 从国家治理视野来看，社会政策体系的调整优化过程，从根本上表现为国家对民众经济社会利益关系的优化过程，将对一国政治发展能力产生多重正向效应：

一是提高国家优化利益关系的能力。政治是对社会价值的权威性分配。政治发展内在地要求并表现为利益关系的优化。社会政策托底与共享功能的发挥，为现代国家调整优化国内不同社会群体间的利益关系提供了制度化平台。

二是提高普通民众的民主参与能力。普通民众的民主参与能力是一国政治发展的

---

① 卡尔·波兰尼：《大转型：我们时代的政治与经济起源》，冯钢、刘阳译，浙江人民出版社，2007年，第112页。
② 王绍光：《大转型：1980年代以来中国的双向运动》，《中国社会科学》2008年第1期。
③ 林尚立：《有效政治与大国成长——对中国30年政治发展的一种反思》，《公共行政评论》2008年第1期。
④ 哥斯塔·埃斯平－安德森：《福利资本主义的三个世界》，苗正民、腾玉英译，商务印书馆，2010年，第22—23页。
⑤ 严振书：《对中国社会转型期及其阶段性的认识与梳理》，《社会科学管理与评论》2011年第3期。

社会性基础。社会政策关乎每个社会个体的切身利益。广大民众作为社会政策的利益攸关方,只有参与社会政策体系建设的决策、监督等重要环节,才能更好地实现和维护自身的利益。因而社会政策体系的完善必然是一个强化民主决策、民主参与、民主管理和监督的过程,这对培育广大民众的权利意识、责任意识、民主参与能力具有重要价值。

三是有利于创造民主政治发展的内生条件。民主政治的良性发展需要稳定的社会环境、必要的社会团结与社会共识等内生条件。缺乏这些内生条件的民主政治发展往往容易陷入社会动荡的泥潭,甚至导致国家的撕裂。社会政策的完善有利于增进民众福祉、促进社会公平正义、维护社会和谐稳定、增强社会凝聚力与向心力,从而培育民主政治发展所需的社会资本[①],为推动一国民主政治的优态发展提供重要保障。

(四)完善社会政策体系有利于提高国家的民生保障和社会秩序建构能力

国家是居于"社会之上的力量",其重要职能是构建和维护"社会秩序"。[②] 国家的职能决定了社会秩序建构能力无疑是国家治理能力的核心要素之一。完善社会政策体系对提升一国的社会秩序建构能力的重要价值至少体现在两个方面:

一是提高国家防控民生风险及其引发的次生政治社会风险的能力。古今中外的历史经验表明,"民不聊生"、社会分裂往往是诸多政治社会风险产生的重要原因。社会政策产生的直接动因便是防控民生风险。社会政策托底与共享功能的发挥,可以有效保障和改善民生,从而将社会矛盾控制在萌芽状态,防止其演变为更大的风险。各国在国家治理中将托底民生、维护社会稳定作为社会政策体系建设的首要任务,并力图通过社会政策体系的完善来增进社会的包容与团结,从而促进社会和谐稳定。

二是强化基于社会和国家认同的社会秩序建构能力。社会秩序的构建一方面可能基于自上而下的强大压力,另一方面可能基于自下而上的社会和国家认同。社会政策体系托底与共享功能的发挥,有利于保障民众基本生存与发展权利、维护社会公平公正,强化民众对社会和国家的认同、肯定和支持,从而夯实政治合法性的基础,更好地维护基本政治和社会秩序。

---

① 罗伯特·D. 帕特南:《使民主运转起来》,王列、赖海榕译,江西人民出版社,2001年,第198—207页。
② 《马克思恩格斯文集》第4卷,人民出版社,2009年,第211页。

三、我国社会政策托底与共享功能开发不足及其对国家治理能力建设的制约

新中国成立以来，社会政策的发展历程大致可以分为改革开放前和改革开放后两个阶段。前一时期的社会政策受经典社会主义意识形态的影响，力图体现"平均主义"的基本原则，但在城乡之间、城市内部不同性质的单位和群体之间又具有显著的区隔化发展特征。在城乡之间，受工业和城市优先发展战略的影响，城乡居民被划分为两大享有"不同权利资格的人群"[1]，且城乡分割的社会政策体系被户籍制度刚性化。在城市，国家构建了一套以终身就业为基础、单位直接供给社会服务的社会政策体系。一些研究者形象地称之为"单位福利制度"。[2] 不同就业者基于其身份而享受的福利待遇也存在较大差异。因此，这一时期的社会政策并未有效体现国家所追求的"平均主义"原则，而是具有显著的非包容性特征。改革开放后的社会政策发展大致可以分为1979—2002年和2003年至今这两个时期。从改革开放初至2002年，社会政策整体上处于经济政策的附属地位[3]，改革开放之前所形成的非包容性特征不仅未能得到及时修正，反而在市场化浪潮下一些政府部门的"甩包袱"式改革中被进一步强化，社会政策的托底与共享功能并未随着市场经济体制的建立和完善而不断强化，民生问题及其诱发的社会风险日益成为经济社会发展中的突出问题。2003年以来，为了解决日益凸显的民生问题及其诱发的其他社会风险，"社会政策的扩展已经成为中国政府一项新的社会工程"[4]，政府在公益性社会政策项目中的主导责任也逐渐回归，由此标志着中国进入了国家主导的"社会政策时代"[5]，社会政策的托底与共享功能逐渐强化。但受我国社会政策传统发展模式路径依赖效应强大、社会政策整体发展水平滞后、社会政策客体规模超大且利益关系复杂等诸多因素的交互影响，社会政策的托底与共享功能开发仍然存在诸多不足，不利于国家治理能力的整体提升。

---

[1] 沙琳：《需要和权利资格：转型期中国社会政策研究的新视角》，中国劳动社会保障出版社，2007年，第7页。

[2] 岳经纶：《共和国60年来公共政策变迁》，《湖湘论坛》2009年第4期。

[3] Bingqin Li，David Piachaud，"Poverty and Inequality and Social Policy in China"，http://sticerd.lse.ac.uk/dps/case/cp/CASEpaper87.pdf.

[4] Shih-Jiunn Shi，"The Bounded Welfare Pluralism：Public-Private Partnerships Under Social Management in China"，*Public Management Review*，2016，pp.1—16，http://dx.doi.org/10.1080/14719037.2016.1183700.

[5] 王思斌：《社会政策时代与政府社会政策能力建设》，《中国社会科学》2004年第6期。

(一)制约国家软实力提升

社会政策托底与共享功能的发挥既为修正初次分配中的过大收入差距提供了重要制度保证,又为保障不同社会群体的权利、维护其机会公平提供了重要平台,有利于维护社会公平正义,促进国家软实力的提升。但从我国改革开放以来的实践来看,由于社会政策长期作为经济体制改革的配套政策而处于经济政策的附属地位,再加之社会政策在城乡、东中西部以及城市内部不同群体之间的区隔化发展,其托底与共享功能并未得以有效发展,导致社会政策未能有效弥合日益凸显的社会贫富差距。① 根据国家统计局的数据,21世纪以来,我国城乡居民人均纯收入的比值一直在高位运行,2015年为历史最低水平,也达到了2.73∶1。如果社会政策的托底与共享功能得以有效发挥,城乡居民收入差距应该会缩小,至少不会进一步扩大。但实际情况并不乐观。如果将城乡居民所享受的基本公共服务等社会福利纳入统计,这一比值将进一步扩大而非缩小。相关研究指出,基础教育、公共医疗卫生等基本公共服务的非均等供给,对城乡居民收入差距的影响达到了30%~40%。② 虽然近年来我国基本公共服务均等化水平日渐提高,但社会政策缩小初次收入分配差距的功能在短期内仍难以有效发挥。这使部分民众对社会公平公正的发展趋势表现出消极态度。③ 在全面深化改革的关键时期,如果不能进一步强化社会政策的托底与共享功能,有效转变民众对社会公平公正的消极认知,必然影响社会团结、弱化社会凝聚力与向心力,从而制约国家治理软实力的提升。

(二)制约我国经济发展内生动力的培育

近代以来经济社会发展的"双向运动"深刻表明,"社会发展过程与经济发展密切相连"④,"经济发展是社会福利的一项合意、必备的要素"⑤,社会政策也将为经济发展提供强大的内生动力。促进经济发展和社会发展的良性互动,是提升国家治理能力、改善国家治理绩效的内在要求。改革开放以来,我国逐渐确立了"以经济建设为中心"

---

① 朱玲、魏众:《包容性发展与社会公平政策的选择》,经济管理出版社,2013年,第288页。
② 中国(海南)改革发展研究院课题组:《基本公共服务体制变迁与制度创新——惠及13亿人的基本公共服务》,《财贸经济》2009年第2期。
③ 郑畅、孙浩:《收入、社会地位流动预期与民众社会公平认知》,《西部论坛》2016年第5期。
④ 詹姆斯·米奇利:《社会发展:社会福利视角下的发展观》,苗正民译,格致出版社、上海人民出版社,2009年,第29页。
⑤ 安东尼·哈尔、詹姆斯·梅志里:《发展型社会政策》,罗敏、范西庆等译,社会科学文献出版社,2006年,第44页。

的发展战略，社会政策发挥作用的方式主要是对经济改革中出现的问题进行被动式干预，社会政策之于经济发展的重要性并未得到足够重视。一方面，社会政策领域的支出往往被视为纯消费性支出。受此影响，基础教育、公共医疗卫生等社会政策领域的公共财政支出占GDP的比重长期低于与我国经济发展水平相当的国家的平均数，使社会事业发展缺乏必要的资金和资源支持。另一方面，以追求GDP增速为中心的政绩考核指标体系和方式，使地方政府更加重视经济增长，而对社会政策的发展无暇顾及，甚至将本应由政府承担的职责转移给市场、社会和普通民众，使社会政策的托底与共享功能难以有效发挥。经济和社会长期的分隔式发展，导致经济社会发展出现了"一条腿长，一条腿短"的失衡格局①，从而制约了经济发展内生动力的提升。

第一，社会性基础设施建设难以适应经济转型升级的需要。基础设施包括物质性基础设施和社会性基础设施两类，前者主要包括交通、通信、水电气等公共设施，后者则包括教育、科技、医疗卫生、文创等社会事业。②时至今日，一些地方政府仍然具有强烈的物质性基础设施投资冲动，而对社会性基础设施建设重视不足，导致社会性基础设施对我国经济转型升级支持乏力。以人力资本储备为例，在某种程度上，经济转型升级的重要瓶颈之一在于缺乏与之相适应的人力资本储备。当一国劳动人口的人力资本积累更多地适应低端制造业和服务业时，其经济转型升级往往难以顺利推进。从我国经济转型的现实情况来看，简单劳动和物质资本投资的贡献远远高于人力资本对经济发展的贡献。③高层次人力资本的匮乏，既制约了我国经济转型升级的顺利推进，又限制了经济发展内生能力的提高。

第二，阻碍经济发展动力结构优化。改革开放以来，随着政府在教育、公共医疗卫生等具有较强公益性的社会政策领域的支出责任的收缩，民众在相关领域的支出比例逐渐增加。在总收入既定的情况下，民众不得不压缩其他领域的支出，以保障子女的教育、家人的健康等领域的支出，并尽量增加储蓄以防不测。以卫生支出为例，从改革开放之初至2002年，政府的支出比例总体呈下降趋势，最低降至15.5%，而个人支出比例一直以较大幅度增加，最高达到60%。这对民众在其他领域的消费的"挤出效应"显而易见。虽然2003年以后，政府在教育、医疗卫生等强公益性社会政策领域的支出责任逐渐回归④，但长期累积的"历史欠账"规模巨大，基本公共服务不足、不均对民众消费能力的制约在短期内难以得到根本改观。这使整个国家难以启动和扩大

---

① 温家宝：《关于发展社会事业和改善民生的几个问题》，《求是》2010年第7期。
② 邓茗尹、张继刚：《新型城镇化背景下社会性基础设施的规划策略》，《农村经济》2016年第2期。
③ 张勇：《人力资本与中国增长和转型》，《经济科学》2015年第1期。
④ 顾昕：《公共财政转型与政府卫生筹资责任的回归》，《中国社会科学》2010年第2期。

内需，导致我国经济发展更多地依赖对外贸易和投资的拉动。但从长远来看，经济的可持续发展不可能长期依赖规模巨大的投资和欠稳定的海外市场。①

第三，制约经济发展成果为广大民众所共享，弱化经济可持续发展的主体动力。以社会政策发展促进经济发展成果的共享是现代国家普遍采用的治理战略。在我国市场经济改革的早期，对经济发展成果的分配在总体上坚持"效率优先，兼顾公平"的原则，社会政策发展缓慢且包容性不强，其托底与共享功能显然难以发挥，部分强势群体在经济发展成果方面独占优势，社会贫富差距在短期内急剧拉大，导致部分民众对改革开放特别是经济体制改革提出质疑，甚至出现了"以改革开放前30年否定改革开放后30年"的倾向。如果不能通过社会政策体系的优化使广大民众共享改革发展的成果，持续增强民众的获得感，便可能使经济体制改革因缺乏广大民众的支持而缺乏主体基础和可持续性。

（三）不利于政治发展和社会秩序建构能力的提升

从政治发展和社会秩序建构的角度审视，社会政策托底与共享功能开发的不足对国家治理能力的负面影响也是显而易见的，主要表现在以下方面：

第一，制约民主政治发展能力的提升。一是不利于民主政治发展所需的社会性内生条件的创造。我国社会政策区隔化发展带来的制度化的社会排斥，使部分民众因户籍、职业的差异而享受不同的公共福利，由此加剧了"社会断裂"现象，甚至个别社会群体"几乎是处于不同时代的发展水平"②，使整个社会缺乏凝聚力和向心力。社会的断裂如果投射到政治发展领域，则可能导致民主政治的无序发展，甚至诱发更大的政治风险。二是不利于党和政府合法性的提升。对基层民众而言，其对党和政府的认同主要来自其生活境遇的改善。当前，少数地方对社会边缘性群体基本生存和发展需要的托底不足，直接影响了民众对党和政府的认同。在互联网时代和信息化社会，类似"杨改兰事件"等恶性事件的传播、扩散，更易引起一些群体的共鸣，不仅直接威胁政治社会稳定，还将侵蚀党和政府的合法性。

第二，阻碍社会秩序建构能力的提升。长期以来，我国社会政策托底与共享功能的开发不足，引致了"上学难""看病难""住房难""养老难"等一系列民生难题。因基本的生存与发展的合法权益得不到保障而导致的群体性事件在一段时期内逐渐增多，

---

① 刘军强：《增长、就业与社会支出——关于社会政策的"常识"和反"常识"》，《社会学研究》2012年第2期。

② 孙立平：《断裂——20世纪90年代以来的中国社会》，社会科学文献出版社，2003年，第11页。

对社会的稳定与秩序构成了严重挑战。当前我国正从以满足基本生存需要为主要特征的生存型社会向以追求个体全面发展为主要特征的发展型社会转型,民众对保障和改善自身发展权利的社会需要日益增长。如果社会政策不能适应民众基本的生存和发展需求的日益增长,由此导致的民生风险还可能进一步增加,并引发一系列经济社会风险。特别是在边疆民族地区,如果一些基层民众的生存与发展境遇长期得不到有效改善,极有可能成为"三股势力"争取的对象,这不仅直接影响边疆民族地区的社会稳定,甚至可能威胁国家主权与领土完整。

四、国家治理能力建设取向下强化社会政策托底与共享功能的路径选择

从现代国家治理的共性经验来看,社会政策体系作为弱化社会排斥、保障基本民生、维护社会团结、促进社会共享的基础性制度平台,在现代国家治理体系中的地位日益凸显。无论是发达国家还是发展中国家,都十分重视完善本国社会政策体系,并逐渐加大社会政策投资力度。以西方发达国家为例,第二次世界大战后英国等国家纷纷建立现代福利国家,使"福利国家变成了所有发达工业民主国家的一个内在组成部分"[①]。由于日益增加的国家财政支出压力,以及逐渐暴露的"高福利病"问题,20世纪80年代,以英国首相撒切尔、美国总统里根为代表的部分西方国家领导人,力图通过在财政上停止资助福利国家、增加非福利支出、削弱大众对公共项目的热衷程度等方式来改革福利国家,甚至拆散福利国家,但他们的继任者并没有继续坚持他们对社会政策的立场。受全球经济形势变化和本国处于劳动力市场边缘的劳动者的地位恶化等诸多因素的影响,福利国家的政策并未因拆散福利国家运动而发生根本变化,相关国家"社会政策的基本结构依然相对稳定"[②],社会福利支出甚至不降反升(如图1所示),这在某种程度上也反映出西方国家非常重视社会政策托底与共享功能的发挥。[③]

[①] 保罗·皮尔逊:《拆散福利国家——里根、撒切尔和紧缩政治学》,舒绍福译,吉林出版集团有限责任公司,2007年,第1页。
[②] 保罗·皮尔逊:《拆散福利国家——里根、撒切尔和紧缩政治学》,舒绍福译,吉林出版集团有限责任公司,2007年,第255页。
[③] 刘玉安、玄理:《从"让一部分人先富起来"到"共享发展"》,《当代世界社会主义问题研究》2016年第3期。

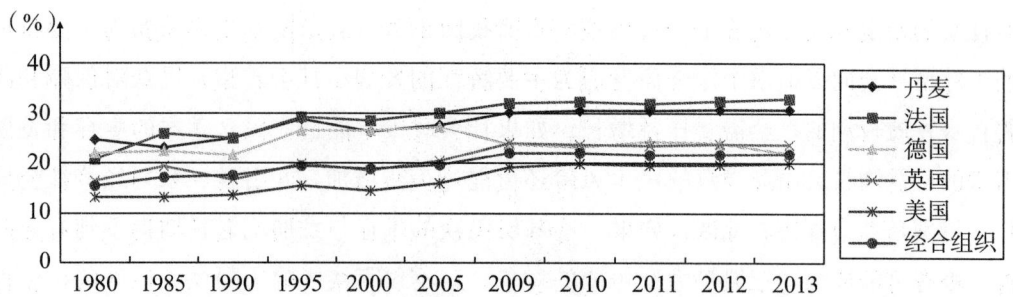

图1 经济合作与发展组织（OECD）部分成员国社会福利支出占 GDP 的百分比

资料来源：根据 OECD 官网历年数据整理，http://stats.oecd.org/。

当前，我国正处在全面深化改革和全面建成小康社会的关键时期，加快社会政策体系改革，开发社会政策的托底与共享功能，是推动共享发展的必然要求，也是全面深化改革得以持续推进的重要保障，还是促使国家治理能力整体提升的有力杠杆。着眼于提高国家治理能力，结合近年来我国社会政策建设的新进展以及社会政策的前沿理论，完善我国社会政策体系，进一步开发社会政策的托底与共享功能，应在把握社会与经济、政治互动规律的基础上，着重从以下三个方面展开：

（一）强化社会政策体系的托底功能

社会政策体系的完善需要优先着力的是强化其托底功能，以进一步强化国家在保障改善民生、促进社会公平公正中的基本职责。

第一，强化经济新常态下社会政策对民众基本生存与发展需求的托底作用。对民众基本生存与发展需要的托底是社会政策托底功能中最低层次的托底，也是最应优先考虑的托底。首先，需要托住普通民众特别是弱势群体的基本生存和发展需求的底。目前，按照现行贫困线，我国仍有7000多万贫困人口。其中，有很大比例属于因病、因残、因年龄过大致困致贫。这部分人口理应成为社会政策托底的重点对象。其次，注重托住在改革开放中做出较大牺牲和贡献的群体的底，以确保全面深化改革的持续推进。如在新一轮去产能和供给侧改革过程中，部分民众将面临失业风险，迫切需要通过再就业政策、社会保障等社会政策的调整，托住其基本生存和发展的底，以确保去产能的顺利推进，促进我国经济的顺利转型升级。最后，注重托住因重大突发事件或重大疾病而难以维持基本生计的群体的底。

第二，强化社会政策对底线公平的托底作用。在公平正义成为现代国家普遍追求的价值观时，社会政策不仅要托住民众基本生存与发展需要的底，还要托住社会底线公平的底。首先，需要从制度建设角度，推进社会政策一体化，促进基本公共服务均等化。进入 21 世纪以来，我国加快了城乡、不同社会群体之间的社会政策一体化进程，使基本公共服务非均等供给状况得到了有效遏制。如企事业单位养老金的并轨便是重要突破。但由于历史欠账较多，以及巨大的人口规模，我国大多数基本公共服务要实现底线公平的目标可能还需要二三十年的时间。[1]因此，促进我国基础教育、公共医疗卫生、养老等核心社会政策的一体化，不断提高基本公共服务均等化水平，将是国家治理能力建设的重要任务。其次，根据罗尔斯正义论的差别原则，还需要实施适当倾斜的政策，对特定区域和特定人群给予制度化的补偿，以更好地体现历时性维度的公平。如长期存在的基本公共服务城乡二元结构使广大农民长期难以享受与城市居民均等的基本公共服务，这就需要在当前的社会政策中给予农民适当的倾斜。

第三，坚持消极托底和积极托底相结合。借用柏林对消极自由和积极自由的定义，消极托底主要指为解决已出现的特定问题而进行的托底，积极托底则主要是为预防特定问题而进行的托底。前者主要体现为过程中和事后托底，后者主要强调事前预防和上游干预。发挥社会政策的积极托底功能，需要根据我国经济社会发展形势和特定社会问题的发展演变规律，制定并实施富有前瞻性的政策，以减少相关社会问题的发生概率。如针对我国老龄化进程日益加快的问题，理论界和实务界都应思考如何做出前瞻性规划，以托住老年人群安度晚年的底。

（二）构建包容性、发展型社会政策体系，凸显社会政策的共享功能

在社会政策的演进过程中，理论界日益强调社会政策的包容性，并提出了发展型社会政策理念。所谓包容性、发展型社会政策体系，主要是指政策设计在起点层面致力于保障基本民生，在价值层面追求公平公正，在过程维度致力于促进民众普遍有序参与，在结果维度推动权利均衡与利益共享的社会政策体系。包容性、发展型社会政策具有以下意蕴：首先，强调面向对象的全民性。与社会慈善和社会治疗途径不同，包容性、发展型社会政策主张在"全民性干预环境下"，特别关注贫民、少数民族等"被经济增长所忽视的人或被排除到发展之外的人"，以增进"所有人的福利"。其次，追求政策覆盖空间的整体性，力图在城内区域、乡村社区、城市、地区或国家等"具体的空间场景内促进社会福利"。[2]再次，力图增强政策面向对象的自立和自主能力。在全民性关怀的背景下，强调应"创建能促进融合的组织型结构，提出能提高社会福

---

[1] 景天魁：《底线公平概念和指标体系——关于社会保障基础理论的探讨》，《哈尔滨工业大学学报（社会科学版）》2013 年第 1 期。

[2] 詹姆斯·米奇利：《社会发展：社会福利视角下的发展观》，苗正民译，格致出版社、上海人民出版社，2009 年，第 31 页。

祉的经济政策",实施"能动员人力与社会资本,使穷人参与到生产性活动中"的社会发展战略①,从而有效保障穷人的公民权利,帮助其摆脱制度性障碍,增强自我发展的能力。最后,强化社会投资功能,促进经济和社会发展的融合。"经济增长本身并不能保证福利水平会自然而然地提高,或者保证经济改善能使所有人口群体受益。"有必要通过社会投资,"使经济与社会政策和谐,从而提高所有人的福利"②。由此可见,包容性、发展型社会政策与我国共享发展理念具有高度的契合性。构建适合中国国情的发展型社会政策体系,是提升国家治理能力的基本途径。

第一,创建正式的组织与制度,促进经济与社会政策更加融合。为进一步促进经济与社会政策融合,首先应树立社会政策建设就是社会投资的观念,改变将经济政策和社会政策割裂开来的传统思维。其次,可通过顶层设计的方式,在国务院设立协调机构,进一步加强国家发展和改革委员会、财政部、人力资源和社会保障部等部委的政策沟通与协调,强化经济政策和社会政策的相互协调和优势互补,以确保经济与社会协调发展目标的实现。③

第二,有效发挥社会政策在促进不同国土空间包容性发展中的积极作用。我国拥有超大规模的政治地理空间,促进不同地理空间的均衡发展、增进空间正义,对实现国家的一体化发展和国家整合具有重要意义。从社会政策发展水平来看,不同国土空间的经济发展水平的差异是其社会政策发展差异的重要原因,社会政策发展水平的差异又反过来影响区域间的协调发展。社会政策发展水平的差异直接影响不同区域的社会性基础设施建设,使欠发达地区缺乏经济发展所必需的人才、科学技术等资源的支撑和良好的投资环境。此外,在开放的社会条件下,一部分民众为享受更好的教育、医疗卫生资源等公共服务,逐渐涌向社会政策发展水平更高的地区,从而进一步弱化了欠发达地区经济发展的内生能力。为进一步促进不同国土空间的均衡发展、维护空间正义,应将社会政策的调整优化作为重要突破口。首先,中央政府对欠发达地区的财政转移支付应将更大的比例用于社会政策领域的支出,一方面改善和保障欠发达地区的基本民生,另一方面尽快弥补欠发达地区在社会政策支出上的资金缺口,以改善其社会性基础设施条件,同时通过提高基本公共服务均等化水平,吸引高素质人才回

---

① 詹姆斯·米奇利:《社会发展:社会福利视角下的发展观》,苗正民译,格致出版社、上海人民出版社,2009年,第102页。
② 詹姆斯·米奇利:《社会发展:社会福利视角下的发展观》,苗正民译,格致出版社、上海人民出版社,2009年,第180页。
③ 彭华民:《西方社会福利理论前沿——论国家、社会、体制与政策》,中国社会出版社,2009年,第194页。

流。其次,充分发挥中国特色的对口支援政策优势,在省际对口支援边疆民族地区、对口扶贫以及省内较发达地区对口支援相对落后地区的过程中,更加凸显社会政策的地位,并将其作为"先富带动后富""城市反哺农村"的重要机制和平台。再次,优化基本公共服务资源空间布局结构,着力改变将优质基本公共服务资源集中投入到中心城市和城市中心的传统思路,以基本公共服务投资的均衡促进人口流动的均衡,在促进二、三线城市发展的同时有效避免日益凸显的"城市病"。

第三,构建符合发展型社会政策要求的社会支出结构。从某种意义上讲,治国即理财。从财政角度来看,发展型社会政策的建构需要以与之相适应的公共财政体制为保障。根据发展型社会政策意蕴,我国社会政策支出结构需要在以下方面做出调整:一是增加人力资本积累型社会政策支出比例。从我国社会政策公共支出结构来看,为强化和保障基本民生,特别是化解日益突出的社会矛盾,社会保护的公共支出占社会政策支出总额的比例长期维持在50%左右的高位[1],挤占了用于教育、医疗卫生等领域的公共财政支出。为适应我国经济转型升级对高素质人力资本的巨大需求,在未来一段时期内,应适当提高基础教育、公共医疗卫生、公共创业就业技能培训等领域的支出比例。二是优化城乡、东中西部间的社会支出结构。由于基层政府在社会政策公共支出中承担主要责任,因此财力不足的地区与财力较好的地区的社会政策支出差距十分巨大。改变这一局面需要从省级层面统筹基本公共服务支出责任,以此强化财力薄弱县乡的基本公共服务财力。

第四,以发展型社会政策提升精准扶贫质量。阿玛蒂亚·森认为,贫困可分为收入的贫困和可行能力缺乏两类,贫困更多的是与人们是否具有选择愿意做什么的能力相关。[2] 提升精准扶贫质量,需更加重视对扶贫对象可行能力的培育。为此,需重点关注以下三个方面的问题:一是扶贫先扶志。为避免陷入"扶贫依赖"的困境,对那些具有劳动能力的贫困群体,应着重提振其脱贫致富的信心、强化其自力更生的责任观念。二是针对可行能力缺乏的不同原因进行分类援助,增强扶贫对策的针对性和精准性。如那些丧失劳动能力的贫困群体可能更需要政府的兜底;而对那些具有劳动能力的贫困群体,加强其就业、创业技能培训,而不是直接进行物质资助,可能是更好的政策选项。即使在短期内有必要给予其物资资助,也可以通过设置必须坚持对子女的

---

[1] 社会保护支出比例=社会保护支出/(教育支出+医疗卫生支出+社会保护支出),其中,教育支出是指国家统计年鉴中"财政性教育支出"的金额,医疗卫生支出包括"财政医疗卫生支出"以及基本医疗、工伤和生育保险支出,其他社会支出被统一纳入社会保护支出。数据引自顾昕、孟天广:《中国社会政策支出的配置机制和流向结构》,《广东社会科学》2016年第2期。

[2] Amartya Sen, *Development as Freedom* (New York: Knopf, 1999), pp. 87-92.

教育投资、定期参与社会服务等条件，激励其可行能力的开发。[1]三是更加重视通过教育、公共医疗卫生等社会政策的发展，强化对贫困群体子女的人力资本投资，以对贫困问题进行"上游干预"，有效阻断贫困问题代际传递的纽带。

（三）强化社会政策体系的整体性与协调性，推进社会政策体系与能力现代化

针对我国社会政策存在的分隔化、碎片化特征，在全面深化改革进程中，应强化"顶层设计"意识，逐步构建整体性社会政策框架（见表1），实现社会政策行为主体的多元性、覆盖群体的全民性、政策目标的多层次、政策过程的开放性、政策内容的完备性、政策间的衔接性和协调性，从而提高社会政策体系与能力现代化水平。

表1 整体性社会政策框架

行为主体	目标群体/目标	政策
◇政府（中央、地方） ◇社会（非政府组织、社区、个人） ◇市场部门（国内、跨国、超国家的市场行为体） ◇国际组织（双边、多边、区域性机构、联合国机构）	目标群体：个人、家庭、社区 目标：安全网、社会权利、托底、共享；增进全民福利、人力资本（可行能力）；增进劳动力的国际竞争力；弱化社会排斥、增强社会凝聚力	◇基本的社会服务（卫生、教育、住房、社会保障） ◇公共财政支持/社会基金 ◇跨部门协作治理 ◇责任性的落实（建立问责机制）

资料来源：安东尼·哈尔、詹姆斯·梅志里：《发展型社会政策》，社会科学文献出版社，2005年，第53页。

第一，强化国家的主体责任。社会政策的主体主要包括国家、社会、市场以及国际组织，四者在社会政策的实施过程中具有不同的功能、优势和地位。其中，国家居于主导地位。在人类需要和劳动力早已"商品化"的条件下[2]，如果没有政府等力量的干预，人的基本需要的满足和发展权利的实现将"更多地取决于个人的业绩和运气"[3]。因此，"国家一贯被视作社会政策的主要建构者，是推动社会改革的主要驱动力"[4]，理应在社会政策的实施过程中发挥主导作用。国家的主导作用的发挥首先表现为国家负有公共财政支出责任。总体而言，我国政府在强公益性社会政策领域的财政支出责任已经逐步回归，但在社会政策领域的财政支出比例仍然较低。如2014年经济合作与发

---

[1] 杨帆、张晓懿：《可行能力方法视阈下的精准扶贫：国际实践及对本土政策的启示》，《上海交通大学学报（哲学社会科学版）》2016年第6期。
[2] 哥斯塔·埃斯平-安德森：《福利资本主义的三个世界》，苗正民、滕玉英译，商务印书馆，2010年，第47页。
[3] 雅诺什·科尔奈：《后社会主义转轨的思索》，肖梦译，吉林人民出版社，2011年，第54页。
[4] 安东尼·哈尔、詹姆斯·梅志里：《发展型社会政策》，社会科学文献出版社，2005年，第15页。

展组织（OECD）成员国平均社会支出达到了 GDP 的 21.6%，而我国的财政性支出仅为 GDP 的 8.38%，即使加上社会保险基金支出，也只有 13.56%。① 从比较社会政策的视野来看，随着我国经济发展总量的增加，政府在社会政策领域的支出仍有一定的提升空间。其次，强化政府的制度供给能力，着力改变社会政策的分隔化、碎片化局面。着力实现基本公共服务制度在城乡之间、区域之间、不同社会群体之间的一体化，建立基本公共服务一体化的筹资、监管机制②，推进社会保障资金缴纳、经费结算在更大范围内的衔接，促进社会保障待遇自由、合理、有序流动。③

第二，推动多元主体的共建共享。在强化国家主体责任的同时，推进社会政策体系与能力现代化，还需发挥市场、社会和个人等其他主体的共建共享作用。一是注重引入市场主体参与社会政策建设，一方面弥补政府财力的不足，另一方面提高社会政策的效率，以满足民众对社会服务多元化、高层次的需求。二是有效发挥社会组织、普通民众和专业人士在社会政策设计、实施过程中的作用，增强社会政策决策的开放性，注重对民众参与的制度化吸纳，推动形成权责对等、共建共享的社会政策发展格局。三是强化多元主体的协作治理能力建设。多元主体参与的协作治理被普遍认为具有"协作优势"④，但这种协作治理优势往往并不必然产生。⑤ 根据国内外协作治理的成功经验，政府需要有效供给协作治理所需的必要权威，包括必要的制度供给、过程与结果监管等，并在协作治理的实践进程中不断提高政策创新能力⑥，此外，还需完善不同主体间的沟通协商机制，正视不同治理主体之间的利益冲突，加强利益冲突与协调机制建设，以推动不同治理主体为实现社会政策的实践愿景而有效合作。

第三，在全球视野中谋划我国社会政策的改革与发展。社会政策活动传统上是在一个国家内部进行的，但在全球化时代已具有超国家与跨国家性质。⑦ 一国的社会政策建设不仅影响本国民众福祉，还关乎本国的国际竞争力，且越来越受到国际社会的影

---

① 关信平：《论当前我国社会政策托底的主要任务和实践方略》，《国家行政学院学报》2016 年第 3 期。
② 郁建兴、何子英：《走向社会政策时代：从发展主义到发展型社会政策体系建设》，《社会科学》2010 年第 7 期。
③ 汪大海、南锐：《新型城镇化背景下的社会管理转型升级——从碎片化社会管理走向整体性社会管理》，《学术界》2013 年第 12 期。
④ Carey Doberstein, "Designing Collaborative Governance Decision-Making in Search of a 'Collaborative Advantage'", *Public Management Review*, Vol. 18, Issue 6, 2016, pp. 819−841.
⑤ 丁忠毅：《府际协作治理能力建设的阻滞因素及其化解——以对口支援边疆民族地区为中心的考察》，《理论探讨》2016 年第 3 期。
⑥ Jacob Torfing, Christopher Ansel, "Strengthening Political Leadership and Policy Innovation Through the Expansion of Collaborative Forms of Governance", *Public Management Review*, Vol. 19, Issue 1, 2017, pp. 37−54.
⑦ 鲍勃·肯迪、米歇尔·赫尔斯、保罗·斯塔布斯：《全球社会政策——国际组织与未来福利》，苗正民译，商务印书馆，2013 年，第 1 页。

响。当前，提升我国社会政策体系与能力水平，急需树立全球化的思维，在全球化视野中推进我国社会政策的改革与发展。一是要在维护劳动者合法社会权利和保持我国产品的国际竞争力中寻求平衡点，同时还需为应对日益激烈的国际竞争提供社会政策支撑，尤其要通过社会政策的改革与发展为我国储备有效应对国际竞争的人力资源和科学技术支撑。二是既要注重加强同联合国、世界卫生组织、世界银行等国际性组织的合作，又要避免这些组织将不适合中国国情的政策主张运用于中国实践。三是注重对域外社会政策成功经验和失败教训的研究，为中国有效避免社会政策设计失当而引发的经济社会风险提供有益的理论支撑。

当前美丽宜居乡村建设应坚持的"六个取向"①

纪志耿

一、美丽宜居乡村建设概念的提出

美丽宜居乡村建设是社会主义新农村建设的升级版。2005年，党的十六届五中全会提出了建设社会主义新农村的重大历史任务，翌年初的"一号文件"强调要加强农村基础设施、村庄规划和人居环境建设，切实改善相对落后的农村生活环境和村容村貌。② 2007年，习近平同志任职的浙江省完成了"千村示范、万村整治"工程五年建设，他们以农民反映最强烈的环境脏乱差问题作为突破口，"对全省10303个建制村进行了整治，并把其中的1181个建制村建设成'全面小康建设示范村'"③。2012年，党的十八大提出大力推进生态文明建设，努力建设美丽中国的奋斗目标。④ 在此背景下，2013年，中央"一号文件"提出要加强农村生态建设、环境保护和综合整治，努力建设美丽乡村。⑤ 2015年的"一号文件"强调，"中国要美，农村必须美，繁荣农村，必

---

① 本文发表于《农村经济》2017年第5期。基金项目：2014年度国家社会科学基金重点项目"坚持和完善农村基本经营制度研究"（14AZD029）、2017年度四川大学中央高校基本科研业务费研究专项项目"习近平发展'大农业'思想研究"（skqy201749）。
② 《中共中央国务院关于"三农"工作的一号文件汇编（1982—2014）》，人民出版社，2014年，第123-125页。
③ 夏宝龙：《美丽乡村建设的浙江实践》，《求是》2014年第5期。
④ 《十八大以来重要文献选编（上）》，中央文献出版社，2014年，第625页。
⑤ 《中共中央国务院关于"三农"工作的一号文件汇编（1982—2014）》，人民出版社，2014年，第268页。

须坚持不懈推进社会主义新农村建设"①，通过全面推进农村人居环境整治，让农村成为农民安居乐业的美丽家园。2016年的"一号文件"从加快补齐农业农村短板、促进城乡公共资源均衡配置的角度，提出要遵循乡村自身发展规律，体现农村特点，注重乡土味道，保留乡村风貌，开展农村人居环境整治行动和美丽宜居乡村建设，努力建设农民幸福家园。②最新发布的2017年"一号文件"，更是把农村人居环境治理和美丽宜居乡村建设提到了补齐农业农村短板、夯实农村共享发展基础的高度。"中国要强，农业必须强；中国要美，农村必须美；中国要富，农民必须富"③逐渐成为当前社会的基本共识和价值追求。

二、美丽宜居乡村建设中的难点

当前，我国美丽宜居乡村建设中仍存在不少难点，如农村基础设施依然薄弱，人居环境脏乱差现象突出；农民建房缺乏科学规划和设计，有新房无新村；农村精神文明建设相对滞后，有新村无新人等。这些难点问题的产生，既和城乡差距扩大、农村投入不足等传统因素有关，又和现代化进程中农业、农村和农民的急剧转变等因素有关。

（一）传统农业向现代农业急剧转变，绿色清洁生产难

传统农业和现代农业的区分标志是两者所使用的生产要素不同。"一个得到并精通运用有关土壤、植物、动物和机械的科学知识的农民，即使在贫瘠的土地上，也能生产出丰富的食物。"④这里的科学知识就包括农药、化肥、饲料、农膜、农机等现代生产要素。在传统农业向现代农业急剧转变的过程中，食物产出丰富了，但土地可能会受到污染，变得更加贫瘠。当前，我国农业资源环境承受着外源性污染和内源性污染双重污染的压力，这已成为制约农业持续健康发展和美丽宜居乡村建设的瓶颈。这是因为，一方面，工业和城市污染持续下乡，农业和农村受到严重污染，农产品产地环境质量令人担忧；另一方面，化肥、农药等现代农业生产要素使用过量，秸秆、残膜和畜禽粪便等农业废弃物处置不合理，导致农业面源污染日益严重。⑤农村要美，作为

---

① 《中共中央国务院印发〈关于加大改革创新力度加快农业现代化建设的若干意见〉》，《人民日报》，2015年2月2日。
② 《中共中央国务院关于落实发展新理念加快农业现代化 实现全面小康目标的若干意见》，人民日报，2016年1月28日。
③ 《十八大以来重要文献选编（上）》，中央文献出版社，2014年，第658页。
④ 西奥多·W. 舒尔茨：《改造传统农业》，商务印书馆，1987年，第4页。
⑤ 《农业部关于打好农业面源污染防治攻坚战的实施意见》，《休闲农业与美丽乡村》2015年第5期。

生产源头的农业必须美。打好面源污染防治攻坚战,确保农业清洁生产、农村绿色发展,是建设美丽宜居乡村的基础。①

(二)传统村落向现代村落急剧转变,乡愁记忆保留难

乡村文明是中华民族文明史的主体,村庄是这种文明的载体,耕读文明是我们的软实力。②在进城以前,人们都来自农村,来自泥土。在他们的心中总少不了那一缕淡淡的乡愁。但随着工业化和城镇化进程的加速,传统村落或大量消失,或被改造得面目全非,既没有城市的气息,也没了乡野的质朴。如今再论乡愁,许多人感到欲说还休。因为青山在减少,绿水在变浑,房子被改建,农民被"上楼",让人找不到田园的感觉和家乡的味道。农村是我国传统文明的发源地,乡土文化的根不能断。在传统村落向现代村落急剧转变的过程中,农村不能成为荒芜的农村、留守的农村、记忆中的故园。这就要求我们在建设开发中尽可能保留村庄的原始风貌,慎砍树、不填湖、少拆房,搞好山水林田湖综合治理,让农民望得见山、看得见水、记得住乡愁。③这无疑对当前美丽宜居乡村建设提出了更高的要求和极大的挑战。

(三)传统农民向现代农民急剧转变,人居环境整治难

中国的传统农村是一个"乡土社会"和"熟人社会"。土地是农民的命根子,农民靠种地谋生,依村落而居,形成自己的圈子和文化。在村庄里,农民"工作和居住的纽带关系,又常和宗族关系交织而互相强化。从这一角度上讲,村庄是一个闭塞的,或许也是紧密的共同体"④。随着家庭承包制的长期推行和市场经济的深入发展,当代中国农村逐渐显露出"工业社会"和"半熟人社会"的特征。其具体表现是,水泥路通了,堵车的情况却多了;新房盖起来了,私搭乱建的却多了;生活现代化了,垃圾乱扔、污水乱流的现象却多了。在乡村工业化进程中,农民的消费潜力不断释放,消费档次不断攀升,消费剩余的废弃物不断增多,大件耐用消费品的广泛使用已使破旧的基础设施不堪重负。⑤在社会原子化进程中,每个农民的权利是清晰的,应承担的公共义务却是模糊的,传统村规民约的约束力下降,新的乡村社会秩序又迟迟没有构建起来。在这种状态下,农村人居环境整治面临着新的挑战和难题,"屋里现代化、屋外

---

① 冯燕:《农村面源污染治理模式的演进》,《理论与改革》2016年第6期。
② 《十八大以来重要文献选编(上)》,中央文献出版社,2014年,第605页。
③ 《十八大以来重要文献选编(上)》,中央文献出版社,2014年,第603页。
④ 黄宗智:《华北的小农经济与社会变迁》,中华书局,1986年,第21页。
⑤ 王保花、鹿方圆:《我国农村居民消费行为特征及影响因素研究》,《理论与改革》2016年第1期。

"脏乱差"成了某些村庄农民居住环境的真实写照。①

三、美丽宜居乡村建设应坚持"六个取向"

现代化是一把双刃剑，它既会带来富足的产品和便利的生活，也会带来环境的破坏和人文精神的消解。为了解决农业、农村、农民现代化过程中交织的种种矛盾和难题，建设农民美丽宜居的幸福家园，我们必须在新农村建设中坚持以下"六个取向"。

（一）坚持整体谋划，做好美丽宜居乡村建设中的规划和设计

1983年3月，邓小平视察江苏等地时，一路上看到的情况很好，人们喜气洋洋，新房子盖得很多，因为土地供应不足，小城镇和农村的楼房开始向空中发展，盖两三层的已经很多了。②改革开放三十多年后的今天，随着经济发展水平的普遍提高，即使在中西部地区的农村腹地，盖两三层楼房的农家也越来越多了。但由于缺乏规划和设计，在农村建房中也出现了一些矛盾和问题，如高矮不一，风格不统一；采光权受损，邻里矛盾大；入户巷道狭窄，停车难问题突出；私搭乱建严重，公共空间受到侵占等。因此，要想建设美丽宜居乡村，就必须坚持规划先行，整体谋划村庄布局和建筑风貌。一是要加强村民建房质量和风貌管控的要求，明确建筑的材料、层高、间距和容积率等，改善村庄的道路、供水、宽带、停车场、厕所等基础设施建设，制定田园风光、自然景观、建筑风格和文化保护的具体标准，遵循乡村自身发展规律，注意乡土味道，保留乡村风貌，留住田园乡愁。③二是要编制和完善县域内村庄和城镇建设规划，根据村、镇经济社会的发展状况和人口增减变化趋势等，明确一般镇和重点镇、一般村和中心村的规划布局和建筑风貌，发展具有历史记忆、地域特色、民族特点的美丽乡镇，不能千城一面、万村一貌。④

（二）坚持分类推进，保持美丽宜居乡村建设中的灵活性和多样性

对于社会主义新农村建设，一些地方简单地理解为"新村庄建设"，片面抓住"村容整洁"这一层面，实行"钱多盖房子，钱少刷房子，没钱立牌子"⑤的政策。当前，

---

① 高博、李桂花：《农村环境问题：表现、成因及解决》，《理论与改革》2016年第4期。
② 《邓小平文选》第3卷，人民出版社，1993年，第24页。
③ 杨新元：《扎实推进新农村建设 让农民群众生活更美好》，《农村经济》2011年第1期。
④ 《十八大以来重要文献选编（上）》，中央文献出版社，2014年，第592页。
⑤ 《十八大以来重要文献选编（中）》，中央文献出版社，2016年，第270页。

我们搞美丽宜居乡村建设，应充分吸收前期新农村建设中的经验教训，坚持分类推进原则，坚持灵活性和多样性的统一，由"千村一策"向"各美其美"迈进。农业部根据全国各地创建美丽乡村的成功路径，将其经验概括为"十大模式"，分别为产业发展型模式、生态保护型模式、城郊集约型模式、社会综治型模式、文化传承型模式、渔业开发型模式、草原牧场型模式、环境治理型模式、休闲旅游型模式、高效农业型模式。其实，根据农业区位理论，依据乡村距离中心城镇远近的不同，上述模式可以简化为两种，分别为城郊地区模式和纯农区模式。城郊地区的农村经济发达，人口集中居住程度高，公共服务网络健全，可结合城中村、镇中村改造，自然村整理，中心村建设，引导村集体积极发展物业经济、休闲农业，进而带动环境整治和生态保护。纯农区、偏远山区、渔区的农村经济较为落后，人口居住分散，城乡交流并不活跃，在这种情况下可参照日本20世纪"一村一品"运动的成功经验，深度挖掘各乡村的特色优势产业，打造绿色农业村、红色旅游村、蓝色渔乐村、古色古香的文化村等特色村的品牌①，进而带动经济发展和乡村建设。

（三）坚持渐进实施，保证美丽宜居乡村建设中的稳妥性和实效性

美丽宜居乡村建设的目标很多，任务很重。农业部办公厅在关于开展"美丽乡村"创建活动的文件中，将美丽乡村的特征描绘为"天蓝、地绿、水净、安居、乐业、增收"六个方面。②有学者将其进一步凝练为六个方面的"美"，即"产业美、环境美、生活美、人文美、和谐美、建设美"。③这几个方面其实是从宏观层面对美丽乡村的总结，和原来的新农村建设的目标有些相似。2017年的"一号文件"将其细化为八个小的方面：生活垃圾专项治理、治污改厕、田园建筑示范、农村公路运营、安全饮水和河塘整治、农村电网和新能源利用、宽带光纤入村、公共文化覆盖。对城郊富裕村来说，这几个方面可以一同实施，整体推进；但对纯农区的贫困村来说，恐怕要选一些群众反映强烈、投资少见效快的项目，渐进实施，稳妥推进。特别是欠发达地区和山区县要把村庄整治和建设的重点放到生态环境的整治上，从花钱少、见效快的农村垃圾集中处理、村庄环境清洁卫生入手，推进美丽宜居乡村建设。④"要尽快改变农村许多地方污水乱流、垃圾乱扔、秸秆乱烧的脏乱差状况。这件事，不管是发达地区还是

---

① 习近平：《干在实处　走在前列》，中共中央党校出版社，2006年，第165页。
② 《农业部办公厅关于开展"美丽乡村"创建活动的意见》，农业部网站，2013年2月22日，http://www.moa.gov.cn/zwllm/tzgg/tz/201302/t20130222_3223999.html。
③ 关锐捷：《美丽乡村建设应注重"五生"实现"五美"》，《毛泽东邓小平理论研究》2016年第4期。
④ 习近平：《干在实处　走在前列》，中共中央党校出版社，2006年，第164页。

欠发达地区都要搞，标准可以有高低，但最起码要给农民一个干净整洁的生活环境。"①

（四）坚持引领带动，提升美丽宜居乡村建设中的参与度和获得感

建设美丽宜居乡村，必须激发广大农民群众主动参与、自力更生的热情。农民这一头不热，建设美丽宜居乡村就会缺乏持久动力，建设热潮最终也持久不了。发挥农民群众的主动性和创造性，关键是要让农民得到实惠，让他们感觉到建设美丽宜居乡村有奔头、有干头。② 20世纪70年代韩国的"新村运动"中，8年间政府为每一个村庄提供了价值约2000美元的水泥和钢筋，农民把村庄道路两旁的土地捐给村庄，劳动力亦由农民自己贡献。农民的积极性和参与率之所以这么高，是因为新村项目的筛选和排序充分征求了农民的意见，这些都是他们所急需的。排在前5位的分别是：宽阔笔直的进村公路、修建跨河的小桥、宽阔笔直的村内道路、村庄排污系统的改善、瓦屋顶取代茅草屋顶。这说明，随着农民的生产由半自给向市场化转变，村级道路交通的不发达成为最迫切需要解决的问题。③ 当前我们搞美丽宜居乡村建设，也要充分尊重农民的意愿和选择，构建需求导向型的新农村建设模式，实现由"物的新农村"向"人的新农村"迈进，提高农民的科学文化素质、民主参与意识和团队合作精神，使美丽宜居乡村"内外兼修"，成为农民安居乐业的美好家园。④ 要让村民住上好房子，过上好日子，养成好习惯，形成好风气。

（五）坚持人文关怀，重视美丽宜居乡村建设中的乡愁记忆和文化传承

在建设美丽宜居乡村的过程中，我们可能经常听到"村里没有资源、没有学校、道路条件太差"等叹息声，这和当年日本"一村一品"运动发起人平松守彦所遇到的情况相似。什么是资源呢？一个村子、一个地区值得骄傲的东西，如土特产品、旅游资源，哪怕是一首民谣，如果能开发成在全国乃至全世界都能叫得响的产品，就会成为这个地区独特的资源、文化和记忆。在传统的新农村建设思路下，我们经常"只见新房，不见新村；只见新村，不见新貌"。在很多农民聚居区和中心镇，我们经常"走了一村又一村，村村像城镇；看了一镇又一镇，镇镇像农村"。为了摆脱这种被动局面，我们就必须"念好山海经、唱好林草戏、打好生态牌"，重视乡愁记忆，重视文化

---

① 《十八大以来重要文献选编（上）》，中央文献出版社，2014年，第683页。
② 习近平：《干在实处　走在前列》，中共中央党校出版社，2006年，第177页。
③ 朴振焕：《韩国新村运动：20世纪70年代韩国农村现代化之路》，潘伟光等译，中国农业出版社，2005年，第45页。
④ 黄毅：《建设新农村必须突破主体缺位的制约》，《农村经济》2011年第1期。

传承，把劣势转化为优势，把绿水青山转化为金山银山。在这方面，浙江淳安的下姜村、奉化的滕头村、兰溪的诸葛村、永嘉的芙蓉村、武义的郭洞村弘扬乡土特色文化、保护历史文化村落、建设农村文化礼堂的经验值得学习。① 四川成都郫都区的青杠树村、邛崃市的冉义镇、崇州市的五星村等"小组微生"的美丽宜居乡村建设理念也值得借鉴。在小规模聚居、组团式布局、微田园风光和生态化建设中，农民的生活既"变"了又似乎"没变"，变的是居住环境，不变的是那份记忆中的乡愁。

（六）坚持改革创新，注重美丽宜居乡村建设中的互联互通和共建共享

"汝果欲支农，功夫在农外。"美丽宜居乡村建设还应放在城乡统筹发展的大背景下，通过健全城乡发展一体化体制机制，推动城市基础设施向农村延伸，城市公共服务向农村覆盖，让广大农民共享改革发展成果。② 在这方面，美国20世纪的城市郊区化运动及其带动农村发展的经验值得我们借鉴。第二次世界大战后美国数百万退伍军人返乡，随之而来的是"结婚高峰""生育高峰""住房高峰"。为了缓解住房矛盾，1947年一个叫莱维敦的开发商在曼哈顿郊区的长岛中部买了40000英亩的马铃薯田，建造了17500套独栋住房用于出售或出租，住房每个月仅需缴纳50~60美元的本金或租金，由此带来了住宅销售的火爆和社区环境的改善。政府所做的事情，一是以交通和通信技术的发展来促进郊区化和城乡一体化。20世纪50年代美国州际高速公路的快速建设及向乡村的放射延伸为郊区化创造了条件，私人汽车和电话的普及也使得郊区生活的便利化程度大大提升。二是实行鼓励创新的政策。大力兴建横跨城乡的公路、铁路、地铁，推动农村电气化，允许私人在农村购买房屋，并实行低息和免税政策。当前，我国正在全面深化以土地承包经营权、宅基地使用权、集体经营性建设用地入市权为核心的综合改革，农地农用，宅基地只能在集体经济组织内部流转是政策的底线。但通过改革创新，盘活宅基地和经营性建设用地的使用权，通过共建共享为广大农村输入外部性资源，就成为破解美丽宜居乡村建设资金难题的重要一环。同时，我们先期应加大城乡公交、道路、电力、供水、排污、网络一体化等基础建设，打通美丽宜居乡村融合城市发展的"最后一公里"，为将来的农地制度改革和居住制度创新赢得"最先一公里"。

---

① 张文娟：《千村示范 万村整治——浙江省生态村镇建设十年纪实》，《中国农村科技》2013年第12期。
② 付娆：《我国统筹城乡发展的新特点及变化趋势》，《农村经济》2012年第12期。

中国农村养老服务供给：理论基础、形势判断及政策优化①

纪志耿　祝林林

随着中国人口老龄化的加剧，尤其是农村老龄化人口的迅速增长，如何满足广大农村老人对健康养老这一美好生活的需求，切实增强其获得感和幸福感，成为当前乡村文化振兴中迫切需要解决的问题。经过改革开放四十年的发展，我国农村养老服务供给体系日益完善，但是与城市的供给体系和供给标准相比，农村养老服务还存在很多不平衡和不充分的地方。"人民对美好生活的向往，就是我们的奋斗目标。"②为了破解农村养老服务供给中的难题和矛盾，我们需要以新发展理念为指导，走出一条适合中国国情的农村养老服务供给之路。这对于深入实施乡村振兴战略和全面建成小康社会具有重大的现实意义和实践价值。

一、中国农村养老服务供给的理论基础

由于农村养老服务具有受益的非排他性和消费的竞争性等特点，有些学者将其界定为准公共物品。③既然其属于公共物品的范畴，我们有必要简要梳理一下西方经济学

---

① 本文发表于《农村经济》2019年第5期。基金项目：四川大学中央高校基本科研业务费项目"习近平发展'大农业'思想研究"（编号 skqy201749）、四川大学马克思主义学院中青年学术团队项目"新时代乡村振兴战略的实施路径和政策体系研究"。

② 习近平：《习近平谈治国理政》，外文出版社，2014年，第4页。

③ 刘艺、范世明：《公共产品理论指引下构建农村养老服务供给主体支持体系研究——基于不平衡不充分的视角》，《湖南社会科学》2018年第3期。

关于公共产品供给理论的演进历程，以及中国特色社会主义政治经济学关于农村公益事业的发展理念，从而为构建农村新型养老服务体系提供坚实的理论支撑和原则指引。

（一）公共产品的政府供给理论

关于公共产品政府供给的思想，在古典经济学家亚当·斯密的经典著作《国富论》中就有所论述。斯密认为在国防开支、司法开支、公共工程和公共机构的开支、维护君主尊严的费用支出等方面，政府应该保持其最起码的职能，因为"这类机构和工程的属性在于如果由个人或少数人办理，那所得利润绝不能偿还其所支付的费用"，因此"不能期望个人或少数人出来创办或维持"，而应由政府来提供和维持。① 在斯密之后，英国经济学家庇古从社会净边际产品和私人净边际产品的背离与矫正的角度，对政府负责公共产品供给的合理性进行了方法论上的论证。"一座位置适宜的灯塔产生的利益，肯定会被许许多多船只所享受，但对其中大多数船只却无法方便地征收通行费。"② 为了消除这种因技术上很难排他而产生的"外部性"，政府通过征税方式来提供公共产品就具有了经济合理性。美国经济学家萨缪尔森也认为，生产公共物品能够给社会带来大大小小的福利，但是这些经济活动却不能由私人企业去恰到好处地开展，原因在于这些物品的好处在居民中间分散得太广，以至于没有一个企业具有提供它们的积极性。因此，"哲学家和政治家总是认识到政府提供这类公共物品的重要性"③。具体到农村养老服务这一准公共物品来说，有些学者认为，政府应该满足农村老年人最基本、最关心、最迫切的刚性服务需求，如对"五保户"、享受农村低保的贫困老人，政府应提供起码的兜底性公共产品供给服务，以满足农村老人的生存类需求。④

（二）公共产品的市场供给理论

与庇古和萨缪尔森的观点相反，新制度经济学家科斯认为，公共产品供给的方案可以多种多样，只要产权界定清晰，收益足以弥补成本，灯塔也可以由私人提供。"1820年的情况是，24座灯塔由领港公会经营，22座由私人或私人组织经营。"⑤ 灯塔

---

① 亚当·斯密：《国富论》，唐日松等译，华夏出版社，2005年，第516页。
② A.C.庇古：《福利经济学（上卷）》，朱泱、张胜纪译，商务印书馆，2006年，第197页。
③ 保罗·A.萨缪尔森、威廉·D.诺德豪斯：《经济学》（第12版），高鸿业等译，中国发展出版社，1992年，第82页。
④ 刘艺、范世明：《公共产品理论指引下构建农村养老服务供给主体支持体系研究——基于不平衡不充分的视角》，《湖南社会科学》2018年第3期。
⑤ 丹尼尔·史普博：《经济学市场失灵的神话的著名寓言》，余晖、朱彤等译，上海人民出版社，2004年，第53页。

建造者的私利是通过收取使用费获得的,这项使用费由所在港口的代理者收取,这种代理者可以是私人,但通常是海关官员。除了科斯之外,奥地利学派经济学家哈耶克也对公共产品的市场供给问题进行了深入的研究,他认为公共产品的政府供给并不等于政府生产,政府完全可以把这些公共服务交由彼此竞争的企业去组织和管理,"在某些特定的情况下,即使事实上只有政府有能力提供特定的服务,我们也没有理由因此而禁止私营机构去尝试和寻求其他的方法"①。特别是随着技术的进步,人们有可能找到一些新的方法,使一种在过去不可能由那些愿意为之支付费用的人独享的服务成为一种可供买卖的服务,进而使市场方法能够在它此前无法得到适用的领域中得到适用,"无线电广播就是这个方面的一个事例"②。另一位新制度经济学家德姆塞茨也认为:"在不付费者能够被排除在外,或者对不同消费者实行不同价格(即价格歧视)的条件下,公共品也可以由私人有效地生产出来。"③就农村养老服务这一准公共物品来说,为向农村老人提供多层次、个性化、高质量的养老服务,政府应积极引导社会资本进入养老服务业,鼓励社会力量通过独资、合资、合作、联营、参股、租赁等方式参与公办养老机构改革,充分激发各类市场主体供给公共产品活力。

(三)公共产品的自组织供给理论

美国著名行政学家、政治经济学家埃莉诺·奥斯特罗姆认为,在解决诸如"公地悲剧""囚犯困境"等公共产品供给难题时,利维坦和私有化都不是唯一的政策方案。中央机构也可能会犯各种各样的错误,私有化主张也会面临流动性资源的产权行使难题及监督难题,依靠局外人"把制度搞正确"是一个困难、耗时和引发矛盾的过程。奥斯特罗姆教授为此构造了一个"自筹资金的合约实施博弈",证明在没有彻底私有化,没有完全政府权力控制的地方,公共池塘资源的使用者可以通过自我管理、自我激励、自我监督来解决集体行动中的难题。例如菲律宾的桑赫拉灌溉社群制度通过对参加成员的激励、对不同地块所有者的激励、对社群官员的激励等举措,较好地解决了农村灌溉中常见的"搭便车"难题,使富有进取心的佃农联合起来,在原先没有被灌溉的土地上建立了灌溉系统。④除了奥斯特罗姆之外,美国马里兰大学经济系的曼瑟尔·奥尔森教授也对公共品自组织供给中的集团行为进行了深入的研究。他认为:"组

---

① 哈耶克:《法律、立法与自由》,中国大百科全书出版社,2000年,第339页。
② 哈耶克:《法律、立法与自由》,中国大百科全书出版社,2000,第339页。
③ 哈罗德·德姆塞茨:《公共物品的私人生产》,《法和经济学杂志》1970年第2期。
④ 埃莉诺·奥斯特罗姆:《公共事物的治理之道——集体行动制度的演进》,余逊达、陈旭东译,上海三联书店,2000年,第131—132页。

织的实质之一就是它提供了不可分的、普遍的利益。一般说来，提供公共和集体物品是组织的基本功能。"① 为了克服集体行动的难题，奥尔森认为，要"在集团成员同意分担集团目标所需的成本的情况下给予他们不同于共同或集团利益的独立的激励"②，即我们所熟悉的"选择性激励"。小集团、强制性会员制度、选择性激励三者共同构成了奥尔森集体行动理论的基石。就农村养老服务这一准公共物品的供给来说，有些学者认为，农村社区型互助型社会养老是具有中国特色的社会养老的发展形式，它扎根于农村传统的亲邻互助网络，能有组织地发动邻里、志愿等社会力量，充分利用以老年人为主的各类人力资源的闲置时间，以低成本的方式实现相互帮助和服务。③ 这属于农村公共产品的自组织供给的范畴。

（四）农村公共产品供给的中国方案和中国理念

马克思主义经济学的公共产品理论从以人为本、从整体和供给角度，围绕着社会存在和发展的共同利益需要研究公共产品、公共服务的本质及其供求问题，与西方经济学以个人或消费占有为研究出发点的公共产品理论有着根本的区别。④ 例如，在《哥达纲领批判》中，社会总产品在分配之前，应从它里面扣除"用来应付不幸事故、自然灾害等的后备基金或保险基金""用来满足共同需要的部分，如学校、保健设施等""为丧失劳动能力的人等等设立的基金，总之，就是现在属于所谓官办济贫事业的部分"。⑤ 从社会总产品中扣除的部分，是为了满足社会存在和发展共同需要的部分，虽然接近于公共产品的概念，但远远超越了西方经济学中公共产品的范畴，如用来应付不幸事故、自然灾害等的后备基金或保险基金等就很难以非竞争性和非排他性的视角来刻画和描述。因此，中国特色农村公共产品供给理论应脱离西方经济学相关概念的窠臼，以更长远的历史纵深、更宏大的观察视野、更坚定的人民立场，深入研究新中国成立以来小农经济下家庭养老保障制度、集体经济下集体养老保障制度、统分结合下家庭和集体并存的养老保障制度、城乡统筹下一体化的养老保障制度等，弘扬中国方案，增强制度自信。中国特色农村公共产品供给理论的实质在于坚定不移地贯彻创新、协调、绿色、开放、共享的新发展理念，推进农村养老服务的制度创新和技术创

---

① 曼瑟尔·奥尔森：《集体行动的逻辑》，陈郁、郭宇峰等译，上海人民出版社，2014年，第12页。
② 曼瑟尔·奥尔森：《集体行动的逻辑》，陈郁、郭宇峰等译，上海人民出版社，2014年，第2页。
③ 刘妮娜：《农村互助型社会养老：中国特色与发展路径》，《华中农业大学学报（社会科学版）》2019年第1期。
④ 胡钧、贾凯君：《马克思公共产品理论与西方公共产品理论比较研究》，《教学与研究》2008年第2期。
⑤ 《马克思恩格斯文集》第3卷，人民出版社，2009年，第432—433页。

新,实现农村养老服务在城乡间的协调发展和物质精神间的协调发展,既尽力而为又量力而行,既加快公办养老机构改革又积极引导社会资本进入养老服务业,既注重农村养老服务中正式制度和官方组织的供给也注重非正式制度的互助组织的供给。这是我们必须坚持的原则和理念。

二、中国农村养老服务供给的形势判断

改革开放以来,随着农村生产力的大力发展,农村的社会保障体系日益完善,农村的养老服务供给体系也日趋完善。但从新发展理念的视角来剖析农村公共产品的供给,其农村养老服务供给在取得巨大成绩的同时也存在一些不足,具体表现在以下几个方面:

(一)从供给主体来看:权责不太明晰

目前中国农村养老服务的供给主体主要有老人自身、家庭、社会以及国家等,但是在实际运行中部分主体的权责不太明晰。一是老人自我供给养老服务的意识与能力逐渐丧失。根据有关学者的研究,仅有11.8%的老人认为养老服务应由自身或者配偶来提供,88.2%的老人都认为养老服务应由子女、政府或者社会机构来提供,其中65.3%认为是子女的责任,7.4%认为是政府的责任,15.5%认为是社会的责任。[①]这表明大部分农村老人都认为自己的养老应该是子女、社会与政府的责任,这也说明老人的自我养老意识有一定的下降。这既与老人的身体健康状况日益变差、逐渐丧失了自我供给服务的前提有关[②],也与部分老人受传统"养儿防老"观念的影响有关。二是家庭供给养老服务功能逐渐弱化。[③]家庭供给是我国养老服务供给的主要支柱,也是增加农村老人幸福感的重要源泉,尤其是在为农村老人提供精神与心理服务供给方面有着十分重要的作用。但我国进城务工农民数量已经超过2.8亿人,大量的农村年轻人进入城市,大约有62%的老人独自居住在农村[④],再加上部分农村居民的孝道观念淡化,使得部分家庭在为老人提供物质、日常生活照料以及精神慰藉等方面的认真程度

---

① 安瑞霞:《中国农村老年人养老责任认知的影响因素分析》,《调研世界》2018年第9期。
② 黄闯:《农村老人自我养老保障的现实困境与优化路径》,《探索》2015年第2期。
③ 钟涨宝、杨柳:《转型期农村家庭养老困境解析》,《西北农林科技大学学报(社会科学版)》2016年第5期。
④ 李俏、朱琳:《农村养老方式的区域差异与观念嬗变》,《西北农林科技大学学报(社会科学版)》2016年第2期。

有所下降。① 三是社会养老服务供给强化但"挤出效应"明显。近年来，社会供给养老服务日益增加，根据民政部的数据统计，2017 年全国各类养老服务机构和设施达到 15.5 万个，比上年增长 10.6%，这在一定程度上减轻了农村养老服务供给负担，但也在某些方面替代和挤出了其他供给主体，可能会导致部分农村老人的正常养老需求难以得到满足，如情感交流和精神慰藉等。

（二）从供给内容来看：物质重于精神

尽管农村养老服务越来越注重精神方面的供给，但现阶段农村养老服务的供给仍存在物质与精神供给的失衡，具体表现为几大供给主体都十分重视农村养老服务的物质供给，轻视精神方面的供给。一是老人在自我供给养老服务的过程中更多地重视保障其物质需求。受农村传统观念的影响，在实际的生产生活中，大部分农村老人往往只满足自己的物质需要，而其日常精神文化活动较为单一，如 73.4% 的老人主要通过在家看电视或串门聊天来打发农闲时间，仅有 7.1% 的老人渴望参加社会活动。② 二是家庭在提供养老服务的过程中也更多地关心老人的物质生活保障。有学者研究表明，老人有心事的时候，46% 通过与老伴交流来纾解，44% 的老人不经常与子女交流。③ 这表明有将近一半的农村老人难以从自己的子女那里获得情感交流。这既与目前农村家庭的生活模式有关（大部分是农村老人独自居住），也与农村青年的养老服务观念有关（更多的人认为只要在物质上满足父母的需要就是最大的尽孝，缺乏与父母的情感交流）。三是社会养老服务供给者较多关心老人的物质需求，较少关注老人的精神需求。具体到农村养老服务的公益性和商业性供给者，前者往往根据社会需要提供最为简单的物质生活服务，而后者在商业利益的驱动下所供给的产品具有十分明显的逐利性，缺乏精神关怀和精神交流。四是国家针对农村养老服务的供给也较多地重视物质而较少注重精神。国家在农村养老服务供给中具有十分重要的作用，这种重要性往往体现在其为农村养老服务提供兜底性最低物质保障方面，为农村老人供给精神服务的举措还需要进一步完善与强化。

（三）从供给对象来看：城乡差距较大

在城乡二元体制的影响下，城乡之间的差距不仅体现在经济发展、公共基础设施

---

① 阳旭东：《新时代背景下西部民族地区家庭养老问题探究》，《农村经济》2018 年第 12 期。
② 李俏、朱琳：《农村养老方式的区域差异与观念嬗变》，《西北农林科技大学学报（社会科学版）》2016 年第 2 期。
③ 李俏、朱琳：《农村养老方式的区域差异与观念嬗变》，《西北农林科技大学学报（社会科学版）》2016 年第 2 期。

建设等方面，还体现在养老服务供给方面，二者之间在保障水平、基础管理以及服务内容等方面存在较大差距。① 主要表现在三个方面：一是供给制度发展不均。主要体现在城乡在社保、失业保障、退休制度等三大制度的供给方面依然存在差距，以及农村地区的养老保障制度还具有标准较低和覆盖面较小等特征，部分同类型制度在城乡之间存在较大差距。② 二是供给内容差距较大。尽管目前农村养老服务逐渐完善，但是与城市相比，在供给内容上仍存在较大的差距。根据国家统计局的数据，就医疗卫生服务来看，2017年全国共有基层医疗卫生机构94万个，而乡镇卫生院仅有3.7万个；医疗卫生机构床位共有785万张，而乡镇卫生院仅有125万张。三是供给标准差距明显。虽然城乡之间的保障水平难以做到整齐划一，城乡之间可以有"差"，但不应有"别"，尤其在关乎民生保障等方面。在实际中，城乡之间的养老服务标准不仅有"差"，更有"天壤之别"。调研发现，就养老金标准来看，目前大多数农村为100~200元/月，而城市多数为1000元/月左右，部分地区甚至已超过2000元/月。再比如医疗保险的标准、社会保险的标准、失业保险的标准以及精神服务的供给标准等在城乡之间也存在一定的差距。

（四）从供给标准来看：层次化不明显

随着农村经济的发展，农村居民的整体生活水平有了提高，但也存在经济水平上的差异，这使得农村老人对养老服务的需求呈现层次化和差异化的特点。但是在实践中，各个主体在提供农村养老服务时没有准确把握这种差异化的特征，使得农村养老服务供给与需求之间的失衡趋向显现。主要表现为以下三个方面：一是地区之间的差异不太明显。经济基础决定其实际需要层次，我国东部、中部以及西部三者之间在经济发展方面存在一定的差距，比如，截至2016年我国农村人均可支配收入为12363.4元，而东部的浙江、北京以及上海等地区已经达到20000元，中部的湖北、湖南等地区为12000元，西部的贵州、云南以及陕西等地区为8000~9000元。这表明不同地区的农村居民的可支配收入是不同的，这使得他们对养老服务的需求也存在一定的差异，而政府在制定养老服务供给政策的时候对差异性的考虑不足。二是人群之间的差异不太明显。这主要体现在同一地区的不同老人对养老服务的需求也存在一定的差异。截至2017年年底，我国农村人均可支配收入为13432元，而中位数为11969元，这表明农村老人内部也存在一定的经济差距，因此他们对养老服务的需求也是不同的，而在

---

① 王军：《中国农村社会保障制度建设：成就与展望》，《财政研究》2010年第8期。
② 卢洪友、刘丹：《中国农村社会保障的发展困境与对策》，《中州学刊》2016年第5期。

实际的养老服务供给中,这种差异化供给还需进一步优化。三是家庭内部之间的养老服务供给差异化不太明显。随着经济水平和医疗卫生水平的提高,在广大农村地区普遍存在几世同堂的家庭,不同的生活环境和生活阅历使得几代老人对养老服务的需求也不一样,然而部分农村养老服务供给主体并没有注意到不同老人的个性化需要,可能会造成一些供需错位现象。

三、我国农村养老服务供给的政策优化

新发展理念是推动当前我国经济社会发展的总理念,优化我国农村养老服务供给也需要贯彻和坚持新发展理念。必须通过坚持创新理念强化农村养老服务供给的动力,坚持协调理念平衡物质与精神的供给以及实现城乡养老服务供给均等化,坚持绿色理念既尽力而为又量力而行为农村养老提供更加健康的服务,坚持开放理念充分利用社会资源和政府资源,坚持共享理念构建适合我国国情的农村养老服务供给模式。

(一)坚持创新供给理念,"两条腿走路",满足农村不同层次的养老需要

创新是为破解经济社会发展动力不足而提出的发展理念。只有坚持创新才会为优化我国农村养老服务提供不竭动力,只有在实践中坚持创新供给理念,才会提供更加有效的农村养老服务供给,满足不同层次的养老需要。在我国的农村养老服务供给实践中,坚持创新供给的理念可以从以下几个方面入手。一是坚持制度创新。"制度都是社会公平正义的重要保证"[①],做好农村养老服务是体现社会公平正义的重要工作。农村是全面建成小康社会中的短板,农村老人更是全民小康中的短板,如何保障广大农村老人能够享有国家发展带来的成果,需要良好的制度。制度创新的关键和难点都在于如何冲破现有的利益藩篱,实现城乡养老保障制度的并轨,推进城乡养老保障一体化发展。[②]二是创新农村养老模式。推进农村养老服务的关键还在于创新农村养老模式,在坚持以家庭养老为核心的基础上,大力发展社区养老、制度养老、机构养老以及互助养老等新型模式。[③]三是坚持载体创新。载体是指农村养老服务的供给方式与途径,当前农村养老服务供给的方式与途径过于陈旧,需要创新。比如在农村养老服务中引入"互联网+"、人工智能等先进技术,丰富农村养老服务的供给方式。

---

① 习近平:《习近平谈治国理政》,外文出版社,2014年,第97页。
② 黄清峰、刘艺戈:《农村社会保障制度变迁的演进逻辑与路径选择——从路径依赖到路径创造》,《社会保障研究》2014年第2期。
③ 赵强社:《农村养老:困境分析、模式选择与策略构想》,《农业经济问题》2016年第10期。

(二）坚持协调供给理念，"两手抓、两手都要硬"，统筹好城乡之间和物质精神之间的养老服务供给

我国当前的农村养老服务供给中存在主体之间权责不清晰、城乡发展不平衡以及物质与精神失衡等问题，需要在具体的实践中坚持和贯彻协调发展理念，从而优化供给服务。一是推进供给主体之间的协调。目前农村部分养老服务供给主体之间的定位不清、权责不清，这需要我们在实践中进一步强化以老人、家庭为主要供给者，社会和国家为补充的养老服务供给模式①，从而形成具有中国特色的农村养老服务供给模式。二是推进城乡之间的协调。在多种因素的综合影响下，农村与城市之间的养老服务供给存在一定的差距，要缩小两者之间的差距，实现两者在养老服务供给方面的均等化，需要在实践中进一步优化城乡之间的供给，弥合城乡之间的鸿沟。三是推进物质与精神之间的协调。受传统观念的影响，农村养老服务的供给内容主要是以物质为主，精神供给处于边缘化的地位。为了更好地满足农村老人的养老需要，在供给的过程中一方面需要提升物质供给的质量，另一方面需要增加精神服务的供给②，补齐农村养老服务供给的短板。

（三）坚持绿色供给理念，既尽力而为又量力而行，走一条中国特色的农村养老服务供给之路

在优化农村养老服务的实践中坚持绿色供给理念，既需要为农村老人提供绿色产品等服务，也需要政府在供给过程中坚持适度原则。拥有健康的身体和享受健康服务是每一位公民的权利，也是其实现全面发展的基础保障。我国农村养老服务的一个重要功能就是保障广大农村老人的身体健康。没有农村老人的健康，就没有真正意义上的全民健康。因此在为农村老人提供绿色服务的过程中，首先需要针对现有的非健康产品等问题，生产绿色养老产品，保障老人的身体健康；提供绿色养老服务，丰富老人的业余生活；营造绿色养老环境，为农村老人提供良好的养老环境，从而保障其身体健康。其次，坚持绿色供给理念需要政府在供给养老服务的过程中坚持适度原则。满足新时代农村老人的养老服务既不能照搬西方的高福利模式，也不能照搬西方的不作为模式，而是要走符合中国国情的道路，构建中国特色的养老服务供给模式。这就

---

① 陈静：《新型城镇化背景下农村养老服务供给模式研究》，《农村经济》2016年第6期。
② 班涛：《社区主导、多元主体协同参与：转型期农村居家养老模式的路径探讨与完善对策》，《农村经济》2017年第5期。

要求政府供给农村养老服务时既要尽力而为，又要量力而行，保持农村养老服务在绿色区间运行，而不是在红色的高福利区间运行。

（四）坚持开放供给理念，利用好多种资源和多种政策，激发农村养老服务供给的内生动力

目前我国农村养老服务供给存在的问题既与体制机制的掣肘等内部因素有关，也与农村输入性资源短缺等外部因素有关。而要解决农村资源短缺的问题，需要坚持和贯彻开放的理念，合理利用外部资源。首先需要整合政府资源。合理利用政府资源不仅需要直接利用政府的资金，还需要整合政府资源来激发农村内生动力。党的十八大以来，国家不断强化农村养老保障的政策引导并加大资源投入，但这些政策分散于不同的部门，难以形成合力。地方"三农"工作队伍，尤其是村干部要善于利用国家下乡的各种资源，结合本村实际情况将其用好用活，推动农村养老服务供给由外生型向内生型转变。其次需要深化农村改革，激活农村要素。改革开放四十年的发展历程强有力地证明了改革是农村经济发展的强大动力。如今农村经济发展再次站到了十字路口，只有继续深化改革才会释放新的活力。比如，只有深化农村承包地、宅基地以及集体建设用地等方面的产权制度改革，盘活农村资源，实现双向流动，才能为农村养老服务体系的构建提供强大的物质保证。最后需要合理利用外部的社会资源。在社会主义市场经济条件下，补齐农村养老资金短板也需要借助社会资源的外在推力，通过人才下乡、资本下乡、服务下乡等形式，可以直接解决农村养老服务供给中人财物短缺的问题。

（五）坚持共享供给理念，以人民为中心，切实增强农村老人的获得感、幸福感、安全感

共享理念是新理念的最终归宿，是体现社会主义本质的发展理念。在农村养老服务供给中坚持共享理念，既是对以人民为中心思想的具体落实，也是实现社会公平正义的重要举措。为了让广大农村老人有更多的获得感、幸福感以及安全感，需要在实践中坚持共享理念。一是坚持全民共享。为人民谋幸福是党的初心，建成一个所有老人都能享有优质养老服务的社会更是党的初心的彰显。例如城乡之间可以存在"差"，但不应有"别"，在供给养老服务方面亦如此。在全面建成小康社会的决胜时期更应坚持全面共享，让每一位老人都能享有国家经济社会发展的成果。二是坚持全面共享。物质需要和精神需要是人最基本的两大需要。新时代的农村老人不仅需要物质上的满足，更需要精神上的满足。随着农村土地的流转和农村年轻人的进城，农村老人的精神孤独、心理抑郁等问题更加突出。①因此,坚持全面共享就需要在为广大农村老人提供物质服务的同时,提供更多的适合他们的精神服务。三是坚持共建共享。共享即分享经济社会发展成果这块"蛋糕",其前提是要做大做强这块"蛋糕"。因此,让广大农村老人共享优质养老服务并不是让其坐享其成,而是坚持共建共享,也就是在建设的过程中享有发展的成果。四是坚持渐进共享。在农村与城市之间、东中部与西部地区之间,乃至广大农村老人之间,养老服务供给都存在一定的差异和差距,基于这种现实情况,在构建完备的农村养老服务体系的过程中,我们需要坚持渐进共享、需求主导、精准施策。

---

① 赵宁、张健:《土地流转背景下农村居民养老诉求与行为选择研究》,《社会保障研究》2017年第2期。

党建篇

加强和改进党对新闻舆论工作的领导

张 磊

党的十八大以来,习近平总书记紧密联系党和国家发展的实际,深刻阐述了新闻舆论事业发展一系列重大理论和实践问题,形成了习近平新闻思想。习近平新闻思想内涵非常丰富,其中始终围绕的一个中心问题就是如何加强和改进党对新闻舆论工作的领导。这一问题是关系社会主义新闻舆论事业发展的根本性问题。

习近平总书记指出,党的新闻舆论工作是党的一项重要工作,是治国理政、定国安邦的大事,"做好党的新闻舆论工作,事关旗帜和道路,事关贯彻落实党的理论和路线方针政策,事关顺利推进党和国家各项事业,事关全党全国各族人民凝聚力和向心力,事关党和国家前途命运"。这"五个事关"明确了新闻舆论工作的使命和地位,决定了必须大力加强党对新闻舆论工作的领导,必须不断改进和提高党领导新闻舆论工作的能力。

自近代有新闻舆论事业以来,就没有过脱离现实政治的新闻舆论机构,也没有过脱离利益取向、政治立场、阶级归属、党派分野的新闻舆论工作。西方理论家鼓吹的所谓媒体"价值中立""社会公器"等论说,在现实中是不存在的。实际上,凡政党无不高度重视社会舆论,无不把运用社会舆论争取民心、动员政治力量放到重要位置。社会的发展是由千千万万人共同行动的合力来推动的。因此,政党只有通过新闻舆论的引导作用才能组织千千万万的支持者,动员浩浩荡荡的后援军,去推动自己的政治目标的实现。掌握新闻舆论工具,不仅是政党实现政治抱负的必要条件,而且是关乎

---

① 本文发表于《解放军报》2018年7月25日,第7版。

其生死存亡和发展壮大的关键因素。

马克思主义历来高度重视新闻舆论工作的重要作用。马克思、恩格斯认为，无产阶级报刊是组织群众进行革命斗争的思想武器；党报是党的旗帜，必须按照党的思想进行编辑工作，始终代表和捍卫无产阶级和人民大众的利益。列宁认为，新闻出版事业是无产阶级总的事业的一部分，党组织要加强对新闻出版事业的领导。毛泽东同志强调，党报要无条件地宣传党的纲领、路线、方针、政策，成为党联系群众的纽带。习近平总书记明确指出，无论时代如何发展，媒体格局如何变化，党管媒体的原则和制度不能变。能否牢牢掌握新闻舆论工作领导权，不仅直接关系党能否完成当前任务，而且直接关系党的全部使命和整个事业的成败。

在党发展壮大的历史进程中，加强和改进党对新闻舆论工作的领导，是我们党领导革命、建设、改革事业不断取得胜利的一个重要法宝。无论是风雨如晦的革命战争年代，还是热火朝天的社会主义革命、建设岁月，抑或是波澜壮阔的改革开放新时期，坚持和不断改进党对新闻舆论工作的领导，始终是党的事业顺利发展的重要保证。新闻舆论工作如果失去或偏离党的领导，不仅是新闻舆论事业之祸，更是党和人民之祸。2002年12月24日，习近平同志在一次重要讲话中指出，新闻舆论是上层建筑、意识形态的重要组成部分。新闻宣传一旦出了问题，舆论工具一旦不掌握在真正的马克思主义者手中，不按照党和人民的意志、利益进行舆论导向，就会带来严重的危害和巨大的损失。

当前，国际形势正在发生具有深远历史影响的重大变化，我国全面深化改革进入深水区攻坚期，全面建成小康社会进入决胜阶段，我们已经看到中华民族伟大复兴的地平线，但要达到神圣彼岸、实现百年梦想，仍然面临无比艰难的"最后一公里"，更加需要新闻媒体发挥动员、凝聚和鼓舞人民的重要作用，需要新闻舆论工作为我们党带领人民进行伟大斗争、建设伟大工程、推进伟大事业、实现伟大梦想提供思想保证、智力支持和精神动力。加强和改进党对新闻舆论工作的领导，比以往任何时候都更加重要。

加强和改进党对新闻舆论工作的领导，必须牢牢坚持党性原则。坚持党性原则是新闻舆论工作的根本要求，是习近平总书记反复强调的重要思想。2013年8月19日，他在全国宣传思想工作会议上的重要讲话中强调，党性原则不仅要讲，而且要大张旗鼓讲、理直气壮讲、坚持不懈讲。2015年12月25日，他在视察解放军报社时指出，要坚持党管媒体原则，严格落实政治家办报要求，确保新闻宣传工作的领导权始终掌握在对党忠诚可靠的人手中。习近平总书记关于坚持党性原则的重要论述，深刻总结了国际国内经验教训，深刻揭示了新的时代条件下坚持党性原则的根本意义、基本要求。他强调，党和政府主办的媒体是党和政府的宣传阵地，必须姓党。坚持党性原则，最根本的是坚持党对新闻舆论工作的领导。党的新闻舆论媒体的所有工作，都要体现党的意志、反映党的主张，维护党中央权威、维护党的团结，做到爱党、护党、为党；都要增强看齐意识，在思想上政治上行动上同党中央保持高度一致；都要坚持党性和人民性相统一，把党的理论和路线方针政策变成人民群众的自觉行动，及时把人民群众创造的经验和面临的实际情况反映出来，丰富人民精神世界，增强人民精神力量。

加强和改进党对新闻舆论工作的领导，必须始终坚持正确舆论导向。坚持正确舆论导向是坚持党对新闻舆论工作的领导的具体体现。习近平总书记指出，新闻舆论工作历来是党的意识形态工作的重要组成部分，处于意识形态领域的前沿。能不能掌握新闻舆论的主动权，坚持正确的舆论导向，直接关系党对意识形态的影响力和控制力。坚持正确舆论导向，最根本的是坚持正确的政治导向。新闻媒体的报道不可能脱离现实社会，报道什么，不报道什么，以什么方式报道，如何报道，往往会产生不同的政治效果。要牢固树立政治意识、大局意识、核心意识、看齐意识，以党的旗帜为旗帜，以党的意志为意志，以党的号令为号令，坚决维护党中央权威。坚持正确舆论导向是全方面的要求。新闻舆论工作各个方面、各个环节都要坚持正确舆论导向。各级党报党刊、电台电视台要讲导向，都市类报刊、新媒体也要讲导向；新闻报道要讲导向，副刊、专题节目、广告宣传也要讲导向；时政新闻要讲导向，娱乐类、社会类新闻也要讲导向；国内新闻报道要讲导向，国际新闻报道也要讲导向。讲导向要遵循新闻规律，提高工作的针对性实效性，努力在全社会形成积极健康向上的思想舆论环境。

加强和改进党对新闻舆论工作的领导，必须大力提高新闻舆论工作水平。新闻舆论工作的发展始终是同经济发展、社会变革、科技进步紧密联系在一起的，与时俱进、改革创新是新闻舆论工作的内在要求，也是新闻舆论事业的生命力所在。习近平总书记强调，推动传统媒体和新兴媒体融合发展，要遵循新闻传播规律和新兴媒体发展规律，强化互联网思维，坚持以先进技术为支撑、以内容建设为根本，着力打造一批形态多样、手段先进、具有竞争力的新型主流媒体，建成几家拥有强大实力和传播力、公信力、影响力的新型媒体集团，形成立体多样、融合发展的现代传播体系。他站在时代发展的高度，深刻揭示了新闻舆论工作改进创新的决定性意义，强调读者在哪里，受众在哪里，宣传报道的触角就要伸向哪里，宣传思想工作的着力点和落脚点就要放在哪里。提高新闻舆论工作水平，必须全方位推进党的新闻舆论工作创新，要创新理念、内容、体裁、形式、方法、手段、业态、体制、机制，增强针对性和实效性；要适应分众化、差异化传播趋势，加快构建舆论引导新格局；要推动融合发展，主动借助新媒体传播优势；要抓住时机、把握节奏、讲究策略，从时度效着力，体现时度效要求；要加强国际传播能力建设，增强国际话语权，集中讲好中国故事，同时优化战略布局，着力打造具有较强国际影响力的外宣旗舰媒体。要研究把握现代新闻传播规律和新兴媒体发展规律，强化互联网思维和一体化发展理念，推动各种媒介资源、生产要素有效整合，推动信息内容、技术应用、平台终端、人才队伍共享融通。

加强和改进党对新闻舆论工作的领导，必须建设一支党和人民信赖的新闻舆论工作队伍。没有高素质的新闻舆论人才，就不可能有高水平的新闻舆论工作。2016年2月19日，习近平总书记在党的新闻舆论工作座谈会上指出，媒体竞争关键是人才竞争，媒体优势核心是人才优势。要加快培养造就一支政治坚定、业务精湛、作风优良、党和人民放心的新闻舆论工作队伍。他在会见中国记协第九届理事会全体代表和中国新闻奖、长江韬奋奖获奖者代表时提出，要坚持正确政治方向，坚持正确舆论导向，坚持正确新闻志向，坚持正确工作取向，不忘初心、心系人民、勤奋工作、甘于奉献，做党和人民放心的新闻舆论工作者。这些重要论述，从政治、业务、思想、作风、职责使命、行为规范等各方面提出了明确要求，是严要求，也是真爱护。加强队伍建设，首先要把班子建设好。要把党管媒体的原则落实到班子建设上，坚持政治家办报要求，确保新闻宣传工作的领导权始终掌握在对党忠诚可靠的人手中。要深化新闻单位干部人事制度改革，对新闻舆论工作者要在政治上充分信任、工作上大胆使用、生活上真诚关心、待遇上及时保障。他要求，深入开展马克思主义新闻观教育，引导广大新闻舆论工作者做党的政策主张的传播者、时代风云的记录者、社会进步的推动者、公平正义的守望者。新闻舆论工作者要牢记社会责任，不断解决好"为了谁、依靠谁、我是谁"这个根本问题；要转作风改文风，俯下身、沉下心，察实情、说实话、动真情，努力推出有思想、有温度、有品质的作品。

加强和改进党对新闻舆论工作的领导，必须提高各级党委领导新闻舆论工作的能力。加强和改进党对新闻舆论工作的领导，最终要落实到各级党委的工作上。习近平总书记强调，各级党委要负起政治责任和领导责任，加强对宣传思想领域重大问题的分析研判和重大战略性任务的统筹指导。党委政府要增强同媒体打交道的能力，善于运用媒体宣讲政策主张、了解社情民意、发现社会矛盾、引导社会情绪、动员人民群众、推动实际工作。要树立"大宣传"观念，自觉将新闻舆论工作融入党委政府总体工作部署，发挥新闻舆论工作沟通信息、凝聚力量、舆论引导、舆论监督的重要作用，做到"把宣传思想工作同各个领域的行政管理、行业管理、社会管理更加紧密地结合起来"。要通过新闻推动工作，把党委政府各项重要工作公开化、透明化，这既能增进人民对于党和政府的信任，也能让"权力在阳光下运行"，更有效地推进各项改革建设。要做好有针对性的舆论引导，"及时、准确地传递党和政府的方针、政策，捕捉和反映方针、政策执行过程中的各种信息,促使各级党组织、政府及时修正偏差,使改革少走弯路,更加健康地发展";对于群众中存在的某些模糊的认识,新闻媒介要加以引导,缓解矛盾,沟通党、政府与人民之间,这一部分人民群众与那一部分人民群众之间的联系,增进人们对改革的理解和支持;要主动设置议题,让我们的议题成为引导社会舆论的话题,而不是被社会舆论牵着鼻子走。

把全面从严治党纳入战略布局①

李 兵 陈孝生

习近平总书记指出:"管党治党不仅关系党的前途命运,而且关系国家和民族的前途命运,必须以更大的决心、更大的气力、更大的勇气抓紧抓好。只有把党建设好,我们才能带领人民成功应对重大挑战、抵御重大风险、克服重大阻力、解决重大矛盾,不断从胜利走向新的胜利。"党的十八大以来,以习近平同志为核心的党中央立足中国特色社会主义现代化建设的新形势和新特点,以崇高的理想追求、无畏的使命担当、创新的实践精神,聚焦管党治党,提出一系列新思想新举措,开创了全面从严治党新局面。

坚定理想信念,补足"精神之钙"。"理想信念就是共产党人精神上的'钙',没有理想信念,理想信念不坚定,精神上就会'缺钙',就会得'软骨病'。"在新的历史时期,随着世情、国情、党情的深刻变化,我们党面临着许多重大的执政考验和风险,必须坚定理想信念,守住政治灵魂。坚定理想信念就是坚定对马克思主义的信仰,坚定对社会主义和共产主义的信念。回顾中国共产党 96 年的光辉历程,正是由于对马克思主义的坚定信仰,对共产主义的执着追求,我们党才领导中国人民谱写了中国革命、建设和改革的壮美诗篇。党的十八大以来,习近平总书记高度重视筑牢党员干部的理想信念,时刻要求全党上下要用马克思主义理论武装头脑、培育精神家园。习近平总书记以身作则、率先垂范,多次带领中央政治局集体学习马克思主义基本理论,并要求各级党员干部"要把学习掌握马克思主义理论作为看家本领,深入学习马克思列宁

---

① 本文发表于《社会主义论坛》2017 年第 8 期。

主义、毛泽东思想，深入学习邓小平理论、'三个代表'重要思想、科学发展观，深入学习十八大以来党的理论创新成果，不断领悟，不断参透，做到学有所得、思有所悟，注重解决好世界观、人生观、价值观这个'总开关'问题，真正做到对马克思主义虔诚而执着、至信而深厚"。遵照习近平总书记的指示，全党上下学习马克思主义蔚然成风，广大党员干部通过学习、领悟，坚定了理想信念，涌现出了廖俊波等一批优秀共产党员。

约束权力运行，扎紧制度"笼子"。"没有规矩，不成方圆"，一个政党要想运行得好，具有强大的凝聚力和战斗力，就要有完善的制度作为保障。习近平总书记指出："要加强对权力运行的制约和监督，把权力关进制度的笼子里，形成不敢腐的惩戒机制、不能腐的防范机制、不易腐的保障机制。"党的十八大以来，以习近平同志为核心的党中央始终坚持用制度管党治党，约束权力运行，扎紧制度的"笼子"。一方面，不断健全党内法规制度。2013年11月，《中央党内法规制定工作五年规划纲要（2013—2017年)》出台，为党内法规制度建设理清了思路，指明了方向，提出了要求。2016年10月，《关于新形势下党内政治生活的若干准则》《中国共产党党内监督条例》在党的十八届六中全会审议并通过，标志着党内法规制度建设达到了新的高度。到目前为止，50多部党内法规相继颁布或修订，形成了一整套科学有效、系统严密的党内法规制度体系。另一方面，狠抓制度贯彻落实。党中央明确要求广大党员干部要自觉严格遵守法规制度，牢固树立法规意识、制度意识，做到令行禁止。同时，充分发挥各级党委的主体作用和纪委的监督作用，高悬巡视检查"利剑"，坚决维护党内法规制度的权威性，确保党内法规制度成为全面从严治党的硬约束。

抓住"关键少数"，发挥示范作用。"为政之要，莫先于用人。"领导干部是全面从严治党的"关键少数"，发挥着示范带头作用。习近平总书记指出："要突出领导干部这个关键，教育引导各级领导干部立正身、讲原则、守纪律、拒腐蚀，形成一级带一级、一级抓一级的示范效应，积极营造风清气正的从政环境。"党的十八大以来，习近平总书记高度重视领导干部队伍建设，牢牢抓住"关键少数"，始终以"三严三实"和"忠诚、干净、担当"的高标准严格要求各级领导干部，充分发挥领导干部的示范作用。首先，党员领导干部要对党绝对忠诚。各级领导干部要增强"四个意识"，坚决维护以习近平同志为核心的党中央权威，时刻同党中央看齐，与党中央保持高度一致，永远听党的话，永远跟党走，把个人的价值追求融入党和人民的伟大事业中。其次，领导干部个人要干净。各级领导干部要严格遵守党的纪律，带头遵守党章各项规定。"凡是党章规定党员必须做到的，领导干部要首先做到；凡是党章规定党员不能做的，领导干部要带头不做。"领导干部要坚决不触碰"底线"和"红线"，守住清廉本色，为普通党员树立学习的典范和标杆。最后，领导干部要勇于担当。各级领导干部要提高责任意识和使命意识，不做"太平官"和"甩手掌柜"，敢于真抓实管、抓严抓牢，积极主动地履行好全面从严治党的职责。

加强作风建设，改善党风政风。习近平总书记强调："我们党作为马克思主义执政党，不但要有强大的真理力量，而且要有强大的人格力量。真理力量集中体现为我们党的正确理论，人格力量集中体现为我们党的优良作风。"党的作风代表了党的形象，党的作风好坏直接影响着人民群众对党的支持和信赖，关乎党的执政基础是否牢固。党的十八大以来，以习近平同志为核心的党中央始终坚定不移地推动全面从严治党朝纵深发展，把加强作风建设、推动党风政风持续好转作为全面从严治党中的一项重要工作。从中央八项规定的制定实施，到党的群众路线教育实践活动、"三严三实"专题教育，再到"两学一做"学习教育在全党范围的深入持久开展，我们党着力构建作风建设长效体制机制。在加强作风建设的进程中，习近平总书记带领中央政治局身体力行、以上率下，带头执行中央八项规定，坚决反对"四风"，认真践行群众路线和党章党规，形成了巨大的"头雁效应"。各级纪检监察部门加大监督检查力度，严肃查处违反中央八项规定的问题，坚决反对"四风"，及时纠正少数党员干部的错误思想和行为，有效遏制了党内不良风气的蔓延。广大党员干部在党中央的坚强领导下，严格遵守中央八项规定，自觉加强学习教育，党风政风明显好转。

严惩贪污腐败，净化政治生态。习近平总书记指出："坚决反对腐败，防止党在长期执政条件下腐化变质，是我们必须抓好的重大政治任务。反腐败高压态势必须继续保持，坚决以零容忍态度惩治腐败。对腐败分子，发现一个就要坚决查处一个。"党的十八大以来，以习近平同志为核心的党中央坚持"零容忍、全覆盖、无死角"的决心和原则，持续深入实施"打虎""拍蝇""猎狐"行动，严惩贪污腐败分子，不断净化政治生态，赢得了全国人民的热烈拥护和普遍称赞。反腐败斗争取得的累累硕果，表明了我们党"严格依纪依法查处各类腐败案件，既坚决查处发生在领导机关和领导干部中的滥用职权、贪污贿赂、腐化堕落、失职渎职案件，又着力解决发生在群众身边的腐败问题，严肃查处损害群众利益的各类案件。坚持党纪国法面前没有例外，不管涉及到谁，都要一查到底，决不姑息"。

牢固树立"四个意识",坚决维护党中央权威[①]

张 磊

牢固树立"四个意识",坚决维护党中央权威,是坚持和巩固党的领导、保证党和国家事业顺利发展的必然要求。党的十八届六中全会指出:"一个国家、一个政党,领导核心至关重要。""坚决维护党中央权威、保证全党令行禁止,是党和国家前途命运所系,是全国各族人民根本利益所在。"

从马克思主义政党发展史看,维护中央权威、维护领导核心是马克思主义政党建设的一条基本原则。马克思、恩格斯在领导共产主义运动的实践中,始终强调权威的重要性,他们认为这关系革命事业的兴衰成败。世界社会主义发展的历史表明,无产阶级不仅进行革命需要权威,在巩固政权、进行建设和改革的进程中同样需要这种权威。苏共的失败也从反面说明了这个道理:一个有着辉煌历史、曾经非常强大的马克思主义政党,一旦自毁中央权威、放弃党的领导,必然走向亡党亡国的惨境。这是血的教训,我们必须深刻记取。

从我们党96年发展历史看,维护中央权威、维护领导核心是党的事业不断发展、国家长治久安的根本保证。邓小平同志强调:"任何一个领导集体都要有一个核心,没有核心的领导是靠不住的。"他还指出,在历史上,遵义会议以前我们党的挫折失败,重要原因就是没有形成一个成熟的党中央,没有形成众望所归的领导核心。直到形成了以毛泽东同志为核心的中央领导集体,中国革命才走上了顺利发展的坦途。同样,在推进改革开放的历史进程中,成熟的领导核心也起着不可替代的重要作用。中国共

[①] 本文发表于《人民日报》2017年9月20日,第19版。

产党已经走过 96 年光辉历程，连续执政 68 年，之所以能取得傲视全球的历史性成就，就是因为始终强调坚持党的领导，强调必须维护党中央权威。

　　从我们党面临的时代条件看，维护党中央权威、维护领导核心是担当党的历史责任、完成党的历史任务的需要。当今世界正在发生重大而深刻的变化，我国正处于全面建成小康社会决胜阶段，党面临着进行伟大斗争、建设伟大工程、推进伟大事业、实现伟大梦想的历史任务。我们党在长期执政中取得了举世瞩目的巨大成就，积累了极为丰富的执政经验，但"四大考验""四种危险"依然严峻，"赶考"还远未结束。今天，中国特色社会主义就像在汪洋大海中破浪前行的大船，比任何时候都更加需要有能力有经验有权威的舵手来领航。党的十八大以来，习近平总书记带领全党全军全国各族人民开创了中国特色社会主义事业发展的崭新局面，在改革发展稳定、内政外交国防、治党治国治军等各个方面取得了一系列具有重大现实意义和深远历史意义的巨大成就，赢得了全党全军全国各族人民的衷心爱戴和拥护。习近平总书记是在新的伟大斗争实践中形成的党中央的核心、全党的核心。坚定维护党中央权威、维护习近平总书记的核心地位是我们争取新的更大胜利的重要保证。

依规治党的内在逻辑与实现路径[①]

曹 萍 张学昌

党的十八大以来，以习近平同志为核心的党中央深入推进党的建设制度改革，出台了一系列标志性、关键性、基础性的党内法规制度，强化依规执纪监督问责，使"四风"问题和腐败蔓延势头得到有效遏制。在此基础上，党的十九大报告将坚持"依法治国和依规治党有机统一"上升到新时代坚持和发展中国特色社会主义的基本方略的高度，提出要"加快形成覆盖党的领导和党的建设各方面的党内法规制度体系"。[②] 依规治党，作为按照党规从严管党治党的思想和实践，是马克思主义依规治党思想的理论逻辑与中国共产党加强依规治党的历史逻辑的辩证统一。深入把握马克思主义依规治党思想的内在逻辑，总结中国共产党依规治党的历史经验，探索新时代依规治党的实现路径，是进一步加强党规制度建设，统筹推进依法治国与依规治党的基本出发点和落脚点，对于当前推进全面从严治党向纵深发展，不断提高党的建设质量具有重要意义。

一、马克思主义经典作家的依规治党思想

马克思主义经典作家虽然没有专门提出依规治党的概念，但是，马克思和恩格斯

[①] 本文发表于《四川大学学报（哲学社会科学版）》2018年第1期。
[②] 习近平：《决胜全面建成小康社会 夺取新时代中国特色社会主义伟大胜利——在中国共产党第十九次全国代表大会上的报告》，人民出版社，2017年，第22、68页。

早在共产主义者同盟创立时就十分关注党规党纪问题,并提出了一系列理论观点,为管党治党的理论研究与实践探索奠定了基础。在此基础上,列宁从布尔什维克主义政党建设的需要和实践出发,从新的高度论述了依规治党的重要性。马克思主义经典作家有关依规治党的理论观点具有一脉相承性,它包括党规的定位、制定、实施和监督等多个方面内容,已形成一个相对完整的体系,是新时代全面推进依规治党的重要指导。

(一)在党规定位上,强调依规治党是马克思主义政党的基本遵循

"铁的纪律"是确保党的事业成功的制度保障。马克思主义政党作为无产阶级先锋队,具有高度的纪律性。马克思在揭露拉萨尔关于意大利战争问题的错误观点时就曾指出:"我们现在必须绝对保持党的纪律,否则将一事无成。"① 其他马克思主义经典作家也非常注重通过依规治党维护党纪,巩固党的阶级基础和群众基础。

首先,强调马克思主义政党必须坚持阶级性与纪律性的统一。马克思主义政党作为领导无产阶级在"决定关头"不断强大、获得胜利的"自觉的阶级政党"②,具有鲜明的阶级性和纪律性。列宁认为,全体党员为了避免无产阶级内部"争吵、动摇和内讧的全部危害性",都务必毫无保留地接受、认同和遵守党的纪律。③ 马克思主义政党不仅在社会主义革命中是"阶级的领导者和组织者",代表整个运动和其根本的、主要的目的④;在社会主义建设中也是"直接执政的无产阶级先锋队,是领导者"⑤。要承担这样的历史使命,必须有严格的纪律;如果没有高度的纪律性,就难以实现党的统一,也不能形成强大的战斗力,更不能团结无产阶级。

其次,强调依规治党是维护马克思主义政党纪律性的本质要求。在列宁看来,党的章程是党的"根本大法",党的纲领和党中央具有规范作用的决定是重要的党内法规,它们俱为维护党的纪律性的根本保障。用党内法规切实规范党组织和党员,才能正确处理党组织和党员、党员和党员的关系,才能确保党的行动的一致性。党内法规"如果没有被代表大会或中央新的决定所取消,它就仍然是党的法律"⑥;"任何破坏纪律的行为都是破坏党的滔天罪行"⑦,要善于运用党内法规揭露和批判这些错误行为。

---

① 《马克思恩格斯全集》第29卷,人民出版社,1972年,第413页。
② 《马克思恩格斯选集》第4卷,人民出版社,2012年,第592页。
③ 《列宁全集》第10卷,人民出版社,1987年,第202页。
④ 《列宁专题文集:论无产阶级政党》,人民出版社,2009年,第337页。
⑤ 《列宁选集》第4卷,人民出版社,2012年,第423页。
⑥ 《列宁全集》第32卷,人民出版社,1985年,第66页。
⑦ 《回忆列宁》第2卷,人民出版社,1982年,第368页。

最后，强调依规治党是巩固马克思主义政党群众基础的重要举措。列宁指出，党必须同最广大的劳动群众联系、接近甚至打成一片。①要切实满足群众期待，取得他们的信赖，善于考察他们的情绪，用有效的规章制度消除"专家"、负责工作人员与群众间的不平等现象，消除"瓦解党和降低党员威信的根源"②，从而维护党的纪律性和巩固党的群众基础。

（二）在党规制定上，强调要立足实践，坚持民主集中制

建立健全党内法规制度体系是依规治党的前提和基础。在马克思主义经典作家看来，在制定党内法规时，不仅要与实践紧密结合，还要始终坚持和发展民主集中制。

首先，党内法规的内容要来源于实践并由实践检验。恩格斯指出，有生命力的政党"借以进行活动的法律基础"，须由其自身建立并"可以随时改变"，强调要在实践中"寻找自己的法规"。③在列宁看来，社会主义革命和建设的实践是党内法规制定的信息来源，也是检验党内法规正确性的标准，"革命会在事实上证明社会民主党的纲领和策略是正确的"④。同时，列宁认为党内法规作为具有指导性和规范性的文件，既应规定党的目的、任务、工作方向等基本内容和原则，又不应将具体工作方法规定得过死，而要根据实际情况处理。⑤

其次，制定党内法规时要注重从严要求党员。马克思主义政党要有光辉前途，就必须严格要求党员，绝不能"容忍任何一个蠢货在党内肆意地作威作福"⑥。在列宁看来，党内法规对党员的要求应严于苏维埃国家法律，应消除对违法党员从轻判罪的可能性。比如，针对俄共（布）中央在1921年6月做出的可以为一些党组织逾越法律、包庇违法党员提供空间的通告，列宁就明确指出其相关规定"是有害的"，强调"对共产党员更要追究法律责任"。⑦

最后，制定党内法规要坚持民主集中制原则。恩格斯指出，国际工人协会各次年度代表大会上制定并为所有人承认的"共同章程和组织条例"，是"协会唯一的法律"。⑧对此，马克思也十分赞同，指出国际工人协会的总委员会要遵守党内法规，突

---

① 《列宁选集》第4卷，人民出版社，2012年，第135—136页。
② 《苏联共产党代表大会、代表会议和中央全会决议汇编》第1分册，人民出版社，1964年，第276页。
③ 《马克思恩格斯文集》第10卷，人民出版社，2009年，第440页。
④ 《列宁选集》第1卷，人民出版社，2012年，第527页。
⑤ 《列宁全集》第4卷，人民出版社，1984年，第204页。
⑥ 《马克思恩格斯全集》第34卷，人民出版社，1972年，第90页。
⑦ 《列宁全集》第42卷，人民出版社，1987年，第268页。
⑧ 《马克思恩格斯全集》第18卷，人民出版社，1964年，第79页。

出国际工人协会"共同章程和历届代表大会的决议"在党内的最高法律效力。①列宁则明确提出了民主集中制思想,要求加入共产国际的政党必须依据民主集中制建党,并在党的工作中真正地坚持民主集中制原则②,以保证"党不发生分裂"③和党内思想统一。俄共(布)第十次代表大会规定,全党性的决议由集体制定,且它们在通过前要进行广泛的、充分的讨论。④

(三)在党规实施上,强调要从严管党治党,切实维护党规权威

依规治党的关键在于党内法规制度的有效实施。在马克思主义经典作家看来,在党规的实施上,必须坚决维护以党章为核心的党内法规的权威性,对党组织和党员依规从严管理。

首先,强调从严管理各级党组织,以保持全党高度的组织性。在修订《国际工人协会共同章程》这一纲领性文件时,马克思指出,总委员会在有国际冲突时要"使加入协会的团体能同时一致行动",并认为每个国家的工人运动要"靠团结和联合的力量来保证"成功。⑤在列宁看来,党纲确定的基本观点是全党团结一致开展斗争的"党的旗帜",要依据党内法规,从严管理各级党组织,不容存在特殊情况。⑥对于莫斯科委员会包庇应被处罚的党员,列宁措辞严厉地指出这种行为的危险性,并提出给予莫斯科委员会严厉处分。⑦列宁认为,对于从派别、小集团利益出发,无视党内法规和组织团结、破坏党的分子,务必坚决地反对。⑧

其次,强调从严管理干部和党员,以保持党员队伍的纯洁性。一方面,要依据党内法规从严管理干部,特别是各级党组织的负责人。党组织的负责人是领导实施党内法规的骨干力量,应该在执行党内法规上做到以身示范。列宁指出,"党本身必须对它的负责人员执行党章的情况进行监督",党的负责人必须履行"所负的党的责任",同时要防止官僚主义、贪污腐败等现象滋生。⑨另一方面,对违纪党员也要严格处理,真正做到惩前毖后。列宁强调,对党员的惩处必须严于非党员。俄共(布)第十次代表大会甚至提出了党员发展的问责机制,规定"如果新党员有违反党纪等等情况,介绍

---

① 《马克思恩格斯全集》第33卷,人民出版社,1973年,第435页。
② 《列宁选集》第4卷,人民出版社,2012年,第254页。
③ 《列宁全集》第12卷,人民出版社,1987年,第362页。
④ 《苏联共产党代表大会、代表会议和中央全会决议汇编》第2分卷,人民出版社,1964年,第54页。
⑤ 《列宁专题文集:论无产阶级政党》,人民出版社,2009年,第332页。
⑥ 《列宁选集》第4卷,人民出版社,2012年,第188页。
⑦ 《列宁专题文集:论无产阶级政党》,人民出版社,2009年,第332页。
⑧ 《列宁全集》第22卷,人民出版社,1989年,第48页。
⑨ 《列宁专题文集:论无产阶级政党》,人民出版社,2009年,第347页。

人应受纪律处分"①。

最后,强调完善党规实施的体制机制,确保全党严格遵守党内法规。马克思和恩格斯特别强调要通过党的纪律防止党遭受侵蚀。②列宁领导的布尔什维克在俄国社会民主工党第二次代表大会上与孟什维克围绕党章第一条进行斗争,实质就是争论需要什么样的党内法规、是否遵守党内法规的问题。布尔什维克坚决捍卫党的组织性和党内法规的权威性。列宁认为,党应该是一个有组织的整体,每个党员都必须参加党的组织、维护党的纪律、遵守党内法规,只有做到这些,才能切实维护党中央权威和党的团结统一;在实践中则建立了一系列具体制度,确保党内法规的有效实施。

(四)在党规监督上,强调要综合运用多种渠道,建立专门机关

完善的党规监督体系是依规治党顺利开展的基本保证。在马克思主义经典作家看来,要不断拓展党规监督的渠道,并建立专门机关监督党规的制定和实施。

首先,强调要依规开展党内批评,落实党员监督。恩格斯指出:"在党内绝对自由地交换意见是必要的。"③在列宁看来,党员有权依据党内法规开展党内批评,充分表达对党的意见,履行对党的监督职责。1905年,他在致潘·尼·勒柏辛斯基的信中指出了俄国社会民主工党日内瓦小组在处理表达批评意见的党员时的错误,他认为"任何一个党员都有义务批评"。当然,通过开展党内批评落实党员监督,是在党内法规范围内"自由地进行党内批评",而不是搞"背后的、私下的和小圈子的批评"。④在列宁看来,党内批评绝不能逾越党内法规的要求和破坏党的利益,绝不能姑息和纵容一切破坏、妨碍党的既定行动的批评。⑤

其次,强调要充分发挥群众和舆论的监督作用。"政党会更换和灭亡,而劳动者却始终存在"⑥。在列宁看来,群众对党员干部的行为具有高度的敏感性,要充分发挥群众在监督党内法规实施方面的独特优势。在群众眼里,党员应该忠诚老实、辛勤劳动、没有特权和不会阳奉阴违。⑦同时,列宁也非常重视党的舆论监督作用,将其作为宣传正确思想、维护党规党纪以及与机会主义斗争的阵地。俄国社会民主工党第二次代表大会以后,对于孟什维克出版和散发秘密刊物,并指责党员遵守党纪党规是在党内建

---

① 《苏联共产党代表大会、代表会议和中央全会决议汇编》第2分卷,人民出版社,1964年,第55页。
② 刘宁宁、汪海燕:《论"全面从严治党"思想的理论与实践》,《马克思主义研究》2015年第7期。
③ 《马克思恩格斯全集》第37卷,人民出版社,1971年,第435页。
④ 《列宁全集》第45卷,人民出版社,1990年,第76页。
⑤ 《列宁全集》第13卷,人民出版社,1987年,第129页。
⑥ 《列宁全集》第33卷,人民出版社,1985年,第111页。
⑦ 《列宁专题文集:论无产阶级政党》,人民出版社,2009年,第32页。

立"农奴制"① 的行为，列宁与之作了坚决的斗争。

最后，强调要建立专门机关，加强党内监督机构建设。在第一国际和第二国际初期，马克思和恩格斯通过建立代表大会年会制来及时监督党的工作。②在俄国，从1920年起，作为执政党的俄共（布）设立了监察机关。此后，列宁不断推动建立和健全具有高度权威、独立行使权责的党内监察机关。他主张中央监察委员会应直接对党的代表大会负责③，行使监察权不受同级党委决议约束④。同时，他十分注重提高监察队伍的质量。俄共（布）第九次全国代表会议要求，监察委员会的成员应"最有修养和经验""严格监督""最大公无私"。⑤

二、中国共产党依规治党的历史进程

中国共产党作为马克思主义政党，在推进党内法规制度建设过程中，取得了诸多成绩，也出现过深刻教训。梳理中国共产党依规治党的历史进程，深入总结中国共产党依规治党的历史经验，能为中国共产党在新的历史条件下全面从严治党、确保党的先进性和纯洁性进一步指明方向。

（一）建党至新中国成立前：初步探索

新中国成立前，中国共产党在不断探索中出台了一系列党规制度，党的组织原则、组织职能、党员权利与义务、党内监督等逐步走向制度化。但是，由于党在这一时期的主要任务是领导人民取得新民主主义革命胜利，依规治党的重点仍然是团结全党为实现革命目标而奋斗，因而在这一阶段还没有发展出一套成熟的党内法规制度体系，总体上呈现出"战争年代特有的即时性"⑥。

中国共产党的成立标志着依规治党历史实践的开始。1921年7月，党的一大通过

---

① 季正矩：《列宁传》，人民日报出版社，2009年，第91页。
② 孟凡强、吴君：《论马克思恩格斯党内制度监督思想》，《理论学刊》2002年第2期。
③ 俄共（布）第十次代表大会决定："监察委员会和党委员会平行地行使职权，并向本级代表会议和代表大会报告工作。""监察委员会的决议，本级的委员必须执行，而不得加以撤销。如果有不同意见，可以把问题提交联席会议解决。如果同委员会不能取得协议，可以把问题提交代表大会或本级代表会议解决。注：在紧急情况下可以把问题提交上一级监察委员会解决。"这就在实质上制约了俄共（布）内部同级党的委员会及其干部对监察委员会决议的干预，有利于发扬党内民主，更好发挥党的监察委员会对同级党的委员会及其干部执行党内法规情况的监督功能。
④ 赵曜等：《马克思列宁主义基本问题》，中共中央党校出版社，2001年，第323页。
⑤ 《苏联共产党代表大会、代表会议和中央全会决议汇编》第2分卷，人民出版社，1964年，第43页。
⑥ 郭文亮、洪讯：《中国共产党党规党纪建设实践与经验梳理》，《人民论坛》2014年第12期。

了第一部党内法规——《中国共产党纲领》，这是中国共产党开启依规治党实践探索的标志性成果，它不仅有对党组织和党员的约束性条款，涉及政治立场、身份保密、政治活动等诸多方面，还有涉及依规治党过程的条款。1922年7月，党的二大通过了第一部党章——《中国共产党章程》。"二大党章"将"纪律"一章单列，在党规的制定上确立了"本党一切会议均取决多数，少数绝对服从多数"原则；在党规的实施上严格要求各级党组织和全体党员与党中央保持一致；在党规的监督上明确了党的上级机关对下级机关、党组织对党员执行党内法规情况进行监督的责任，对党组织和党员的约束性条款更加具体化。①

以党的纲领和章程为基础，在领导和推动新民主主义革命的历程中，中国共产党不断推进依规治党实践。1926年3月，毛泽东在《纪念巴黎公社的重要意义》一文中指出，"没有一个统一的集中的有纪律的党作指挥"是巴黎公社革命失败的第一个原因，突出了党的纪律严明的重要性和党的纪律松弛的危害性。②面对大革命失败出现的党纪涣散问题，毛泽东强调党组织和党员在行动中必须要"服从纪律"。③1938年10月，毛泽东在党的六届六中全会的政治报告中指出，"为使党内关系走上正轨"，除了坚持"四个服从"的纪律以外，"还须制定一种较详细的党内法规"，首次明确提出了"党内法规"的概念，强调要运用党内法规统一党内行动，这是依规治党在这个阶段取得的重要理论成果。④1945年4月，毛泽东在党的七大的政治报告中指出，"我们要把我们党的一切力量在民主集中制的组织和纪律的原则之下，坚强地团结起来"，要求团结"服从党纲、党章和党的决议"的同志。⑤而刘少奇则在党的七大作修改党章的报告中直接使用了"党的法规"范畴，认为党的法规不仅要规定党的基本原则，而且要据此规定党组织的行动方法和"党的建造的组织形式与党的内部生活的规则"，并提出了制定党内法规的具体要求。⑥

（二）新中国成立至改革开放前：曲折推进

新中国成立以后，中国共产党成为全国范围内的执政党。为了巩固执政地位和提

---

① 中共中央文献研究室、中央档案馆：《建党以来重要文献选编（1921—1949）》第1册，中央文献出版社，2011年，第164—169页。
② 《毛泽东文集》第1卷，人民出版社，1993年，第35页。
③ 管新华：《依规治党的历史溯源、现实设计和未来推进》，《探索》2016年第2期。
④ 《毛泽东选集》第2卷，人民出版社，1991年，第528页。
⑤ 《毛泽东选集》第3卷，人民出版社，1991年，第1097页。
⑥ 中共中央党校党史教研室：《中共党史参考资料（五） 抗日战争时期（下）》，人民出版社，1979年，第412页。

高执政能力，中国共产党开启了执政条件下的依规治党实践。根据执政兴国的需要，中国共产党在组织制度、党政关系、干部管理、党内监督、作风建设等方面，制定或者修订了诸多规定和条例。①但是，1957年以后，受"左"的错误影响，依规治党遭遇重大挫折，党规制度被漠视、忽视甚至被否定。总体上，这一时期，依规治党在曲折中推进，中国共产党既在党规制定、实施和监督方式等方面为改革开放新时期推进依规治党积累了一些有益成果，也有严重的教训。

新中国成立初期，根据恢复国民经济、反贪污腐败、干部队伍建设等方面工作的需要，中国共产党制定了《中共中央关于在"三反"运动中党员犯有贪污、浪费、官僚主义错误给予党内处分的规定》《中共中央关于青年团干部编制的规定》等党规制度。同时，为了确保党的执政地位和执政成效，中国共产党制定了《中共中央关于在中央人民政府内组织中国共产党党委会的决定》《中共中央关于在中央人民政府内建立中国共产党党组的决定》等党规制度，对执政条件下处理党政关系问题进行了探索性的规定。②而在党规的实施和监督上，1949年11月通过的《中共中央关于成立中央及各级党的纪律检查委员会的决定》，决定成立中央及各级党的纪律检查委员会，强调党的纪律检查委员会要监督和保证党内法规的有效实施。③1955年3月，党的全国代表会议通过了《关于成立党的中央和地方监察委员会的决议》，决定由中央和地方监察委员会代替中央及各级党的纪律检查委员会，规定"党的中央和地方各级监察委员会的任务是经常检查和处理党员违反党章、党纪和国家法律、法令的案件"④，明确了党的中央和地方监察委员会作为依规治党监督主体的地位和作用。

1956年9月，党的八大修改《中国共产党章程》，这是中国共产党在执政条件下推进依规治党的标志性成果。首先，在党规制定上，"八大党章"首次将民主集中制表述为"在民主基础上的集中和在集中指导下的民主"，明确了贯彻整个党内法规的组织制度原则和领导制度原则。其次，在党规实施上，"八大党章"规定"党的决议必须无条件地执行"，强调"四个服从"，要求党员"认真地执行党的政策和决议"，"严格地遵守党章和国家的法律"。最后，在党规监督上，"八大党章"规定了党的各级委员会对党员违反党内法规情况的处理程序，进一步明确了党的各级监察委员会有对党员执行

---

① 杨德山：《坚持依规治党与以德治党相结合》，《中国特色社会主义研究》2016年第4期。
② 周叶中：《关于中国共产党党内法规建设的思考》，《法学论坛》2011年第4期。
③ 中央档案馆、中共中央文献研究室：《中共中央文件选集（1949年10月—1966年5月）》第1册，人民出版社，2013年，第72—73页。
④ 中央档案馆、中共中央文献研究室：《中共中央文件选集（1949年10月—1966年5月）》第18册，人民出版社，2013年，第329页。

党内法规情况进行监督的责任，强调任何党组织和党员都要自觉接受党内自上而下、自下而上的监督和群众监督。① "八大党章"关于依规治党的探索，体现了中国共产党对执政党建设规律的初步把握，为加强依规治党提供了基本指南。但是，"八大党章"在实践中未能被全面贯彻执行。② 从20世纪50年代后期直至"文化大革命"结束，许多党规制度形同虚设，有的甚至被破坏殆尽。

（三）改革开放至党的十八大前：稳步发展

改革开放以来，中国共产党深刻总结了以往党规制度建设的经验和教训，依规治党逐渐步入正轨。一方面，恢复了以往行之有效的党内法规；另一方面，修订或者新制定了一批党内法规，党内法规制度体系初步形成。在这一阶段，中国共产党不仅在整体层面修改完善了《中国共产党章程》，细化了各个领域的党内法规，涉及《关于严禁党政机关和党政干部经商、办企业的决定》等严肃党内经济纪律的党内法规、《党政领导干部选拔任用工作暂行条例》等管理干部党员的党内法规、《关于中央纪委监察部机关处理信访举报件的规定》等规范执纪办案程序的党内法规等；同时还制定了一系列规范依规治党过程的党内法规，比如《中国共产党党内法规制定程序暂行条例》等。总体上看，这一时期中国共产党依规治党逐渐走上了科学化、制度化、规范化、体系化发展的道路，党内法规建设发展取得重要成效。③

1978年12月，邓小平在党的十一届三中全会中指出，"国要有国法，党要有党规党法"，强调党章作为最根本的党规党法的重要作用，认为党规党法可以保障国法实施，各级纪律监察委员会和组织部门要维护党规党法，违反党规党法的行为必须得到严惩，旗帜鲜明地提出了改革开放新时期依靠制度管党治党的重大问题。④ 1980年2月，党的十一届五中全会制定了改革开放新时期的第一部比较全面系统的党内法规——《关于党内政治生活的若干准则》，总结了历史上处理党内关系的经验教训，要求"在新的历史时期，必须认真维护党规党法"，并就党组织和党员如何维护、执行党内法规做了具体规定，为党内政治生活走上正轨和依规治党的常态化开展奠定了基础。⑤ 1982年9月，党的十二大修订《中国共产党章程》，恢复了"党的纪律"章节，

---

① 中央档案馆、中共中央文献研究室：《中共中央文件选集（1949年10月—1966年5月）》第24册，人民出版社，2013年，第223—246页。
② 苗雨：《中国共产党内法治的历史发展和经验总结》，《山东社会科学》2016年第6期。
③ 操申斌：《改革开放以来中国共产党党内法规建设的历史考察》，《安徽史学》2009年第6期。
④ 《邓小平文选》第2卷，人民出版社，1994年，第147页。
⑤ 中共中央文献研究室：《三中全会以来重要文献选编（上）》，人民出版社，1982年，第414—435页。

强调了新时期加强党的纪律建设的重要作用。

1987年10月，党的十三大首次明确提出了"加强党的制度建设"，要求对不遵守党章等党内法规的党员予以处理甚至开除出党，强调党的建设要走"靠改革和制度建设的新路子"①。1990年7月，中国共产党印发了第一部规范党内法规制定的"立法法"——《中国共产党党内法规制定程序暂行条例》，规定了党内法规的概念、名称、层次、适用范围、表述方式和制定党内法规的主体、原则、程序及修改办法等，为党内法规的制定提供了具体依据。该条例的施行，标志着依规治党逐步进入科学化、规范化的轨道。1992年10月，党的十四大强调"任何人违犯党的纪律，都必须给以应有的处理"，并突出了党内外监督的作用。② 1997年9月，党的十五大强调了从严治党的重要性，提出要通过"严格按党章办事，按党的制度和规定办事""严格要求、管理和监督党员干部""规范党员发展和严惩不合格党员""严格执纪"等，"坚决改变党内存在的纪律松弛和软弱涣散的现象"，细化了依规治党特别是党内法规实施的要求。③ 2002年11月，党的十六大首次明确将"制度建设"纳入加强和改进党的建设的总体布局，要求把制度建设贯穿于党的思想、组织和作风建设。④ 2009年9月，党的十七届四中全会提出"推进党的建设科学化、制度化、规范化"的重大命题，并首次将"建立健全以党章为根本、以民主集中制为核心的制度体系"作为执政党建设的基本经验，突出了按照党内法规管党治党的重大意义。⑤

（四）党的十八大以来：全面深化

2012年11月，党的十八大提出"坚持党要管党、从严治党"，全面加强党的制度建设，强调党组织和党员必须自觉遵守党章，"自觉按照党的组织原则和党内政治生活准则办事"，"严肃党的纪律特别是政治纪律"，进一步阐明了新时期依规治党的基本要求。⑥党的十八大以来，中国共产党全面推进依规治党，提出了一系列新理念新思想新举措，把依规从严管党治党推进到一个崭新阶段。

首先，将依规治党提升到重要战略的高度。2014年10月，党的十八届四中全会将"形成完善的党内法规体系"纳入建设中国特色社会主义法治体系框架，指明了依规治

---

① 中共中央文献研究室：《十三大以来重要文献选编（上）》，人民出版社，1991年，第50—54页。
② 中共中央文献研究室：《十四大以来重要文献选编（上）》，人民出版社，1996年，第42—44页。
③ 中共中央文献研究室：《十五大以来重要文献选编（上）》，人民出版社，2000年，第50页。
④ 中共中央文献研究室：《十六大以来重要文献选编（上）》，中央文献出版社，2005年，第38页。
⑤ 中共中央文献研究室：《十七大以来重要文献选编（中）》，中央文献出版社，2011年，第144页。
⑥ 中共中央文献研究室：《十八大以来重要文献选编（上）》，中央文献出版社，2014年，第43页。

党的目标和方向就是要从中国特色社会主义法治体系建设的高度来认识和把握依规治党问题。2015年6月,习近平主持召开的中共中央政治局会议强调,要"加强和改进党内监督,提高依法治国、依规治党水平",明确将依规治党作为全面从严治党的重要内容。① 2017年5月,习近平主持召开的中共中央政治局会议强调,领导干部要"自觉贯彻落实党中央提出的依法治国和依规治党要求"②。党的十九大报告又进一步将坚持"依法治国和依规治党有机统一"上升到新时代坚持和发展中国特色社会主义的基本方略的高度来布局和谋划。

其次,在党规制定上,完善"1+4"党内法规制度体系。2013年,公布《中国共产党党内法规制定条例》和《中国共产党党内法规和规范性文件备案规定》,全面推进党内法规的备案、清理工作,维护党内法规制度体系的统一性和权威性。同年,公布《中央党内法规制定工作五年规划纲要(2013—2017年)》,提出了完善党内法规制度体系框架的目标。③ 2017年,印发《关于加强党内法规制度建设的意见》,明确提出"完善以'1+4'为基本框架的党内法规制度体系",对新形势下党内法规体系建设做出了统筹部署。④

再次,在党规实施上,从严要求党组织和党员,特别是对"四风问题"和腐败现象"零容忍"。2012年11月,习近平在《认真学习党章 严格遵守党章》一文中就强调,全党要自觉地学习、遵守、贯彻和维护党章,切实地维护党章的权威性和严肃性。⑤ 同时,要求党员"按照党规党纪以更高标准严格要求自己",严明纪律和规矩的底线。⑥ 通过"坚持'老虎'、'苍蝇'一起打,既坚决查处领导干部违纪违法案件,又切实解决发生在群众身边的不正之风和腐败问题"⑦,形成了反腐败斗争的压倒性态势,使"四风"问题和腐败蔓延势头得到有效遏制。

最后,在党规监督上,全面落实"两个责任"。2013年11月,党的十八届三中全会提出,在落实党风廉政责任制上"党委负主体责任,纪委负监督责任"⑧,同时完善民主监督、舆论监督、法律监督等机制。2016年9月,习近平主持召开的中共中央政

---

① 《中共中央政治局召开会议审议〈中国共产党巡视工作条例(修订稿)〉、〈关于推进领导干部能上能下的若干规定(试行)〉》,《人民日报》2015年6月27日,第1版。
② 《中共中央政治局召开会议审议〈关于修改《中国共产党巡视工作条例》的决定〉和〈关于巡视中央意识形态单位情况的专题报告〉》,《人民日报》2017年5月27日,第1版。
③ 中共中央文献研究室:《十八大以来重要文献选编(上)》,中央文献出版社,2014年,第477—492页。
④ 《中共中央印发〈关于加强党内法规制度建设的意见〉》,《人民日报》2017年6月26日,第1版。
⑤ 习近平:《认真学习党章 严格遵守党章》,《人民日报》2012年11月20日,第1版。
⑥ 中共中央文献研究室:《十八大以来重要文献选编(中)》,中央文献出版社,2016年,第178页。
⑦ 中共中央文献研究室:《十八大以来重要文献选编(上)》,中央文献出版社,2014年,第135页。
⑧ 中共中央文献研究室:《十八大以来重要文献选编(上)》,中央文献出版社,2014年,第531—532页。

治局会议强调,"党内监督要尊崇党章,依规治党,坚持党内监督和人民群众监督相结合"①。2016年11月,党的十八届五中全会通过了《关于新形势下党内政治生活的若干准则》和《中国共产党党内监督条例》,提出建立健全由"党委(党组)全面监督""纪律检查机关专责监督""党的工作部门职能监督""党的基层组织日常监督""党员民主监督"构成的党内监督体系,党内党外相互结合的监督体系日趋完善。

三、新时代全面推进依规治党的具体路径

党的十八大以来,中国共产党在中国特色社会主义法治体系框架下,运用法治思维和法治方式全面推进依规治党,维护党章党规权威,不断增强自我净化、自我完善、自我革新、自我提高能力,为党的执政能力建设和先进性纯洁性建设提供了有力保障。但是,由于长期以来在依规治党上的一些不足,依规治党的现状与新时代不断提高党的建设质量的新要求相比,仍然存在不少差距。比如,党内法规体系还不够健全,一些党内法规内容陈旧、可操作性不强、制定过程缺乏充分的民主,党内法规的发布、教育、评估、解释等衔接和配套机制还不够完备;党内法规的实施还不够有力,有规不依、执规不严、违规不究、以言代规、以权压规、徇私枉规现象仍然存在;党内法规的监督体系还不够完善,党内法规督查、问责机制的建设仍然有待加强。②

面对这些问题,我们以往多是"出现一项才解决一项",缺乏对问题的前瞻性预判和系统性解决,以致对出现的一些苗头性、倾向性问题抓得不足、抓得过晚。有鉴于此,在新时代全面推进依规治党,必须做好顶层设计,以质量提升为重点,立足新时代坚持和发展中国特色社会主义对党的领导和党的建设的各项要求,系统研判、细致破解现实问题,通过整体推进着力提高管党治党的科学化、规范化、优质化水平。

(一)明确依规治党在管党治党总体布局中的战略地位

习近平指出:"如果管党不力、治党不严,人民群众反映强烈的党内突出问题得不到解决,那我们党迟早会失去执政资格,不可避免被历史淘汰。"③而依规治党正是新

---

① 《中共中央政治局召开会议讨论拟提请十八届六中全会审议的文件》,《人民日报》2016年9月28日,第1版。
② 王欢:《党内法规:全面从严治党的利器》,《人民论坛》2017年第13期;伊士国:《论形成完善的党内法规体系》,《学习与实践》2017年第7期;汪全胜、黄兰松:《党内法规的可操作性评估研究》,《中共浙江省委党校学报》2017年第3期;张晓燕:《关于党内法规制度实施体系建设的思考和建议》,《理论学刊》2017年第3期。
③ 习近平:《在庆祝中国共产党成立95周年大会上的讲话》,《人民日报》2016年7月2日,第2版。

时代推进全面从严治党的重要途径。要进一步明确依规治党在管党治党总体布局中的战略地位，通过全面推进依规治党，严明党的政治纪律和政治规矩，管住各级党组织和党员干部的权责行使，把权力牢固地关进党规的笼子里，以良好的党风带动政风、民风和社风，彰显马克思主义政党的领导力、感召力和公信力。

（二）加强党规制度体系建设，为依规治党提供科学依据

"党要管党、从严治党，必须有坚强的制度作保证。"[①] 立规矩时，要立足中国特色社会主义发展实际，深刻把握共产党执政规律，重点突出"从严"要求，坚持党规严于国法、纪在法前、纪法分开。同时，要发扬党内民主，扩大意见征集范围，积极听取干部党员特别是基层党员的意见建议，出台既符合党章和中央精神又符合工作实际的党内法规。最后，要深刻认识党内法规制度体系的复杂性，根据党的领导和党的工作、党的思想建设、党的组织建设、党的作风建设等不同领域的任务要求，分别完善每个领域的党内法规，并统筹布局、一体规划，协同推进党内法规的发布、教育、评估、解释、督查、备案机制建设，尽快形成覆盖党的领导和党的建设各方面的党内法规制度体系，为依规治党提供科学依据。

（三）规范党规实施过程，推动依规治党高效开展

推进依规治党，要在党规实施上下功夫，确保党规从纸上的文字化为现实的行动。一方面，要严格要求各级党组织和全体党员按党规办事，学习党规知识、树立党规意识、提升党性修养，将坚决维护党规权威特别是党章权威和坚决维护中央权威统一起来，不歪曲、错误解读党规内容和中央要求，塑造全党严格遵守党规的良好政治生态。另一方面，要通过线上线下平台，在保守党的秘密的前提下大力推进干部选拔、执纪执规等党规实施活动公开，保障党组织和党员对党规实施的知情权和监督权，让党规实施活动公开公正开展。

（四）完善党规监督体系，为依规治党提供有力保障

面对"四大考验"和"四大危险"，首先，在监督主体上，要重点发挥纪委作为党内监督专门机关的作用，将纪委监督、党员监督、媒体监督和群众监督等有机结合，形成合力，构建立体化的依规治党监督网络。其次，在监督对象上，要紧抓各级领导

---

① 中共中央宣传部：《习近平总书记系列重要讲话读本（2016年版）》，学习出版社、人民出版社，2016年，第116页。

干部特别是党的高级干部这个"关键"。最后,在监督方法上,要以落实党内法规、维护党内团结、拯救问题党员、提升党组织凝聚力和战斗力为主要目的,鼓励批评与自我批评,将组织问责和自我问责结合起来,及时、严肃惩处落实依规治党责任不力的组织和相关负责人。

(五)注重体系协同,协调推进依规治党和依法治国

依规治党和依法治国具有内在统一性。要立足全面从严治党和全面推进依法治国的战略布局,协同推进依规治党和依法治国,努力形成国家法律法规和党内法规制度相辅相成、相互促进、相互保障的格局。一方面,要区分党的主张和国法规定、党的文件和国家法律、党的纪律和国家强制,不能将二者混为一谈,要始终坚持"党必须在宪法和法律的范围内活动"的基本原则;另一方面,也要看到党规与国法内在的统一性,必要时通过法定程序将党的主张上升为国法规定,实现党规与国法的有机衔接。

中国共产党执政资源的比较优势、面临的挑战及拓展路径[①]

陈文泽

所谓执政资源,是指执政党可资利用的各种物质和精神要素的总和。按照不同的分类标准可以将执政资源划分为不同的种类。本文将执政资源解读为由历史资源、意识形态资源、组织资源、制度资源、经济资源、社会资源、人力资源及民心资源等诸要素构成的资源体系。

执政资源是政党政治研究的一个新领域。早期的政党理论主要关注政党的性质宗旨、组织结构、内部规则、活动方式、组织成员的管理。20世纪60年代后,资源依赖学派将资源交换看作联系组织和环境的核心纽带,认为组织生存的关键是其获取和维持资源的能力,政党也不例外。执政资源是政党提高执政效能、履行执政使命的根本保证。

中国共产党已经积累了丰富的执政资源。但资源具有不稳定和易流失的特点,如今党在执政资源方面面临着多重挑战。中国共产党一方面必须很好地保护和利用存量执政资源,另一方面又必须根据新的实践和要求,因时而变,因势而变,寻求有利于执政的新动力、新元素,不断拓展和开发新的执政资源。

[①] 本文主体部分以同名论文发表于《河南社会科学》2018年第4期。基金项目:2018年度示范马克思主义学院和优秀教学科研团队建设项目"习近平新时代中国特色社会主义思想的哲学意蕴"(18JDSZK078)、四川大学马克思主义学院"中外政党政治比较研究"课程资助项目。

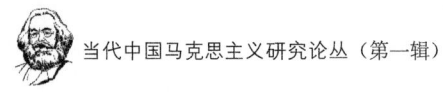

一、中国共产党拥有执政资源比较优势

中国共产党成立 90 多年来，经历过革命、建设和改革的历练，不仅曾经辉煌，今天依然生机勃勃，成为领导 13 亿多人口大国的长期执政的大党，走出了一条基于中国国情的独特发展道路，拥有世界其他政党无可比拟的执政资源优势。

（一）革命时期的红色资源遗产

革命历史资源遗产是指中国共产党在从建立至中华人民共和国成立前夕这 28 年的历史阶段内创造和积累的，在今天仍然可资利用的各种物质资源、精神资源、制度资源、组织资源的总和。这部分资源又被称为"红色资源"。这些红色资源包括：中国共产党指导革命的马克思列宁主义毛泽东思想；在长期革命和红色根据地建设中所积累的政治智慧和执政资源，如武装斗争、党的建设、群众路线、统一战线等宝贵经验；党在长期革命斗争中积累的优良传统和优良作风；具体历史事件所承载的精神，如红船精神、井冈山精神、长征精神、延安精神等；革命领袖的个人魅力和革命家的高尚风范等。

这些红色资源遗产记录了中国共产党革命的艰苦岁月，见证了中国共产党领导中国革命的丰功伟绩，承载了中国共产党执政合法性资源。

（二）先进的意识形态资源

中国共产党以马克思主义为指导思想，以实现共产主义为最高理想，以全心全意为人民服务为根本宗旨。中国共产党的理想信念和价值追求是中国特色社会主义的逻辑起点。中国共产党始终坚持将马克思主义与中国具体实际相结合，并始终用马克思主义中国化的最新理论成果武装全党，在革命、建设和改革过程中，形成了毛泽东思想、邓小平理论、"三个代表"重要思想、科学发展观和习近平新时代中国特色社会主义思想等重大理论成果。

中国共产党选择了马克思主义和科学社会主义，就站在了人民的一边，站在了道义的最高处。"社会主义堪称五百年来人类最大的普世价值。……这对于人多地少、资源贫乏的中国而言是唯一正途，这正是近代以来中国无数仁人志士抛头颅洒热血所孜孜以求的,也是中国共产党的生命力和正当性所在。"① 当代政治学家戴维·伊斯顿认为,政治系统的意识形态通过政治社会化而获得公众的支持,是一种建立在价值共识基础上的"散布性支持",要比建立在政策绩效基础上的"特定支持"更广泛和持久。② 由此可见,崇高的政治理想、坚定的政治信念是中国共产党最持久的执政资源。

(三)系统完备的组织资源

中国共产党的组织优势体现在两个方面。其一,中国共产党建立了严密的科层组织体系。党的组织网络遍布整个中国社会,基层组织深入社会的各个行业、各个领域、各个方面。社会的每个角落,哪里有党员哪里就有党的组织。中国共产党是全世界政党中组织化程度最高、组织覆盖面最广的。与从前国民党的组织体系只到县党部一级、没有基层组织相比,中国共产党在革命时期就把支部建在连上,具有贴近基层的优势,从而使我们党始终保持与人民群众的密切联系,具有强大的政治动员能力。其二,中国共产党是按照民主集中制的组织原则建构起来的有严格组织纪律的政党,党组织对其成员实行严格的教育培养和纪律约束。而国外一些政党组织松散,毫无纪律可言(比如美国的民主、共和两大政党)。相较而言,中国共产党的组织优势不言而喻。

(四)独具特色的政党制度资源

中国近现代独特的政治逻辑演绎出独特的政党制度:中国共产党领导的多党合作和政治协商制度。我国的政党制度既不同于多党制,又有别于典型的一党制。这一政党制度既坚持了中国共产党长期执政,又吸纳了其他党派广泛的政治参与。③

我国的政党制度较之西方政党制度的比较优势在于:

其一,中国共产党的领导是中国特色政党制度最大的政治优势,是中国政治稳定和社会发展的压舱石。在中国这样一个人口众多、地区发展极不平衡的多民族大国,一个强大而稳定的执政党是维持社会秩序和整合社会资源的中坚力量,其强大的政治权威具有排除现代化过程中可能出现的动荡和危机的特殊优势。美国政治学家亨廷顿指出:"那些实际上已经达到或者可以被认为达到政治高度稳定的处于现代化之中的国家,至少拥有一个强大的政党。"④ 邓小平同志也曾经说过:"在中国这样的大国,要把

---

① 鄢一龙、白钢、章永乐、欧树军、何建宇:《大道之行:中国共产党与中国社会主义》,中国人民大学出版社,2015年,第113页。
② 戴维·伊斯顿:《政治生活的系统分析》,华夏出版社,1989年,第306页。
③ 周淑真:《从比较的视角看中西政党制度》,《新视野》2014年第1期。
④ 塞缪尔·P. 亨廷顿:《变化社会中的政治秩序》,上海人民出版社,2008年,第341页。

几亿人口的思想和力量统一起来建设社会主义,没有一个由具有高度觉悟性、纪律性和自我牺牲精神的党员组成的能够真正代表和团结人民群众的党,没有这样一个党的统一领导,是不可能设想的,那只会四分五裂,一事无成。"①

其二,中国共产党长期执政作为一种制度安排,使执政党能超脱于党派和利益集团,总揽全局,协调各方。党能够高瞻远瞩,长远规划,政策具有可持续性。西方选举型政党往往被利益集团"俘获",政党轮替,多短期行为,难有长期规划。对此,美国诺贝尔经济学奖获得者罗伯特·恩格尔感叹道:"当中国为下一代制定五年计划的时候,我们的一切计划都是下一次选举。"②

其三,在中国政党制度中,执政党与参政党是非竞争的合作关系。这种制度安排有利于集中各党派的智慧,共谋经济社会发展大计,还能有效避免西方两党制和多党制造成的党派间的倾轧、互相掣肘和零和博弈,节约政治经济成本。

(五)选贤任能的人才资源

选贤任能是中国人才制度的特点。中国共产党形成了一套独特而行之有效的人才推荐、选拔、培养、聘任、考核制度体系。这套制度以低成本优势将德才兼备的优秀人才选进治理国家的队伍。他们中的很多人出身平民,并无特殊背景和资源,靠良好的政治素养、卓越的才能和实干精神而获得晋升。

中国共产党坚持"党管干部"的原则,这是坚持党的领导的根本原则,是党的组织路线为政治路线服务的一项有力保障。人才在全国范围内选拔,并且将全国性选拔制度扩展到党的最高领导层;对选拔的人才进行长期培养和有效监督管理;异地任职,交流布局,限制年龄;党的高层领导干部需要经过组织的长期培养和考察,必须具有丰富的基层治理经验。中国共产党在1980年废除领导职务终身制,建立了集体领导制度、领导人任期制度、权力退出制度。

依靠这样的人才选拔制度,中国共产党把党内和党外各方面优秀人才集聚到党的事业中来,"聚天下英才而用之",形成了一支职业治国队伍。

(六)丰富雄厚的经济资源

恩格斯在《反杜林论》中明确指出:"一切政治权力起先都是以某种经济的、社会

---

① 《邓小平文选》第2卷,人民出版社,1994年,第341—342页。
② 鄢一龙、白钢、章永乐、欧树军、何建宇:《大道之行:中国共产党与中国社会主义》,中国人民大学出版社,2015年,第113页。

的职能为基础的。"① 经济资源是执政党维护其政党权威的物质基础。

在中国特色社会主义市场经济下，国家拥有土地、森林、矿山等数量庞大的公有资源，拥有控制国家经济命脉的国有企业，拥有强大的中央财政。这些公有资产是中国共产党政治体系拥有的重要经济资源。强大的国家预算和公共投资使得执政党能够进行庞大的基础设施和民生工程建设。雄厚的公有经济资源和强大的国家财政为政治权力体系的运作提供了充足的空间，也是政治体系对社会调控得以实现的重要保证。执政党能从整个国家的战略利益和广大人民的根本利益出发，对中国社会各群体、各阶层、各区域利益进行整合和平衡。比如，通过转移支付、对口帮扶支持欠发达地区，推进全国统一的社会保障体系的建设，调动全社会的力量和资源实施精准扶贫，等等。中国共产党可以通过强大的资源调配能力，完成执政党的执政使命，兑现"全面小康"和"共同富裕"的政治承诺，把经济资源优势转化成政治资源优势。

（七）彪炳史册的绩效资源

中国共产党带领近代以来历经磨难的中华民族实现了民族独立、国家富强，建立了卓越的历史功勋，积累了丰厚的执政绩效资源。习近平总书记在中国共产党成立95周年大会上的重要讲话中指出，中国共产党成立以来对中华民族做出了三个"伟大历史贡献"（实现国家的独立和人民的解放，建立社会主义制度，改革开放和建立中国特色社会主义制度），实现了中国人民从站起来到富起来、强起来的伟大飞跃。②

中国共产党成立90多年来，带领中国人民在中国这片神奇而古老的土地上，书写了人类发展史上可歌可泣的壮丽诗篇，创造了彪炳史册的执政业绩。今天，中国的GDP已位居世界第二，中国对世界经济增长的贡献率超过30%，开始为全球治理提供中国方案，成为名副其实的有影响力的大国。不久的将来，中国将在全国范围960多万平方千米的土地上消灭贫困（而贫困人口的数字在1981年还是6.52亿），进入全面小康社会。在如此短的时间内让如此多的人摆脱贫困，中国让世界银行为之感叹！所有这些都为中国共产党积累下一笔笔殷实的政治资产。

（八）最可宝贵的民心资源

民心资源是指人民群众基于对政党的行为规范、执政绩效和良好形象的认可而生

---

① 《马克思恩格斯选集》第3卷，人民出版社，1995年，第526页。
② 习近平：《在庆祝中国共产党成立95周年大会上的讲话》，新华网，2016年7月1日，http://news.xinhuanet.com/politics/2016-07/01/c_1119150660.htm。

成的对党的信任、拥护和支持。相较于经济发展成就等"有形资产",民心资源属于"无形资产",却远比"有形资产"更为重要,被称为执政第一资源。

人民的信任和支持是中国共产党的力量之源,是中国共产党历经磨难却立于不败之地的奥秘。民心资源是中国共产党一笔巨大的无形资产,是我们党的核心竞争力。回顾历史,共产党的队伍为什么越带越多,国民党的队伍为什么越带越少?共产党与国民党的区别是什么?那就是,国民党在群众中没有根,共产党植根于中国民众。我们党从建党时的50多名党员由小到大、由弱到强,发展成为一个有着8900多万党员的世界第一大党,就是因为有广大人民群众的支持这一不竭的力量源泉。我们党之所以能在革命、建设和改革中取得如此辉煌的成就,就是因为我们党始终坚持全心全意为人民服务的宗旨,把群众路线作为法宝,赢得了弥足珍贵的民心资源。

二、中国共产党执政资源面临的挑战

执政资源是一个变量。党的执政地位不是与生俱来的,也不是一劳永逸的。在复杂的执政环境下,中国共产党的执政资源面临十分严峻的挑战。党的十九大报告指出:"要深刻认识党面临的执政考验、改革开放考验、市场经济考验、外部环境考验的长期性和复杂性,深刻认识党面临的精神懈怠危险、能力不足危险、脱离群众危险、消极腐败危险的尖锐性和严峻性。"① 由于这些考验和危险的存在,中国共产党的执政资源面临失效、流失、耗散的风险。

(一)红色资源遗产处于逐渐折旧状态

中国共产党过去浴血奋战建立新中国的卓越功勋所积累的革命合法性资源,随着时间的推移正在磨损折旧。与中华人民共和国成立初期相比,政治生态和执政环境及党员主体都发生了改变。一方面,党员主体在变。经历过新旧社会对比、打过仗、吃过苦的发自内心拥护中国共产党的革命的第一代和对革命感同身受的第二代即将退出历史舞台,取而代之的是对中国共产党的革命历史越来越陌生的新生代,他们更多地注重功利,革命历史情感相对淡漠,理想信念相对模糊。另一方面,历史虚无主义消解了中国共产党的执政合法性。历史虚无主义者提出"告别革命论",他们认为我国不该过早地搞社会主义,而应该让资本主义充分地发展;他们大谈毛泽东同志晚年的错

---

① 习近平:《决胜全面建成小康社会 夺取新时代中国特色社会主义伟大胜利》,人民出版社,2017年,第61页。

误,进而全盘否定毛泽东同志的历史地位和毛泽东思想;他们渲染革命的破坏性,进而否定中国革命的历史必然性。历史虚无主义者企图通过重新解读历史,来否定中国走向社会主义的历史必然性,从而消解中国共产党的执政合法性。

(二)主流意识形态面临多元思潮的冲击

意识形态是使特定政治秩序合理化的理论体系。今天,作为执政党主流意识形态的马克思主义理论、中国特色社会主义理论面临非主流意识形态的挑战,主流意识形态信仰正经历着由强到弱的衰减。

新中国成立后,我们党长期奉行一元化价值观,表现出对马克思主义的纯真信仰,意识形态发挥了巨大的社会凝聚作用。今天,中国社会存在的多元文化思潮和价值观对主流意识形态形成围攻之势。一方面,互联网和自媒体的飞速发展,美国等西方国家在信息技术上的强势地位,为西方思想文化在中国的渗透和传播大开方便之门;另一方面,随着中国社会的迅速转型和市场经济的发展,社会利益分化、阶层分化、价值观多元化的出现,各种社会思潮暗流涌动,历史虚无主义思潮、文化保守主义思潮、新自由主义思潮、民主社会主义思潮、民族主义思潮和民粹主义思潮等粉墨登场,争夺话语权。

在众多社会思潮的冲击下,人们对党的主流意识形态的认同呈下降趋势,部分党员群众甚至部分党员干部理想信念丧失,甚至存在某种程度的信仰危机。所以,如何坚守主流意识形态阵地,整合多元文化价值观,推动主流意识形态与时俱进地创新,成为摆在执政党面前的重大课题。

(三)经济绩效资源遭遇合法性困境

发展政治学认为,通过发展经济来提升执政绩效以建构政治合法性,是后发国家的普遍性政治策略,这一策略选择在经济发展初期成效明显。但单纯的绩效合法性战略极易陷入"绩效合法性困境",就是经济增长并不必然导致执政合法性资源的增加。20世纪亚非拉发展中国家在向现代化转型进程中出现了经济越发展社会越不满的"政绩困境"。今天中国部分民众也出现了"端起碗来吃肉,放下筷子骂娘"的奇特现象。

亨廷顿指出,这种困境"很大程度上是欲望和前景之间差距的效应,而这一差距是渴望升级造成的,这一点在现代化早期阶段尤其如此"[①]。首先,没有任何一个政治体系能够保持经济长期高速增长。经济增长具有周期性,经济失速和滞涨会带来民众

---

① 塞缪尔·P.亨廷顿:《变化社会中的政治秩序》,上海人民出版社,2008年,第43页。

心理预期的落差,同时会引发一系列社会矛盾和问题。其次,社会各阶层在经济增长中受益不均,贫富分化加剧,部分社会阶层产生了强烈的相对剥夺感。世界上许多执政大党的垮台都发生在经济绩效较好的背景下。比如,印度 2003 年经济增长率达到 8%,2004 年瓦杰帕伊领导的印度人民党却出人意料地失去政权,原因是广大农民不满巨大的贫富差距。① 再比如,墨西哥 1999 年人均 GDP 超过 5000 美元,执政长达 71 年之久的墨西哥革命制度党却因社会分配严重不公,在 2000 年的大选中惨败。② 再次,单纯的绩效合法性战略无法适应社会公众需求结构的多样化与变动性。人们的欲求总是在不断变动的,一个欲望满足了,就会有更多更高的欲望。随着中国经济的快速发展,人民生活逐渐富裕,人民群众期待更高的生活质量、更多的政治参与和权力主张,当他们的欲求遇阻后就会心生不满。

(四)民心资源正被贪污腐败所耗散

民心资源是中国共产党执政资源中最重要的资源,对政党合法性和执政地位的巩固、对党和国家事业的兴旺发达具有磐石般的作用。

民心资源作为"无形资产"极易耗散。中国自古便有"得民心者得天下,失民心者失天下"的说法。古代王朝之所以会发生周期性更替,一个很重要的原因就是没有经受住执政的考验,从最初代表人民群众的利益逐渐走向人民群众的对立面,最终被人民群众所唾弃。今天,一些党员干部理想丧失、信念动摇,逐渐忘记了为人民服务的宗旨,手中的权力开始异化,私利代替公益,权力臣服于金钱。特别是在中国快速崛起的现阶段,贪污腐败案件频发,涉案金额越来越大,动辄上千万元,甚至过亿元,民众对党的信任、忠诚等民心资源正在被侵蚀。如果腐败之风得不到有效遏制,党便会丧失人民群众的信任和支持。正如约瑟夫·纳伊所说的:"腐败浪费了一个新国家拥有的最重要的资源,即政府的合法性。"③

(五)制度资源受到西方"政治正确"的挤压

中国共产党领导中国人民走出了一条适合中国国情的中国特色社会主义道路,形成了独具特色的政党制度和政治制度。但以美国为代表的西方国家习惯以"西方中心论"自居,将其现代化道路泛化为人类社会文明进步的唯一路径,将西方宪政民主、

---

① 唐君、辛易:《国外政党执政镜鉴》,浙江人民出版社,2005 年,第 174 页。
② 蒯正明、杨新宇:《中国共产党执政资源建设研究》,同济大学出版社,2010 年,第 182 页。
③ 约瑟夫·纳伊:《腐败与政治发展:成本-效益分析》,载王沪宁编:《腐败与反腐败》,上海人民出版社,1990 年,第 351 页。

多党竞选、三权分立等政治制度说成是唯一正确的普世性政治模式。他们带着傲慢与偏见，无视中国共产党对中国社会发展规律的成功探索和中国特色社会主义道路的成功实践，无视中国发展的巨大成就和对人类文明的巨大贡献，无视中国特色社会主义制度在中国国情下的有效性，在意识形态和政治制度方面妖魔化中国。在他们眼中，凡是没有经过竞争性选举的执政党都不具有合法性，凡是不实行西方式民主的国家都应被定格成专制政体，凡是不同于西方发展道路的另一种选择都应被视为异类。他们推行文化霸权，推销西方价值观和政治制度，拒绝承认中国政治制度的合法性。

处在资本主义汪洋大海包围之中的中国，如何坚守制度自信，建构意识形态和政治制度的中国话语权，是摆在执政党面前的更大课题。

（六）组织资源在社会转型中面临部分失效

改革开放前，中国社会处在全能政党政府模式下，所有社会组织都是政党和政府组织，人们都是"单位人"，政党几乎占据了社会所有的空间。改革开放后，由于许多国有单位、集体单位解体，"单位人"变成了"社会人"。市场经济条件下，一方面，出现了数量众多的个体企业、私营企业和外资企业，人们的就业方式灵活多样，党的组织出现"空白点"；另一方面，社会开始自组织化，发育出众多社会组织。社会组织在一些领域替代了政党的功能，挤占了政党的传统空间，影响了政党的社会基础。党的传统科层组织架构面临社会自组织化的冲击，党及作为外围组织的人民团体难以延伸到体制外，传统的凝聚政治资源的手段出现失灵。中国共产党在新的社会体系架构中缺乏经验，尤其缺乏同社会组织打交道的经验，政党无形中与社会组织产生了隔阂。计划经济下的传统组织方式和架构显然已经不能适应社会转型和市场经济的需要，如何创造出新的组织资源，是对党的执政能力的考验。①

三、中国共产党执政资源的拓展路径

执政资源的建设是一个系统工程。中国共产党建设执政资源的总体思路是：盘活存量，开发增量。在盘活存量方面，应该保护和激活红色资源遗产，坚守和创新意识形态资源，巩固和提升绩效资源，聚合和再生民心资源；在开发增量方面，要着重开发法理型资源，生产政治话语资源，拓展新媒体资源，整合社会组织资源，借鉴国外

---

① 习近平：《决胜全面建成小康社会　夺取新时代中国特色社会主义伟大胜利》，人民出版社，2017年，第61页。

政党资源。

(一) 盘活执政资源存量

中国共产党有 90 多年奋斗的光辉业绩，积攒了丰厚的存量资源，这是珍贵的财富、无尽的宝藏，应该很好地挖掘利用。

1. 红色资源遗产的保护与激活

红色资源遗产是指中国共产党在长期的革命斗争中形成和遗留下来的今天仍然可资利用的一切历史资源的总和。红色资源遗产可分为物化资源和精神资源。红色物化资源指曾经影响中国共产党和中国革命进程的具有代表性的重大事件和重要人物的历史文化遗存，主要呈现为革命遗物、革命遗迹、革命遗址等历史遗存以及后来修建的纪念碑、纪念馆、纪念堂等纪念设施。红色精神资源主要包括革命经验、革命艺术、革命精神、革命传统和作风等精神文化遗产。

首先，保护和增设红色遗产载体，开展红色旅游观光活动。红色遗产载体承载着革命历史、革命事迹和革命精神，是中国共产党光辉历史的物证。应该对革命遗物、革命遗迹、革命遗址进行保护维修，增设更多的介绍影响中国共产党革命进程的重大历史事件和人物的纪念场馆，并搞好道路等基础设施建设。通过开展红色旅游观光活动，讲述历史、唤起记忆和情景体验，可有效增进人们对中国共产党的认知和情感，从而增进对中国共产党执政的历史合法性的认同。

其次，开展红色文学艺术作品创作，推进红色文化建设。改革开放前，我们创造了众多反映革命战争年代的文学艺术作品，对于开展爱国主义教育和增进中国共产党执政合法性认同起到了重要作用。今天的许多翻拍之作，比如一些"抗日神剧"，缺乏严肃性，无益于传播正能量。应该推出一些有质量的革命历史主题的小说、电影、电视和歌曲等。

再次，清除历史虚无主义思潮的消极影响。清朝学者龚自珍通过研究历史得出结论："灭人之国，必先去其史。"历史虚无主义通过渲染革命的破坏作用，否定中国共产党革命的必然性、合理性，进而否定中国走社会主义道路的历史必然性和共产党执政的合法性。必须运用马克思主义唯物史观对历史虚无主义进行批判，以维护中国共产党执政的历史合法性资源。

2. 意识形态资源的坚守与创新

马克思主义理论、中国特色社会主义理论是我们党的理论根基。中国共产党必须保持战略定力和理论自信。同时，为了保持理论的持续解释力、凝聚力和引领力，又必须以巨大的理论勇气，"保持和发扬马克思主义政党与时俱进的理论品格，勇于推进实践基础上的理论创新"①。

当今主流意识形态的遇冷和信仰滑坡,究其个中原因,既有意识形态受体的原因,也有意识形态本身的原因。一方面,处在社会转型时期,意识形态受体在"乱花渐欲迷人眼"的诱惑和社会思潮面前缺乏理论自信和思想定力;另一方面,主流意识形态本身在社会急剧变化过程中适应性缺乏,解释力下降,包容性不够。

首先,要推进主流意识形态的创新。"时代是思想之母,实践是理论之源。我们要在迅速变化的时代中赢得主动,要在新的伟大斗争中赢得胜利,就要在坚持马克思主义基本原理的基础上,以更宽广的视野、更长远的眼光来思考和把握国家未来发展面临的一系列重大战略问题,在理论上不断拓展新视野、作出新概括。"②马克思主义本身具有与时俱进的理论品质。今天,面对历史的新阶段,我们只有继续推进对中国特色社会主义理论的创新,才能保持马克思主义的生命力,也才能保持理论对现实的解释力和引领力。

其次,要增加主流意识形态的包容性。中国共产党从革命党到执政党,政党的功能发生了明显变化。革命党追求的是一个阶级推翻另一个阶级,执政党追求的是社会的和谐稳定。在新的历史时期,作为执政党的中国共产党不仅是中国工人阶级的先锋队,也是中国人民和中华民族的先锋队。执政党要发挥对社会的整合功能,必须扩大意识形态的包容性。制度经济学代表人物道格拉斯·诺斯在其《经济史中的结构与变迁》中说:"大凡成功的意识形态必须是灵活的,以便得到新的团体的忠诚拥护,或者作为外在条件变化的结果而得到旧的团体的忠诚拥护。"③

总之,对主流意识形态要做到"坚守"和"创新"的统一。强调包容性,绝不是淡化意识形态,更不是放弃主流意识形态的指导地位。我们应该区分理论的"内核"和"辅助带"。我们必须坚守马克思主义理论的"内核",也必须根据时代和实践的发展创新马克思主义的"辅助带",提出符合马克思主义基本原理和精神实质的新的社会改造方案。

3. 绩效资源的巩固与提升

中国共产党卓有成效的执政业绩奠定了中国共产党执政的坚实物质基础,是最重

---

① 习近平:《在省部级主要领导干部"学习习近平总书记重要讲话精神,迎接党的十九大"专题研讨班开班式上的重要讲话》,中华人民共和国中央人民政府新闻网,2017年7月27日,http://www.gov.cn/xinwen/2017-07/27/content_5213859.htm。

② 习近平:《在省部级主要领导干部"学习习近平总书记重要讲话精神,迎接党的十九大"专题研讨班开班式上的重要讲话》,中华人民共和国中央人民政府新闻网,2017年7月27日,http://www.gov.cn/xinwen/2017-07/27/content_5213859.htm。

③ 道格拉斯·诺斯:《经济史中的结构与变迁》,上海三联书店,1994年,第58页。

要的执政合法性资源。经过改革开放 40 年的发展，我国社会生产力水平总体上显著提高，人民生活显著改善，全面建成小康社会就在眼前。中国特色社会主义进入新时代，"我国社会主要矛盾已经转化为人民日益增长的美好生活需要和不平衡不充分的发展之间的矛盾"①。

在带领全国人民实现中华民族伟大复兴的中国梦的过程中，中国共产党应该科学利用自己积累的绩效资源，在经济发展、政治改革、教育文化、就业创业、社会保障、环境治理等方面做出更大成就，回应人民对美好生活的期待。

首先，发展仍然是"党执政兴国的第一要务"。只有靠继续发展积累丰富的物质资源，执政党才有更充足的财源来提升人民群众的生活水平和质量，才有更多的手段来化解社会矛盾，保障和改善民生。

其次，注重公平分配，保证人民共享发展成果。执政党不仅应该发展经济，增加宏观经济总量，还要正确处理效率与公平的关系，让经济成果惠及全体人民。执政党应该利用政治权力对社会资源进行调节和再分配，弥合阶层裂缝和平抑区域落差。

再次，推进政治体制改革，提升民众的政治参与感。随着中国社会的不断进步，当人们满足了物质欲求后，各种权利意识开始觉醒。执政党应该在发展经济的同时，推动政治体制改革，建立政治沟通，扩大政治参与，要推进协商民主。推进协商民主从政党协商、政府协商到基层协商和社会组织协商的扩展，用制度程序保证人民当家作主，"保证人民在日常政治生活中有广泛持续深入参与的权利"。

4. 民心资源的聚合和再造

一个政党的前途和命运最终取决于人心向背。民心资源是执政资源中的第一资源，制约着其他执政资源的效能发挥。因此，今天的中国共产党要巩固执政基础，完成执政使命，就应精心培育民心资源。

第一，坚持重拳反腐，维护政党形象。唯有良好的政党形象方能聚合民心。党的十九大报告指出，人民群众反对什么、痛恨什么，我们就要坚决防范和纠正什么，应"着力解决人民群众反映最强烈、对党的执政基础威胁最大的突出问题"②。当今中国民众最痛恨腐败现象，"腐败是我们党面临的最大威胁"③。因此，唯有重拳反腐，坚持反

---

① 习近平：《决胜全面建成小康社会　夺取新时代中国特色社会主义伟大胜利》，人民出版社，2017 年，第 11 页。
② 习近平：《决胜全面建成小康社会　夺取新时代中国特色社会主义伟大胜利》，人民出版社，2017 年，第 8 页。
③ 习近平：《决胜全面建成小康社会　夺取新时代中国特色社会主义伟大胜利》，人民出版社，2017 年，第 66—67 页。

腐败无禁区、全覆盖、零容忍，坚定不移地"打虎""拍蝇""猎狐"，形成反腐败的压倒性态势，维护清正廉洁的政党形象，才不会失去民心。

第二，补齐民生短板，增强民众获得感。"民生决定民心"，执政党只有给人民群众带来实实在在的利益，才能赢得人民群众的拥护。随着民众对美好生活的期待的提高，改革收益的边际效益递减。中国共产党应该把握新时代民生工作的规律，把握民生问题的动态性、阶段性和递进性特点，从人民群众最关心、最直接、最现实的利益问题入手，以解决人民日益增长的美好生活需要与不平衡不充分发展之间的矛盾为主攻方向，破解民生难题，补齐民生短板。要"多谋民生之利、多解民生之忧，在发展中补齐民生短板、促进社会公平正义，在幼有所育、学有所教、劳有所得、病有所医、老有所养、住有所居、弱有所扶上不断取得新进展，深入开展脱贫攻坚，保证全体人民在共建共享发展中有更多获得感"①。

（二）增量执政资源的开发

一方面，执政资源源自历史资源的传承和再生；另一方面，执政党必须与时俱进，在新的执政生态下，根据新的实践和要求，不断开发和创造新的增量资源。中国共产党要巩固执政地位，提高政治效能，完成执政使命，就不能躺在过去的功劳簿上睡大觉。在中国特色社会主义实践发展的新阶段，在带领中国人民"强起来"和实现中国梦的过程中，党必须寻找新动力，开发新资源。

1. 推进治理现代化，开发法理型资源

法理型资源即制度资源。制度资源是执政党重要的执政资源。政党的强大固然与其党员规模和权力大小有关，但制度化程度才是保证其强大的根本。中国共产党已经总结出了符合中国国情的中国特色社会主义制度，我们既要排除干扰，坚持道路自信和制度自信，又要在新的执政实践中不断开发新的制度资源。在不断推进国家治理体系和治理能力现代化的背景下，如何推动中国共产党的现代转型，构建适合市场化、现代化需要的领导方式、执政方式，是新阶段摆在中国共产党面前的重大课题。

制度建设滞后、制度供给不足、制度执行不力是执政党当下面临的主要问题。对中国共产党来说，在新形势下进一步拓展党的执政资源，首要任务就是加大制度资源开发的力度。我们党进行了一系列新制度的创设，目前已经形成了包括《中国共产党章程》《关于实行党政领导干部问责的暂行规定》《关于新形势下党内政治生活的若干准则》《中国共产党党内监督条例》《中国共产党巡视工作条例》《中国共产党纪律处分

---

① 陈家喜：《强化组织渗透性：社会组织党建的发展方向》，《中国党政干部论坛》2015年第10期。

条例》《中国共产党廉洁自律准则》等在内的初具规模的党内法规体系。中国共产党还需要构建实行党内民主、实行集体领导、加强民主监督、实施政治沟通和政治协商的制度机制和平台，构建系统完备、科学规范、运行有效的制度体系。

制度建党、制度治党，把权力关进制度的笼子里，是科学执政、民主执政和依法执政的根本要求。在全面推进依法治国阶段，我们党的重大任务是推进依法执政、依法行政、依法治党、依法治国，增强运用法律手段领导和治理国家的能力，完成政党治理和国家治理的现代化。

2. 坚持"四个自信"，生产政治话语资源

政治话语是特定政治价值观念的物理表征，是社会政治生活的语言表述，是政治信息的符号载体。话语资源是政党执政合法性资源的前沿部分。政治话语资源的短缺和空白会严重影响对意识形态和政治体制的合法性论证。名不正则言不顺。一个政党没有独立的政治话语资源，等于撤出政治道德高地，等于放弃政治话语主权，只能跟在其他政治话语体系后亦步亦趋，削足适履，甚至自我否定。

中国共产党领导中国人民走出了一条适合中国国情的中国特色社会主义道路，形成了独具特色的政党制度和政治制度，取得了举世瞩目的成就，但由于缺乏独立的政治话语体系，尚未将中国的发展优势转化为政治话语优势。树立中国政治自信，消解西方话语霸权，生产中国政治话语资源，探索阐释中国特色社会主义道路、理论、制度、文化的话语体系，是中国哲学社会科学工作者必须肩负的神圣职责和光荣使命。

生产中国政治话语资源，必须坚持正确价值立场，立足中国伟大实践，做到中西兼收并蓄，打造中国标识话语。

第一，坚持正确价值立场。话语体系既是知识体系，又是价值体系。任何话语都是特定阶级或政治力量的话语。中国共产党是贯彻"全心全意为人民服务"宗旨的先进的马克思主义政党，这是中国政治话语的灵魂。

第二，立足中国伟大实践。中国话语，本质上是中国道路的话语呈现、中国经验的理论总结。话语体系的构建与创造必须植根于新时代中国特色社会主义的伟大实践，这是一种前无古人的伟大实践，必将给政治话语创新提供强大动力和广阔空间。

第三，做到中西兼收并蓄。中华文明构成中国政治话语资源的历史语境，中国政治话语资源的开发，应该从中华文化中汲取智慧，体现中华民族的文化特质、思维方式和价值取向。同时，中国特色政治话语体系的打造，也不可关起门来自弹自唱，而必须秉持开放包容的态度，充分借鉴吸收包括西方政治文明在内的一切人类优秀政治文明成果。

第四，打造中国标识话语。要善于提炼反映中国特色社会主义政治制度的标识性

概念、范畴和理论，如"中国梦""中国特色社会主义""社会主义市场经济""中国特色政党协商制度""社会主义协商民主""人类命运共同体"等。

只有运用中国话语才能讲好中国故事。只有建构好中国政治话语体系，才能为中国共产党的执政合法性提供论据。政治话语资源的打造能力，是中国共产党"最硬"的软实力。

3. 适应时代发展，开拓驾驭新媒体资源

中国共产党过去习惯于利用报纸、电视等传统媒介作为政治动员、意识形态传播和政治认同构建的载体。今天人类已进入互联网和新媒体、自媒体时代，特别是年轻人更多依赖新媒体进行信息传播和交流，传统的政治控制和影响手段逐渐失效。执政党必须适应和了解新媒体的传播特点和规律，善于驾驭和利用互联网和新媒体，引导公众舆论，寻求政治认同和政治共识。

当今世界，谁善于应用新媒体提升领导力，谁就会赢得新的时代，赢得民众支持。国外很多政党都十分重视开发利用新媒体资源。例如，德国社会民主党开展网上组织生活，打破了政党学习和讨论的时空限制。社会民主党主要内阁成员还聘用了"新闻形象顾问"，塑造执政党的形象。奥地利社会民主党专门开设了如何与新闻媒体打交道的课程，指导党员如何借助媒体打造政党形象。俄罗斯总统普京多次通过网络直接与俄罗斯民众对话。

只有适应时代发展要求与时俱进的政党，才能始终保持生机与活力。相较于传统媒体，新媒体在传播速度、政治透明、沟通互动、党内民主、政治监督及大众反腐等方面具有巨大潜力和优势。中国共产党应该充分利用互联网、短信、博客、微信、微博等新媒体来更好地传播党的声音，塑造党的形象；整合执政资源，提升执政能力；进行有效的政治沟通，凝聚政治共识，增强政党认同；开辟协商渠道，推进政治民主和政治监督；培养自己的网络"大V"，引导自媒体并矫正其政治偏离倾向。

4. 延伸政党触角，整合社会组织资源

中国共产党拥有强大的组织资源储备，但由于社会转型和市场经济的发展，庞大的社会民间组织雨后春笋般发展起来，由此所形成的新社会空间也成为执政党组织建设需要覆盖的重要领域。由于组织属性的复杂性、利益分布的多元性和党员构成的分散性，当前社会组织党建工作仍然存在"组织覆盖难、党员管理难、作用发挥难的普遍现象"。传统的官僚科层组织体系对社会的控制力日渐式微，政党权威流失。执政党应该引导和规范社会组织，使社会组织成为党组织的延伸资源，将之整合到党的执政体系之中。

首先，引导规范社会组织。面对社会自发产生的众多社会组织，党需要为其创设规制、提供政策、建立平台。

其次，利用社会组织补充执政党功能。林尚立认为，社会组织可以在两方面补充执政党功能：其一，执政党可以通过社会组织来动员和整合社会资源；其二，执政党可以通过社会组织来构建治理体系。①

再次，设立联系党与社会组织的中介组织。可在各个领域设立一些服务型的中介组织，让这些中介组织在它们各自的领域传播党的声音，同时收集民情民意，反馈社会信息，起着"上情下达"和"下情上达"的桥梁作用。

5. 树立世界眼光，借鉴国外政党执政资源

海纳百川，有容乃大。世界上有不少政党在长期执政中积累了丰富的治党治国经验和执政资源，可以为我所用。中国共产党必须展示一个大党的胸襟和气度，吸取其他政党的经验教训，利用一切可以利用的资源，真正地发展壮大自己。如果我们党把自己封闭起来，拒绝学习其他政党的执政经验，拒不借鉴其他政党的执政资源，那么就难以超越其他政党。目前，我们党已同世界上160多个国家和地区的400多个政党和组织建立了联系，全方位、多渠道、宽领域、深层次的党际交往局面初步形成。

他山之石，可以攻玉。中国共产党历来强调树立世界眼光，积极学习借鉴世界各国人民创造的文明成果，同世界各国人民和各国政党开展对话和交流合作。习近平总书记在中国共产党与世界政党高层对话会上倡议"将中国共产党与世界政党高层对话会机制化，使之成为具有广泛代表性和国际影响力的高端政治对话平台"②。

总之，任何执政党若想维系执政地位，彰显执政能力，获得政治效能，就必须有强大的执政资源体系予以支撑。中国共产党在长期的革命和执政实践中积累的让其他执政党难以望其项背的执政资源，是中国共产党继续执政的坚实基础。同时，我们也必须清醒地意识到，在复杂的国际国内环境下，我们党的传统执政资源面临流失和衰减的风险。在新的历史阶段，我们党需要完成更艰巨的历史任务，必须增强忧患意识，居安思危，不断开辟新的执政资源，以巩固党的执政地位，完成党带领人民实现中华民族伟大复兴的历史使命。

---

① 林尚立：《民间组织的政治意义：社会建构方式转型与执政逻辑调整》，《云南行政学院学报》2007年第1期。
② 习近平：《携手建设更加美好的世界——在中国共产党与世界政党高层对话会上的主旨讲话》，《人民日报》2017年12月2日，第2版。

加强和规范党内政治生活应把握好五组主要矛盾关系[①]

王国敏　陈梅芳

中国共产党近百年历史证明，党内政治生活直接关系党的事业成败。在决胜全面建成小康社会、全面建设社会主义现代化强国的新时代，健康的党内政治生活是党完成时代任务的基本保障。但目前党内政治生活存在着一些突出问题，"在一些党员、干部包括高级干部中，理想信念不坚定、对党不忠诚、纪律松弛、脱离群众、独断专行、弄虚作假、庸懒无为，个人主义、分散主义、自由主义、好人主义、宗派主义、山头主义、拜金主义不同程度存在，形式主义、官僚主义、享乐主义和奢靡之风问题突出，任人唯亲、跑官要官、买官卖官、拉票贿选现象屡禁不止，滥用权力、贪污受贿、腐化堕落、违法乱纪等现象滋生蔓延。特别是高级干部中极少数人政治野心膨胀、权欲熏心，搞阳奉阴违、结党营私、团团伙伙、拉帮结派、谋取权位等政治阴谋活动"[②]。这些党内政治生活的变异现象是部分党员干部的党性在愈加复杂的新环境下未能经受住考验的表现，严重破坏了党的形象，影响了党和人民事业的发展。鉴于此，党的十八届六中全会把加强和规范党内政治生活作为全面从严治党的首要任务，党的十九大把坚持全面从严治党作为实现中华民族伟大复兴的基本方略之一。"从严治党先从党内

[①] 本文发表于《四川大学学报（哲学社会科学版）》2018年第3期。基金项目：四川大学中国特色社会主义理论研究中心研究项目"加强和规范党内政治生活应把握的八组关系"、四川大学中央高校基本科研业务费专项项目"加强和规范党内政治生活应把握的八组关系"（ZTZX201601）、"马克思主义理论与中国特色社会主义创新重点建设学科——马克思主义原理与中国特色社会主义基本理论与实践问题方向"。

[②]《关于新形势下党内政治生活的若干准则》，人民出版社，2016年，第2页。

政治生活严起"①，如何有效加强和规范党内政治生活成为目前党建研究的重点。

"一切事物中包含的矛盾方面的相互依赖和相互斗争，决定一切事物的生命，推动一切事物的发展。"②矛盾是反映事物内部和事物之间对立统一关系的哲学范畴。在同一系统内，具有差异性的两要素之间具有相互影响、作用和制约的关系，这两要素就构成一组矛盾。党内政治生活的众多内部要素构成多组矛盾，它们是党内政治生活产生变异的内在根源，也是党内政治生活消除变异的动力源。本文从党内政治生活的主体、客体和中介三个向度提炼出五组主要矛盾，以矛盾分析法剖析各种变异现象，提出解决问题的思路，为新时代增强党内政治生活的政治性、时代性、原则性、战斗性，提升各级党组织的创造力、凝聚力和战斗力，推动全面从严治党向纵深发展提供哲理支撑和实践着力点。

一、主体向度的主要矛盾分析

党员和各级党组织是党内政治生活的主体，也是领导中国革命和中国特色社会主义建设的主体力量。在这一主体内部存在着党员之间、普通党员与党的领导干部之间、党委各成员之间、党员与党组织之间、多级党组织之间的多组矛盾，其中最主要的矛盾是普通党员与党的领导干部之间的矛盾。这组矛盾关系着党内政治生活是民主集中还是集权专制，是以上率下还是以上压下等党内政治生态建设问题，这组矛盾的顺利解决是党内政治生活主体向度其他矛盾得以顺利解决的关键。

矛盾具有同一性和差异性，二者缺一不可。同一性是矛盾得以存在的前提和基础，差异性则是推动矛盾发生变化的根本动力。"中国共产党党员是中国工人阶级的有共产主义觉悟的先锋战士；中国共产党党员必须全心全意为人民服务，不惜牺牲个人的一切，为实现共产主义奋斗终身。"③普通党员和党的领导干部都因共同的理想加入党的组织，结成志同道合的平等同志关系，成为党内政治生活的主体，这是二者最根本的关系，规定着这组矛盾的基本性质。普通党员与党的领导干部的差异在于他们在职务、职位、职权、职责等方面的分工不同，对应的权利和义务也不同，其中最根本的区别是党的领导干部具有最终执行权。党的领导干部的权力为民所有、为民所享、为民所用，这是其权力运用的合法性基础。但如果在党内政治生活中普通党员的知情权、参

---

① 《关于新形势下党内政治生活的若干准则》，人民出版社，2016年，第1页。
② 《毛泽东选集》第1卷，人民出版社，1991年，第305页。
③ 《中国共产党章程》，人民出版社，2017年，第24页。

与权、选举权、监督权等基本权利得不到保障,整个决策过程没有严格遵循民主原则和程序,那么,党的领导干部的权力就会成为其限制普通党员权利且为己谋利的工具,党内政治生活中就会出现独断专行、形式主义、官僚主义、特权滋生等现象,从而严重破坏党内民主,造成党内政治生活的扭曲。

普通党员和党的领导干部之间的矛盾运动之所以会导致党内政治生活变异,其根本原因在于这组矛盾的差异性加剧,突破了同一性规定的基本性质,导致这组矛盾发生质变。因此,避免这组矛盾引发党内政治生活变异的根本方法就是重新协调普通党员与党的领导干部之间的力量均势。一方面要保障普通党员在党内政治生活中当家作主的主体地位和民主权利。2016年最新修订的《关于新形势下党内政治生活的若干准则》指出:"必须尊重党员主体地位,保障党员的民主权利,落实党员的知情权、参与权、选举权、监督权,保障全体党员平等享有党章规定的党员权利、履行党章规定的党员义务,坚持党内民主平等的同志关系,党内一律称同志。"另一方面要把领导干部的权力关进制度的笼子,"必须加强对领导干部的监督,党内不允许有不受制约的权力,也不允许有不受监督的特殊党员"[①]。党的十九大报告重申"要加强对权力运行的制约和监督,让人民监督权力,让权力在阳光下运行,把权力关进制度的笼子"[②]。应通过平衡矛盾双方的力量均势,保障二者民主平等的主体地位,使二者回到同一性为其规定的基本性质范围内。

值得强调的是,从普通党员与党的领导干部间的力量对比看,目前党的领导干部占据着更具优势的地位,是这组矛盾的主要方面,也是决定这组矛盾运动方向的根本因素。基于此,加强和规范党内政治生活更应把着力点放在党的领导干部上,加强和规范制约党的领导干部的机制设计和制度设计。党的十八届六中全会在各项具体要求中都着重强调"特别是党的领导干部"需加强制约,接受监督,就是准确把握了这组矛盾的重点,有利于克服二者关系变异,实现二者关系正常化。

加强和规范党内政治生活,在主体向度上要把握好普通党员和党的领导干部之间的矛盾。而促进党内平等主体关系的生成,着重规范党的领导干部的权力运用,是在主体向度上加强和规范党内政治生活的关键。

[①] 《关于新形势下党内政治生活的若干准则》,人民出版社,2016年,第26页、37页。
[②] 习近平:《决胜全面建成小康社会 夺取新时代中国特色社会主义伟大胜利——在中国共产党第十九次全国代表大会上的报告》,人民出版社,2017年,第67页。

二、客体向度的主要矛盾分析

党内政治生活的客体是党内政治生活需要改造的对象,包括参与党内政治生活的人与组织、党内政治生活的生态环境等方面。其中,党员既是党内政治生活的主体,也是客体,具有主客二重性的特征。而且,党员是党内政治生活客体向度中最活跃的因素,组织、环境的改造最终都由党员这一"人"的因素来主导,所以,改造好党员,其他客体的改造就会迎刃而解。而改造党员的核心目标就是锤炼党员的党性,坚定其马克思主义信仰,以增强党内政治生活的政治性、时代性、原则性和战斗性。这一核心目标内部包含两组主要矛盾:一是马克思主义真理与马克思主义信仰之间的矛盾,二是党性与人性之间的矛盾。厘清这两组矛盾的关系,可以为我们加强和规范党内政治生活提供核心目标导向上的学理依据和实践着力点。

(一)把握好马克思主义真理与马克思主义信仰之间的矛盾关系

真理是人们对于客观事物及其规律的正确反映,具有不以人的意志为转移的客观性。信仰是人对某种主张、主义或教义等产生信念,并将其奉为自己行为准则的一种精神意志,具有主观性。它包括宗教信仰、科学信仰等不同信仰类别。真理是一种认知,而信仰是一种意志。认知和意志都属于人的精神系统,相互影响、作用和制约,构成对立统一的矛盾关系。马克思主义真理是马克思、恩格斯创立,并由各时代、各民族的马克思主义者不断丰富和发展的理论体系。它在总结自然科学和社会科学的基础上,揭示出包括自然、人类社会和人的精神领域在内的整个世界的辩证运动规律,并运用这一规律对资本主义社会进行客观分析,得出资本主义必然灭亡,社会主义必然胜利的科学结论。马克思主义信仰是人们对马克思主义真理产生强烈信念,并把这一信念转化为自己的行为准则和坚定不移地为共产主义事业奋斗的精神意志。可见,马克思主义真理是一种理性认识,而马克思主义信仰是一种科学信仰。

马克思主义真理与马克思主义信仰有着对立统一的矛盾关系。从矛盾的同一性看,一方面,马克思主义真理是基础,是马克思主义信仰得以生发的前提条件,必须先有对马克思主义真理的不懈学习和理性认同,才会有坚定的马克思主义信仰;另一方面,马克思主义信仰是归宿,人们一旦理性认同了马克思主义真理,就会将之升华为他们的精神意志,坚定不移地把马克思主义真理转化为改造社会的具体实践,并在实践基础上不断创新马克思主义理论。二者统一于马克思主义者知、情、意相统一的精神系统中,决定着马克思主义者理想信念的坚定性和纯洁性。从矛盾的差异性看,马克思主义真理是理性认知，马克思主义信仰是精神意志，二者具有不同的精神属性。如果党员在理性认知上出现偏差，其马克思主义信仰就会受到冲击；如果党员的信仰出现动摇，其对马克思主义真理的认同度就会下降。一旦二者的矛盾运动突破了这组矛盾的同一性规定的马克思主义立场，该党员就不再是名副其实的马克思主义者了。

马克思主义真理以其科学性、革命性、实践性、人民性、开放性等理论品质赢得了中国共产党人的理性认同，中国共产党一旦认定这一真理，就会始终把它作为理论武器，为实现共产主义理想而奋进，百折不挠。同时，中国共产党把马克思主义真理与中国具体实际相结合，创造性地探索出毛泽东思想和中国特色社会主义理论体系，为新时代实现"两个百年"梦想、向共产主义社会迈进打下了坚实的理论基础，丰富和发展了马克思主义真理。可见，中国共产党已把对马克思主义真理的理性认同升华为坚定的马克思主义信仰，并把马克思主义信仰转化为进一步创新马克思主义真理的不竭精神动力，二者相互交织，融入了中国共产党人改造社会的具体实践。中国共产党领导中国人民取得中国革命的伟大胜利，在中国特色社会主义建设中取得举世瞩目的伟大成就，以及在国际舞台上勇担人类发展责任的伟大创举都证明了马克思主义真理的正确性，也见证了中国共产党人马克思主义信仰的坚定性。

目前党面临着"执政考验、改革开放考验、市场经济考验、外部环境考验的长期性和复杂性"①，其马克思主义信仰在愈加复杂的国内外大背景下正经受着"四大危险"和"四大考验"的严峻挑战，如何在复杂环境下坚定马克思主义信仰已成为考验党员的试金石。党的十九大报告指出："共产主义远大理想和中国特色社会主义共同理想，是中国共产党人的精神支柱和政治灵魂，也是保持党的团结统一的思想基础。要把坚定理想信念作为党的思想建设的首要任务，教育引导全党牢记党的宗旨，挺起共产党人的精神脊梁，解决好世界观、人生观、价值观这个'总开关'问题，自觉做共产主义远大理想和中国特色社会主义共同理想的坚定信仰者和忠实实践者。"②党的十九大重申坚定理想信念是党的思想建设的首要任务，这一方面反映了马克思主义信仰的重要性，另一方面也反映了党在马克思主义信仰上存在诸多问题。

目前部分党员和党的领导干部丧失了马克思主义信仰，给党的事业带来巨大危机，给国家和人民带来巨大损失，其根本原因是党员的马克思主义真理认同与马克思主义信仰之间出现割裂。其一，党员来源于各行各业，部分党员对马克思主义真理的理性

---

① 习近平：《决胜全面建成小康社会 夺取新时代中国特色社会主义伟大胜利——在中国共产党第十九次全国代表大会上的报告》，人民出版社，2017年，第61页。
② 习近平：《决胜全面建成小康社会 夺取新时代中国特色社会主义伟大胜利——在中国共产党第十九次全国代表大会上的报告》，人民出版社，2017年，第63页。

认知不足，其马克思主义信仰欠缺理性基础，一旦受到诱惑或蛊惑就会不堪一击。其二，马克思主义真理不是僵化的教条，它本身应随着时代的变化而不断被补充、发展和完善。目前马克思主义理论创新不足，相关理论阐释不能满足人们对新时代新现象的认识，导致部分党员对马克思主义真理产生怀疑，其马克思主义信仰也开始动摇。

加强和规范党内政治生活需要在马克思主义真理与马克思主义信仰的对立统一关系中找到突破口。一方面，要推进党员学习教育常态化、制度化。运用互联网技术带来的新型学习模式建构党员理论学习立体图式，加强党员理论学习力度，培养党员的研讨习惯，提升党员的理论素养，把党员的马克思主义信仰建立在对马克思主义真理的理性认同上。另一方面，要提升党员的理论创新能力，为党员创造多元实践机会，促进党员在丰富的实践基础上实现对马克思主义理论的理解和创新，永葆马克思主义理论的科学性和时代性。

（二）把握好党性与人性之间的矛盾关系

"党性是立身、立业、立言、立德的基石。"① 党员是否具有党性，是衡量党员是否优秀的标尺，也是检验党员是否保持"四性"的试金石。锤炼党员党性，需要找到党性生发的根源。笔者认为党性的根源在于人性，只有把握好党性与人性的内在矛盾关系，才能为锤炼党性提供不竭的源泉。

目前，部分党员在处理党性和人性的关系上出现了认知和行为上的偏差。其中一类认为党员只要有人性就是好党员，而忘记了作为党员的特殊使命。这种认知一方面错误地把人性中的真善美当成人性的全部；另一方面又错误地把党性片面地理解为抽象的真善美人性，割裂了党性、真善美人性、人性之间的特殊性和普遍性的内在关系。另一类割裂了党性与人民性（即人民的人性）之间的内在关系，导致一些党员，尤其是党的一些领导干部脱离群众、高高在上，滑向了低劣的人性窠臼。因此，我们有必要在理论上厘清党性、人性、人民性之间的关系，为锤炼党性找到正确路径。

人性是人之为人的本质特性，它是类本质和群本质的统一。类本质是人类区别于动物的类属性，群本质是一群人区别于其他人群的群属性。人的类本质和群本质都是由劳动决定的，也随着劳动方式的变迁而变化。人的类本质通过人的劳动塑造而成。恩格斯在《劳动在从猿到人的转变中的作用》中写道："动物仅仅利用外部自然界，简单地通过自身的存在在自然界中引起变化；而人则通过他所做出的改变来使自然界为

---

① 中共中央文献研究室：《习近平总书记重要讲话文章选编》，中央文献出版社、党建读物出版社，2016年，第87页。

自己的目的服务，来支配自然界。这便是人同其他动物的最终的本质的差别，而造成这一差别的又是劳动。"①劳动使人从其他动物中分离出来，超越了自然的限定性，造就了人的意识、语言、情感、行为、理想和价值取向等属人的类本质，并随着劳动方式的转变不断变化和丰富。人的群本质是人在劳动中结成的各种社会关系的总和。马克思认为："人的本质并不是单个人所固有的抽象物，在其现实性上，它是一切社会关系的总和。"②马克思的这一判断一方面表达了人的本质不是固定不变的抽象物，它是具体的、现实的、变迁的；另一方面表达了人的群本质规定，即它是一切社会关系的总和。唯物史观认为，人们如何生产和占有财富是社会关系的决定性因素，人们也因此被划分为不同的群体集团。在私有制社会，一个群体能占有另一个群体的劳动，形成不同阶级，所以，群本质最鲜明的体现就是阶级性。其中，能够推动人类历史前进的先进阶级就是人民群众，他们的群本质就是人民性。党员来源于群众，因此，党员的党性来源于人的类本质和群本质相统一的人性，具体体现在认知、行为、情感、理想、价值取向等人性的各种表现形式上。

党性与人性是特殊性与普遍性的矛盾关系。首先，党性是特殊的人性。党性的特殊性在于党员在认知上认可了马克思主义真理，在情感上对人类有着悲天悯人的情怀，在理想信念上坚持共产主义理想信念和中国特色社会主义道路，在具体行为模式上把全心全意为人民服务作为自己的行为准则。"中国共产党是中国工人阶级的先锋队，同时是中国人民和中华民族的先锋队，是中国特色社会主义事业的领导核心，代表中国先进生产力的发展要求，代表中国先进文化的前进方向，代表中国最广大人民的根本利益。党的最高理想和最终目标是实现共产主义。"③人人皆有人性，但只有把对马克思主义真理的信仰、为广大人民群众根本利益服务的宗旨内化为自己的人生信念、行为准则、情感依托、价值取向的人，才具备党性，可见，党员的人性就是党性。其次，人性是党性的源泉，没有作为人的认知、情感、理想、行为等属人的本性，没有推动历史前进的广大人民群众的人民性，党性就没有生发的土壤。习近平同志在2013年全国宣传思想工作会议上强调："党性和人民性从来都是一致的、统一的。……坚持人民性，就是要把实现好、维护好、发展好最广大人民根本利益作为出发点和落脚点，坚持以民为本、以人为本。"④可以说，党性是人性在人类历史发展中开出的圣洁的花朵，是人性的丰富和升华。

---

① 《马克思恩格斯文集》第9卷，人民出版社，2009年，第559页。
② 《马克思恩格斯文集》第1卷，人民出版社，2009年，第505页。
③ 《中国共产党章程》，人民出版社，2017年，第1页。
④ 《习近平谈治国理政》，外文出版社，2014年，第154页。

加强和规范党内政治生活需要理性地把握好党性与人性之间的关系。一方面，锤炼党员党性，就要使党员干部在人的认知、情感、行为、理想、价值取向等人性维度上不断升华，以增强其抵御人性中平庸的认知、低俗的情感、自私的行为、庸俗的价值取向等的能力，要在社会大熔炉中用党性引领人性；另一方面，锤炼党员党性，就应坚持群众路线，从群众中来，到群众中去，在推动历史前进的实践中依靠人民性不断滋养党性。

三、中介向度的主要矛盾分析

党内政治生活的中介是党员主体开展党内政治生活采用的手段和方法，其目标是发挥党员在党内政治生活中的主体作用，实现党对国家的正确领导。党内政治生活的中介系统中最主要的矛盾是党内民主与党内集中、批评与自我批评之间的矛盾。

（一）把握好党内民主与党内集中的矛盾关系

党内民主集中制是中国共产党管党治党、治理国家的制度法宝，"是党的根本组织原则，是党内政治生活正常开展的重要制度保障"[①]。它的实施关系着党和国家的性质、中国特色社会主义建设的前途命运和人民的福祉。目前党内民主集中制在实施中出现了许多变异现象：有些党委班子成员"一人一把号，各吹各的调"；有些领导无视民主程序，"民主随便你，集中只由我"，造成无民主或假民主；部分领导认为"第一责任人"就是"第一权力人"；党委分工不分权，集体领导变成个人专权，大搞家长制、一言堂等。这些变异现象使党内民主难以体现、科学决策难以形成、权力运用的合法性难以保障，这类问题目前已成为威胁党的领导和国家发展最严重的问题之一。产生这些变异现象的重要原因在于割裂了党内民主与党内集中之间的对立统一关系，使党内民主与党内集中之间相互制约的机制失灵。我们迫切需要理清党内民主与党内集中之间的正确关系，为风清气正的党内政治生态创造制度保障。

对于民主与集中的关系，目前存在一些认识上的误区。一种观点认为民主属于政治制度范畴，集中属于组织制度范畴。笔者认为二者既属于政治制度范畴，也属于组织制度范畴。另一种观点认为民主与集中只是时间上的先后顺序，先民主后集中。但笔者认为民主与集中的关键在于逻辑上的内在联系，从民主到集中是从差异走向协同，从局部走向整体的内在逻辑过程。还有观点认为从民主到集中在程序上是量的变化。

[①] 《关于新形势下党内政治生活的若干准则》，人民出版社，2016年，第22页。

但笔者认为从民主到集中更应当是质的升华,从"少数服从多数"到"向党中央看齐",体现了民主的原则和党代表最广大人民群众根本利益的宗旨。加强和规范党内政治生活需要正确把握民主与集中之间的对立统一关系,澄清认识上的各种误区。

从政治层面看,党内民主与党内集中解决的是权力的来源与形成问题。党内民主表明党员是党的主人,在党内当家作主,这是由党的性质、任务和宗旨决定的。党内民主的根源在于人民民主,人民是国家的主人,享有当家作主的权利。党员是那些为实现人民当家作主而加入党组织的人民群众,他们从根本上代表广大人民群众的根本利益,因此,党内民主是人民民主的必然要求,是党内民主集中制的逻辑前提,是体现党根本性质的主要因素。党内集中是在党内民主的基础上,通过党内的交流,对不同民族、不同区域、不同群体等提出的具有差异性的观点和利益诉求进行具有根本性、长远性、全局性的整合,最终形成可操作的、对整个社会具有约束力和强制力的政策、法规、制度,即统合起来的大权力,实现量到质的飞跃。因此,集中本身也是政治范畴,强调权力的形成和汇聚,这是一个国家政党执政力的保障。

政治层面的党内民主与党内集中是对立统一的矛盾关系。党内民主是前提和依据,没有党员在党内当家作主,党内集中就失去了权力运用的合法性来源,党内民主集中制就会变质。党内集中是归宿,没有党内集中,党员代表的人民利益诉求得不到回应,党内民主也就失去了意义,党内民主集中制也会变质。民主提供逻辑前提,集中形成逻辑整合,从民主到集中以理性为纽带,保障着党的民主性质。

从组织层面看,党内民主与党内集中解决的是从程序上保障权力的正确使用的问题。恩格斯在《关于共产主义者同盟的历史》中认为,共产主义者同盟"组织本身是完全民主的,他的各委员会由选举产生并随时可以罢免,仅这一点就已经堵塞了任何要求独裁的密谋狂的道路……现在一切按这样的民主制度进行"①。恩格斯这里讲的民主就是从组织层面而言的。从组织层面讲,党内民主是为了实现党员民主权利而采取的民主原则和组织程序。党员在平等的基础上,按照有关的民主原则和程序,享有对党的事务的参与、决策、管理和监督等基本权利,这些民主原则和程序包括代表大会、集体领导、民主选举、民主决策、民主监督等民主方式。党内集中是根据党员个人服从党的组织、少数服从多数、下级组织服从上级组织、全党的各个组织和全体党员服从党的全国代表大会和中央委员会的原则和程序,实现在民主基础上的集中,党内集中的过程就是党内民主原则和程序展开的过程。②

---

① 《马克思恩格斯文集》第 4 卷,人民出版社,2009 年,第 236 页。
② 金晓钟、张振华:《论党内民主和党内集中》,《党政干部学刊》2010 年第 2 期。

组织层面的党内民主和党内集中也是对立统一的矛盾关系。党内民主是党内集中的前提，只有通过民主原则和程序，才能实现有效集中和科学决策。"没有民主，就没有集中；而这个集中，总是要在民主的基础上，才能真正地正确地实现。"①党内集中是党内民主的归宿，通过民主原则和程序，必然实现党员个人服从党的组织、少数服从多数、下级组织服从上级组织、全党的各个组织和全体党员服从党的全国代表大会和中央委员会的集中，实现对全党的统一领导。

加强和规范党内政治生活必须重视党内民主的真实有效性，保障党的民主性质和决策的民主性质。党的十八届六中全会指出："党内民主是党的生命，是党内政治生活积极健康的重要基础。党内决策、执行、监督等工作必须执行党章党规确定的民主原则和程序，任何党组织和个人都不得压制党内民主、破坏党内民主。"②加强和规范党内政治生活必须重视党内集中的科学权威性，要通过一系列民主原则和程序，保障集中的权力真正为民服务。

（二）把握好党内批评与自我批评的矛盾关系

批评与自我批评是我们党的三大优良作风之一，也是马克思主义政党区别于其他政党的重要标志，"无产阶级革命和任何其他革命的一个不同的地方，就在于它自己批评自己并靠批评自己而壮大起来"③。中国共产党在领导中国革命和社会主义建设过程中，每一次在最危险的时刻都依靠批评和自我批评的优良传统扭转了局面。反围剿时期是党的革命事业面临生死存亡的关键时期，遵义会议上，党通过党内批评与自我批评，认清了形势，找准了方向，挽救了中国革命前途，开始从幼年走向成熟。延安整风运动时期，党运用批评与自我批评，在思想、政治、组织上实现了空前的团结，为新民主主义革命的胜利奠定了坚实的思想基础和组织基础。党的十一届三中全会后，在"解放思想，实事求是，团结一致向前看"的思想路线指导下，全党积极开展批评与自我批评，拨乱反正，纠正了"文化大革命"的错误，为改革开放的顺利进行奠定了思想基础。今天，中国进入全面深化改革的关键期，面临着"四大考验"和"四种危险"，中国共产党要带领中国人民实现新的胜利，需要继续运用批评与自我批评的武器，主动自我进化、自我完善、自我革新、自我提高，增强自身力量。党的十八届六中全会指出："批评和自我批评是我们党强身治病、保持肌体健康的锐利武器，也是加

---

① 《邓小平文选》第1卷，人民出版社，1994年，第304—305页。
② 习近平、刘云山、王岐山等：《〈关于新形势下党内政治生活的若干准则〉〈中国共产党党内监督条例〉辅导读本》，人民出版社，2016年，第8页。
③ 《斯大林全集》第10卷，人民出版社，1954年，第283页。

强和规范党内政治生活的重要手段,必须坚持不懈把批评和自我批评这个武器用好。"①要在加强和规范党内政治生活中用好批评和自我批评这个武器,需要把握好批评和自我批评之间的内在矛盾关系。

党内批评是党员主体对其他党员同志的不当言行进行批评指正的活动,这是党员的权利,也是党员的义务。一名党员是否敢于批评、善于批评是其政治修养的体现,"因为他无私心,在党内没有隐瞒的事情,他不畏惧别人的批评,同时他也能够勇敢地诚恳地批评别人"②。党内的自我批评是党员对自己的言行进行反思,发现并纠正自己的错误,并把自己的错误在党内政治生活中向大家开诚布公地表达出来,借以通过党内其他同志的监督、批评不断修正自身的过程。

批评与自我批评是一组既对立又统一的矛盾关系。首先,二者具有差异性。批评的主客体是不同的人,即主体对他人的错误提出批评;自我批评的主客体是同一个人,即主体对自己的错误提出批评。其次,二者具有互通性。自己和他人的关系就如同镜像关系,二者相互映照,对他人的批评其实是一种自我批评,自我批评其实也是对他人的批评,因为他人的错误可以提醒自己,自己的错误也能供他人反思。因此,批评与自我批评其实是一体两面、不可分割的整体。党内在运用批评与自我批评的武器时应当把握好度,对他人的批评要客观、公正、真诚、对事不对人,自我批评要全面、深刻、坦诚、对己无偏袒,否则批评与自我批评要么容易演变成打击报复的工具,要么演变成形式主义的空架子,失去其作为锐利武器的效用。

目前的党内政治生活中,党员在批评与自我批评时出现了很多不良现象:批评时避重就轻走形式,自我批评时蜻蜓点水走过场;"自我批评摆情况,相互批评提希望"③;甚至批评与自我批评变成了变相的表扬和自我表扬。党员不愿轻易暴露自己、开罪他人,党员间一团和气,这是目前党内批评与自我批评变异现象的主要特征。因此,加强和规范党内政治生活必须把握好批评与自我批评之间的矛盾关系。一方面,要重视批评与自我批评的相互贯通性,使党员干部真正明白批评与自我批评其实是党员干部抗腐拒变的一剂预防针,是保护自己和党内其他同志的第一道护身符,也是"惩前毖后,治病救人"的一剂良方。另一方面,要抓住目前党内批评与自我批评的主要特征,激励党员敢于亮剑,敢于揭短亮丑、真刀真枪、见筋见骨,点准穴位、戳到

---

① 习近平、刘云山、王岐山等:《〈关于新形势下党内政治生活的若干准则〉〈中国共产党党内监督条例〉辅导读本》,人民出版社,2016年,第10页。
② 《刘少奇选集》上卷,人民出版社,1981年,第132—133页。
③ 中共中央文献研究室:《习近平总书记重要讲话文章选编》,中央文献出版社、党建读物出版社,2016年,第137页。

麻骨,开出辣味,起到脸红心跳、出汗排毒、治病救人、加油鼓劲的作用。①

党内政治生活是一个复杂的整体,存在诸多矛盾关系。本文从实践系统的主体、客体、中介三个向度探究党内政治生活各种变异现象产生的根源,力求为加强和规范党内政治生活理出一条清晰而具体的主线,以避免分析的混乱,也契合"党内政治生活本身就是党员在党内的实践"这一基本判断。本文着重分析这三个向度上的五组主要矛盾,因为一旦党内政治生活的主要矛盾得以解决,其他次要矛盾也会迎刃而解,党内政治生活的优化和全面从严治党才会有更大的实效。当然,党内政治生活中既有主要矛盾,也有次要矛盾,而每一组矛盾都存在矛盾的主要方面和次要方面,它们彼此关联,构成党内政治生活的复杂整体,因此,我们有必要进一步具体分析党内政治生活中存在的各组矛盾及其之间的相互关系,进而全面把脉党内政治生活,为营造风清气正的党内政治生态提供系统的理论依据,构建更加合理的实践路径。

---

① 中共中央文献研究室:《习近平总书记重要讲话文章选编》,中央文献出版社、党建读物出版社,2016年,第163页。

统筹推进依法治国与依规治党[①]

张洪松

党的十九大提出,要坚持依法治国与依规治党有机统一。这是我们党长期探索中国特色社会主义法治道路形成的一条基本经验。在此基础上,围绕如何统筹推进依法治国与依规治党,有研究聚焦于规范制定环节,强调要统筹推进政党立规与国家立法[②];有研究聚焦于规范实施环节,提出要统筹推进政党执规与国家执法[③];还有研究从法治运行的完整过程出发,提出要把统筹推进依法治国与依规治党延伸到党内问责与司法问责、党员守规与全民守法等层面。[④] 表面上看,既有研究已涵盖法治建设的各个方面,但究其内容,由于多将国法的运行逻辑套用到党规领域,故对统筹推进依法治国与依规治党的政治基础以及党规与国法在国家治理上的制度分工缺乏足够清晰的认识;同时,在现实针对性上,既有研究多将统筹推进依法治国与依规治党作为一个

[①] 本文发表于《四川大学学报(哲学社会科学版)》2019年第1期。基金项目:四川省社会科学研究项目"党政关系规范化视角下的法治政府建设研究"(SC18C025)、中国博士后科学基金项目"党政关系规范化视域下的党内法规建设"(2016M590193)。

[②] 关于构建党内立规部门与国家立法部门的联动机制,可参见罗许生:《国家治理现代化视阈下党内法规与国家法律衔接机制建构》,《中共福建省委党校学报》2016年第6期;关于规划、起草到清理三个阶段的统筹,可参见李树忠:《党内法规与国家法律关系的再阐释》,《中国法律评论》2017年第4期;关于党规与国法备案审查联动机制的构建,可参见秦前红、苏绍龙:《党内法规与国家法律衔接和协调的基准与路径——兼论备案审查衔接联动机制》,《法律科学》2016年第5期。

[③] 关于构建政党执纪与国家执法的联动机制,可参见韩强:《党内法规与国家法律的协同问题研究》,《理论导刊》2015年第12期;关于纪委与司法机关执纪执法联席会议制度,可参见操申斌:《党内法规与国家法律协调路径探讨》,《探索》2010年第6期。

[④] 吕永祥、王立峰:《依法治国与依规治党统筹推进机制研究——基于中国特色社会主义法治的动态分析》,《河南社会科学》2018年第2期。

整体来研究，对党和国家机构改革背景下不同类别、不同层级、不同方面党政协同的差异性重视不够。因此，本文在区分党规国法的基础上进一步明确二者在国家治理上的制度分工，并根据党规国法双规并行的实际，分类、分层地提出新形势下统筹推进依法治国与依规治党的可行路径。

一、统筹的政治基础：政党与国家建设

在西方社会，从政党的起源看，是议会政治的运行内生了对政党的需求，因此先有国家，后有政党，政党主要代表部分人的利益诉求；但在中国，中国共产党自成立伊始，追求的就是中华民族的整体利益，而此时中华人民共和国尚未诞生。① 20世纪初期的中国，国家在军阀混战中面临解体的风险，社会各领域的传统制度濒临崩溃。值此生死存亡之际，只有先建立一个强有力的政党，然后用它的政治力量和组织方式深入和控制每一个阶层和每一个领域，才能完成国家的改造和重建。② 历史和人民最终选择了具有先锋队性质的中国共产党，党在领导人民进行革命的过程中缔造了新中国。这种政党领导人民建设现代国家的独特路径既决定了中国共产党在国家建设中的领导核心地位，同时也决定了治党与治国具有内在逻辑上的统一性。比如，作为一个按民主集中制原则组织起来的革命政党，党在全国执政以后，又把这种制度运用于政权建设③，在国家机构中实行民主集中制原则，这使得党和国家在根本组织制度和领导制度上具有同一性，并在依法治国与依规治党之间建立了紧密的关联。

（一）依规治党是依法治国的引领和保障

邓小平指出："没有党规党法，国法就很难保障。"④ 中国共产党在中国政治生活中的领导地位决定了党的领导始终贯穿依法治国的全过程和各环节。这种领导既体现在中国特色社会主义法治中，也通过政法委、党组等中观层面的体制机制设计贯穿在法治运行的日常实践中。坚持依规治党，确保中国共产党始终以法治思维和法治方式管党治党，是对依法治国最好的引领和示范。首先，依规治党对依法治国具有价值上的

---

① 王绍光：《政党政治的跨国历史比较》，《文化纵横》2018年第4期。
② 邹谠：《二十世纪中国政治》，牛津大学出版社（香港），1994年，第3—4页。
③ 中国作为一个统一国家进入现代这一显而易见的事实背后有着中国人对于统一压倒一切的向往。参见孔飞力：《中国现代国家的起源》，陈兼、陈之宏译，生活·读书·新知三联书店，2013年，第121页。由于国家统一的需要，在民主的基础上经由集中实现统一成为中国建制议程的重中之重。
④ 《邓小平文选》第2卷，人民出版社，1994年，第333页。

引领作用。虽然依规治党与依法治国是两个不同类型的法治系统,在组织形式、政治功能等方面均有所不同,但是,这两个法治系统的本质要求却是一致的,二者相互补充、相互促进、相得益彰,并统一于中国特色社会主义法治实践。① 其次,依规治党对依法治国具有经验上的示范作用。在我国,重大的制度创新一般都是在党的领导下,先进行试点、发掘、提升、推广,再出台正式的法律法规,逐步实现相关领域工作的法治化。在这个过程中,中国共产党作为中国主导性的政治力量,始终是中国特色社会主义法治最重要的推动者。② 最后,依规治党与依法治国之间具有制度上的互动关系。历史反复证明,依规治党成效显著时,依法治国就能得到保障;反之,依法治国就会遭受破坏和挫折。

(二)依法治国是依规治党的基础和依托

依规治党作为法治思维和法治方式在管党治党领域的应用,是在全面依法治国的背景下提出的,也需要在全面依法治国的战略布局中进行谋划和推进。全面依法治国是新时代全面推进依规治党的基础和依托。首先,依法治国必然包含依规治党的规范要求。新时代全面推进依法治国的总目标是建设中国特色社会主义法治体系,这一体系除了完备的法律规范体系、高效的法治实施体系、严密的法治监督体系、有力的法治保障体系之外,还包括完善的党内法规体系。依规治党不仅是新时代全面从严治党的基本手段,同时也是全面依法治国的内在要求。其次,依法治国为依规治党提供内在动力。科学立法、严格执法、公正司法、全民守法上的各种努力,可以让广大党员干部尤其是领导干部这个"关键少数"确立规则意识,进而形成尊规学规守规用规的精神自觉和行为习惯,为依规治党提供内生动力。③ 最后,依法治国为依规治党提供制度环境。全面推进依法治国,要以法治的理念、法治的体制和法治的程序推动国家治理体系和治理能力现代化,在党的执政方式与法治之间建立内在关联,从而为依规治党提供外在的制度环境。

二、国家治理的分工:党规国法的区分

政党与国家具有不同的内涵,党规与国法具有不同的性质。统筹推进依法治国与

---

① 曹萍:《坚持依法治国与依规治党有机统一》,《光明日报》2017年12月11日,第13版。
② 顾培东:《当代中国司法生态及其改善》,《法学研究》2016年第2期。
③ 沈国明:《论依法治国、依法执政、依规治党的关系》,《东方法学》2017年第4期。

依规治党，首先必须从制度上对党规和国法做出明确区分，确定二者在国家治理中的不同地位和作用。

（一）党规与国法的区分

党的十八届四中全会审议通过的《中共中央关于全面推进依法治国若干重大问题的决定》将党内法规体系纳入中国特色社会主义法治体系，从理论上明确了党内法规作为一种法治规范的属性。但是，这种法治规范属性是在中国共产党依规治党的实践中生成的，其"强制力"是因为实施的需要而以党的纪律等形式被赋予的，并非直接来自国家强制力。从这个意义上讲，党内法规并不是法，而是党内制度的一种特殊形态，只是因为这种形态也着眼于法治思维和法治方式的运用，因而在运作形式上与国家法律相似。但是，绝不能据此就混淆党规和国法两个不同的规范系统。①

1. 形式上的区分

作为两个不同类型的规范系统，党规与国法在主体范围、规整密度、实施保障和效力等级上均有所不同。首先，在主体范围上，党规由一定级别的党组织制定②，作用范围仅及于党员和党组织，属于政党规范的范畴；就党规而言，社会成员在政党认同的基础上加入政党，是党规对该成员产生效力的逻辑前提。而国法由特定的国家政权机关制定，作用对象包括全体公民，属于国家规范的范畴；作为由国家强制力保障实施的行为规范，不论公民本身是否同意，国法都可以适用于该成员。其次，在规整密度上，党规与国法也存在较大差异。党规在很多时候并不会像法律那样以条文的方式来表述，而是以段落的方式呈现。③与条文相比，这种段落式的表述可能造成规范要素的缺失，比如缺乏关于行为后果的规定。这种安排降低了党规的规整密度，但增加了党规实施的灵活性。与国法相比，党规的制度化水平通常更低，对程序化的要求也没有法律那么严格。再次，在实施保障上，党规主要依靠党的纪律实施，违反党规的惩戒一般是警告、严重警告、撤销党内职务、留党察看、开除党籍等纪律处分，而国法依靠国家强制力保障实施，违反国法的惩戒通常表现为对公民人身或财产权利的限制

---

① 有学者认为，党内法规到底是不是法，需要将其放在整个法治体系中进行解释。在当下中国，涉及国家权力行使或国家政治生活的党内法规，应该具有法的地位，不宜只是作为社会学层面的法来进行把握和认识。参见沈国明：《论依法治国、依法执政、依规治党的关系》，《东方法学》2017年第4期。这种看法明显混淆了党规与国法的不同属性。

② 有党规制定权的组织包括党的中央组织以及中央纪律检查委员会、中央各部门和省、自治区、直辖市党委。但根据2017年《关于加强党内法规制度建设的意见》，副省级城市和省会城市党委在基层党建、作风建设等方面也有党规制定权。

③ 比如，在效力上仅次于党章的准则，包括《关于党内政治生活的若干准则》《关于新形势下党内政治生活的若干准则》，就是以段落的方式表述的。

或者剥夺。最后，在效力等级上，国法高于党规。由于党必须在宪法和法律的范围内活动，而不拥有任何超越宪法和法律的特权，故作为政党活动产物的党规不得突破宪法和法律的规定。

2. 实质上的区分

规范的内涵不仅取决于外在的规范条文，同时也取决于这些规范所容纳的价值。[①]因此，把握党规与国法的差异性，不仅要着眼于形式上的区分，还要考虑二者在价值取向和精神追求上的差异性。首先，在德行要求上，党规的立足点是党性，国法的立足点是现代社会对公民的基本要求。党员要讲党性[②]，适用于党员的党规应当与党性无缝对接。要将抽象的党性具体化为明确的党规制度，既不能偏离党性方向，也不能降低党性要求。而国家的法律制度应当致力于将现代社会对公民的基本要求具体化为明确的法律制度。由于较之于现代社会对公民的基本要求，党性对党员德行的要求往往更多更高，因此党规党纪往往严于国家法律。其次，在制度导向上，党规是义务本位，国法是权利本位。无论是党规还是国法，其内容都同时包括权利和义务两个方面，但是二者在权利义务配置的取向上是不同的。宪法首先规定了公民权利，然后规定了公民义务，公民首先作为权利主体而存在；而党章则首先规定了党员义务，而后规定了党员权利，义务构成了对党员第一性的要求，设定权利也是为了更好地保障党员义务的履行。最后，在规范属性上，党规的首要属性是政治属性，国法的首要属性是法治属性。政治意味着决断，政治属性占优的党规必须为政治决断预留足够充分的空间，以便党根据不断变动的执政实践对党员提出新的要求并不断进行自我更新。

（二）国家治理中的分工

党规与国法的区别，使二者构成了两个相互联系但又相对独立的子系统。有人认为党规是法，表面上拔高了党规的地位，实际上反而限制了党规的常态化发展，因为党规不同于国法的优势正在于其灵活性和及时性，完全按国法的逻辑运行势必会提高党规的制度化和程序化要求，制定和实施过程也会更为烦琐，优势反而被抵消。[③]因此，统筹推进依法治国与依规治党，并不是要将那些成熟的、有效的党规一概上升为

[①] 卡尔·拉伦兹：《法学方法论》，陈爱娥译，商务印书馆，2003年，第355页。
[②] 主要立足党的先进性和纯洁性，体现为对党忠诚、对人民忠诚。参见祝灵君：《中国共产党人的党性与党性修养》，《中共中央党校学报》2016年第3期。
[③] 有学者指出，党的十八大后出台的"八项规定"，在整顿党风和遏制腐败上取得了显著效果，正是由于其及时性和迅速性。参见虞崇胜：《国法与党纪："双笼关虎"的制度逻辑》，《探索》2015年第2期。

国法①，而是要在正确认识和把握二者差异的基础上，明确二者在国家治理中的不同地位和作用。

1. 党务关系入规

在国家治理体系中，党务关系原则上由党规调整。具体而言，党务关系主要包括两类：一是党内关系，表现为党的自身建设问题，包括政治建设、思想建设、组织建设、作风建设、纪律建设等。由于党员在入党时已明示同意接受党规约束，因此可以理解为党员同意为党的事业让渡自己的部分权利，这是党务关系入规的前提。②但是，在全面依法治国的背景下，这种让渡必须尊重法治原则。因此，党规对党务关系的调整是有其边界的。凡属法律保留的事项，比如涉及对人身自由的剥夺等，均不得由党规来规定。二是党对国家和社会的领导关系，包括党领导人大、政府、政协和监察机关、审判机关、检察机关、人民团体、企事业单位、社会组织的体制机制等。在中国特色社会主义法治实践中，宪法和法律一般只对"坚持党的领导"这一原则做出规定，至于具体如何领导，包括领导的体制机制、程序规范等，则交由党规来调整。有论者认为，人大工作必须坚持党的领导，这样安排是为了避免出现作为被领导者的人大去规范作为领导者的党应当如何活动的困境。③但改革开放以来，我们党历来都承认"党必须在宪法和法律的范围内活动"，通过宪法和法律来规定政党的活动方式并无不可逾越的障碍。之所以通过党规来具体化党的领导方式，主要还是由于党的领导活动具有政治性，从国家治理的制度分工来看更适合由党规来调整。因此，当党做出政治决断，决定以更加稳定、更加规范的方式来规制特定的党务事项，亦即对法治属性的考量超过政治属性时，就更加适合以国法的方式进行规制。④

2. 国务关系入法

虽然党对国家和社会的领导一般被纳入党规的调整范围，但党规的作用范围仅限于党组织和党员。对于超出这一范围的非共产党员公民、政权机关、企事业单位和社会组织的规制，应当通过国法来完成。因此，在国家治理的分工中，党外事务只能由国法来调整，党规不得直接为非党员的公民、政权机关、企事业单位和社会组织设定权利义务，也不得直接规定经济社会发展问题。当然，由于国法的效力及于其管辖范

---

① 由于二者在形式和实质上的差异，很多党内法规都不适合上升为国法。参见刘长秋：《论党内法规的概念与属性——兼论党内法规为什么不宜上升为国家法》，《马克思主义研究》2017年第10期。
② 周淑真：《依法治国、依宪执政、依规治党三者关系及内在逻辑》，《理论视野》2015年第1期。
③ 宋功德：《党规之治》，法律出版社，2015年，第78页。
④ 2015年《国家安全法》规定，中央国家安全领导机构负责国家安全工作的决策和议事协调，就是通过法律形式直接确认党内机构的法律地位并赋予其法定职权的重要事例。

围内的一切人和事，党务关系亦属国法调整范围。当入规的党务关系同时也入法时，党务关系将同时由党规和国法调整。这种双规并行的状态通常是具有共时性的。此时，国法所做的是基础性调整，党规所做的是补充性调整。只要未超出法律保留的范围，党规可以对党员和党组织做出严于国法的要求，为党组织和党员设置更多的义务或者对其自由做更多的限制。但是，在特定情况下，这种并行调整也可能是历时性的。对于一些需要在政权机关或者企事业单位、社会组织中普遍引入的制度，如果暂时还不具备制定国法的条件，可以先在党内通过制定党规"先行先试"，条件成熟时再扩展到政权机关和企事业单位、社会组织。① 比如，先在党内实施领导干部报告个人有关事项的规定，待条件成熟时再通过国家立法确立普遍性的财产申报制度。

三、统筹的现实运作：双规并行的实践

1978 年，邓小平在《解放思想，实事求是，团结一致向前看》中指出："国要有国法，党要有党规党法。"② 此后，中央在不断完善党规和国法两大规范体系的基础上，统筹实施党和国家的制度治理，致力于把制度优势转化为治理效能，在依法治国与依规治党两个方面均取得显著成效。但是，从总体上看，两个法治系统的发展并不均衡。由于党规的制度体系建设相对滞后于中国特色社会主义法律体系建设，二者在内容的协调性和衔接的顺畅性等方面也还有较大的提升空间。

（一）格局的均衡性

改革开放以来，一个立足国情，体现党和人民意志，以宪法为统帅，包括宪法相关法、民商法、刑法、诉讼法等多个部门，由法律、行政法规、地方性法规等多个层次规范构成的中国特色社会主义法律体系逐步形成。截至 2010 年，我国已制定法律 236 件、行政法规 690 多件、地方性法规 8600 多件，并全面完成了对法律和行政法规、地方性法规的集中清理工作。③ 此后，这一体系又根据社会主义现代化建设的需要不断发展。与此同时，我们党在党规制度建设方面也取得显著成效。截至 2018 年，我们党已制定 450 多部组织法规、900 多部党的领导法规、约 1400 部党的自身建设法规、1460 多部党的监督保障法规。其中，中央党内法规 220 多部、部委党内法规约 240 部、

---

① 季冬晓、孙希江：《党内法规与国家法律协调发展的法学逻辑与实现途径》，《科学社会主义》2017 年第 6 期。
② 《邓小平文选》第 2 卷，人民出版社，1994 年，第 147 页。
③ 吴邦国：《形成中国特色社会主义法律体系的重大意义和基本经验》，《求是》2011 年第 3 期。

地方党内法规约 3700 部。① 但是，无论是在规范本身的数量和质量方面，还是在实施和保障的机制方面，党规与国法的发展都不够均衡。首先，在规范制定层面，相对于国家的法律制度，党规的制度建设仍然存在一些短板，一些党的事业发展急需的党规制度的供给还不够及时。比如，在党的组织方面，至今没有一部全面规范各级党组织设立、职责和运行等事项的组织条例；在党的工作方面，宣传、政法等系统的基础主干法规尚付阙如。同时，一些党内法规的配套性、实施性制度也迟迟不能出台，导致这些党规的具体要求不够明确。其次，在规范实施层面，贯彻落实党规制度的程序机制还不够健全。比如，一些党规的规定比较宽泛，自由裁量空间过大，而党规制度的解释机制又没有真正建立起来，导致这些党规制度在实践中并没有得到正确的解释，在具体的应用场景中常常发生分歧甚至冲突，影响了制度实施的效果。同时，党规的监督机制尤其是问责机制也不够健全，没有形成刚性的制度约束，导致一些党规制度的预期目标在实践中落空。

（二）内容的协调性

由于党规与国法双规并行，一些党规的要求可能与国法规定发生冲突，这就产生了党规与国法两个规范系统如何协调的问题。在实践中，这种不一致主要是由于党规的修订相对滞后造成的。比如，在《监察法》实施以后，党内不少纪律建设法规已经不再适应国家监察体制改革的新形势新要求，但还未及时得到修订或废止。但是，它也可能是由特定时期对宪法法律的权威重视不够造成的。比如，一些地方超越调整范围立规，将对党员的特殊要求、特殊限制扩展到普通公民身上。② 不管基于何种原因，党规制度与宪法法律之间的冲突都直接违反了社会主义法制统一原则，并容易滋长党员干部超越宪法法律的特权意识。针对这些情况，2012 年中央启动了我们党历史上规模最大的一次党内法规和规范性文件集中清理工作。经过两个阶段的集中清理，党规与国法内容冲突的问题有所缓解，但仍未消除。一方面，在党规与国法双规并行的制度架构中，两个规范系统在内容的协调上存在的问题是长期性的；另一方面，当前党规制度建设从总体上看仍然滞后于国家法律，规范冲突的问题仍然比较突出。当然，在确定党规与国法之间是否存在冲突时，不能简单地认为党规制度的规定不同于国家法律就存在问题。一方面，党员干部可以选择牺牲部分个人利益以完成党的历史使命，这种选择既为党规所肯定，也为国法所认可。因此，党规制度可以按照"纪严于法"

---

① 宋功德：《全方位推进党内法规制度体系建设》，《人民日报》2018 年 9 月 27 日，第 7 版。
② 陆宇峰：《依规治党与依法治国相统一的原理和要求》，《当代世界与社会主义》2017 年第 1 期。

的原则对党员干部提出比普通公民更高的要求。另一方面，要注意区分"党内法规不可突破国家法律"与"党的政策未必要与国家法律相一致"这两个命题。比如，党在工作中针对法律法规的立改废释提出的领导主张和政策要求，表面上看与法律法规不一致，但这些领导主张和政策要求并不"直接"在社会上实施，而是要求通过法定程序将其转化为国家法律，显然不能据此认为党的主张与国家法律相互冲突。①

（三）衔接的顺畅性

衔接是指党规与国法两个规范系统无缝对接，在国家治理上各就其位，彼此既不缺位也不越位。这种衔接既体现在规范制定层面，也体现在规范实施阶段。相应地，衔接上的不顺畅也同时体现在两个方面。首先，在规范制定层面，党规制度的备案审查机制与国法范围的备案审查机制的衔接联动还不够顺畅。从审查机制看，党规排除了被动审查模式，未赋予党组、党组织或者其他权利人启动审查程序的权力，而国法则同时引入了主动审查和被动审查模式，审查时难以与党内程序直接衔接；同时，党规备案审查机构对涉及国家法律、法规、规章和其他规范性文件的内容明显存在知识储备不足、审查经验欠缺等实际问题。从联动机制看，目前的衔接联动机制主要通过会议、函件往来等形式进行，单向性沟通多、互动性沟通少，临时性沟通多、例行性会议少，随意性沟通多、制度化互动少。②其次，在规范实施阶段，党内部门执规与国家机关执法的衔接联动也不够顺畅。从实施机制看，国法制定以后，主要通过执法、司法等方式实施；而党规制定以后，主要依靠纪委执纪等方式落实，但时至今日，纪委仍然更多地被视为党集中统一领导下的反腐败机构，纪委维护党章党规尊严、保障党章党规实施的功能还没有真正发挥出来。③从联动机制看，纪委执纪与国家执法的关系也还没有完全理顺。比如，行政机关给予党员行政处罚或者纪律处分的，应当依照党规同时给予党纪处分或者组织处理，但在实践中，纪委与行政执法机关之间的信息共享机制并未真正建立起来；而在职务犯罪的查办中，一些此前被归入刑事司法领域的案件在国家监察体制改革之后被代之以党纪进行处分，出现违纪对违法的替代。④

---

① 宋功德：《坚持依规治党》，《中国法学》2018年第2期。
② 秦前红、苏绍龙：《党内法规与国家法律衔接和协调的基准与路径——兼论备案审查衔接联动机制》，《法律科学》2016年第5期。
③ 樊鹏：《中央纪委的政治功能分析——基于党内宪制的视角》，《科学社会主义》2016年第3期。
④ 张洪松：《从侦查到监察：职务犯罪查办机制40年》，《四川师范大学学报》2018年第6期。

四、统筹的实现方式:优化路径的展开

党规与国法在规范属性、规整强度和运行机理上均有所不同,但又都是中国特色社会主义法治体系的有机组成部分,因此既不能将二者混为一谈,也不能将二者割裂开来。新形势下统筹推进依法治国与依规治党,要立足党规与国法的不同属性,以全面贯彻落实宪法为统领,以法治思维和法治方式为抓手,在分类分层实践推进的基础上,重点理顺备案审查的衔接联动机制。

(一)以全面贯彻落实宪法为统领

作为一项规范性要求,党章明确规定,党必须在宪法和法律的范围内活动。而《宪法》不仅在"序言"最后一句要求各政党必须以宪法为根本的活动准则,同时在"总纲"第5条明确规定各政党必须遵守宪法和法律,对一切违反宪法和法律的行为必须予以追究。由此形成了一个完整的规范脉络,在依法治国之外,依规治党也被全面纳入宪法调整范围。在此环境中统筹推进依法治国与依规治党,首先,要坚持以宪法为基准,协调党规与国法的关系。宪法作为国家根本大法,具有最高效力,既是整个法律体系的顶点,也是党规制度体系的顶点。要将宪法作为依法治国与依规治党的"最大公约数",将党规与国法统一到宪法秩序之下。其次,要加强合宪性审查机制建设,以宪法的实施统率依法治国与依规治党。要通过中央全面依法治国委员会、全国人大宪法和法律委员会的有效联动,构建中国特色合宪性审查机制。在此基础上,再将合宪性审查机制与党内备案审查、人大系统备案审查和政府系统备案审查衔接起来,充分发挥宪法实施对依法治国与依规治党的统率作用。合宪性审查具有很强的政治性,应当设定严格的启动条件和审查程序,原则上只有通过备案审查无法排除的规范冲突才能进一步进行合宪性审查。一般而言,党规备案审查部门或实施部门在党规的解释和实施中遇到涉及宪法的问题,应报中央全面依法治国委员会,由后者与全国人大宪法和法律委员会衔接联动。国家备案审查部门或实施部门在法律的解释和实施中涉及宪法问题,应报全国人大宪法和法律委员会,由后者与中央全面依法治国委员会衔接联动。最后,要将党的领导贯穿到依法治国与依规治党全过程的各方面。中国共产党的领导是中国特色社会主义最本质的特征。党对依法治国与依规治党的领导不是对法治事业的干扰,而是中国特色社会主义法治最根本的保证。要旗帜鲜明地坚持党对一切工作的领导,并将党的领导具体化到党规制度体系和国家制度体系之中,实现党总揽全局与协调各方同国家政权机关依法履行职能、开展工作的有机统一。

（二）以法治思维和法治方式为抓手

法治思维和法治方式是依法治国与依规治党共通性的基础，运用法治思维和法治方式治国理政是依法治国，运用法治思维和法治方式管党治党是依规治党。因此，统筹推进依法治国与依规治党，要以法治思维和法治方式为关键抓手，将法治思维和法治方式全方位多层次地贯穿到依法治国与依规治党的各个方面。首先，要逐步提高治国理政和管党治党的制度化水平，将党务和国务一并置于法治原则的规范之下。要推动非正式制度向正式制度转化，实现党务和国务规则的明确化、确定化和稳定化，使之不因领导人的更替或者领导人注意力的改变而改变。要通过配套性规范性文件的制定，压缩规则解释和实施中的自由裁量空间，并借助制度文本的公开、制度运行过程的公开，逐步提升党务和国务的透明度。其次，要从权力制约、权利保障等方面优化党规与国法内容，确保规范内容具有实质的法治品格。要通过党规与国法这两个"笼子"，把权力有效地约束起来，尤其要加快党内法规制度建设，进一步明确党执政的目标、行为的边界和行动的尺度，从源头上保障党的先进性和纯洁性。要全面体现现代法治理念，进一步加大对党员群众基本权利的保障力度，尤其要进一步保障党员群众的知情权和参与权，按照民主集中制的要求，在规范的起草和审议等阶段尽可能广泛地听取各方意见，确保制定的规范有效聚焦问题、充分凝聚共识。最后，要坚持抓"关键少数"和管"绝大多数"相统一，全面提升党员干部的法治素养。要通过将集中性教育和经常性教育相结合，增强党员干部运用法治思维和法治方式解决问题、推动工作的能力，尤其要紧盯党员领导干部这个"关键少数"，把具备法治思维和法治素养的人选拔到领导岗位，并整合各方面的资源，加强对党员领导干部的监督问责，形成坚决捍卫法治的政治生态和文化氛围。

（三）以分类分层的实践推进为基础

党的十九届三中全会提出，党的有关机构可以同职能相近、联系紧密的其他部门统筹设置，实行合并设立或合署办公。此后，党和国家机构改革开始大范围推进，形成了党政分设和党政合并/合署两种机构设置模式。在此背景下统筹推进依法治国与依规治党，首先，在横向关系上，要区分党政机构的设置方式分类推进。对于党政分设的机构，要在区分党政的基础上着力构建党内部门与国家机关之间的衔接联动机制。具体方式包括：（1）归口协调。充分发挥党的职能部门作用，加强党的组织、宣传、统战等部门的归口协调职能，由其统筹本系统本领域政权机关工作。（2）党组嵌入。充分发挥在国家政权机关内部设立的党组或者党组性质的党委的作用，实现党依规领导与国家机关依法运行的有机统一。(3) 信息共享。在党内部门与国家机关之间建立信息共享机制。比如，行政执法部门将违法记录抄送纪检机关，由后者对党员违法行为依规做出处理，或者纪检机关将受过党纪处分的情况通报司法机关，由后者作为量刑情节予以考虑。(4) 党政同责。在环保、安全生产、食品安全等领域实行党政同责，以责任机制倒逼党政部门在事关改革发展的重大问题上加强协同。对于党政合并/合署的机构，要在推动党政整合的基础上，着力构建统一决策、一体化运行的权力运行机制。具体方式包括：(1) 机构重组。实行一个领导班子、一套内设机构，统一核定编制、统一配备领导职数。(2) 直接领导。党政合署/合并的机构直接在党组织的统一指挥下工作。比如，监委与纪委合署办公后，不再设立党组，监委委务会与纪委常委会合并召开，人事等重大事项直接由纪委常委会研究决定。(3) 程序整合。实行"一程序两报告"等工作模式，实质上只履行一套程序，但同时形成关于违规和违法的两份报告。① (4) 联合发文。以党的组织与政权机关的名义联合制发规范性文件，使之同时体现党和政两个方面的意志。联合发文一般使用党内文号，因此联合发文将使党内规范性文件同时具备普遍约束力，原则上应当仅适用于党政合并/合署的机构。其次，在纵向维度上，要区分党政机构的设置级次，分层推进。在中央层面，党政之间应当有所分工，更宜在区分党政的基础上推进党政协同运行；在地方层面，效率的考量更加重要，可以在兼顾管理幅度的基础上对党政做更为彻底的整合。

(四) 以备案审查的衔接联动为重点

2015年中共中央办公厅印发《关于建立法规、规章和规范性文件备案审查衔接联动机制的意见》，要求各参与主体在备案审查中若发现属于其他主体权限范围内的事项应当移送有权主体处理。目前，中央、部门和地方都建立了党规与国法备案审查的衔接联动机制，参与主体一般包括党内、人大和政府系统的法制工作机构。在此基础上，统筹推进依法治国与依规治党，首先，要进一步优化衔接联动方式，更好地发挥各参与主体的作用。在审查主体方面，要加强审查能力建设，通过增加编制、调剂人员等方式充实备案审查机构，并通过系统的、切实可行的教育培训计划，提升备案审查人员的履职能力。在审查方式方面，要实行常规审查加联席会议模式，要求各备案审查机构在做出相应判断之前必须通过联席会议的形式吸纳其他参与主体的意见，使其他

---

① 在国家监察制度改革中，一些地方对同时存在违纪问题和职务违法犯罪问题的党员监察对象，只履行一套程序，但同时形成执纪审查、职务违法犯罪调查两份报告。执纪审理部门开展全案审查后，也分别就违纪违法事实和涉嫌职务犯罪事实形成两份审理报告。参见北京市纪委：《探索执纪执法"一程序两报告"工作模式》，中央纪委国家监委网，2018年1月18日，http://www.ccdi.gov.cn/yaowen/201801/t20180118_162071.html。

参与主体在审查过程中发挥更具实质性的作用。在保障机制方面，要适应大数据时代的要求，构建模块完整、使用便捷的备案审查信息平台，为衔接联动机制建设提供技术支撑。其次，要进一步拓展衔接联动范围，实现全流程衔接联动。要将目前党规国法备案审查阶段的衔接联动往前拓展到起草阶段，往后拓展到清理阶段。具体而言，即在党规的起草和清理阶段，通过衔接联动机制就其与宪法法律的符合性征询国家法制工作机构的意见；在国法的起草和清理阶段，通过衔接联动机制就其与党的政策和党的制度的符合性征求党内法制工作机构的意见。最后，要进一步提升衔接联动的法治化水平，构建衔接联动的长效机制。要通过党规与国法两个法治子系统的协同运行对衔接联动的主体、权限、程序和步骤等进行规范，推动联合审查全过程全环节制度化发展。

五、结语

早在1938年，毛泽东在《中国共产党在民族战争中的地位》中就提出："为使党内关系走上正轨，除了上述四项最重要的纪律外，还须制定一种较详细的党内法规，以统一各级领导机关的行动。"[①] 因此，党内法规并不是一个新概念。但是，将党内法规体系正式纳入中国特色社会主义法治体系，实现从静态的党内法规体系向动态的依规治党这一历史性转变，进而将依规治党与依法治国并举，并上升到新时代坚持和发展中国特色社会主义基本方略的高度进行谋划和布局，则是党的十八大以来的重要理论创新成果。过去，学界多从静态角度关注党内法规与国家法律的关系，对二者在国家治理上的分工及其在动态治理过程中的协调和衔接问题则关注得不够。本文从中国共产党领导人民建设现代国家的历史出发，揭示了治党与治国内在逻辑的统一性，同时正视政党与国家的不同内涵，提出统筹推进依法治国与依规治党并不是要将那些成熟的党规一概上升为国法，而是要在正确认识和把握党规与国法不同属性的基础上，明确二者在国家治理中的不同地位和作用。在此基础上，本文针对当前两个法治子系统发展不够均衡、内容不够协调、衔接不够顺畅等问题，从统领、抓手、基础和重点等方面提出了新时代统筹推进依法治国与依规治党的可行路径。但是，统筹推进依法治国与依规治党是一个新的时代命题，牵涉甚广，本文只是一次初步的探究，相关的研究尤其是协调和衔接机制在中观和微观层面的展开，尚需结合新时代统筹推进依法治国与依规治党的实践探索做进一步的拓展。

---

① 《毛泽东选集》第2卷，人民出版社，1991年，第528页。

以党的先进性建设为民族复兴之路保驾护航[①]
——学习习近平总书记关于"不忘初心、牢记使命"的重要讲话精神

李辽宁 于净源

2019年5月31日，习近平在"不忘初心、牢记使命"主题教育工作会议上对开展此次会议的重要意义、总要求、目标、任务、具体工作等做出了明确说明和全面部署，具有很强的指导性，是新时代加强党的建设的纲领性文献和行动指南，对于提升新时代党的执政能力、始终保持党的先进性和纯洁性具有重要指导意义。

一、深刻认识新时代加强党的建设的重要性和紧迫性

党的建设是新时代我们党所面临的重大课题。加强党的建设是化解新时代国际形势风险的必然要求，是满足新时代人民对于美好生活向往的现实需要，是应对新时代党面临的风险与考验的重要保障。

（一）化解新时代国际形势风险的必然要求

当今世界正经历"百年未有之大变局"。习近平指出："国际形势的不稳定性不确定性更加突出，人类面临的全球性挑战更加严峻。"[②] 当前，霸权主义和强权政治依旧

[①] 本文发表于《思想教育研究》2019年第8期。基金项目：2019年度中央高校基本科研业务费专项资金资助项目"马克思主义思想政治教育文献资料整理与研究"（SQ2019-MY04）、四川大学引进人才科研启动经费项目（YJ201930）。

[②] 《习近平出席亚洲文明对话大会开幕式并发表主旨演讲》，《人民日报》2019年5月16日。

存在,逆全球化、民粹主义、保守主义、历史虚无主义等思潮持续蔓延,严重影响着社会主义意识形态主导功能的发挥,特别是美国发起的对世界多国的贸易摩擦给国际经济形势笼罩了一层阴影,同时也给我国改革开放和现代化建设事业带来了极其不利的影响。面对这种复杂形势,我们党需要始终保持敏锐的政治触觉和高度的政治觉悟,正确认识国际形势发展所带来的机遇与挑战,厘清其中包含的累积性因素和偶发性因素,甄别其中的有利条件和不利因素,并对变化趋势做出合理的预判,提高防御和化解风险的意识和能力。总之,时代发展到什么程度,加强党的自身建设就要跟进到什么程度。只有充分考虑到国际形势发展带来的新要求新挑战,并自觉地按照新形势新要求提升党的执政能力和执政水平,才能化解新时代国际形势风险,完成执政兴国和带领全国各族人民实现中华民族伟大复兴的历史使命。

(二)满足新时代人民对于美好生活向往的现实需要

习近平指出:"为中国人民谋幸福,为中华民族谋复兴,是中国共产党人的初心和使命。"① 在新时代,我国社会的主要矛盾已经转变为"人民日益增长的美好生活需要和不平衡不充分的发展之间的矛盾",这不仅是对中国特色社会主义发展历程的深刻总结,更对新时代加强党的自身建设提出了更高的要求。建党近百年来,我们党在带领广大民众摆脱贫困与落后、走向富裕与美好的过程中,不断加强自身建设,始终保持与人民群众的血肉联系,赢得了人民群众的支持和认同。"人民对美好生活的向往就是我们的奋斗目标。"② 新时代,在中华民族实现从"站起来""富起来"到"强起来"的历史飞跃中,需要进一步加强党的自身建设,领导广大人民群众建设好中国特色社会主义,不断满足人民群众对于美好生活的期待,使人民群众拥有更多的安全感、幸福感和获得感。

(三)应对新时代党面临的风险与考验的重要保障

"打铁还需自身硬。"我们党既面临着来自外部的考验,也面临着来自内部的考验。我们应该清醒地认识到,我们党面临的"四大考验"是长期的、复杂的,面临的"四种危险"是尖锐的、严峻的,党内存在的思想不纯、政治不纯、组织不纯、作风不纯等突出问题尚未得到根本解决。在此次主题教育大会上,习近平将清正廉洁作表率作

---

① 《习近平在"不忘初心、牢记使命"主题教育工作会议上强调 守初心担使命找差距抓落实 确保主题教育取得扎扎实实的成效》,《人民日报》2019 年 6 月 1 日。
② 《习近平在"不忘初心、牢记使命"主题教育工作会议上强调 守初心担使命找差距抓落实 确保主题教育取得扎扎实实的成效》,《人民日报》2019 年 6 月 1 日。

为党的建设的目标之一,要求党的领导干部要锤炼忠诚干净担当的政治品格,同一切影响党的先进性、弱化党的纯洁性的问题作斗争。习近平强调,要"教育引导广大党员干部保持为民务实清廉的政治本色,自觉同特权思想和特权现象作斗争,坚决预防和反对腐败,清清白白为官、干干净净做事、老老实实做人"①。新时代彰显新使命,新征程赋予新任务,面对新使命新任务,我们只有加强党的自身建设,勇于自我革命,才能把我们党建设得更加坚强有力,才能防范和化解各种重大风险,不断提高治国理政的能力和水平。

二、准确把握新时代加强党的建设的核心与关键

新时代决胜全面建成小康社会,夺取中国特色社会主义伟大胜利,必须毫不动摇地加强和改善党的领导,毫不动摇地把党建设得更加坚强有力。准确把握新时代加强党的建设的核心与关键,需要从以下几个方面努力。

(一)牢记党员宗旨,不忘为民初心

人民拥护是中国共产党执政的最大底气。习近平指出:"为人民谋幸福,是中国共产党人的初心。我们要时刻不忘这个初心,永远把人民对美好生活的向往作为奋斗目标。"②近百年来,我们党始终与人民风雨同舟、血脉相通、生死与共。人民群众是共产党人的力量之源。历史证明,"政之所兴在顺民心,政之所废在逆民心"。共产党人要紧扣民心这个最大的政治,始终坚持立党为公、执政为民,自觉践行全心全意为人民服务的根本宗旨;坚持尽力而为、量力而行,着力解决人民群众最关心、最直接、最现实的利益问题;以强烈的爱国、忧民、为民、惠民之心,多谋民生之利、多解民生之忧,不断增强人民群众的获得感和幸福感。实践证明,人民是历史的创造者,是决定党和国家前途命运的根本力量。新时代推进中国特色社会主义事业、实现中华民族伟大复兴的中国梦,更要汇聚起亿万中国人民的智慧与力量,从人民中寻找发展动力,依靠人民推动发展,使发展造福人民。

(二)勇担历史使命,不负时代重托

实现中华民族伟大复兴是近代以来中华民族最伟大的梦想。习近平指出:"中华民

---

① 《习近平在党的十九届一中全会上的讲话》,《求是》2018年第1期。
② 《习近平在党的十九届一中全会上的讲话》,《求是》2018年第1期。

族的昨天，可以说是'雄关漫道真如铁'……中华民族的今天，正可谓'人间正道是沧桑'……中华民族的明天，可以说是'长风破浪会有时'……现在，我们比历史上任何时期都更接近中华民族伟大复兴的目标，比历史上任何时期都更有信心、有能力实现这个目标。"① 历史与现实证明，在中国只有社会主义才能救中国，只有中国特色社会主义才能发展中国。历经无数苦难挫折成长起来的中国共产党，自成立之日起就把实现中华民族伟大复兴作为自己的奋斗目标，要让民族振兴起来、让国家繁荣起来、让人民幸福起来。然而，中华民族伟大复兴的中国梦，绝不是轻轻松松、敲锣打鼓就能实现的。面对风险与挑战，我们党必须团结带领广大人民群众，敢于直面问题，敢于刮骨疗毒，坚决破除一切阻碍社会主义事业发展的顽瘴痼疾；必须更加自觉地投身改革创新的时代潮流，坚定不移全面深化改革、扩大对外开放；必须坚定维护民族团结，同一切破坏民族团结和社会稳定的言行作斗争，以身作则，自觉把使命放在心上、把责任扛在肩上，与广大人民群众一道，同心共筑实现中国梦的磅礴力量。

（三）敢于动真碰硬，勇于自我革新

勇于自我革新既是我们党的鲜明品格，也是我们党区别于其他政党最显著的标志。中国共产党之所以能够领导人民不断取得革命和建设的胜利，是因为其在顺应历史发展潮流，符合时代发展方向的同时，勇于开展自我革命，不断加强先进性和纯洁性建设。早在新民主主义革命时期，面对严重的"左"倾错误，我们党不回避不退缩，勇于同错误的思想观念和做法作斗争，多次使革命转危为安；在延安时期，通过整风运动有效抵制了错误思想的蔓延，树立了党的"三大优良作风"；"文化大革命"结束后，通过纠正"以阶级斗争为纲"和"两个凡是"的错误思想观念，重新回到"以经济建设为中心"和"实事求是"的思想路线上来，启动了改革开放的历史进程。回顾历史，可以看到，我们党在错误面前勇于自我批评、在实践中勇于自我教育、在困难面前勇于自我革命，始终保持革命的乐观主义态度，带领人民奋勇向前。进入新时代，面对复杂多变的国际国内形势，习近平强调："要把新时代坚持和发展中国特色社会主义这场伟大社会革命进行好，我们党必须勇于进行自我革命，把党建设得更加坚强有力。"② 这既是新时代保持党的先进性的必然要求，也是我们党面对形势发展的自觉担当。

---

① 习近平：《承前启后　继往开来　继续朝着中华民族伟大复兴目标奋勇前进》，《人民日报》2012年11月30日。

② 习近平：《以时不我待只争朝夕的精神投入工作　开创新时代中国特色社会主义事业新局面》，《光明日报》2018年1月6日。

（四）锤炼实干精神，练就过硬本领

空谈误国，实干兴邦。70年来，中国共产党带领人民，团结一心、砥砺奋进，取得了一个又一个辉煌成就，在众多关涉国家战略安全领域抢占制高点，不断实现从"跟跑"到"并跑""领跑"的伟大跃升。这些成就的取得，是无数共产党员呕心沥血、艰苦奋斗的结果。70年的实践告诉我们，唯有实干才能行稳致远，唯有实干才能大有可为。只有把初心使命转变成党员干部锐意进取、开拓创新的精气神和埋头苦干、真抓实干的自觉行动，才能永葆中国共产党人的奋斗精神，在神州大地上书写逐梦复兴的历史新篇章。

三、有效推进新时代党的建设的重要举措

在中国特色社会主义进入新时代的历史起点上，在决胜全面建成小康社会、实现第一个百年目标的关键时期，我们要进一步加强党的建设，统一思想，紧抓落实，提升本领，服务为民，坚定不移地将党的先进性建设进行到底。

（一）统一思想，强化理论学习

有效推进新时代党的建设，思想是首要问题。习近平指出："理论学习有收获，重点是教育引导广大党员干部在原有学习的基础上取得新进步，加深对新时代中国特色社会主义思想和党中央大政方针的理解，学深悟透、融会贯通。"① 为此，要做到以下几个方面：一是各级领导干部特别是县处级以上干部要统一思想，认真钻研，深刻学习领会习近平新时代中国特色社会主义思想，强化理论武装。形势发展到什么程度，理论武装就要到什么程度。二是领导干部要带头推动广大党员干部全面系统学、深入思考学、联系实际学，在学习中分享经验体会，做到学深、悟透。三是要学思用贯通、知信行统一，将习近平新时代中国特色社会主义思想融会贯通，将"思想政治受洗礼"作为推进思想学习的准绳，牢牢把握好前沿思想，真正做到思想建党、理论强党。

（二）紧抓落实，提升工作实效

有效推进新时代党的建设，落实是重要环节。习近平强调："各级党委（党组）要

---

① 《习近平在"不忘初心、牢记使命"主题教育工作会议上强调 守初心担使命找差距抓落实 确保主题教育取得扎扎实实的成效》，《人民日报》2019年6月1日。

把主体责任扛起来,主要领导同志要担负起第一责任人责任。"① 根据会议精神加快工作落地是领导干部不可推卸的责任与义务,是落实中央精神、提升工作效率的有利推动。为此要做到以下几点。一是要在认真学习剖析此次会议精神内涵的基础上成立工作班子,领导干部要担负起责任人职责,迅速开展主题教育工作。二是领导机关和领导干部要先学一步、学深一点,先改起来、改实一点。领导干部要以身作则,在工作中定好目标,在推进工作落实中细化工作目标,在工作目标设定中体现出对于工作的考虑细度、准备程度、担当力度等。三是把学习教育活动与业务活动结合起来,在学习教育过程中提高业务工作的积极性、主动性和创新性,真正把学习教育转化为工作实效。四是加强学习督导检查。习近平强调:"要抓实、再抓实,不抓实,再好的蓝图只能是一纸空文,再近的目标只能是镜花水月。"② 要对照习近平提出的"抓落实"总要求,强化学习督导工作,把学习教育活动作为衡量党的建设的重要指标,保持学习教育的规范化和常态化。

(三)服务为民,提高人民幸福感

有效推进新时代党的建设,服务人民是根本宗旨。我们党开展此次主题教育活动的目标任务之一就是"为民服务作表率"。一是要筑牢思想根基,坚守人民立场。在各项工作中都要做到不忘初心,想群众之所想、悟群众之所需、做群众之所望。二是要深入群众生活,广泛开展调查研究。要把同人民想在一起、干在一起,着力解决群众的操心事、烦心事,化为服务为民的行动自觉。各级领导干部要多下基层,倾听百姓声音,将"为民服务解难题"作为工作目标,密切联系群众,主动帮助群众,在"守初心"中"找差距""促提升"。三是发挥示范作用,增进党群互信。各级领导干部要做好新时代的楷模,树好新时代的领导形象,在服务为民中建立起良性的党群互动关系,提升人民群众的幸福感,真正使党成为人民群众的主心骨和贴心人。

(四)提升本领,增强执政能力

有效推进新时代党的建设,提高本领是基本保障。新时代是承前启后、继往开来的时代,是在新的历史条件下继续夺取中国特色社会主义伟大胜利的时代。在即将完

---

① 《习近平在"不忘初心、牢记使命"主题教育工作会议上强调 守初心担使命找差距抓落实 确保主题教育取得扎扎实实的成效》,《人民日报》2019年6月1日。
② 《习近平在省部级主要领导干部学习贯彻十八届三中全会精神全面深化改革专题研讨班开班式上发表的重要讲话》,央视网,2014年2月17日,http://politics.cntv.cn/special/gwyvideo/guoshengkun/2014/2014021701/index.shtml。

成全面建成小康社会和实现第一个百年奋斗目标、向第二个百年奋斗目标进军的进程中，加强党的执政能力建设尤为紧迫。为此，一是要加强对哲学的理论学习，把马克思主义哲学作为看家本领，不断锤炼思维方式和思想方法，树立战略思维、辩证思维、创新思维、底线思维；二是按照《中共中央关于加强党的执政能力建设的决定》的要求，着力提高"五个能力"，即驾驭社会主义市场经济的能力、发展社会主义民主政治的能力、建设社会主义先进文化的能力、构建社会主义和谐社会的能力、应对国际局势和处理国际事务的能力；三是坚持走群众路线，在教育群众的同时，要虚心向群众学习，从群众中汲取智慧和力量；四是要保持廉洁自律，谦虚谨慎，戒骄戒躁，自觉接受群众监督和社会监督，增强自我净化的能力。

总之，一代人有一代人的使命和担当。中国共产党人已经走过近百年波澜壮阔的历程，新中国也迎来了70周年华诞，无论走得多远，我们都不能忘记来时的路，不能忘记为什么出发。站在新时代的历史新起点上，面对复杂的国际国内形势，中国共产党人要始终保持高度的政治自觉，时刻不忘肩负的时代使命和历史责任，在建设中国特色社会主义的伟大征途中，脚踏实地走好每一步，为实现中华民族伟大复兴的中国梦保驾护航。

七

国际篇

失衡与制衡：国际传播运行格局的理论透视[①]

刘 肖　董子铭

国际传播作为一个开放性的动态系统，长期处于"失衡—制衡—失衡"的循环状态之中，特别是由于不同国家在国际传播中的硬件建设规模、海外采编能力、内容制作水平，以及长期实践积淀而来的国际影响力和权威性等方面存在巨大差异，国际传播格局的失衡状态将长期存在。对此，国内外学者曾提出不同的理论分析，如传媒依附论、文化帝国主义论、媒介帝国主义论、故意妖魔化论等，虽然分析视角、阐释重点有所不同，但都主要从政治传播的角度指出了国际传播的不平等性、不平衡性，具有鲜明的批判理论特质和政治化色彩。

随着世界各国愈加频繁和紧密的文化交流与信息联结，国际传播处于更加开放活跃的系统环境之中，我们需要从更多元的研究视角来探索国际传播发展演变的内在机理。因此，本文在借鉴继承前人研究成果的基础上，运用新闻传播学理论，从信息传播的内在影响因素及未来发展趋势出发，力图洞悉国际传播的失衡原因与制衡要素，为阐释应对国际话语权争夺的现实需要提供一定的理论支撑，为提升我国的国际话语权提供可行的现实路径。

[①] 本文发表于《四川大学学报（哲学社会科学版）》2017年第3期。基金项目：国家社会科学基金西部项目"西方媒体在国际政治中的角色与作用研究"（11XGJ008）、四川大学中央高校基本科研业务费研究专项（哲学社会科学）项目——杰出青年基金项目"新传播技术条件下提升我国对外文化传播力研究"（SKQX201206）、四川省教育厅一般项目"媒介融合背景下舆论引导策略创新研究"（15SB0026）。

一、国际传播的信息流动偏向

国际传播的信息流动偏向是国际各行为主体间交往互动的产物。作为媒介环境学派（media ecology）①的代表性人物，哈罗德·伊尼斯（Harold Innis）首次提出了"传播的偏向"（the bias of communication）这一理论概念。伊尼斯认为，传播和传播媒介都有偏向，大体上分为口头传播的偏向与书面传播的偏向、时间的偏向与空间的偏向。②在国际传播中，信息的流动与传播技术的运用、传播组织运营的方式都密切相关，自然也会产生不同的国际传播信息流动偏向，如侧重技术层面的国际传播偏向、侧重组织运营层面的国际传播偏向等。美国学者哈米德·莫拉纳（Hamid Mowlana）曾对国际信息流动的基本过程及其影响因素做过详细阐述。若以技术与传播为纵横两轴，可以将莫拉纳的相关观点归纳并绘图如下。

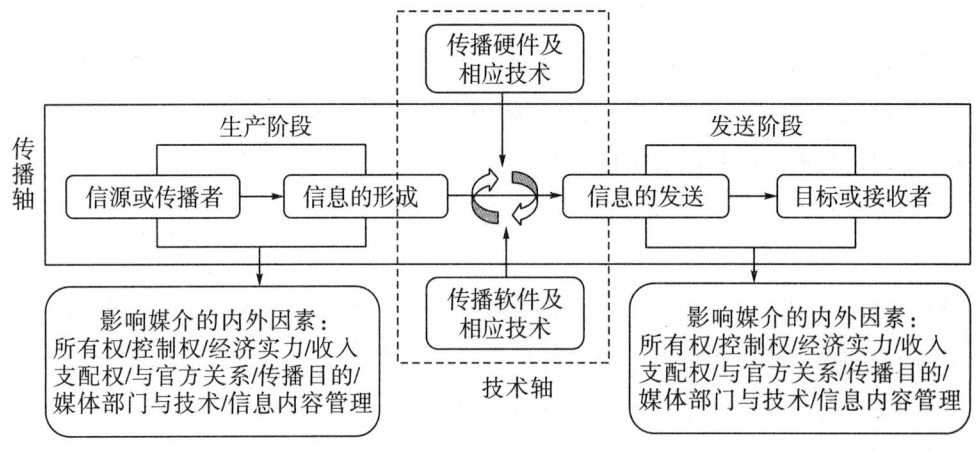

图1 国际信息流动的基本过程及其影响因素③

从图1可以看出，国际信息生成与传播主要受两方面因素的影响。一方面，技术因素对国际传播发展具有决定性作用。国际广播、国际卫星电视、互联网等重要媒介在国际传播中的运用与普及，都取决于历次技术革命中信息与传播技术的发展，尤其是卫星通信和互联网技术的诞生和发展，开创并加快了国际传播信息化全球化的进程，

---

① 媒介环境学主张泛媒介论，其关注点涵盖整个人类文化的健康与平衡，既有微观的媒介研究，也有宏观的文明演进研究。它关心媒介史和传播思想史，注重广义的技术—环境—媒介—文化的发生和发展，具有强烈的人文关怀和道德关怀。参见何道宽：《媒介环境学：从边缘到庙堂》，《新闻与传播研究》2015年第3期。
② 哈罗德·伊尼斯：《传播的偏向》，何道宽译，中国人民大学出版社，2003年，序第4页。
③ Hamid Mowlana, *Global Information and World Communication: New Frontiers in International Relations* (New York: Longman, 1986), p.11.

"使国际传播在媒介选择、行为主体、传播模式和内容以及影响力方面都发生了不小的变化"①。技术的重要性还体现在"技术标准"的制定中,一旦某一传播技术的国际标准在由国家实力等因素左右的国际谈判中确定下来,技术标准的主导国家和媒体就获得了"先天优势",长此以往,其他国家也会对这一标准产生路径依赖,从而限制新兴国家对传播技术和体系的选择自主权。另一方面,国际传播过程内外因素的影响也不可忽视。在以国家利益为核心并受媒介体制、新闻传统、外交政策、意识形态等内外因素制约的国际传播中,不同国家形成了不同的传播实践体系和理论模式。例如,莫拉纳就曾结合国际传播活动的历史发展与现实脉络,提出了国际传播及媒体功能的四种模式:"理想主义-人文主义模式、政治信仰改变模式、国际信息经济化模式和国际信息政治化模式。"②

在国际传播日新月异的今天,国际传播形式更加多元,内容更加丰富,媒体所扮演的角色、发挥的作用更加突出,我们需要革新对国际传播的原有认知,做出更精准、更符合当前国际传播实践的新概括。对此,笔者在莫拉纳所概括的四种模式基础上,从国际传播信息流动偏向的角度做了进一步的分析和归纳,详见表1。

表1 国际传播信息流动的四种偏向及其影响

国际传播信息流动偏向	传播目的	传播实质	媒体角色	局限
国际信息流动的文化偏向	增进世界各国各民族的理解、实现世界和平	新闻自由主义、社会责任论	服务者	可操作性差
国际信息流动的宣传偏向	组织对外宣传、统一国际舆论、控制人们思想	极权主义、意识形态操纵与对抗	管理者	单向传播效果差、公信力降低
国际信息流动的媒体偏向	国际发展项目、跨国集团、国际贸易、技术转让	传媒依附理论	经济力量	国际信息传播失衡
国际信息流动的政治偏向	政治观念、文化价值的输出和渗透	文化帝国主义	政治力量	

从表1可以看出,国际传播不同的信息流动偏向会在国际传播实践中产生不同的影响,特别是国际信息流动的媒体偏向和政治偏向所带来的国际信息传播失衡问题尤其值得我们重视。虽然无论是从现代化理论到发展传播学,还是从传媒依附理论到文化帝国主义,再到文化全球化和信息社会理论,国际传播研究的传统重点与新方向并不相互排斥,而是彼此并存、相互交叉、紧密联系的,然而第二次世界大战结束后,

---
① 吴玉玲:《新技术条件下国际传播的发展变化》,《新闻与传播研究》2001年第4期。
② 郭可:《国际传播学导论》,复旦大学出版社,2004年,第69—70页。

第三世界国家在国际体系中开始成为一股独立、能动的力量，并产生了"基于马克思主义批判政治经济学和反殖民主义思想的理论体系来解释全球社会变迁和不发达现象"①这一理论视角。尽管传媒依附理论与文化帝国主义研究范式对现代化理论及发展传播学进行了深刻的反思与批判，对于我们理解和认识国际传播信息流动偏向所带来的国际传播失衡问题具有理论指导意义，但仅停留于此是不够的。在经济全球化、信息全球化的驱动之下，国际传播有了很大的发展变化，需要做出新分析、形成新认识，以推动国际传播研究的发展和深化。

二、国际传播的"失衡螺旋"

媒体在国际传播中有责任进行鉴别、筛选、提炼，为受众提供真实易懂、高质高效、平衡的信息。平衡传播的理念已经在现代西方各国逐步确立，并且形成了一整套由法律规章和道德标准构成的行为规范，以此保障平衡传播的实现。在此理念下，恪守真实准确、客观公正、平衡超脱的报道原则和职业道德，也成为对新闻从业者的必然要求。然而，这种平衡传播只是一种理想状态，宣传工具、舆论控制等规制性意识形态因素，精英群体与弱势群体在影响媒体上的力量悬殊，以及媒体记者的选择性报道和偏见等多重原因造成了现实中新闻传播的结构性失衡。

美国北卡罗来纳大学华人学者赵心树等研究者针对新闻传播的结构性失衡现象，从客观因素影响的角度提出了"失衡螺旋"的概念。②这一概念超越了国际政治传播中的"故意妖魔化"观念和"沉默螺旋"理论中的谎言隐喻，但此概念尚处于萌芽之中，有待进一步的理论深化、分析细化和实证检验。本文认为，这种结构性失衡现象是由媒介功能、受众心理、市场竞争、信息渠道等多种因素相互作用而形成的。

（一）大众传媒的形塑功能

人类个体认识的有限性使得人们无法通过亲身体验获得客观世界的全部信息。在国际传播中，由于国际事件远离人们的日常生活，国与国之间通常也相隔甚远，人们更是难以获得全部信息。因此，人们依赖新闻媒体，以此作为认识世界的窗口，并生存在由媒介塑造的"拟态环境"（人们头脑中的世界）之中。国际舆论的形成正是基于

---

① 王庚年：《新媒体国际传播研究》，中国国际广播出版社，2012年，第12页。
② 赵心树、冯继锋：《政治传播研究的新发展》，载《传播学新趋势》（下），清华大学出版社，2014年，第493—497页。

受众对国际媒体所构建的世界的认知,而非直接的现实世界。基于此,媒介在形塑和呈现世界景观的过程中,通过对信息的选择、加工和重新结构化,就发挥了影响受众的重要功能,如图2所示。

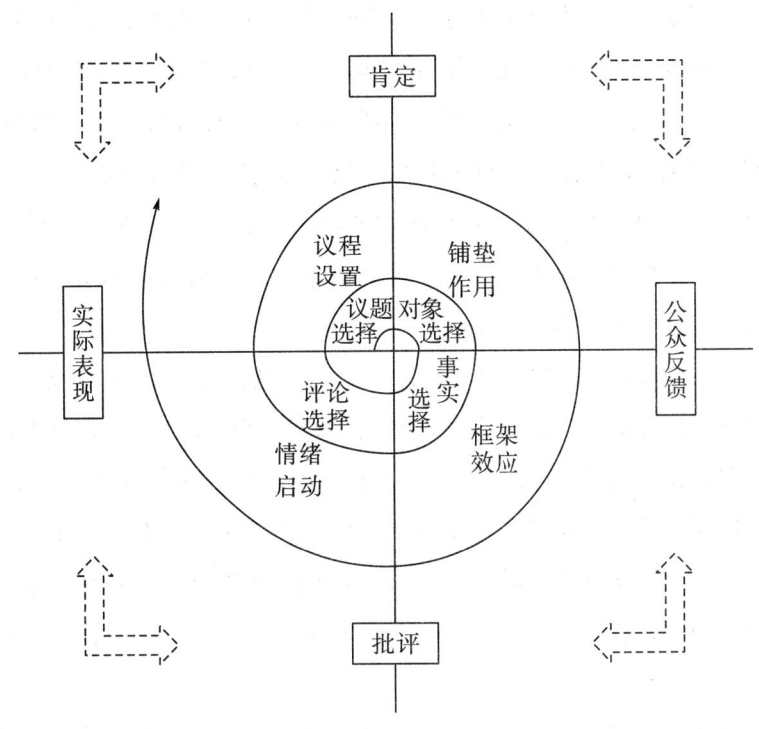

图2 国际传播的"失衡螺旋"

具体来看,一是议程设置。通常认为:"大众传播媒介在一定阶段内对某个事件和社会问题的突出报道会引起公众的普遍关心和重视,进而成为社会舆论讨论的中心议题。"[①]大众传媒可能无法决定和改变人们对某一人物或事件的意见、态度和具体看法,但可以通过提供信息并反复报道、安排相关的议题来有效地左右人们关注哪些事实以及人们对这些事实重要性的认识。这一媒介功能体现了媒体在影响受众认知方面的重要作用。

二是铺垫作用。大众传播媒介可以通过对某些议题的关注或者忽视改变公众的评价准则。这种铺垫作用的产生一方面是基于复杂多变的社会环境;另一方面是因为受限于大脑处理信息的能力,受众难以在短时间内对所有因素进行考量,而大众传媒对特定对象的关注和报道,正好为受众提供了即时性的参考信息或参照标准。因此,新闻媒体对特定事件的报道会使受众在判断分析时对此产生联想,从而受到影响。

---

① 甘惜分等:《新闻学大辞典》,河南人民出版社,1993年,第131页。

三是框架效应。综合美国社会学家埃文·戈夫曼（Erving Goffman）和托德·吉特林（Todd Gitlin）等学者的定义和看法[①]，可将"框架"理解为人们将社会真实转换为主观思想的重要凭据，也就是人们对事件的主观解释与思考结构。这种思考结构可以将一些资料组织起来，为该事件赋予意义。"框架"一方面源自过去的经验，另一方面经常受到社会文化意识的影响，它们指导着国际媒体选取强化或忽略排除国际事务或事件中的某些元素、某一部分，通过定义国际问题、进行背景分析、判断问题起因、做出道德评判或提供解决之道，达到策略性重现和影响该事件发展的效果。

四是情绪启动。媒体在与社会分享事实的时候，通过对事件中某些细节的放大、描述、强化和打造，可有效作用于受众的情绪和情感，触动受众的敏感神经，让受众带着情绪和情感来看待某一事实或问题。

在图2中，由四大媒介功能合力作用而产生的螺旋，始终是一个动态的过程，在关于一国的正面信息与负面信息、实际表现与公众反馈的系统中，每一个环节都不是静态孤立和片段单次地发挥作用的。在这一循环中，关于议题重要性的确定和选择、对报道对象和顺序的选择、对某些事实和情节的突出与强化、对同一事件不同性质评论的呈现比例等媒介功能在某个时空点上某一作用力的失衡，会带来一系列可预料和不可预料的其他问题，造成下一单元下一时空点的失衡，如此往复次生，形成"失衡螺旋"。

在国际传播中，不仅仅是国际受众，即使是西方媒体的从业人员，其获得信息的渠道也主要是西方媒体；他们的观念、态度与公众一样，会受到媒体的影响，同样处在"失衡螺旋"当中。实际上，在大多数国际媒体甚至是一流媒体的记者和编辑中，真正与他国领导人直接打交道的只是极少数，因而在国际传播实践中，记者或编辑个人对他国领导人的印象和观念主要都来自媒体。这实际上就形成了一个认知螺旋，其中的偏见或成见会在相互作用中不断循环放大，造成传播内容的偏向与失衡。

（二）信息接触的受众心理作用

传统媒体受众的选择性接触（包含被动回避）与互联网用户的自选性接触（侧重主动搜索）都会造成和加强"失衡螺旋"的不断上升或下降。传播学研究表明，受众的群体归属或社会环境对他们的价值和规范起着重要作用。20世纪40年代，保罗·拉

---

① 参见 Erving Goffman, *Frame Analysis: An Essay on the Organization of Experience* (Boston: Northeastern University Press, 1986), pp. 21—22; Todd Gitlin, *The Whole World is Watching: Mass Media in the Making and Unmaking of the New Left* (Berkeley: University of California Press, 1980), p. 7.

扎斯菲尔德（Paul Lazarsfeld）等人所进行的 IPP（Index of Political Pre-dispositions，意为"既有政治倾向指数"）分析从社会经济地位、居住区域和宗教信仰三个方面考察了受众在接触宣传媒介之前的政治立场和态度，证明了"既有政治倾向不但决定着人民的政治选择，而且也制约着人们对大众传媒内容的接触。受众在接触来自大众传媒的信息时，更愿意选择那些与自己立场和态度一致或接近的内容，而对于与此对立或冲突的内容则有一种回避的倾向"①。虽然这种选择性接触机制的存在弱化了大众传媒支配舆论和左右受众的力量，体现了受众在媒体面前的能动性，但从信息输入平衡的角度出发，这反而助长了"失衡螺旋"的形成。随着用户生产内容、搜索引擎技术、社交媒体的发展，互联网信息生产、信息接触与信息传播更加便捷和高效，网民选择信息内容和渠道的意愿与能力远远超过了传统媒体受众，其"自选接触"的效应显著增强，进而在一定程度上导致了"失衡螺旋"的强化。

（三）国际传播的渠道局限

信息渠道的失衡也源于国际传播本身的局限。大多数受众很难通过实际感知、人际传播等途径了解国际事件或他国情况，基本上都是通过媒体报道获得相关信息。如果事件是在同一个国家、地区、城市内进行传播，公众的反馈则可以对"失衡螺旋"形成重要反制；无论失衡发展到何种程度，公众对本国、本地的实际情况或多或少都有一定的了解，也可以通过邮件、电话、跟帖评论等多种方式向媒体反馈。

然而，在跨国界、跨地区、跨文化的国际传播中，基于社会生活实践和交流的直接经验以及人际传播渠道，客观上被大大削弱或完全不可能获得，绝大多数受众对国际事务、国际事件缺乏丰富的感知途径和直接经验，因此他们的此类关注和理解就极大地依赖新闻媒体的报道重点和叙述性质。②由此，大众传媒的形塑功能在国际传播中就显得十分重要。西方媒体在国际传播中充分利用和发挥了这一媒介功能，而"当西方媒体报道国外新闻的时候，由于跨文化、跨国界的信息反馈效率相对比国界内、文化内的信息反馈效率要低得多，于是新闻人员的种种局限对报道质量的不利影响就大大增加了"③。一旦形成刻板印象，人们就很难通过实际检验去改变已有的观念，"失衡螺旋"会变得更为严重。

---

① 肖燕芳：《传播学视阈下"网络暴民"成因解读》，《新闻界》2011 年第 3 期。
② 恩特曼认为，如果受众对某议题或事件缺乏丰富的直接经验，那么他们对议题或事件的理解就极大地依赖于新闻媒体，依赖于新闻叙述的性质。参见 R. M. Entman, "Framing: Toward Clarification of a Fractured Paradigm", *Journal of Communication*, No. 4, 1993, p. 53.
③ 李希光、赵心树：《媒体的力量》，南方日报出版社，2002 年，第 74 页。

（四）信息市场的流向失衡

在信息全球化传播的今天，值得重视的一个国际传播现象就是国际信息流向的不平衡，即西方发达国家和传媒集团凭借其在卫星传输技术、数字电视广播技术、互联网信息技术、移动通信技术等领域的垄断和优势，操纵着世界范围内大部分的跨越国际政治疆界的信息流通、流向与分布。

从国际传播运行格局来看，国际信息传播的主动权掌控在西方媒体手中。西方媒体通过大量播送本国的新闻节目与文化产品，使西方的价值理念与意识形态得以不断推广和向发展中国家渗透，而由于新闻资源的集中和受众需求等多方面原因，发展中国家在此过程中必然会转播或购买西方媒体的节目或内容资源。这就导致了信息资源使用方面的"马太效应"，产生了媒体分布失衡→信息流通失衡→传播内容失衡的连锁反应。在国际传播实践中，这种信息优势差异和信息流向的失衡，势必会导致处于信息弱势的中国媒体以及大多数发展中国家的媒体难以有效参与竞争，也使得西方国家受众在国际传播中无法获得全面平衡的信息，以至于西方媒体对这些国家的扭曲认识甚至错误判断被放大成为国际舆论的主流，进而影响了国际传播的良性发展。

三、国际传播"失衡螺旋"中的新兴制衡力量

进入21世纪以来，随着全球多极化和信息革命的快速发展，新兴发展中国家不断崛起，作为国际传播"失衡螺旋"中的一股制衡力量，这些国家正在努力提升自身的文化软实力和国际传播力，意在改变其在国际传播话语权分布格局中的边缘化地位，以营造更好的国际舆论环境。与此同时，新兴媒体也正在不断分割着传统媒体在国际传播中的话语权，这既有益于广大发展中国家削弱西方媒体的信息渠道优势，也在一定程度上改变了国际传播中的信息流向失衡状态。当然，作为国际传播中的新兴力量，新兴媒体和新兴国家究竟能够起到多大的制衡作用，还有待进一步观察。

（一）新兴媒体的制衡作用

新媒体技术的不断演进和全球化的快速推进打破了传统国际传播的物理时空限制，使世界各地的人们可以通过超越疆界和社会限制的网络虚拟社区进行沟通。无论是在发达国家还是在发展中国家，新媒体和传播新技术给社会变革带来的巨大催化作用都越来越深入和广泛。

1. 新兴媒体拓宽了国际传播的渠道

传统媒体时代的国际受众大多只能通过大众媒体掌控的传播通道与国际社会相连接，并且在这一通道中流通的信息是经过了政治意图、利益考量、宣传引导、价值观念等各种因素的过滤和加工而形成的。从图3[①]的对比中可以看出，信道1的狭窄是导致国际传播中信息流向失衡和"渠道为王"的重要原因。然而，新媒体的出现使国际传播中的信道1的瓶颈被打破，自媒体等新兴媒体大大拓宽了信息流通渠道，所有信源在技术和原理上是可以如信道2所示传达到任何国际受众，信宿在技术和原理上也能够接收到任何信源发出的所有信息；信源的传播力、影响力不再受制于渠道，而是取决于媒体生产的内容和塑造的品牌公信力。由此，国际传播由"人无我有"的初级竞争逐渐升级为"人有我强"的高级竞争。

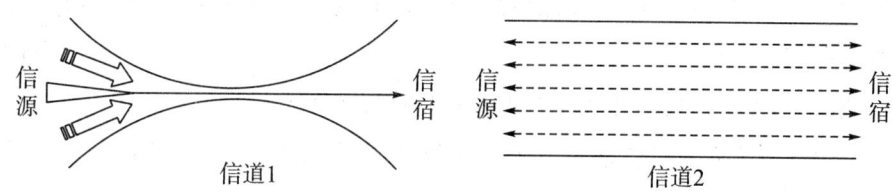

图3　传统媒体与新兴媒体的国际信息传播渠道对比

美国社会性媒体记者谢尔·以色列（Shel Israel）在他的《微博力》（*Twitterville*）一书中提出了"辫子新闻"（braided journalism）的概念，即随着信息传播技术的发展和新媒体的普及，传统媒体与新兴媒体融合发展，国际受众所消费的新闻来源于专业记者、公民记者和社交媒体这三股力量，每一股力量有都很多"纤维"，这三股力量编成了一个辫子，成为现在我们所接受的新闻产品。[②] "辫子新闻在突发事件、危机事件发生时，对于国际受众来说特别有意义，它能够全方位地、比较全面地、立体地对于事件做出报道"[③]，一定程度上可以制衡国际传播的"失衡螺旋"。不过，互联网和新兴媒介在国际传播中究竟能否起到足够大的制衡作用，能否为国际受众提供充分平衡、高质量的信息，至少在目前看来形势不容乐观。

首先，任何信息传播系统中的绝对平衡是不存在的，我们追求的只能是动态的平衡，换言之，是以失衡为常态的再平衡过程。即使在"人人具有麦克风"的新媒体时代，话语权仍然只被少数人掌控，那么弱势群体或弱势媒体手中的麦克风自然失去了

[①] 党明辉：《从马航失联事件看国际政治传播——基于媒介景观视角的分析》，《新闻界》2014年第10期。
[②] 谢尔·以色列：《微博力：140字推爆全世界》，任文科译，中国人民大学出版社，2010年，第109页。
[③] 刘昶：《跨媒体新闻编辑部：以欧洲的融媒实验为例》，载《清华新闻传播学前沿讲座录》（续编），清华大学出版社，2012年，第316—317页。

原本应有的价值,成为众声喧哗中的噪音发生器,甚至被利益群体裹挟和利用。

其次,信息传播全球化之下的新媒体所打破的传播渠道瓶颈是多维度的,其打通的不仅是媒体意义上的传播通道,更是主权国家之间的传播通道。因此,传者与受众的信息交流和互动不仅在于意见的多元表达以及公民主体意识、参与意识的增强,同时还意味着跨国界传播的泛化和强化,表现为国内问题国际化、国际问题国内化。例如,国内媒体可以参与国际事务的报道并产生实际传播效果,而国际强势媒体也会对他国内政进行干预性报道。

再次,在新媒体时代的国际传播中,国际强势媒体对国际事务的报道和媒体奇观①的形成仍然存在重要影响力和控制力,只不过由显性渠道和刚性手段转向隐性渗透和柔性话语霸权。例如,西方媒体不再借助强制性的政治意识形态和商业买卖,而是运用"在直接的暴力之外将潜在地具有政治的、批判的和创造性能力的人类归属于思想和行动的边缘的所有方法和手段"②。

2. 新兴媒体在平衡国际传播"失衡螺旋"中的潜力

在新兴媒体高度发达的传播环境中,新闻价值更多地取决于社交媒体的评价与关注度,而非在传统媒体中的刊播位置。近年来,世界各国在国际传播中对新兴媒体的重视程度迅速提升,将社交媒体视为维护国家利益、塑造军政形象、化解舆论危机的重要阵地,这主要有如下原因。

首先,以手机为终端设备的移动互联网在第三世界国家中的极大普及,在某种程度上拉近了落后地区国家的普通民众与国际传播的距离,加深和拓宽了第三世界国家参与讨论国际事务的程度和渠道。

其次,国际社交媒体为使用者打造了圈层式的平台格局,形成了信息传受圈层、服务供求圈层、线上线下圈层的网络交往渠道,使得每一个用户单元都具备了社会动员甚至政治动员的行动力,这为打破西方媒体对全球网络舆论的主导提供了一定的可能。

再次,国际新兴媒体的规制在逐步确立和走向成熟。当前,使用新兴媒体平台制造舆论焦点的难度较以往传统媒体时代大大降低,而相关规章制度的设立则是新兴媒体平台运营的重要基础。了解国际主要新兴媒体平台的发展沿革、技术特点、功能设置、规制约束、使用案例,全面掌握新媒体的结构特征,从整体上深化对国际网络新

---

① 凯尔纳认为,媒体奇观是指"能体现当代社会基本价值观、引导个人适应现代生活方式,并将当代社会中的冲突和解决方式戏剧化的媒体文化现象,它包括媒体制造的各种豪华场面、体育比赛、政治事件"。参见道格拉斯·凯尔纳:《媒体奇观——当代美国社会文化透视》,史安斌译,清华大学出版社,2003年,第2页。
② 罗伯特·戈尔曼:《"新马克思主义"传记辞典》,赵培杰等译,重庆出版社,1990年,第767页。

媒体运营规律的认知，做到以规制视角研判信息传播的状态，从规制层面约束意见主体的行为，是新兴国家在全球传播背景下占据国际网络社区舆论主导权、影响舆论走向至关重要的因素和努力方向。

然而，需要警惕的是，西方强国正把互联网和新媒体技术作为新一轮国家战略传播的媒介工具，继续进行意识形态的柔性灌输与其所谓"普世价值"的隐性传播，政治洗脑与信息监控双管齐下。世界各大国以国家利益、网络主权与信息安全为目标展开了激烈的竞争，呈现了合作、干涉、威慑、控制及其相互组合并用等多种模式。一些西方大国在世界多地推行的"颜色革命"和多国的"民主化浪潮"就充分说明"互联网+西方媒体"的信息霸权已成为其推行全球政治霸权的重要支柱。诸多主权国家的政治乱局和频发的内战，与西方媒体的介入以及西方国家引导的反政府力量在新兴媒体上的宣传、联络、策动紧密相关。

（二）新兴国家的制衡作用

冷战已结束多年，但在世界政治经济秩序支配下的国际舆论和国际传播秩序的失衡依然没有根本改观，来自发展中国家的声音往往被淹没在西方媒体庞大的信息洪流和强势舆论之中。不过，近年来新兴国家已呈现出集体崛起的势头，其国际传播能力也有了相应的提升，正如新华社原社长李从军所指出的："新兴国家媒体与西方大国老牌强势媒体的关系格局正在发生深刻改变，前者的声音在逐步加强，中国、俄罗斯、巴西、南非、印度等国家主流媒体所发出的声音，近年来越来越受到国际舆论的重视。"[①] 面对在世界竞争格局中的共同境遇和相似的舆论环境，新兴国家媒体之间正在不断加强深化合作，共同致力于改变落后的媒体发展状况，增强其在国际舆论场上的表达权、话语权和传播力，以赢得国际社会对新兴国家发展的了解、支持和认同，进而扭转发展中国家在国际传播"失衡螺旋"中的边缘化地位。

1. 国际传播关注点由构建世界信息传播新秩序向提升国家软实力转向

20世纪70年代，以印度为首的不结盟国家提出构建"世界信息传播新秩序"（New World Information and Communication Order，NWICO），这一关于全球传播体系改革的目标备受发展中国家的关注和欢迎，但同时也是一个受到争议的话题。1980年，联合国教科文组织通过了由麦克布莱德委员会发表、旨在使全球媒体的代表性更

[①] 《李从军在多国媒体发表署名文章〈金砖国家媒体在国际传播中能更有作为〉》，新华网，2017年7月16日，http://news.xinhuanet.com/newmedia/2014-07/16/c_126759622.htm。

加平衡的报告，即《多种声音，一个世界》（Many Voices, One World）。①该报告提出了改变信息不平衡、保护记者权益、消解信息垄断、保障信源多样化、尊重不同文化等建议，倡导建立世界信息传播新秩序。

NWICO是一个理想化的理念和美好的追求，在联合国得到了较为广泛的支持和理解，在较大程度上促进了发展中国家新闻事业的发展和国家间的交流合作，然而也面临许多困境。首先，这些建议并没有得到美国、英国等西方强国的支持。其次，西方国家的信息传播技术优势仍然明显，短期内改变力量格局的追求不符合实际。再次，发展中国家在NWICO的旗帜下各自的目的和意见不甚统一，其经济实力、综合国力也较弱，"掌握世界舆论的话语权"仍是一个不易达到的目标。最后，构建世界信息传播新秩序需要信息传播"国际公共产品"的有力保障和支持，然而发展中国家国际传播实力有限，提供具有国际影响力的信息传播公共产品有较大困难。正如纽约州立大学洪俊浩教授所言："构建世界信息和传播新秩序需要多个方面的系统性条件的成熟，需要发达国家和发展中国家具有共同的愿望和共同去实施的努力，而不是单单依靠在信息和传播流通方面做些技术性努力就可能会实现的。"②因此，近年来国际传播研究的新重点逐渐转向了更切实可行且需求迫切的国家软实力提升研究。

软实力主要表现为一种政治价值观、文化理念和外交政策，这一概念已被各国政治家和新闻传播、国际关系等相关学科的学者广泛应用于国际事务中。软实力作为一国综合国力的重要组成部分，其重要性日益凸显。新兴国家作为国际传播"失衡螺旋"中的一种重要制衡力量，正在不断融入国际传播体系，积极参与规则制定，力求能够在国际传播中发挥更大作用，在全球化、多元化的世界中占据一席之地。但就当下现实来看，"全球范围的信息结构不平衡依然如故，而愈加猛烈的媒体融合兼并浪潮以及强大的新媒体技术则不可避免地加深着双方的信息鸿沟"③，"西强我弱"的国际舆论格局在未来相当长的时间内仍将影响世界信息流动和国际传播的发展与演进。

2. 新兴制衡力量在世界话语格局中的作为：中国的文化输出与价值观贡献

新兴国家欲在国际舆论格局中逐步摆脱弱势地位，需要适时提出"具有原创性、思想性和时代特征的话语议题；同时，又要对接经济全球化的世界格局和包容理念，凝练出让世界能够理解并且具有世界历史意义的话语"④表达。

---

① 熊澄宇：《西方新闻传播学经典名著选读》，中国人民大学出版社，2004年，第570—596页。
② 洪俊浩：《传播学新趋势》（上），清华大学出版社，2014年，第172—173页。
③ 熊澄宇：《传播学十大经典解读》，《清华大学学报（哲学社会科学版）》2003年第5期。
④ 韩震：《对外文化传播中的话语创新》，《中国特色社会主义研究》2016年第1期。

作为解决当代全球性问题的共有价值观，中国政府提出的"构建人类命运共同体"[①]就是对全球治理的一大贡献。近来，一些国家出现了较为强烈的反全球化、贸易保护主义、孤立主义、极端民粹主义等思潮和政策取向，片面追求自身利益最大化，推脱国际责任和义务，使得区域间关系、部分国家间关系趋于紧张。在这一背景下，"人类命运共同体"思想进一步体现了中国寻求合作共赢、互惠互利对外交往思想和政策的内涵特征，贡献了关于国际权力观、共同利益观、可持续发展观、全球治理观的中国方案和中国智慧，成为表征中国"文化软实力"的重要话语。而"一带一路"倡议不仅拓宽了中国文化在国际社会交往发展中的空间，更是重塑全球文化图谱的新探索。从对外文化传播的角度看，作为中国文化软实力的新兴产业、代表着时代需求的中国网络文学已成为"一带一路"倡议的文化先行者，在对外版权输出、对外译介中占有重要分量和地位，一些"走出去"的优秀网络作品"已经具备了'民间外宣'和'大外宣'的意义，将有利于改变中国周边和外围的舆论环境，有助于改善和提升中国在这些国家读者受众中的形象，传播中华文化"[②]。

新兴媒体的发展和新兴国家的崛起，为平衡国际传播"失衡螺旋"、更新国际传播秩序、破解"西强中弱"国际传播格局带来了希望和可能。然而，这还需要广大发展中国家付出更多的艰辛和努力，从国家战略层面予以统筹，从多个维度积极、持续、有力地推进国家综合实力特别是文化软实力的提升。

---

① 《习近平：共同构建人类命运共同体——在联合国日内瓦总部的演讲》，人民网，2017年1月20日，http://cpc.people.com.cn/n1/2017/0120/c64094-29037658.html。
② 李朝全：《网络文学走出去 风景这边独好》，《人民日报》（海外版）2015年1月6日，第7版。

"人类命运共同体"思想对外传播的"时度效"研究[①]

刘 肖 董子铭

对外传播作为一项全局性、战略性的系统工作,在国家层面服务于国家的形象构建、软实力提升和话语权争夺,在文化层面旨在推进中华文明与世界其他文明的沟通与对话。因此,在传播实践过程中,我们需要因势利导,把握机遇,阐释并宣介中国的道路制度、外交理念和价值观念,引导国际社会更加客观全面地认识和理解当代中国。

一、新形势下对外传播的重大议题:构建"人类命运共同体"

党的十八大报告明确提出:"要倡导人类命运共同体意识,在追求本国利益时兼顾他国合理关切,在谋求本国发展中促进各国共同发展。"[②]习近平总书记在国内外重要外交场合多次强调:"国际社会日益成为一个你中有我、我中有你的'命运共同体',面对世界经济的复杂形势和全球性问题,任何国家都不能独善其身。"[③]习近平总书记倡导的以合作共赢为核心价值观的"人类命运共同体"思想,贡献了应对人类挑战的

---

① 本文发表于《中国出版》2017年第11期。基金项目:四川大学中央高校基本科研业务费研究专项项目——杰出青年基金项目(SKQX201206)。
② 《胡锦涛在中国共产党第十八次全国代表大会上的报告》,新华网,2012年11月17日,http://news.xinhuanet.com/18cpcnc/2012-11/17/c_113711665.htm。
③ 《习近平当选中共中央总书记后首次会见外宾》,新华网,2012年12月6日,http://news.cnwest.com/content/2012-12/06/content_7816551_2.htm。

"中国智慧"和"中国方案",在国际话语体系中具有重要的价值意蕴。这一重要思想,既是中国外交实践的重要理论指南,也是当前对外传播的内在需求和重要价值取向。

因此,将"人类命运共同体"思想作为我国开展对外传播的重要内容、重大议题和话语源头,是对外传播中国价值观念的重要切入点和着力点。然而,"人类命运共同体"思想在从愿景走向实实在在行动的进程中,不仅在国际社会中面临着因"理念与规范之争"而受到质疑,而且在"西强我弱"的国际舆论格局中,其代表的"中国声音"也一直受到强烈的话语挤压。鉴于此,做好"人类命运共同体"思想的对外传播,推动该思想进入国际主流话语体系,并实现对接和交流,将成为当前和今后一个时期我国对外传播工作的重中之重,肩负着正面阐释国家外交战略、主导国际涉华舆论的历史使命。

二、"人类命运共同体"思想对外传播的重要方法论:把握"时、度、效"

2013年8月,习近平总书记在全国宣传思想工作会议上首次提出的"把握好时、度、效,增强吸引力和感染力"重要论述,对我国的对外传播工作实践同样具有普遍适用性。

一方面,作为系统工程的"人类命运共同体"思想对外传播需要科学方法论的统筹指导。方法论是关于方法的理论或学说,其目的在于研究如何运用客观规律自觉地认识世界和改造世界。对外传播作为一项系统工程,是系统中各要素协同共建的过程。从系统论角度来讲,它是一种结果导向的目标管理过程,追求的是系统运行的有效性,要求总目标与各分目标、母系统与各子系统之间高度协调。这项长期复杂的工程不单需要大量具体的技术和操作方法来推进实施,还需要更高层面的理论指引和全面、系统、规范的方法论进行统筹指导。因此,"人类命运共同体"思想的对外传播工作需要科学方法论的指引,需要被置于国际传播环境和舆论场各环节各要素的统合之中。要充分注重新旧媒体融合传播、不同地区文化和认知体系对接、媒体传播与其他媒介传播的协同等,向世界"讲好中国故事,传播好中国声音"。

另一方面,新闻宣传工作的"时、度、效"为"人类命运共同体"思想的对外传播提供了依循规律。党的新闻舆论工作必须"抓住时机、把握节奏、讲究策略,从时度效着力,体现时度效要求"[①]。这些重要论述已成为当前新形势下舆论引导工作的圭

---

① 《习近平在党的新闻舆论工作座谈会上发表重要讲话》,新华网,2016年2月20日,http://home.china.com.cn/shitoutiao/2016-02-20/a988868.shtml。

臭。在舆论引导的视野下，对外传播"人类命运共同体"思想需要在国家形象战略层面统筹国际国内舆论场，在国家软实力层面运用舆论影响力，在国家综合实力层面更自觉更自信地传播中国价值、中国声音。"时、度、效"并不只是一种具体的、可操作的宣传工作方法，而是对我国新闻传播工作的高度概括和理论升华，是更加侧重于理性规律的一般方法原理。①"时、度、效"以把握大势的全局观念、尊重规律的传播观念和以人为本的受众观念为基本原则，具有系统性、科学性、在地性、艺术性和动态性等方法论的本质特征，为我们做好"人类命运共同体"思想的有效对外传播提供了科学的方法论。

三、"人类命运共同体"思想对外传播"时、度、效"的认知与实现

"人类命运共同体"思想对外传播的"时、度、效"既是一种理论认知，也是一种实践形式，需要贯穿于我国对外传播相关具体工作之中。我们要及时、有效地将"人类命运共同体"思想转化为国际"议题"，"传播好中国声音"。

（一）"时"："人类命运共同体"思想对外传播时代环境的系统认知

将"人类命运共同体思想"的对外传播上升到国家战略高度来统筹，需要拥有全球意识和战略眼光，以便认识世界、判断形势、指导未来，把握媒介生态变迁现实语境、中国和平崛起的舆论困境以及"人类命运共同体"这一重大议题传播的最佳时机。

1. 国际形势："人类命运共同体"思想对外传播的时代特征

《中国的和平发展》白皮书指出："当前国际形势的基本特点是世界多极化、经济全球化、文化多元化、社会信息化。粮食安全、资源短缺、气候变化、网络攻击、人口爆炸、环境污染、疾病流行、跨国犯罪等全球非传统安全问题层出不穷，对国际秩序和人类生存都构成了严峻挑战。不论人们身处何国、信仰如何、是否愿意，实际上已经处在一个命运共同体之中。"②世界各国在经济上相互依存，形成了共同的利益纽带，这有助于国际形势的缓和，降低了以极端手段实现国家之间权力分配的可能；世界人口、经济的增长以及资源消耗、环境污染已逼近地球所能承受的极限，需要既能满足当代人需要，又不对后代人构成危害的发展方式；"全球化带来的国际行为主体多

---

① 张勇锋：《舆论引导"时、度、效"方法论研究论纲》，《现代传播（中国传媒大学学报）》2015年第10期。
② 《中国的和平发展》，国务院新闻办公室网站，2011年9月6日，http://www.scio.gov.cn/zfbps/ndhf/2011/Document/1000032/1000032_1.htm。

元化，使国际问题的解决成为一个由政府、非政府组织、跨国公司等共同参与和互动的过程"①。

然而，当前一些国家出现了较为强烈的反全球化、贸易保护主义、孤立主义、极端民粹主义等思潮和政策取向，片面追求自身利益最大化、推脱国际责任和义务，区域间关系、部分国家间关系更趋于紧张。在这一背景下，"人类命运共同体"思想进一步体现了其合作共赢、互惠互利等内涵和特征，超越了西方传统文明模式和国际秩序模式，贡献了关于国际权力观、共同利益观、可持续发展观、全球治理观等方面的中国方案和中国智慧。因此，作为展现我国"文化软实力"的重要方式，对外传播"人类命运共同体"思想更有其重要性和紧迫性。

2. 传播格局："人类命运共同体"思想的对话空间与舆论困境

在科技的急速推动下，全球化、信息化、网络化催生了新媒体传播的现实命题。新兴媒体既代表一种技术，也标志着新的社会形态和发展空间，它成为当今全球舆论生发、流动并对国家发展产生重要影响的场域，重构了国家主权概念、权力运行方式以及文化价值认同。在全球信息传播的形势变化中，互联网既是人类共同的家园，也是天然的舆论场和话语场，它以"网络空间命运共同体"的新形式对"人类命运共同体"思想的对外传播提出了迫切而重要的时代要求。

尽管随着全球信息传播新时代的到来，形成了一超（美国）、多强和新兴国家多元并存的国际传播格局，但总体来说"西强我弱"的态势并没有实质性的改变；尽管新兴国家的话语力量在逐步增强，但在"环境正义话语"竞争中，对"正义"的定义权和仲裁权仍然主要掌握在西方发达国家手中，西方媒体所传播的价值取向拥有全球传播的内容主导与舆论主导地位。面对"西强我弱"的国际传播格局，我国的对外传播责任重大且压力重重。一方面，我们需要积极、主动构建"人类命运共同体"思想话语体系，树立文明的、负责任的社会主义东方大国形象；另一方面，需要尽快提升我国主流媒体的国际话语权，在国际舆论斗争中摆脱弱势地位，敢于发声、善于发声。

（二）"度"："人类命运共同体"思想对外传播的机制构建

对外传播中，对"程度"的调控和"尺度"的拿捏需要审时度势、以效为先，因此"度"既体现了"时"的内在要求，又是提升"效"的指导路径，是把握"时、度、效"的核心环节。实践反复证明，适度得当的传播行为必须要有针对问题、结构合理、运行灵活的传播机制予以保障。

---

① 曲星：《人类命运共同体的价值观基础》，《求是》2013年第4期。

1. 针对传播主体界定过窄导致的运行思路受限问题，构建协同机制，提升系统整合度

"人类命运共同体"思想的对外传播效果并非政府或媒体单方面可以达成的，而是需要把握多元传播主体的融合度与各传播要素的整合度，形成合力。社会化媒体为用户打造了一个圈层式的平台格局，形成信息传受圈层、服务供求圈层、线上线下圈层的网络交往渠道，使得每一个用户理论上都具备了社会动员甚至政治动员的行动力。要主导全球网络舆论，单靠舆论场内部还不够，还需要在舆论场外围形成有力支撑；仅靠单打独斗还不行，还需要树立联合多线程的理念，勤用善用互联网思维聚合宣传资源，减少内耗，赢得主动。鉴于此，我国在对外传播"人类命运共同体"思想的实践过程中，必然要打破传统思维局限，运用新技术和新兴媒体平台，借助大数据实现涉华舆论的可视化监测，提升网络舆论场的"能见度"；在公关上尝试与境外媒体公司取得联系，共同推动建立信息反馈、技术服务、危机处理的协同运行机制。

2. 针对国际受众研究缺失导致的传播效果受限问题，构建对接机制，提升传播精准度

传播过程的成功与否是以效果为评判依据的。在传播过程分析中，如果只重视对内容和形式的研究，忽视对内容的接受者——受众的研究，那么传播效果的提升也就无从谈起，所以，受众研究是包括对外传播在内的任何传播活动的起点。要了解目标受众的身份、态度、文化和利益诉求与动机，首先需要明确群体差异（性别、学历、职业、年龄等）、地区差异（政治、经济、文化、宗教等）和国别差异（制度、意识形态等）。我们的传播所面对的往往是一个地区，若对这个地区每个国家的情况缺乏了解，对于其关切点和疑虑问题的回应不足甚至没有回应，传播策略就会无的放矢、收效甚微。鉴于此，把握对外传播的精准度，还需要付出更多的努力：开展国际受众研究，探索如何让"人类命运共同体"思想的传播对接国外习惯的表达方式，构建融通中外、与国际通行的认知规范对接的话语体系，让国际社会更易于理解和接受。

3. 针对传播手段过刚过柔都会导致渗透力减弱问题，构建渗透机制，提升传播力度

"硬"诉求通过"软"身份来实现已经成为对外传播的共识，但我国主流媒体官方色彩和事业单位属性过于浓厚，机械灌输、生硬推送的现象仍较为突出，同时也没有建立有效的反馈和交流机制，由此造成了"中国传媒＝政府官方＝宣传"的刻板印象。把握传播力度，一方面要适应语境。传播主体应根据不同地区的政治、经济、文化以及宗教差异，在对外传播的内容、风格、语言运用等方面做出适宜、有效的调整，提高国际传播在不同地区的适应性。在遵循国际传播基本规律的前提下，研究不同制度

性质和意识形态倾向国家的传播策略，减少国际传播的政治敏感性。另一方面要保持中国话语特色与硬度。"人类命运共同体"思想的对外传播过程不只存在于正面宣传战场，还常与社会热点和突发事件相关联。针对重大事件和根本性问题的国际报道，要敢于、善于亮明立场，旗帜鲜明地进行观点的交锋，而不能用曲折迂回的方式委婉含蓄地表达，更不能一味迎合话语接受者的偏好。否则，这样的对外传播不仅不能取得应有的传播效果，反而更容易引起误解。

（三）"效"："人类命运共同体"思想对外传播效果提升的路径

面对投入（建设）和产出（效果）不成正比的对外传播现实，需要创新对外表达的传播方式，探索对外传播议题设置与引导的可操作路径。

1. 议题设置的内容路径

将中国的价值理念具化为适于国际传播的内容，需要国家紧跟"社会发展、文明进步的步伐，适时提出具有原创性、思想性和时代特征的话语议题；同时，又要对接经济全球化的世界格局和包容理念，凝练出让世界能够理解并且具有世界历史意义的话语"①表达。"人类命运共同体"恰恰具备了这些品质，其提出正是基于面向未来的视角，具有原创性和生命力。

传播内容路径分为"议题"和"话题"两个相互关联、相辅相成的层次，"人类命运共同体"作为议题具有提纲挈领的根本导向性，需要若干话题对其"进行延伸和具化，以体现其思想内涵和传播意图"②。首先，要注重议题设置的关联性，既要适时以"人类命运共同体"为关键性议题进行议程设置，又要围绕这一议题提出丰富多彩的延展性话题。其次，注重动态性，以时代特征为基础与时俱进。"自党的十八大首倡'人类命运共同体'以来，习近平总书记在不同场合不同时期又先后提出共建'中国—东盟'命运共同体、中非命运共同体、亚洲命运共同体、网络命运共同体、核安全共同体等"③，这就要求我们在国际形势发展变化过程中，适时调整对外传播的具体方案和举措。最后，注重持续性，正视对外传播"人类命运共同体"思想等中国价值理念是一项长期而艰巨的工作，需要细水长流、久久为功、循序渐进的渗透和引导过程。

---

① 韩震：《对外文化传播中的话语创新》，《中国特色社会主义研究》2016年第1期。
② 崔玉英：《增强议题设置能力 向世界讲好中国故事》，《对外传播》2015年第1期。
③ 徐艳玲、李聪：《"人类命运共同体"价值意蕴的三重维度》，《科学社会主义》2016年第3期。

2. 价值认同的引导路径

"人类命运共同体"思想包括价值、制度和文化三个相互联系的认同层面。"认同是原则和规范形成的前提。我国对外合作机制的观念认同缺失,主要是指我国与合作各方因社会制度、宗教传统、文化价值、发展模式的差异,而难以形成共同认可的原则和规范。"[①] 因此,在探索我国价值理念传播应遵循的规律和路径时,可以心理学的价值认同理论为策略创新支点。价值认同分为认知认同、情感认同和行为认同三个阶段。首先,认知认同是情感认同与行为认同的基础,需要通过国际话语体系构建和对外传播,阐释并传递"人类命运共同体"思想的价值理念内涵,建立起认知认同。其次,情感认同是思想理念内化为个体观念的过程,需通过话语体系的对接与国家地区间政治互信、经济互惠和合作交流机制的建设,进一步增强情感认同。最后,行为认同作为认知认同和情感认同的外化表现,是对外传播力争达到的最高境界。

---

① 刘传春:《"一带一路"战略的质疑与回应——兼论人类命运共同体构建的国际认同》,《石河子大学学报(哲学社会科学版)》2016 年第 1 期。

国际传播力：评估指标构建与传播效力提升路径分析[①]

刘 肖

2013年11月，党的十八届三中全会通过的《中共中央关于全面深化改革若干重大问题的决定》明确指出："加强国际传播能力和对外话语体系建设，推动中华文化走向世界。"2016年2月，习近平总书记在党的新闻舆论工作座谈会上强调："党的新闻舆论工作是党的一项重要工作……要适应国内外形势发展……尊重新闻传播规律，创新方法手段，切实提高党的新闻舆论传播力、引导力、影响力、公信力。"习总书记关于新时期对外宣传工作的系列重要讲话，不仅强调国际传播的能力建设，而且十分注重国际传播的效果，强调"增强国际话语权"的重要性。分析国际传播力，也需要对能力和效力统筹兼顾。

一、国际传播的能力：国际传播建设"总投入"的评估

从传播主体的角度看，国际传播力首先表现为一国国际传播媒体所具有的现实能力，它涉及国际传播媒体在其自身建设上的软硬件投入和基础条件支撑，如从事国际传播的基础建设、运行与发展情况等。

（一）基于基础规模与目标定位的国际传播媒体建设能力

国际传播媒体的建设能力涉及国际传播媒体的基础建设规模，包括国际传播媒体

[①] 本文发表于《江淮论坛》2017年第4期。基金项目：四川大学中央高校基本科研业务费研究专项项目——杰出青年基金项目（SKQX201206）、国家社会科学基金项目"西方媒体在国际政治中的角色与作用研究"（11XGJ008）。

的数目、基础设施情况、投入经费数额、从业人员数量等。例如，报纸、杂志的发行量、订户数量与读者分布、普及率，国际广播电台的播出语种、播出时数、使用频率、听众数量，卫星电视的员工数量、播出语种、海外记者站数量、覆盖国家、频道数目、播出时数、收视户数目，通讯社的人员和记者站数量、播发语种、覆盖国家、日发稿量、用户数量，新媒体的终端平台、访问量、日更新量、日活跃度等。

国际传播媒体的建设能力还涉及自身的目标定位，即按照何种传播理念来集合和发挥媒体基础建设的效用，以达到预定的传播目标。准确设立自身的目标定位并进行不懈努力是一家媒体成为具有广泛知名度和影响力的国际媒体的关键。从国际传播实践来看，国际知名的主流媒体都具有自己独特的理念和定位。例如，BBC（英国广播公司）恪守"教育公众、公共服务"的使命，一直致力于制作精益求精的高品位节目内容，不懈地维护和巩固悠久的品牌形象。半岛电视台的立台理念则是"意见和异见"，其以拓宽阿拉伯人视野、更新阿拉伯人观念为宗旨，形成了独立、自由、尖锐的风格。如果没有准确的目标定位和长期的贯彻实施，一国媒体的品牌形象和国际影响力就无法树立，国际传播力自然无从谈起。

（二）基于制播和经营状况的国际传播媒体运行能力

制播能力和运营能力是衡量国际传播力的重要指标，它关乎国际传播媒体的业务竞争力和可持续发展能力。具体来看，制播能力主要是指国际传播媒体的内容制作水平、采编力量（人员规模、采编队伍）和海外采编能力（驻外机构及驻外记者数量、驻外记者管理）[①]、播出手段等，是一国媒体国际化程度的重要体现。如今，在信息传媒技术飞速发展的国际传播环境中，全媒体融合已成必然，"融合新闻"已由新理念、新目标变成了国际新闻报道策划的新常态。因此，国际传播媒体更需要结合媒介融合时代的发展要求和规律，进行必要的媒介组织重构与流程再造，通过分众化定位和互动式多媒体传播，使主流新闻媒体能够在新媒体的传播语境中把握更多的话语主动权。对此，西方媒体在"媒介融合"方面做了很多前沿性、实验性的尝试和探索，比如，美国的 CNN（美国有线电视新闻网）与 Facebook（脸书）合作推出 iReport 网站，FOX news（福克斯新闻频道）与 MySpace 合作推出 uReport 网站，策划公民新闻的媒介融合报道。此外，24×7 全天候编辑部，审稿融入编辑流程，背囊记者、移动记者等采访技能、叙事技巧的创新和报道范式的重构都值得我们借鉴。

[①] 胡智锋、刘俊：《主体诉求渠道类型：四重维度论如何提高中国传媒的国际传播力》，《新闻与传播研究》2013 年第 4 期。

运营能力主要是指市场开拓能力和管理能力①，是衡量一国国际传播媒体经营发展实力与运营管理水平的重要标准，主要包括国际媒体的经济收入水平（收入总量、主营业务收入）、创收能力（收入增长率）以及产出效益（资产回报率）等。简而言之，运营能力就是将媒体的产品与服务有效出售给受众，并从中实现经济效益最大化的经营与盈利能力。当前，一些西方主流媒体成功的运营方式也值得我们学习。例如，"以时代华纳、迪士尼、维亚康姆、新闻集团为代表的西方发达国家大型传媒集团，在市场推广、媒介营销、新闻产品包装策划等方面，有着成熟的模式和丰富的经验，能够调动各种媒介力量，对新闻产品和媒体进行全方位立体式的宣传策划"②。

（三）基于全球意识与战略眼光的国际传播媒体发展能力

国际传播力不是一朝一夕就能够形成的，它需要经历一个较长时间的发展过程。在这一过程中，国际传播媒体就需要拥有全球意识和战略眼光，以此认识世界、判断形势、指导未来。

一是全球意识，这是建立国际新闻报道网络和传播渠道，扩大信息来源，建立国际化传播队伍，形成国际话语权和国际影响力的思想前提。现行 BBC 皇家宪章（Royal Charter，2007—2016）提出的 BBC 六大公共目标之一"把世界带给英国，把英国带给世界"③，就彰显了英国媒体的国际传播战略意图与理念；VOA（美国之音）曾经用 44 种语言向世界各地广播，这突出反映了美国为争夺世界霸权而采取的全球意识形态战略。

二是战略眼光，即对全局性重大问题进行具有长期性、前瞻性的筹划和指导。纵观西方主流媒体，在其发展壮大的过程中，都有着明确的国际传播战略。例如，"路透社自成立以来经历过多次战略转型，从家族企业转变为现代企业再成为上市公司，就是因为其正确地认识自身的核心竞争力，牢牢抓住金融服务的核心业务，并坚持独家准确公正的新闻报道，走市场化、综合化、国际化和科技化的道路，确保了自己在业界的领先地位"④。

---

① 刘笑盈：《打造国际一流媒体》，《对外传播》2009 年第 2 期。
② 王庚年：《国际舆论传播新格局研究》，中国国际广播出版社，2013 年，第 43 页。
③ 胡正荣、关娟娟：《世界主要媒体的国际传播战略》，中国传媒大学出版社，2011 年，第 11 页。
④ 王庚年：《国际舆论传播新格局研究》，中国国际广播出版社，2013 年，第 48 页。

二、国际传播的效力：国际传播建设"总产出"的评估

从传播的客体角度看，国际传播效力是一国国际传播媒体经过长期的国际传播实践而内在产生并逐渐积淀起来的实际效果，体现为国际传播媒体的权威性、公信力、舆论引导力、文化传播力等。长期而言，国际传播的现实能力和长期效果是统一的，即国际传播能力越强，其效力可能就越大，整体的国际传播力也就越强大。然而，短期来看，有能力并不意味着有效力，二者是非伴生关系。国际传播效力需要时间的积淀和实践的检验，是一个长期积累的结果。

（一）权威性和公信力

作为衡量一国国际传播效力的最重要指标，权威性和公信力既无形又无价，是一国通过长期传播实践在国际受众心目中建立起来的信誉形象和可信度。它与传播信息的时效性、内容形式、准确性和客观程度等息息相关。无论是理论研究还是事实案例都印证了这一点。卡尔·霍夫兰的"说服研究"指出改变受众态度最有效的方法，就是改变受众对信息来源的看法和印象。当某一大众传播媒介在国际受众中享有较高威望时，受众会更容易接受该媒体传播的信息和观点。最新的新闻传播学研究成果表明，媒体传播的可信度与信息传播互动频度呈正相关关系。

（二）议程设置力与舆论引导力

相对而言，国际传播媒体往往拥有更强的国际信息采集、编辑能力，拥有更多的资深国际新闻记者和国际问题专家团队。一方面，国际传播媒体可以直接设定国际公众的议程，"受众通过媒介不仅了解各类公共事务及其他事情，而且根据大众媒介对于一个问题或论题的强调，受众也会知道应该给予它们多大程度的重视"[①]；另一方面，国际传播媒体也可以通过媒体间的议程设置为其他媒体设置报道议程，进而影响公众的议程，告诉他们应该"关注什么""想什么"。当然，在现有国际传播格局中，国际传播媒体众多，只有经过长期的专业优势的积累，具有良好的信誉保障，才能脱颖而出，为国际公众和其他媒体设置议程。例如，"美国电视新闻对索马里难民连篇累牍的报道，使公众对这个遥远而陌生的国度产生极大的同情心，进而对政府发出了出兵维

---

① M. E. McCombs and D. L. Shaw, "The Agenda-Setting Function of Mass Media", *Public Opinion Quarterly*, No. 2, 1972, pp. 176—187.

和的呼声，这种现象被美国国会称为'CNN效应'"①。在今天的互联网时代，"西方媒体更是可以通过其在互联网技术和传播手段上的优势，强势介入国际社会的议程设置，影响国际社会的关注点，使国际舆论朝着有利于维护西方国家利益和霸权的方向发展"②。

（三）价值渗透力与文化传播力

国际传播媒体是跨文化传播的核心载体和全球性的符号资源。在媒介全球化迅速发展的过程中，一国文化通过国际传播媒体和新兴网络媒体得以向国际受众持续传播，经过长期的信息积淀和"文化记忆"的累积，受众可形成对该国某些文化价值观念的亲近与认同，这就是国际传播媒体价值渗透力和文化传播力的关键所在。

目前，国际文化交流总体上仍处在一个庞大的体系笼罩之下，这种体系仍然是以西方英语国家为主体，而且被很少量的西方国家的大型媒体集团所主导。它们掌控了全球的电影、电视节目、流行音乐和书籍的生产和国际市场。"截至20世纪末，全世界已经基本形成了以美国为主导的全球信息传播体系，只占世界人口5%的美国垄断了世界大部分地区近90%的新闻传播……美国的因特网更是全方位、全时空、全天候地向全世界推行美国的价值标准、意识形态、商业理念、社会文化等。"③因此，在当前的国际传播格局中，西方主流媒体在传播自身价值体系时的渗透力，以及对文化观念、文化认同和文化理解等的塑造力，都很值得我们去关注和研究。

三、基于评估指标的国际传播效力提升路径

（一）注重传播话语与国际认知体系的对接，提高国际传播的文化与价值产出

1. 打造中华文化的"魅力人格体"

英国首相丘吉尔曾有一句名言："我宁愿失去一个印度，也不愿失去一个莎士比亚。"因为，一个伟大的艺术家不但代表了一个国家的文化魅力，还能证明这个国家在世界文明发展过程中所发挥的重要作用。同样，国家领导人、民族英雄、历史文化名人、艺体明星等公众人物作为国家具体的、鲜活的形象代表，比空洞的概念和口号更能体现一个国家的文化内涵和价值取向。例如，我国在世界多个国家和地区设立的孔子学院、在纽约时代广场大屏幕上播出的国家形象宣传片之"人物篇"，都是将中华文

---

① 王庚年：《国际舆论传播新格局研究》，中国国际广播出版社，2013年，第46页。
② 王庚年：《国际舆论传播新格局研究》，中国国际广播出版社，2013年，第46页。
③ 米珏：《跨国公司跨文化广告传播中的文化霸权》，《现代经济》2009年第8期。

化的魅力以人格化的符号进行呈现,取得了良好的国际传播效果。在我国的国际传播中,应继续发掘具有国际影响力的公众人物,以实现国家形象、文化、观念的人格化表达。

2. 以话题和故事承载中国价值

与政治、军事等严肃性话题相比,经济社会、文化娱乐、科学技术等具有故事化情节和戏剧化效果以及能激发受众好奇心的"软话题",由于与人们的日常生活密切相关,更能够跨越语言、种族、民族、国别、政治、信仰等带来的障碍与隔阂,实现中国价值的表达和传播。美国好莱坞影片中承载的"个人英雄主义""能力越强责任越大"等美式价值观,就是以美国故事弘扬美国旋律的典型代表。对此,有研究者提出了"夹带式"的传播概念,即"塑造国家形象的效果、传播价值理念的力度、增进文化认同的质量,直接取决于我们讲故事的能力和水平,取决于我们选择什么样的故事载体、采取什么样的讲故事方式"①。

(二)树立互联网思维,实现多资源整合传播,打造主流舆论场

2015年12月,习近平总书记在视察解放军报社时指出:"要研究把握现代新闻传播规律和新兴媒体发展规律,强化互联网思维和一体化发展理念,推动各种媒介资源、生产要素有效整合。"②树立互联网思维就必然要求在国际传播中实现全媒体融合传播。这里所称的全媒体融合传播,是指在互联网技术支持下,将传统的文字报道、图片报道和新媒体的视频、音频、动漫、数字化模型等多种媒介生产要素整合起来,通过"国内的对外传播媒体与境外媒体、传统媒体与新兴媒体、线上力量与线下力量、意见领袖与议题公众"等多种媒介力量的交叉互动、相互激荡(如图1所示),形成强大的主流舆论场,增强国际话语权。

---

① 杨振武:《把握对外传播的时代新要求——深入学习贯彻习近平同志对人民日报海外版创刊30周年重要指示精神》,人民日报,2015年7月1日,http://opinion.people.com.cn/n/2015/0701/c1003-27233635.html。
② 《习近平十八大以来关于"新闻舆论工作"精彩论述摘编》,中国共产党新闻网,2016年2月25日,http://cpc.people.com.cn/xuexi/n1/2016/0225/c385474-28147905.html。

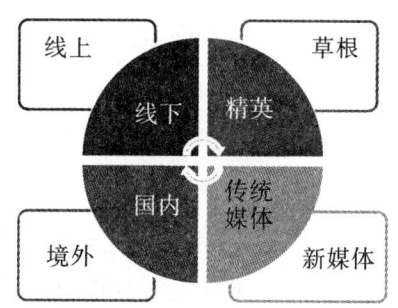

图 1　壮大国际舆论影响力的四对联动助推力量

注：①国内的对外传播媒体与境外媒体→议题扩散
　　②传统媒体与新兴媒体：推广＋深挖→融合传播
　　③线上力量与线下力量：网络舆情＋公众舆论→舆论场联动
　　④意见领袖与议题公众：话语生产＋粉丝转发→多层面社会互动

2013年美国普利策新闻特稿奖颁给了美国人约翰·布兰奇（John Branch）的《雪崩：特纳尔溪事故》（Snow Fall：The Avalanche at Tunnel Creek）。该篇报道运用最新科技手段，将视频资料、音频资料、三维立体动画以及图片、文字资料结合起来，对6名滑雪爱好者罹难的全过程进行了详细全面的报道。《雪崩》的这种全媒体融合的报道方式在新闻界引起了强烈反响。普利策新闻奖颁奖委员会给出的评价是："《雪崩》对遇难者经历的记叙和对灾难的科学解释使事件呼之欲出，灵活的多媒体元素的运用更使报道如虎添翼。"①实践证明，全媒体融合的运用是传播领域的又一场革命。这种报道方式不仅将彻底改变传统的对内传播方式，也将极大地改变对外传播模式。

（三）提升投入产出比的关键：大数据时代的国际传播受众研究，强化分众化、差异化的传播

要提升我国主流媒体的国际传播效果，必须加强对国际传播受众的研究，以准确把握国际受众的群体差异、区域国别差异，有的放矢地进行针对性和本土化传播，以积极的态度、高度的关注度，将对我国有利的议题与国际受众的兴趣点紧密结合，不断进行推广和深挖，最终使我国国际传播逐步实现国际受众不反感→看得懂→愿意看（有趣）→需要看（有用）的传播效果跃迁。

1. 明确人群差异，"因人而异"增强国际传播的针对性

人群差异主要体现在性别、社会地位（学历、职业）以及年龄等方面。一是性别差异的影响。一般而言，女性受众往往偏好时尚、旅游这类新闻。这类新闻更多的是

---

① 杨雅：《大数据分析与可视化技术：新闻传播的新范式——"大数据与新闻传播创新"研讨会综述》，《国际新闻界》2014年第3期。

"软新闻",可愉悦身心、供人消遣,作为茶余饭后的谈资。相比之下,男性读者则偏好时政新闻、财经新闻以及军事新闻,这类新闻具有明显的指导性和严肃性,多属于"硬新闻"。有研究显示,"女性受众追求美丽和时尚比男性要多,因此更多地关注广告中的流行与新锐商品信息,此方面男性则显得较为迟钝"[①]。男女思维方式的差异也很明显。例如,对于涉及女性权益问题的报道,女性读者往往更加敏感,而男性读者则往往较为从容,对此问题,女性有着比男性更大的诉求。因此,我国在国际传播的新闻报道环节需要根据不同人群的性别差异,提高传播的针对性,提升国际传播的效果。

二是社会地位差别的影响。人们常讲国际传播要"内外有别",但不管是对内还是对外的传播,都有相似的重要性。一般而言,精英阶层具有较高的文化素质,接受信息的能力强、渠道多,视野更为开阔,关注的议题一般比较抽象和宏大,多与国际、国内形势密相关,他们既要求接收的信息有深度、有质量,还要求信息具有指导性;普通阶层接受信息的能力稍弱、渠道更少,且各有差异,视野也比较局限,关注的议题比较现实和贴近生活,他们看重信息的数量和有用性,更加注重日常生活中的事情。因此,在国际传播的过程中,要考虑到不同人群社会地位的差别对传播的影响。

三是不同年龄的影响。不同年龄的受众在面对信息时也会有不同的偏好。为了在中东地区青年人群中深入宣传美国价值观念,美国某一媒体对其在该地区的广播节目在形式和内容上做了重大调整,以充分迎合青年受众的个性特征,从而使得该节目在该地区青年人群中保持着较高的收听率。

2. 明确地区差异,"因地而异"促进国际传播的适应性

传播主体要根据不同地区的政治、经济、文化以及宗教差异,在国际传播的内容、风格、语言运用等方面做出适宜、有效的调整,以提高国际传播在不同地区的适应性。在宗教因素有重要地位的地区和完全世俗化的地区,媒体的传播策略是不相同的。

一方面,传统文化根深蒂固的地区和现代化文明较发达的地区,媒体的传播策略也是不同的。在政治心理不同的地区,媒体的传播策略也是不同的。在同一国家和地区,也有着不同甚至截然相反的政治态度、宗教信仰、文化传统等,同一传播方式在同一国家和地区可能会产生截然相反的效果。

另一方面,国际传播也要考虑不同地区的属性。发达城市和不发达城市在新闻信息的处理能力和需求水平上存在差别;发达城市在经济、文化和政治方面处于优势地位,该地区的受众接受信息的能力和水平也较落后地区的民众突出,对信息的需求量

---

① 蒋晓丽、颜春龙:《媒介广告效果的多视角研究——基于媒体、受众情感、受众性别、年龄之维度》,《西南民族大学学报(人文社会科学版)》2010年第10期。

往往也比落后地区更多，对信息的质量也提出了较高的要求。工业城市和旅游城市对不同的新闻信息也有着不同的偏好。以气候问题为例，选择旅游城市巴黎作为召开联合国气候变化大会的地点可能比选择工业城市更受欢迎。工业城市依赖工业的发展，特别是重工业的发展。在资源环境和生存发展二者不能兼顾的情况下，工业城市首先追求的是对经济效益的维系。相反，旅游城市的生存发展在极大程度上有赖于城市适宜的人居环境和美丽的城市形象，良好的生态指标是旅游城市首先关注的问题。在生态环境问题上，旅游城市可能有着更大的诉求。

3. 明确国别差异，减少国际传播的政治敏感性

明确国别差异，主要强调根据制度和意识形态差异具体调整国际传播的策略，提高传播的有效性。我国是社会主义国家，在国际传播过程中往往会遭遇不同国家的制度差异带来的不信任以及意识形态差异带来的隔阂。因此，我国在国际传播过程中要自觉明确这种国别差异，在遵循国际传播基本规律的前提下，研究适应不同制度和意识形态的传播策略，减少国际传播的政治敏感性。

在国际传播实践中，受制于政治制度和意识形态的差异，西方资本主义国家对我国长期采取敌视态度，西方主流媒体也往往对我国的国际传播工作抱有很多偏见，特别是针对我国国内的重大舆情报道方面，西方主流媒体往往戴有有色眼镜，半信半疑，甚至发表与事实相反的言论。2013年10月28日，北京发生"汽车撞击事件"，造成5人死亡和多人受伤，我国官方将其定性为恐怖事件。然而，我国主流媒体的相关报道却受到了CNN、BBC等西方媒体的质疑。此事件引起了我国民众对CNN的抗议活动，我国外交部也认为有关西方媒体"在这一问题上应明辨是非，以客观、公正的态度进行报道，而不是相反"[①]。因此，针对重大事件的国际报道，我国主流媒体要敢于、善于亮明观点，旗帜鲜明地进行观点的交锋，而不能用曲折迂回的方式委婉含蓄地表达。否则，这样的国际传播不仅不能取得应有的传播效果，反而更容易引起误解。

总之，面对当前国际传播格局中"西强我弱"的局势，在加强我国主流媒体国际传播能力建设的同时，更要注重国际传播效力的提升，努力构建现代高效的国际传播体系，提升我国主流媒体在国际政治中的话语权。

[①] 《美报：14万网民让CNN滚出中国，驻京记者喊冤》，《参考消息》2013年11月10日，http://china.cankaoxiaoxi.com/2013/1110/299432.shtml。

构建中国国际话语权的多重维度[①]

杜黎明

政党、国家的国际话语权体现了其在世界上的影响力和号召力。国际话语权是主动争取、积极构建的结果。新中国成立以来，我们党领导全国人民奋勇前进，从被排挤在世界舞台边缘到日益走近世界舞台中央，我国的国际话语权显著提高，中国共产党对社会主义在世界范围内的发展做出了重大贡献。

一、国际话语权构建的多重维度

在世界舞台上，国际话语权通常以一个国家、一个政党就国际事务和国际问题提出议题、设置议程、表达意见、提出解决问题的主张等方式表现出来。一个国家的发展成就及其对世界的贡献，对自身发展成就的阐释，发展道路、发展模式的国际认同及其对他国发展的示范和引领等，都是影响其国际话语权的重要因素。构建国际话语权既要努力放大各单一因素的作用，也要着力提高各因素综合作用的效果。

（一）国家综合实力和发展成就是构建国际话语权的基础

国际话语权源于国家发展成就，国家的政治、经济、军事实力是国家的综合国力的体现。围绕国际话语权的大国博弈，其实质是依托国家发展成就、国家综合国力的

[①] 本文发表于《人民论坛》2019年第30期。基金项目：四川大学"双一流"建设项目"论断中国特色社会主义最本质特征的理论逻辑"（2019XZX-03）。

国际竞争。第二次世界大战后美苏争霸的底气和根基，既有各自抵抗、消灭法西斯势力的成就，更有美国几乎没有受到战争破坏的完整工业体系、被战争进一步激发的工业能力，以及苏联战后迅速恢复、快速增长的经济实力的作用。冷战结束后，以美国为首的西方发达国家长时期把持国际话语权，对他国颐指气使、指手画脚，依托的正是其先进的科技、发达的经济、强大的军事。特朗普政府挑起中美贸易摩擦，缘于对中国快速进步的科技，日益强大的经济实力、国际感召力和影响力的过度焦虑，以及对美国国际话语权被削弱甚至是旁落的担心。

（二）发展成就阐释是构建国际话语权的核心

一个国家的发展成就不会自发衍生为国际话语权。充分阐释其发展成就，让国际社会理解和信服，是获得国际话语权的重要前提。西方世界用科学、自由、民主等术语阐释资本主义的兴盛，构建西方话语体系，并据此获得了近乎垄断的国际话语权力。中国改革开放虽然取得了举世瞩目的成就，但既没有因此自动获得国际话语权，也未能据此有效解决"挨骂"问题。对发展成就的成因阐释不准确、不全面、不深刻，不仅给别有用心者谬评谬断中国特色社会主义提供了可乘之机，也对中国争取和构建国际话语权形成制约。

（三）发展主张的国际认同是构建国际话语权的关键

权威和认同是生成话语权的两种不同方式。与霸权国家凭借实力强迫他国服从和接受不同，中国通过其发展成就、发展主张的国际认同获得国际话语权。面对后发大国的和平崛起，霸权国家逐渐失去用虚伪面纱包装霸凌主张的耐心，扰乱国际秩序、欺凌他国的手段和方式越显粗暴和赤裸裸。霸权国家对他国的欺凌和控制催人反思。随着众多国家和民族的觉醒，世界舞台上反对霸权主义的力量正在加速积累。认同彰显感召，依托国际认同获得国际话语权弥足珍贵。准确全面地展示自己的发展成就，深刻阐释对国际事务的主张，以己之行示范引领国际潮流，多维展现对人类发展、世界繁荣做出的贡献，最广范围最大限度地获得国际认同，是和平崛起大国构建国际话语权的现实选择。

（四）与国际霸凌的斗争是构建国际话语权的手段

傲慢与偏见同社会分化如影随形，破除傲慢与偏见既需要彼此深化交流、加强理解，更需要让固守傲慢和偏见者蒙受损失、品尝苦果。霸权国家既不愿分享国际话语权，又担心和害怕国际话语权旁落；刻意过滤和屏蔽甚至歪曲污蔑他国发展成就，粗暴干涉他国内政，挤压和平崛起大国的国际生存空间，制造迟滞遏制大国崛起的事端，以期固守和把持国际话语权。单纯地说服、一味地妥协退让只能让国际霸凌者变本加厉；和平崛起大国构建国际话语权时必须敢于斗争、善于斗争，让国际霸凌者搬起石头砸自己的脚，迫使其接受后发大国崛起的现实，倾听和接受后发国家行之有效的主张，在国际话语转换中提高发展成就阐释、国际事务主张的国际认同。

二、新中国构建国际话语权的回顾与反思

新中国成立宣告了中华民族真正实现了政治站起来，完成社会主义改造、构建起完整的工业体系标志着中华民族真正实现了经济站起来。始终坚持"独立自主、自力更生"方针的中国共产党，领导站起来的中华民族开启构建国际话语权的新征程，先后经历了自主独立构建、借用西方话语构建、创造性构建国际话语权三个发展阶段。

（一）社会主义道路探索时期自主独立构建国际话语权

新中国成立初期，百废待兴，我国尽管面临帝国主义遏制与封锁、社会主义阵营内苏联称霸的双重挤压，依然凭借抗美援朝的伟大胜利、社会主义革命和建设的伟大成就、慷慨解囊的对外援助赢得国际话语空间，开启独立自主构建国际话语权的伟大实践，取得恢复联合国席位、在国际舞台唱响和平共处五项原则正义之声等伟大成就。

（二）社会主义革命和建设的伟大成就奠定自主独立构建国际话语权的根基

旧中国任人宰割、饱受欺凌的屈辱，既给中国人民留下了刻骨铭心的记忆之痛，也深刻昭示了贫穷无话语权、弱国无外交的道理。以毛泽东同志为代表的中国共产党领导全国人民毅然选择了社会主义制度，顺利完成社会主义三大改造，在"一穷二白"的基础上建立起独立的比较完整的工业体系和国民经济体系，取得"两弹一星""人工合成牛胰岛素"等震惊世界的科技成就；继抗美援朝战争取得伟大胜利后，又取得应对中印、中苏边境冲突的军事胜利，奠定了独立自主构建国际话语权的物质基础，彻底改变了旧中国静无声息、被选择性忽视的国际无语局面。

（三）改革开放新时期借用西方话语构建国际话语权

改革开放四十余年走过了西方发达国家现代化上百年走过的路程，使中国成为世界第二大经济体，成为对世界经济增长贡献最大的国家。通过改革开放，我国走出了一条中国特色社会主义道路，在国际舞台上树起中国特色社会主义伟大旗帜；国际舞

台越来越期望听到中国声音，世界和平稳定发展越来越离不开中国主张。借用西方话语构建国际话语权，自然成为克服自主构建国际话语权效率改进难题、提高国际话语权构建效率的现实选择。

（四）改革开放不断充实构建国际话语权的实践感召力

实践是检验真理的唯一标准，事实胜于雄辩，拥抱世界、日益强大的中国加速构建以实践感召力为基础的国际话语权。香港、澳门回归既提供了解决历史遗留问题的国际范例，也昭示了"一国两制"实现祖国完全统一的美好前景。加入世界贸易组织（WTO）不仅把握住了融入世界、加速发展的机遇，而且创造了展示中国经验、阐述中国主张的机会。我国模范遵守国际规则，积极响应联合国号召，成功举办奥运会、世博会等大型国际活动，倡导并践行应对世界气候变化的承诺，不断展示着依托实践感召构建国际话语权的魅力。

（五）全面深化改革新时代创造性构建国际话语权

规避西方话语陷阱，讲好中国故事，增强中国故事的国际传播力，都需要创造性地构建国际话语权。全面深化改革新时代，以习近平同志为核心的党中央高度重视马克思主义对哲学社会科学发展的指导作用，强调从中国实践中总结提炼理论成果，重视繁荣发展中国特色社会主义政治经济学，不仅创立了"亚投行"，提出了"一带一路"倡议，而且创造出"经济新常态""供给侧结构性改革""人类命运共同体"等国际流行话语。

（六）创造性构建国际话语权是新时代的使命和要求

新时代意味着科学社会主义在21世纪的中国焕发出强大的生机活力。准确表达、深刻阐释这一生机活力是新时代的使命。在新时代，中国给世界上那些既希望加快发展又希望保持自身独立性的国家和民族提供的全新选择，为解决人类问题贡献的中国智慧和中国方案，也需要通过创造性地构建国际话语权去阐释和表达，去宣传、介绍和推广。新时代中国日益走近世界舞台中央，总会招致猜忌、误解、曲解，甚至是恶意中伤与遏制，更需要创造性地构建国际话语权，深刻阐释中国是凭借为人类做出的重要贡献而不是恃强凌弱，更不是依靠霸权走近世界舞台中央这一事实。中国共产党是为人类进步事业而奋斗的政党，新时代推动构建人类命运共同体，同样需要创新国际话语以凝聚构建人类命运共同体的全球共识、汇聚全球力量。

（七）创造性构建国际话语权急需加快发展中国特色哲学社会科学

用马克思主义指导中国特色哲学社会科学发展，一是用马克思主义改造西方理论、西方话语。以拿来主义的态度对待西方理论、西方话语，自然不能揭示"中国奇迹"的成功密码，不能讲好中国故事。运用马克思主义深化西方话语的内涵，指引西方理论的创造性转化和本土化实践，是创造性构建国际话语权的重要方式。习近平总书记提出的经济新常态、供给侧结构性改革深化了西方经济学经济均衡、供给调整的内涵，是运用马克思主义改造西方理论、西方话语的典范。二是坚持人民立场，运用马克思主义的方法，总结中国实践经验，提炼新的理论成果，构建中国特色话语体系。新时代、中国梦、美丽中国都是总结提炼中国实践经验，富含马克思主义理论意蕴，易于世人理解，最终成为国际话语时尚的典范。

（八）创造性构建国际话语权必须敢于对话语遏制亮剑

构建新秩序，必然要打破旧秩序；构建新话语，总会面临旧话语的遏制。创造性构建国际话语权，一是要坚持以理服人，以言传道；针对旧话语对新话语的具体质疑，做细做实阐释说服工作。二是要坚持以行示范，用具体实践阐释新话语，以实践成就强化新话语的认知认同与传播。三是要言行协同，与肆意歪曲、刻意屏蔽、造谣中伤新话语作坚决的斗争。

三、新中国构建国际话语权对世界社会主义的伟大贡献

新中国构建国际话语权实践彻底挫败了"历史终结论"，回应了对落后国家率先建设社会主义的质疑，正面回答了社会主义的前途和命运问题，总结了社会主义国际话语权构建的基本经验。在新时代构建国际话语权，既要坚持底线思维、居安思危，防范化解重大风险，以夯实构建国际话语权的根基，又要坚持以言传道和以行示范相互协同，以理相劝和尖锐斗争互为支撑，以拓展构建国际话语权的渠道。

（一）提供社会主义国家构建国际话语权的基本经验

两种社会制度并存，资本主义总体上占优势并长期把持国际话语权的客观现实，提出了如何构建社会主义国家国际话语权的问题。新中国构建国际话语权的实践表明，坚持推动自身发展，不断增强综合国力是构建社会主义国家国际话语权的基础和前提；借鉴国际流行话语，创造容易为国际社会理解的话语，深刻阐释自身成就，准确表达

对国际事务、人类前途和命运的主张，是构建社会主义国家国际话语权的关键；在国际交往中坚持平等互利、合作共赢，敢于并善于与国际话语霸权作斗争，主持公道，伸张正义，是构建社会主义国家国际话语权的重要条件。

（二）证明经济社会发展落后的国家可以建成社会主义

世界上第一个社会主义国家苏联成立之后，经济社会发展落后的国家能否建成社会主义的争议就一直存在。新中国的成立虽然增添了经济社会发展落后的国家走向社会主义的范例，但并未平息这一争议。新中国构建国际话语权，生动展示、深刻论证了后发国家的跨越式发展的实践逻辑，确证了经济社会发展落后国家建成社会主义、发展社会主义的现实可能性和实践可行性，检验了马克思主义创始人关于共产主义实现方式的设想和预言。

（三）凝聚 21 世纪科学社会主义发展的共识

马克思主义创始人提出了科学社会主义原则，强调共产主义的细节应由后世人根据具体情况去设计和完善。社会主义的多国实践虽然丰富了科学社会主义原则的实践论证，却也引发了凝聚科学社会主义发展的时代共识的现实难题。新中国构建国际话语权的伟大实践，特别是新时代创造新话语、引领国际话语风尚，激发和汇聚构建人类命运共同体的伟大力量，增强了世界对共产主义的信心，凝聚起社会主义国家对科学社会主义在 21 世纪不断发展的时代共识。

应对持续发酵的
逆全球化思潮亟须完善国际治理[①]

杜黎明

经济全球化是不以人的主观意志为转移的大势，全球化与逆全球化是矛盾的对立统一。全球化红利增长放缓、红利分配不公，民族主义、贸易保护主义抬头，国际治理赤字增加，都会激发逆全球化思潮。2019年，逆全球化思潮持续发酵，以中美贸易摩擦、日韩贸易冲突、久拖不决的英国脱欧为代表，逆全球化思潮呈现出与国际地缘政治和国家治理错综交织的态势。应对持续发酵的逆全球化思潮，既需要稳步推进国家治理现代化，也需要加快完善国际治理。

一、逆全球化思潮的新表现与新特征

全球化曾被广泛认为是经济增长的发动机，引领全球化成为大国引以为豪的国际担当，主动融入全球化成为发展中国家加快国民经济发展的大战略。经济全球化是一把"双刃剑"，全球化的负面影响也成为逆全球化思潮的诱发因素。2019年，逆全球化而动的单边主义、贸易保护主义严重拖累世界经济。据世界贸易组织（WTO）的研究和预计，2019年全球经济可能会创下2008年国际金融危机以来最低增速，其中欧洲实际GDP增速为1.2%，较2018年放缓0.6个百分点，日本经济预计今年增速为0.7%，较去年放缓0.1个百分点，中国、印度、俄罗斯、东盟的经济增长均有所放缓。2019

[①] 本文主体部分以同名论文发表于《人民论坛》2019年第35期。基金项目：国家社科基金后期资助项目"新时代的理论意蕴研究"（19FKSB043）。

年持续发酵的逆全球化思潮呈现出以下新表现和新特征。

第一,逆全球化被用作霸权主义的工具。美国是当今世界最大经济体,是当今国际秩序和规则的主要制定者,也曾是全球化的积极倡导者和引领者。长期以来,美国一直将引领全球化作为"实现美国优先"的重要手段。中国经济的快速发展,特别是2008年国际金融危机之后中国在世界舞台上日益抢眼的表现、日益增强的国际影响力被美国视为对其霸权的威胁;中国在人工智能、大数据、5G等技术领域的快速进步更是被视为对其霸权的严重挑战。特朗普政府以贸易逆差之名挑起的中美贸易摩擦本质上不是经济问题,更不是所谓的全球化使美国吃亏受损的问题,而是美国面对他国发展成就时因自身的相对实力衰退而产生战略焦虑,试图凭借依然强大的经济、科技优势打压和遏制中国,迫使中国接受不公平的危害中国经济主权的条约,进而维护和保持其世界霸主地位。特朗普政府挑起的与欧盟、日本、加拿大、墨西哥等经济体的贸易争端,无一不是其实现霸权的工具和手段。曾经的全球化引领者出于维护霸权的考量,以逆全球化而动的经济代价作为要挟对手的筹码,频频挑起贸易摩擦,掀起逆全球化的潮流,其实质是霸权主义在世界格局调整中的新表现。

第二,逆全球化被用作国内政治纷争的工具。经济基础决定上层建筑,政治运行服务于经济发展。不同政治势力为了经济发展、为了人类共同的前途和命运而摒弃政治分歧,谋求政治共识不失为一种政治美德。近年来,一些国家的政党用政治诉求绑架经济发展,将逆全球化作为实现政治目标的手段,将全球化进程中的政策失误作为政治攻击的手段,试图用可能造成的经济损失迫使政治对手就范。日韩两国围绕历史遗留问题的政治纷争由来已久,两国当局也曾为了经济发展而暂时搁置分歧,为谋求共识而煞费苦心;民族主义甚至是民粹主义声势的增长,强化了执政当局顺应和利用"民意"实现政治目标的冲动;2019年日韩两国的贸易争端背后,便有着执政当局将逆全球化之举作为政治纷争工具的考量。英国国内虽早就有关于脱欧和留欧的意见分歧,但两大政党过去一直将推动脱欧之举排除在政治工具箱之外;自英国前首相卡梅伦将脱欧公投作为政治工具以来,英国脱欧就成为既撩拨英国政治神经又困扰欧盟的大事;2019年围绕英国脱欧而滋生蔓延的逆全球化思潮,显示出逆全球化愈发强大的政治工具之效。

第三,逆全球化被作为表达重建利益格局诉求的手段。发达国家主导的全球化更多地体现了资本的意志,全球化红利的不公平分配不仅带来先发国家与后发国家之间的贫富分化,而且带来发达国家内部精英群体和平民群体的分化。精英群体往往是全球化中获益的一方,平民群体是利益受损的一方,平民群体对全球化、精英主义的反对,不仅滋生了逆全球化思潮也滋生了民粹主义思潮,逆全球化之举正成为弱势群体释放不满情绪，表达重建利益格局诉求的方式和手段。英国"最支持脱欧地区"居民的年收入比"最反对脱欧地区"居民要少40％，脱欧的坚定支持者一般是不能适应全球化发展要求的收入低、受教育程度低的群体；支持脱欧是他们对全球化红利分配失衡不满的情绪化表达，也是对利益格局重建的期盼。法国总统马克龙为履行应对全球气候变化的《巴黎协定》，于2018年将柴油税每公升上调6.2％，这引发了始于2018年11月17日且蔓延到欧洲其他国家的"黄背心"运动；2019年，"黄背心"运动持续发酵升级，对法国、对整个欧洲经济社会发展造成严重的危害。从"黄背心"运动表达的"要生活而不要苟活""明天属于我们"等期望，提出的"要生存，要购买力"的"愤怒诉求"，打出的"要社会正义""起义，砸碎资本主义"的口号来看，它不仅是全球化中失意群体的"呐喊"，更是重建利益格局的呼声。

第四，逆全球化成为对国际治理表达不满的方式。全球化的深入推进有赖于得到广泛认同的国际秩序和国际规则。不满于国际秩序、国际规则对其利益和诉求实现的阻碍，正成为贸易保护主义、单边主义等逆全球化行为者惯用的借口。2019年，美国特朗普政府借言美国利益受损，把"一言不合就退群"推高到一个新的水平。在中美贸易磋商中出尔反尔，将中国列为"汇率操纵国"，单方面废除奥巴马政府与古巴签署的和平协议，单方面退出"中导条约"，启动退出《巴黎协定》程序等单边主义行为，淋漓尽致地展现了昔日的全球化领导者、当今国际秩序和国际规则的重要建构者自私自利的本性。特朗普政府种种单边主义行径的产生缘由，并非真如其所言美国利益受到损害，而是在当今新技术革命的浪潮中，在美国相对实力衰退的条件下，现有的国际秩序和规则、既有的国际治理格局已经不能满足其自由主张霸权的需要。世界"苦美"已久，发展中国家受不公平不合理的国际秩序与规则的压制已久；倡导多边主义，加强国与国之间的沟通协商，积极完善国际治理，正成为越来越广泛的国际共识。

二、逆全球化思潮滋生蔓延的动因

马克思认为，问题与解决问题的方法是同时产生的。逆全球化思潮的应对之策，既蕴含在全球化与逆全球化的矛盾冲突之中，也蕴含在二者的对立统一之中。全面剖析逆全球化思潮的动因，深刻认识逆全球化思潮的最新表现与特征，既是在逆全球化思潮中保护自身利益的现实要求，也是推进全球化健康发展的前提。

第一，霸权国家的自信缺失催生了逆全球化思潮。逆全球化思潮并非全球化的利益受损者、全球化进程中的落后者的专利。全球化引领者对丧失引领地位的担心，霸权主义者对霸权衰弱的焦虑，正成为当今逆全球化思潮最主要的诱发因素。21世纪以来，以中国为代表的新兴经济体在国际舞台上的影响力日益增强，一些曾引领全球化发展的自私傲慢者对此多有担心和不快。傲慢与偏执削弱了养尊处优的全球化引领者、霸权者对变化的感知和适应能力。他们不仅对全球化的动力从主要是资本驱动向资本和科学技术协同驱动的转变反应迟缓，而且对科技创新驱动的新经济快速发展缺乏敏感度。后发国家的崛起和发达国家发展速度的放缓都导致了发达国家的相对衰落，使昔日的全球化引领者继续保持引领地位、霸权者维护和实现霸权面临越来越大的挑战。当其将保持引领地位和实现霸权的"不尽如人意"简单地归咎为全球化时，逆全球化思潮就自然而然地滋生了，将逆全球化作为迫使后起竞争对手就范的工具也就在"情理之中"。

第二，发展缓慢引发的发展焦虑滋生逆全球化思潮。近年来，以信息技术、人工智能为代表的新技术引发了深刻的产业革命，为后发国家创造了加快发展、弯道超车的机会，对经济社会的发展产生了日益广泛而深远的影响。文化传统、国家战略设计、国家治理能力等方面存在的差异，导致了不同国家在适应产业革命、捕捉发展机遇等方面的能力差异。与一些适应变化能力不强、捕捉发展机遇能力弱而在全球化进程中发展缓慢的国家形成鲜明对比的是，以中国为代表的善于学习、善于发现和把握机遇的国家实现了快速发展。一些具有地缘政治野心，期望在全球化中取得抢眼表现，在国际舞台上"大展宏图"的国家，不仅缺乏从自身发展中去寻找发展迟缓原因的勇气和能力，反而将适应能力弱、发展迟缓的原因简单地归结为全球化的影响，期望和现实的反差、发展缓慢引发的发展焦虑也就成为逆全球化思潮的诱因。

第三，全球化进程中被掠夺者的觉醒滋生逆全球化思潮。全球化在拓展参与者资源配置空间，给参与者带来发展机遇的同时，也使参与者面临更加激烈的竞争和更大的发展风险。不同经济体在适应全球化发展上存在能力差异，全球化发展的红利也未能在各参与者之间公平分配，国际竞争导致的全球化参与者之间两极分化的趋势的确是一种客观存在。过去较长一段时间以来，先发国家将全球化作为掠夺后发国家的工具和手段，抢先占据全球化的价值链高端，抢先占据全球产业布局的优势环节，力图形成和强化少数发达国家与广大发展中国家之间的"中心—外围"结构。一些发展中国家也因对全球化的负面影响估计不足而产生战略失误，形成并不断深化对发达国家的发展依赖，甚至是丧失经济发展主权。认识到全球化风险和负面效应的经济体，一旦简单地将自己被锁定在价值链低端、被掠夺的原因归结为全球化，试图通过与全球化脱钩而保护自己的发展利益，逆全球化的思潮也就得以滋生和蔓延。

第四，国家、民族间的历史遗留问题引发逆全球化思潮。在世界历史发展进程中，扩张和反扩张、掠夺和反掠夺、侵略和反侵略的斗争，在一些国家、民族之间留下了悬而未决的问题。经济社会发展、国家之间实力对比的变化,给处置和应对这些历史遗留问题增添了新的变数。全球化进程中,内外条件的变化,打破了一些原本有着紧密联系的经济体之间应对和处置历史遗留问题的力量平衡,导致民族主义甚至是民粹主义抬头,使原本被搁置的争议被再次挑起、达成的共识被打破,进而使一些经济体做出逆全球化而行的过激举动,并在更大范围内引发连锁反应,形成一股逆全球化的潮流。能不能正确对待历史问题,是摆在日本和很多亚洲国家之间的一道墙;日本和东南亚国家在全球化进程中也曾形成"政冷经热"的局面,但解决历史问题过程中的变数使这种局面有沦为"政经双冷"格局的风险。一段时间以来,日本和韩国在历史、领土问题上纠纷和争执频发,双方外交对立持续加深,在2019年掀起了一股强劲的逆全球化思潮。

第五,转移国内矛盾和政治压力引发逆全球化思潮。一些实行多党制的国家,或是为了转移民众对国内矛盾冲突的注意力,或是出于政治竞选的考量,大打民族牌,将逆全球化主张作为政治工具,故意制造逆全球化思潮。美国是西方世界最晚建立社会保障制度的国家,强资本弱劳工、收入分配严重不公平、社会严重不平等是美国社会的痼疾。"占领华尔街"运动提出的反对1%的人口占有社会99%的财富的口号,形象直观地体现了美国社会的两极分化。长期以来,美国政府并未真正关注贫富分化、社会不公平等现实问题,面对中低收入民众强烈不满和棘手的国内矛盾,通过煽动民粹主义、采取霸凌主义等做法,把责任推卸给他国,挑起贸易争端,掀起逆全球化思潮,既能维护垄断资本利益,又能转移国内公众视线,也就成为特朗普政府的"理性选择"。

三、应对逆全球化思潮的中国贡献

中国一直是经济全球化的积极响应者和参与者。面对逆全球化思潮对我国经济社会发展带来的不良影响,我们党一以贯之地倡导开放、透明、包容、非歧视性的多边贸易体制,促进贸易投资自由化便利化,推动经济全球化朝着红利分配更加平衡、普惠、共赢的方向发展,为化解逆全球化的冲击,推动全球治理体制更加公正、合理和高效运转贡献了中国智慧。

第一,倡导全球治理的新理念和新方式。中国始终不渝地走和平发展道路,反对一切形式的霸权主义和强权政治,坚持以对话协商、和平手段解决国际争端,始终是世界和平的建设者、全球发展的贡献者、国际秩序的维护者。中国秉持共商共建共享的全球治理观,倡导国际关系民主化,坚持以行示范以诚感召,用具体行动具体方案为促进全球化健康发展做出表率,主动而积极地扩大同各国的利益交汇点,推动构建以合作共赢为核心的新型国际关系,推动构建人类利益共同体、责任共同体和命运共同体。一是坚持在不冲突不对抗、相互尊重、合作共赢基础上推进大国协调合作，促进既有国际秩序调整、国际规则完善朝着更加公平公正的方向发展；二是深化与周边国家亲诚惠容的关系，以彼此尊重、谈判协商、互谅互让为基本原则妥善处置邻里纠纷，是化解历史遗留问题的世界典范；三是秉持正确义利观，既坚持"先义后利、以利见义"，又坚持"以义促利、以利强义"，以真实亲诚的具体行动加强与发展中国家的团结合作，逐步消除发展中国家对深化国际交流与合作、对融入经济全球化潮流的担心和顾虑，以化解全球治理赤字的实践成就昭示人类的美好未来。

第二，高质量供给全球化发展的公共产品。在逆全球化潮流持续发酵的背景下，金砖国家新开发银行、亚洲基础设施投资银行、上海合作组织等体现中国智慧、彰显人类命运共同体理念的新型国际组织稳步运行，为应对逆全球化潮流的冲击，促进全球化健康发展注入了新动力。一是以中国经济高质量发展为契机，以方便更多国家搭上中国快速发展的顺风车为导向，深化"一带一路"国际合作，搭建共商共建共享的国际公共平台。二是加快自由贸易试验区试点和建设，为深化国际经济技术交流提供新纽带新载体，搭建全球经济互惠合作健康发展的新平台；及时总结和推广试点经验，为世界提供顺应全球化发展和抗击逆全球化思潮的中国经验。三是维护和完善多边贸易体制，积极推动贸易和投资自由化便利化，以稳步推进我国高质量发展的成果回击贸易霸凌；全球化成果展示与逆全球化后果彰显并举，为全球化健康发展供给营养剂，为逆全球化思潮泛滥供给清醒剂。

第三，支持发展中国家自主发展能力建设。在经济全球化进程中，发展中国家一度遭受不公平待遇；自我发展能力不强，更是强化了广大发展中国家在全球化红利分配中的不利地位。在当今世界经济数字化、智能化转型的新趋势下，广大发展中国家还面临工业化发展不足的严峻现实；如不尽快跨越数字鸿沟、加强自我发展能力建设，发展中国家在全球化中被"锁定"在不利地位的现状将更加恶化。中国拥有完整的工业体系，在坚持走信息化和工业化融合发展的新型工业化道路中，已经实现了个别领域的国际领先，积累了丰富的经验。新时代中国支持发展中国家自主发展能力建设，一是因时因地制宜，对发展中国家予以资金、技术支持，帮助其建设和营运基础设施项目、产业发展项目，给予其市场开放的优惠，全面展现大国责任和担当。二是依托庞大的国内市场，借助日益雄厚的经济实力，利用个别领域国际领先的技术优势和发展优势，积极参与国际标准建设，在新兴技术领域的国际标准中，反映和体现发展中国家公平分享全球化红利的诉求，为中国自身和广大发展中国家实现新兴领域的赶超发展创造条件。三是与形形色色的单边主义和贸易霸凌做坚决的斗争，积极维护国际公平正义，努力为发展中国家自主发展能力建设营造良好的外部环境。